TOURISM SERVICE

관광서비스의 이론과 실제를 체계화

관광서비스론

권혁률 저

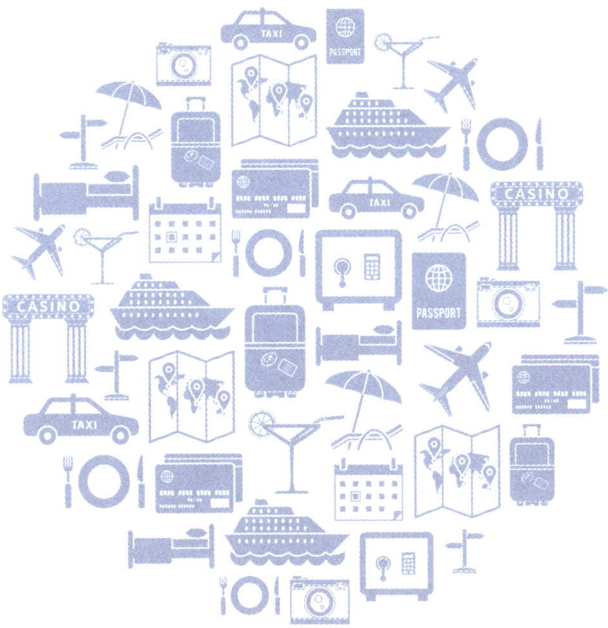

(주)백산출판사

머리말

영국의 증기기관차와 더불어 기계가 등장하면서 1차 산업혁명이 시작되었다. 이후 전기사용과 노동 분업화로 인한 대량생산은 2차 산업혁명을 낳았고, 전자, 정보통신의 발달은 3차 산업혁명으로 이어졌다. 최근에는 4차 산업혁명이 화두가 되고 있다. 사물인터넷, 인공지능, 빅데이터 등 신기술의 발달은 또 한 번 산업혁명을 가져오고 있다. 4차 산업혁명은 '초연결성'과 '초지능화'가 핵심이다. 이것은 신기술을 통하여 산업 간 연결로 인해 제조업의 경우 서비스화가 이루어질 수 있다. 새로운 패러다임이 형성되는 것이다. 때문에 4차 산업혁명의 기술적 기반은 ICT이지만, 부가가치의 중심은 하드웨어보다는 소프트웨어 기술 및 서비스로 이동한다는 것이다. 이처럼 신기술의 발달은 전 산업으로 확대되어 고용구조까지도 변화시킬 것으로 예측하고 있다. 그러나 인간만이 지닌 감수성을 동반한 서비스는 기계가 대신할 수 없을 것이다.

이렇듯 시대의 흐름에 따라 서비스산업은 그 규모와 성장이 급속도로 달라짐으로써 그 중요성은 더욱 강조되고 있다. 특히 관광서비스부문은 더욱 그러하다. 그럼에도 불구하고 현재 관광서비스를 인간이 인간에 대한 봉사, 혹은 고객을 단순 소비자로 인식하면서 관광서비스의 공업화에서 벗어나지 못하고 있는 실정이다. 관광서비스가 형성되기 위해서는 관광서비스상품을 구매 혹은 이용하거나 제공받아서 소비하는 고객이 존재해야 하며, 최일선에서 고객에게 관광서비스를 제공하고 전달하는 접객종사원이 있어야 한다. 그리고 관광서비스가 제공되기 위해서는 관광시설, 기구 등과 같은 하드(hard)적인 물리적 환경과 소프트(soft)적인 기획, 전략, 조직 등을 갖춘 관광기업이 있어야 한다. 또한 고객인 관광객에게 관광서비스를 제공하기 위해서는 관광대상인 관광매력물이 있어야 하며, 관광에 필요한 지원시스템 등이 형성되어야만 한다. 결국 관광서비스는 일반서비스와는 구조적으로 그 차이점을 보이고 있으므로 이에 대한 이론적인 접근은 새롭게 체계화하여 정립되어져야만 한다. 그리고 관광객의 욕구변화에 따른 관광서비스의 개념이 달라져야함은 물론 고객에 대한 패러다임 전환은 매우 시급하다.

이러한 상황적 배경하에서 저자는 관광서비스에 대한 이론과 실제를 체계화하려고 하였다.

이에 본서의 특징을 간략히 살펴보면 다음과 같다.

첫째, 관광서비스에 대한 범주를 설정하여 개념을 정립하였다. 둘째, 각 장의 내용을 보다 쉽게 이해하도록 하기 위해 실제 관광서비스현장에서 일어나고 있는 다양한 사례를 소개하였다. 셋째, 관광서비스는 실천이론인 만큼 사례연구를 통해 그 상황에 따라 어떠한 서비스를 해야 하는지에 관한 방안을 모색하도록 하였다. 넷째, 본서는 일반서비스가 아닌 관광서비스에 관한 이론을 체계화한 것이므로 이에 해당하는 사례만을 소개하였다. 다섯째, 독자로 하여금 재미있게 읽을 수 있도록 하기 위해 다양한 컬러의 그림으로 편집하였다. 여섯째, 각 장마다 학습효과를 높이기 위해 주요 토의문제(question)를 다루었다. 일곱째, 본서의 전체적인 내용을 보다 쉽게 이해하도록 하기 위해 각 장마다 흐름도를 나타내었다.

이상과 같은 여러 특징을 가진 책이긴 하지만 미비한 점이 다소 있을 수 있다. 이러한 문제점은 본서를 애용하시는 독자 여러분께서 비평하여 주실 것을 부탁드리는 바이다.

이 책이 나오기까지 많은 노고를 아끼지 않으신 (주)백산출판사 진욱상 사장님께 감사드리며, 항상 지켜봐 주시는 부모님, 형제들, 그리고 아내와 아들 순완이에게 사랑하는 마음과 고마움을 함께 전한다.

저자

차 례

CHAPTER 2 관광서비스의 체계 및 유형 55

P·A·R·T

1

관광서비스의 이해

제1부 관광서비스의 이해

제1장 관광서비스의 개요

제1절 서비스의 이해
제2절 관광서비스의 개념 정의

제2장 관광서비스의 체계 및 유형

제1절 관광서비스의 특징
제2절 관광서비스의 구성
제3절 관광서비스의 유형

제3장 고객가치의 이해

제1절 고객의 이해
제2절 고객의 유형
제3절 고객의 역할

제4장 관광서비스 접점의 이해

제1절 관광서비스요원의 이해
제2절 관광서비스 접점

제5장 관광서비스 고객만족의 이해

제1절 고객만족서비스
제2절 충성고객서비스

제6장 관광서비스 품질의 이해

제1절 관광서비스 품질의 의의
제2절 관광서비스 품질관리

CHAPTER

01

관광서비스의 개요

제1절 서비스의 이해

제2절 관광서비스의 개념 정의

제1장 관광서비스의 개요

제1절 서비스의 이해

1. 서비스의 개념
2. 서비스의 중요성
3. 서비스의 특성
4. 서비스의 분류
5. 서비스 시스템

사례 1-1
제품과 서비스와의 관계?

사례 1-2
서비스 기업이란 무엇인가?

제2절 관광서비스의 개념 정의

1. 관광의 이해
2. 관광산업의 현상적 범위
3. 관광서비스의 범주
4. 관광서비스의 정의

사례 1-3
관광서비스의 고객만족경영 (여행업)

CHAPTER 01 관광서비스의 개요

관광서비스는 관광사업의 현상적 범위 내에서 정의되어야 한다. 따라서 관광서비스는 "관광의 현상적 범위 내에서 고객인 관광자의 욕구를 충족시켜 주기 위해 가능한 제 자원을 이용하여 유용한 기능의 행위를 다하는 것"이라고 할 수 있다.

제1절 서비스의 이해

1. 서비스의 개념

서비스(service)란 무엇인가? 이에 관한 개념정립은 여러 학자들에 의해 다양하게 표현되고 있다. 혹자는 "서비스는 행위(deeds), 과정(processes) 및 그 결과인 성과(performances)이다"라고 언급하고 있다. 서비스는 만지고, 보고, 냄새를 맡을 수 있는 유형적인 것이라기보다는 무형적인 행위와 성과이다. 즉 전반적인 서비스는 문제분석, 고객과의 만남, 사후처리 및 보고로 이어지는 '행위, 과정, 성과의 연속선'을 통해 고객에게 전달된다. 예를 들어 호텔, 외식업, 여행업 등의 핵심 제공물은 결국 고객을 위해 종업원이 수행하는 행위이다. 광의의 의미로서 서비스를 정의할 때, 서비스는 서비스업에서 제공될 뿐만 아니라 여러 제조업에서 제품과 결합되어 제공됨을 알 수 있다.

예를 들면 자동차업체는 판매차량에 대해 보증 및 수리 서비스를 제공하고, 컴퓨터업체는 제품보증과 보수 및 교육서비스를 하며, 가구업체에서는 배달 및 보증수리 서비스 등을 제공한다. 이러한 서비스들 또한 행위, 과정, 성과의 예라고 할 수 있다.

"서비스는 한 부분에서 다른 곳으로 제공되는 본질적으로 무형의 것이고 어떤 소유권도 발생되지 않는 활동이나 편익이다"라고 하고 있다. 즉 경제 주체에 대하여 유용한 노동을 하는 행동개념을 서비스라 하고 있다. 이것은 서비스와 물건의 본질적인 차이가 명확하면서도 밀접한 상호관계를 갖고 있다. 결국 서비스 그 자체는 홀로 존재하지 못하고 반드시 서비스를 가져다주는 원천, 즉 물건을 동반하지 않을 수 없다는 것이다. 여기서 주의해야 할 점은 완전히 무형적이거나 완전히 유형적인 제공물은 거의 없다는 사실이다. 서비스와 재화를 구분하여 볼 때 이분법적으로 양극단으로 나뉜다기보다는 연속선상에서 이루어진다고 볼 수 있다. 서비스는 제품에 비해 '보다 무형적'이며, 제품은 서비스에 비해 '보다 유형적'일 따름이다.

[그림 1-1]에 나타난 유형성 스펙트럼(tangibility spectrum)은 이러한 연속선 개념을 잘 나타내어 주고 있다. 그뿐만 아니라 [그림 1-2]는 구매 시 제품과 서비스의 결합상태를 비교한 것으로서 서로의 비중을 보여주고 있다.

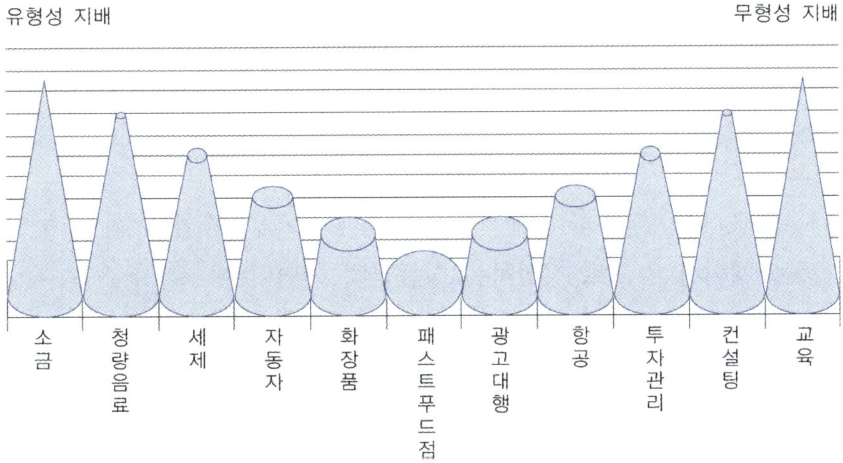

자료: Shostack, G. L.(April 1977)

[그림 1-1] 유형성 스펙트럼

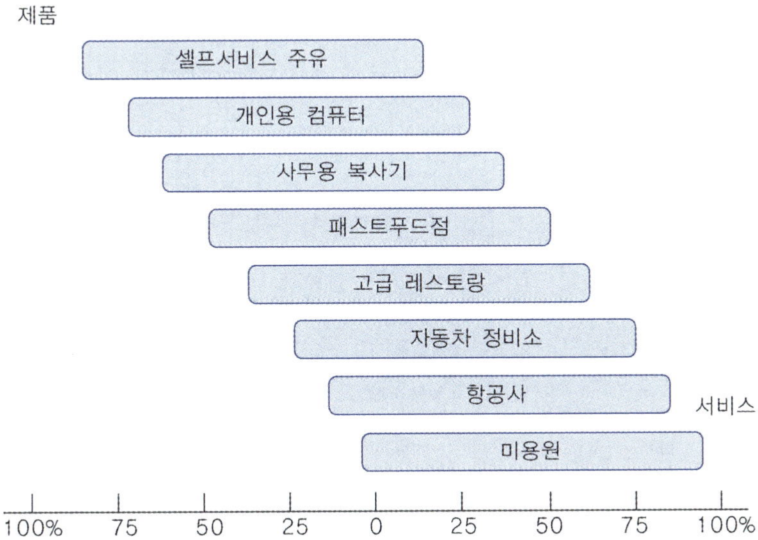

자료: Sasser, W. E. Olsen, R. P. & Wyckoff, D. D.(1978).

[그림 1-2] 재화와 서비스의 결합비율

일반적으로 지금까지 여러 학자들에 의해 정의 내려진 서비스에 대한 개념의 결과를 보면 크게 두 가지 이론적 접근법이 있음을 알 수 있다.

첫째, 생산과정의 산출을 기초로 한 서비스의 무형적인 요소, 이질성, 불가분성, 소멸성 등을 강조하는 측면이다.

둘째, 생산방법을 강조하여 생산활동 가운데 제조업, 광업, 건설업, 농업, 수산업 등을 제외한 것으로 정의하는 상품학적 측면이다.

그 밖에 서비스의 개념을 다음과 같이 표현하고 있다.

"이 세상에 존재하는 이용 가능한 제 자원을 광의의 '물건(사람, 물건, 시스템)'이라 보고, 서비스는 이용 가능한 제 자원(물건)이 유용한 기능을 다하는 것을 가리킨다." 따라서 서비스는 물건을 낳게 하는 원천이 반드시 존재하며, 결국 서비스 주체는 구체적으로 물건이고, 그것이 발휘하는 유용한 기능의 작용이 서비스라는 것이다. 결과적으로 서비스는 서비스 주체에서 서비스 대상이 되게 하는 작용이라고 말할 수 있으며, 서비스 대상은 서비스라고 하는 작용을 받는 것에 의하여 그 이전의 상태에서 변화하는 것으로 언급하고 있다. [그림 1-3]은 이러한 내용을 나타내고 있다.

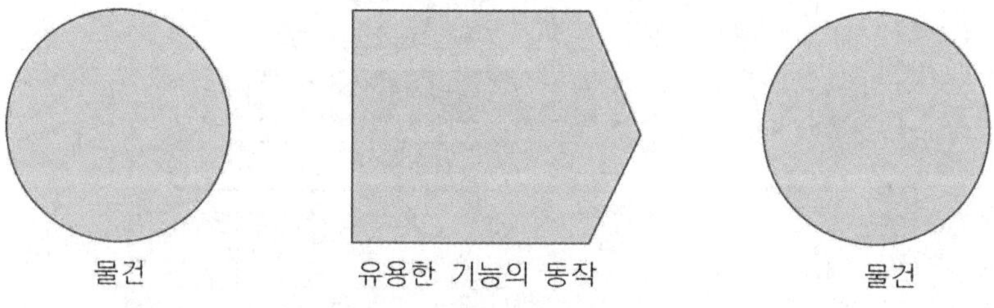

[그림 1-3] 서비스의 개념도

2. 서비스의 중요성

서비스산업은 절대 고용규모뿐만 아니라 증가율에서도 제조업보다 훨씬 높은 수준을 보이고 있다. 서비스업의 고용은 1980~2014년간 연평균 3.9%의 높은 증가율을 기록하였으며 이는 동기간 제조업의 1.1%나 전산업의 1.8%에 비해 크게 높은 것으로, 지난 30여 년간 서비스업이 전체 취업자 증가를 주도해 왔음을 보여준다.

서비스업 취업자의 산업별 구성은 2014년 도매 및 소매업이 21.4%로 가장 많았고, 숙박 및 음식점업이 11.8%, 교육 서비스업이 10.2%였다. 직업별 구성에서는 전문가 및 관련 종사자가 25.2%로 가장 많았고, 사무 종사자가 17.7%, 판매 종사자가 16.9%, 서비스 종사자가 15.1%를 차지하였다.

미국 등 선진국에서는 국가경제 내에 서비스의 비중이나 중요성이 증대하는 서비스 경제로 전환되고 있다. 이는 부가가치 창출이나 고용에서 서비스산업의 비중 증대, 즉 서비스산업이 매우 중요한 역할을 하고 있다는 것을 의미한다. 특히 소득증대로 인해 기본적인 서비스에의 수요 요구는 물론 인구구조 변화에 따라 새로운 수요시장이 등장하면서 서비스산업에 대한 관심도 확대되고 있다.

우리나라에서도 인적자원의 활용을 통한 고부가가치 창출과 타 산업에 비해 고용파급 효과가 높은 서비스산업을 전략산업으로 인식하고, 적극적인 육성정책을 추진, 경제의 서비스화가 진행 중이다. 특히 수출증가와 제조업 성장이 고용확대를 유발하지 못하여 '고용 없는 성장'이 지속되는 상황에서 고용유발 효과가 높은 서비스산업은 고용문제를 해결, 새로운 일자리를 창출할 수 있는 대안으로 인식되고 있다.

서비스산업은 절대 고용규모뿐만 아니라 증가율에 있어서도 제조업보다 훨씬 높은 수준을 보여주고 있다. 서비스업의 취업자는 1980년대 연평균 5.4%,

1990년대 연평균 4.6%, 2000~2014년간 연평균 2.5%로 비록 증가율은 둔화되고 있으나 지속적인 증가 추세를 이어가고 있다.

〈표 1-1〉 산업별 취업자 수의 기간별 추이

(단위: 천 명, %, 배)

구분	1980(A)	1990	2000	2014(B)	연평균 증가율(%)			B/A (배)
					'80~'89	'90~'99	'00~'14	
제조업	2,955	4,911	4,293	4,330	4.8	-1.8	0.5	1.5
서비스업	5,065	8,441	12,958	17,841	5.4	4.6	2.5	3.5
전산업	13,683	18,085	21,156	25,599	2.6	1.5	1.6	1.9

자료: 통계청, 경제활동인구조사

주요 국가별 서비스산업의 명목 GDP 대비 비중을 살펴보면 2013년 기준 미국 80.1%, 영국 79.2%, 프랑스 78.5%, 독일 68.4%, 이탈리아 74.4%, 일본 72.6%, 스페인 73.9%, 호주 70.7%를 보이고 있다. 이처럼 선진국에서는 서비스 비중이 매우 높으며, 그뿐만 아니라 이들 대부분 국가에서 서비스 영역은 점점 확대되고 있다.

〈표 1-2〉 주요 국가별 서비스산업의 명목 GDP 비중 추이

(단위: %)

구분	주요 국가							
	미국	영국	프랑스	독일	이탈리아	일본	스페인	호주
2005	76.9	76.3	76.6	70.0	71.9	70.6	66.5	70.1
2010	78.4	78.7	78.6	69.3	73.7	71.3	71.4	70.6
2013	80.1	79.2	78.5	68.4	74.4	72.6	73.9	70.7

자료: OECD, World Bank, 한국은행

3. 서비스의 특성

서비스의 특성은 그 다양함을 볼 수 있으나 제품과 구별되는 관점에서 살펴보고자 한다.

〈표 1-3〉은 제품과 서비스의 차이점을 보여주고 있다.

〈표 1-3〉 제품과 서비스의 차이

구분	제품	서비스
형태	유형	무형
생산과 소비의 구분	생산과 소비가 분리됨	생산과 동시에 소비가 이루어짐
상품의 성질	동질성 유지 및 표준화 용이	표준화 어려움(이질성)
저장성	수요 및 공급 조절 가능	저장 불가능
고객참여	간접적 참여	직접적 참여

1) 무형성

재화와 서비스의 차이 중 가장 기본적이고 널리 언급되는 것이 바로 무형성이다. 왜냐하면 서비스는 객체(objects)라기보다는 행위이고 성과이기 때문이며 유형적인 제품과 같이 보거나, 만지거나, 맛볼 수 없다. 제품은 소유를 전제로 하는 물재(物材)이지만 서비스는 경험을 일시적으로 향유하게 된다.

이와 같이 서비스는 물체가 아닌 활동이므로 성과 혹은 경험만으로 상품을 인지할 수밖에 없다. 소유보다는 일시적인 경험의 성격이 강해서 제품처럼 소유대상이 아닌 것이다. 이러한 소유불가라는 특성은 소유 아닌 이전 효과만 있음을 의미한다. 예를 들어 여행서비스 이용 시에도 고객은 서비스 이용권을 부여받는 것이지 여행상품을 받아 소유하는 것은 아니다.

하지만 서비스가 무형성을 지니고 있다는 것은 가시적이지 않으며 인지하기가 쉽지 않다는 것이다. 또한 이는 완전히 무형적이 아니라 상대적으로 유형적 부분에 비해 무형적인 속성이 강하다는 것을 의미한다. 예를 들어 고급 레스토랑은 유형적인 상품은 음식을 제공하지만 이 음식은 고객이 지불하는 전체 비용의 일부분에 불과하고 나머지는 고급스러운 분위기나 입지가 제공하는 편리성 등 무형적 요인이 차지하므로 서비스로 분류된다.

[그림 1-4]는 여러 상품의 상대적 유 · 무형성의 정도를 보여주고 있다.

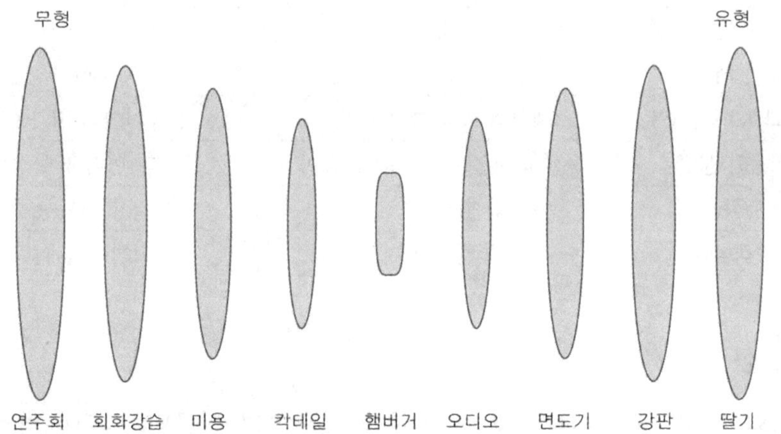

자료: 원석희(2001), 서비스 운영관리.

[그림 1-4] 상품의 유 · 무형성

2) 동시성

제품은 생산한 이후에 판매되어 소비가 이루어지므로 생산과 소비가 분리되어 있지만 서비스는 생산과 동시에 소비가 이루어진다. 즉 물질적 실체를 미리 만들어 고객에게 제공하는 제품의 경우 생산자와 소비자 간에 유통 과정이 있어 시차가 발생한다.

그러나 서비스는 유통과정 없이 생산과 소비가 동시에 이루어지므로 보관이나 저장이 불가능하며 장소와 시간의 제약을 많이 받는다. 예를 들어 이미 생산된 자동차를 구입한 소비자는 자신이 원하는 자동차의 기능과 디자인, 그리고 안전성 등을 고려하여 만족과 불만족의 정도를 가늠하여 구입 여부를 결정하게 된다. 하지만 레스토랑의 서비스는 현장에서 종사원들에 의해 고객에게 동시 다발적으로 이루어지므로 서비스의 유통과정과 검수과정이 없다.

결국 노동집약적인 서비스에서 품질은 서비스 제공자와 고객 사이의 짧은 접촉시간 동안에 창조된다. 이같이 생산과 소비의 동시성이라는 서비스의 특성 때문에 대량생산이 매우 어렵다.

3) 이질성

제품을 만드는 제조업에서는 생산의 투입요소가 달라지지 않는 한 제품이 동질성을 유지할 수 있다. 그러나 서비스는 창출과 제공과정에서 고객과 직원 등 인적요소가 서비스 결과의 이질성을 갖게 한다. 즉 동일한 서비스일지라도 고객에 따라 차이가 나는 것은 고객이 어떻게 품질을 인지하는가 혹은 서비스에 대한 기대가 무엇인가에 따라 다르기 때문이다. 그 예로서 어느 여행사의 프런트데스크(front desk)에서 발생되는 서비스에 대해 그곳을 찾는 고객의 서비스 기대가 어느 정도인가에 따라 서비스 수준은 달라질 것이며, 이에 따라 같은 서비스에 대한 고객의 느낌도 달라질 수 있는 것이다. 결국 서비스를 제공하는 제공자의 입장에서는 똑같은 서비스를 고객에게 전달할 수 없는 것이다. 서비스를 받는 고객의 입장과 특히 서비스를 제공하는 직원의 행위는 오늘과 내일이 다르고 시간마다 달라질 수 있다.

따라서 점점 변해가는 고객의 다양한 욕구를 만족시키기 위해서는 전문성을 지닌 숙련된 서비스요원이 필요하다.

4) 소멸성

서비스는 고객에게 전달하는 동시에 소멸된다. 따라서 제품과 같이 저장하거나 재고를 비축할 수 없다. 저장불가능이란 제조업처럼 미리 재고비축 생산을 한다거나 원자재 확보 등을 통해 생산준비를 하는 것이 어렵다는 것이다. 이와 같이 서비스는 순간적 경험으로서 시간의 제약을 받고 재고 저장이 거의 불가능하므로 수요변화에 대한 완충이 어렵다. 생산된 서비스는 추후 사용 목적으로 보관 · 저장할 수 없는 동시성이 서비스 수요와 공급관리를 어렵게 한다. 또한 고객의 도착과 동시에 서비스를 제공해야 하는 경우가 많아 고객요구에 대한 대응시간인 리드타임(lead time)이 짧고, 고객의 도착도 불규칙하여 서비스 제공 능력과 수요의 일치가 어렵다. 호텔 식음료서비스의 경우 고객이 나타나야만 서비스가 이루어질 수 있으며, 객실의 경우 하루라도 고객이 투숙하지 않으면 그 객실에서 발생할 수 있는 그날의 서비스는 소멸되고 만다.

제품의 경우 원래의 모습대로 복원하여 생산이 가능하지만 서비스는 고객에게 한번 제공되면 근본의 것으로 다시 복원될 수 없다. 고객에게 전달된 서비스가 잘못된 경우 환원하여 다시 고객에게 전달하여도 그것은 이미 변형된 것으로 본래의 서비스는 아니다.

4. 서비스의 분류

서비스는 용도에 따라 다양하게 분류되지만 무엇이 서비스 기업인지 혹은 서비스 산업인지를 정확히 구분하여 정의하는 것은 어려운 일이다. 그 결과 아직까지도 전체 서비스를 명확하게 이해할 수 있는 분류체계가 존재하지 않고 있다. 각 정부 통계기관조차도 분류를 다르게 하는 경우가 많다.

따라서 본서에서는 모리스와 존스톤(Morris & Johnston)에 의한 투입요소에 따른 서비스의 분류와 한국 산업표준분류에 따른 서비스의 분류 형태를 알아보고자 한다.

1) 투입요소에 따른 분류

모리스와 존스톤은 서비스를 프로세스(process)로 정의하고 있다. 프로세스는 투입물을 처리하여 산출물로 바꾸게 된다. 이들은 관리적인 관점에서 세 가지 유형의 투입요소를 제시한 뒤 그에 따라 서비스를 분류하고 있다.

이 세 가지 투입요소에 대한 서비스 분류를 보면 다음과 같다.

고객처리 서비스 호텔객실 서비스를 이용하고 있는 고객

(1) 고객처리 서비스

고객처리 서비스는 고객이 그들 자신에게 직접 제공되는 서비스를 추구할 때 발생하는 것으로 고객 자체가 직접 서비스 시스템에 투입되어야 한다. 예를 들어 호텔에서 잠을 자고 식당에서 식사를 하며 병원에서 치료를 받게 된다. 이와 같이 보통 고객이 서비스 시스템 내에 있어야 하지만 때로는 전산 매체 등을 통해 멀리 떨어진 곳에서도 서비스 제공이 이루어질 수 있다. 고객처리 서비스의 산출물은 고객이 될 것이며 서비스의 질을 향상시키기 위해서는 고객의 적극적인 협조가 필요하다.

(2) 소유물처리 서비스

소유물처리 서비스는 고객이 자기 자신에 관한 것이 아니라 자신의 소유물에 관한 처리를 서비스 기업에 요구할 때 발생하는 것이다. 그 예로서 자동차 수리를 맡기는 경우이다. 이때의 산출물은 소유물이 되고, 이것은 가시적으로 드러나는 분명한 것이라고 할 수 있다. 이렇듯 서비스가 고객의 소유물에 대해서 일어날 때에는 서비스에 대한 고객의 신뢰도를 높일 수 있도록 고객의 참여를 유도하는 방안이 바람직할 것이다.

(3) 정보처리 서비스

모든 서비스 중에서 가장 전형적인 형태로 대면접촉에 의해서 또는 텔레커뮤니케이션(telecommunication)을 통해서 제시된다. 이때의 산출물은 편지, 보고서, 책, 테이프 등 다양한 물리적 형태로 제공된다. 이와 같이 효과적인 정보의 수집과 처리에 관련된 서비스로는 금융서비스, 회계, 법률, 교육, 시장조사, 컨설팅, 뉴스제공 등을 들 수 있다.

2) 한국산업표준에 따른 분류

우리나라 통계청의 한국표준산업분류는 산업관련 통계자료의 정확성과 비교성을 확보하기 위하여 작성되고 있다. 1963년 경제활동 중에서 광업과 제조업 부분에 대한 산업분류를 처음으로 제정하였고, 1964년 비제조업 부문에 대한 산업분류를 추가로 제정함으로써 우리나라의 표준산업분류를 완성하였다. 그 이후 몇 번의 개정작업이 있은 뒤 가장 최근의 개정은 지식 정보화 사회를 대비하고 서비스 산업 활동의 비중증대 및 전문화 추세를 반영하기 위하여 표준산업분류를 전면적으로 개정할 필요성이 대두되어 1998년 4월에 착수하여 2000년 3월부터 시행되고 있다.

분류체계는 산업별로 대분류, 중분류, 소분류, 세분류, 세세분류로 나누고 있다. 서비스 업종은 도·소매업의 G부터 대분류되어 있다.

대분류에는 구입한 각종 신상품 또는 중고품을 변형하지 않고 구매자에게 재판매하는 도매 및 소매활동, 판매상품에 대한 소유권을 갖지 않고 구매자와 판매자를 위하여 판매 또는 구매를 대리하는 상품중개, 대리 및 경매활동이 포함된다. 예를 들어 호텔업(세세분류)의 경우 대분류는 숙박 및 음식점업의 I이고, 중분류는 숙박업으로 55, 소분류는 숙박시설운영업으로 551, 세분류는 관광숙박시설운영업으로 5511, 세세분류는 호텔업으로 55111로 구분되어 있다.

〈표 1-4〉는 우리나라 표준산업분류 중 서비스 부문을 나타낸 것이다(참조 : 부록).

〈표 1-4〉 한국표준산업 분류의 서비스 부문

대분류	코드	중분류
G 도매 및 소매업	45	자동차 및 부품 판매업
	46	도매 및 상품 중개업
	47	소매업; 자동차 제외
H 운수 및 창고업	49	육상 운송 및 파이프라인 운송업
	50	수상 운송업
	51	항공 운송업
	52	창고 및 운송관련 서비스업
I 숙박 및 음식점업	55	숙박업
	56	음식점 및 주점업
J 정보통신업	58	출판업
	59	영상·오디오 기록물 제작 및 배급업

	60	방송업
	61	우편 및 통신업
	62	컴퓨터 프로그래밍, 시스템 통합 및 관리업
	63	정보서비스업
K 금융 및 보험업	64	금융업
	65	보험 및 연금업
	66	금융 및 보험관련 서비스업
L 부동산업	68	부동산업
M 전문, 과학 및 기술 서비스업	70	연구개발업
	71	전문서비스업
	72	건축기술, 엔지니어링 및 기타 과학기술 서비스업
	73	기타 전문, 과학 및 기술 서비스업
N 사업시설 관리, 사업 지원 및 임대 서비스업	74	사업시설 관리 및 조경 서비스업
	75	사업지원 서비스업
	76	임대업; 부동산 제외
O 공공 행정, 국방 및 사회보장 행정	84	공공행정, 국방 및 사회보장 행정
P 교육 서비스업	85	교육 서비스업
Q 보건업 및 사회복지 서비스업	86	보건업
	87	사회복지 서비스업
R 예술, 스포츠 및 여가관련 서비스업	90	창작, 예술 및 여가 관련 서비스업
	91	스포츠 및 오락 관련 서비스업
S 협회 및 단체, 수리 및 기타 개인 서비스업	94	협회 및 단체
	95	개인 및 소비용품 수리업
	96	기타 개인 서비스업
T 가구 내 고용활동 및 달리 분류되지 않은 자가 소비 생산활동	97	가구 내 고용활동
	98	달리 분류되지 않은 자가 소비를 위한 가구의 재화 및 서비스 생산활동
U 국제 및 외국기관	99	국제 및 외국기관

자료: 통계청(2020) 저자에 의해 재작성

5. 서비스 시스템

1) 생산 · 운영 시스템

기업, 학교, 공공기관 등과 같이 영리 혹은 비영리로 운영하든 조직을 갖추어 목적을 달성하고 있다. 결국 제품과 서비스를 생산하는 시스템에 있어 생산 · 운영 기능은 반드시 필요하다. 시스템마다 변형의 유형이나 투입과 산출 요소는 달라도 생산 · 운영 기능의 본질은 같기 때문에 모든 조직은 생산 · 운영의 기능을 가진다.

[그림 1-4] 투입 · 변형 · 산출의 관계

[그림 1-4]와 같이 조직은 투입을 산출로 변형시키는 시스템에 대한 계획 및 통제를 수행한다. 변형과정은 투입된 것을 변형시켜 무엇인가 고객이 요구하는 형태로 산출하는 것을 의미한다. 제조업의 생산시스템은 변형과정이 유형적이며 부가가치가 쉽게 인지될 수 있으나 서비스시스템은 무형적 측면이 강하므로 관리와 통제의 어려움이 크다.

〈표 1-5〉 투입 · 변형 · 산출 사례

구분	투입	생산운영(변형과정)	산출
항공	항공기, 기장, 승무원 등	빠른 운행, 안전한 수송, 친절한 서비스 등	시간 절약, 목적지 도착 등
호텔	시설, 기물, 호텔 종사원 등	안락한 객실, 맛있는 요리, 친절한 서비스 등	편안한 1박, 욕구해소 등
은행	은행원, 예금상품, 현금 지급기 등	재산보호, 증식, 안전한 보관 등	안정적 이자, 예금대출 등
미용실	미용사, 장비, 화장품 등	파마, 커트, 면도, 샴푸 등	단정한 외모 등
학교	시설, 교직원, 실습 기자재 등	이론수업, 실습, 견학, 발표 등	졸업장, 학위취득 등

2) 서비스 시스템

서비스 시스템은 구분이 모호하지만 기술적인 변형을 담당하는 서비스 운영시스템과 고객과 상호작용이 필요한 서비스 제공시스템으로 구분된다. 서비스 운영시스템에서는 서비스 활동으로 투입 · 산출의 변형이 일어난다. 운영(operations)이란 투입을 산출로 변환하는 과정을 포함하는 것으로 정의된다.

[그림 1-5]에서 보듯이 서비스 시스템은 보이는 부분(가시적 부분)과 보이지 않는 부분(비가시적 부분)으로 나눌 수 있다. 전자인 서비스 제공시스템은 언제, 어디서, 어떻게 서비스가 제공되는가에 관한 것이며 가시적 요소(물적자원, 서비스 제공자)는 고객에게 직접적인 접촉으로 노출된다. 후자는 서비스 운영시스템으로서 '기술적 핵심(technical core)이라고 부르며 고객은 이 존재를 의식하지 못하는 경우가 많다. 비가시적인 서비스 활동의 비중은 서비스 성격에 따라 달라진다. 예를 들어 고객의 핸드폰 수리와 같은 소유물처리 서비스는 호텔숙박과 같은 고객처리서비스보다 비가시적 부분이 더욱 크다. 따라서 기술적 핵심은 후방 지원활동으로써 고객접촉 활동인 전방활동과 구분된다.

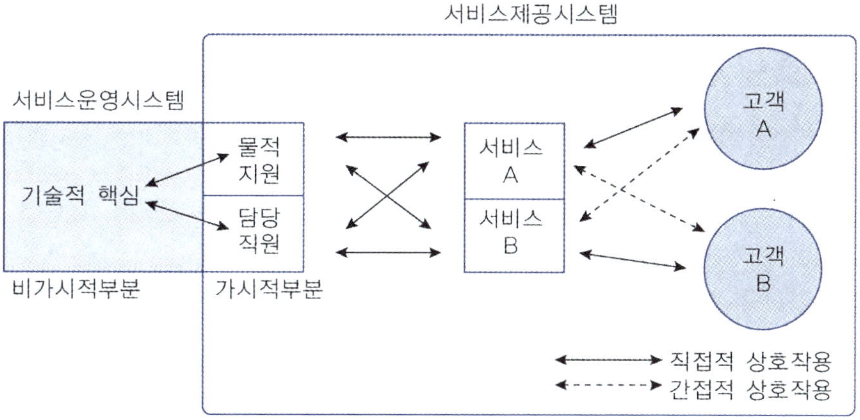

자료: C. Lovelock(1991).

[그림 1-5] 서비스 시스템

사례 1-1 제품과 서비스와의 관계?

제품과 서비스의 가장 복잡한 패키지 중의 하나가 TV이다. 대부분의 소비자들은 TV를 제조된 하나의 제품이라고 생각한다. TV 세트는 생산되어 가정으로 운반되고 시간이 지나면서 사용되는 제품이 분명하지만 일반가정에서 TV를 통하여 어떻게 소비되고 있는지를 보면 서비스라는 존재를 엿볼 수 있을 것이다. TV라는 제품은 실제로 방송사에서 전해지는 각종 프로그램과 광고를 서비스 받아 볼 수 있도록 한 것이다.

그러나 이러한 기능을 가진 제품을 설치하기 위해서는 전자판매회사로부터의 서비스가 있어야만 가능하다. 방송사는 여러 프로그램과 광고를 제작하여 TV라는 매체를 통하여 가정에서 소비하게 한다. 이러한 것들이 다시 TV라는 제품의 구매를 촉진시킨다. 하지만 거의 모든 사람은 TV 세트를 구매하기 위한 비용은 TV에서 보여지는 프로그램을 위한 것이 아니라 TV 세트 그 자체만을 위한 것이라 생각할 것이다.

하지만 미국인들은 매년 TV 세트보다는 프로그램에 더 많은 비용을 소비한다고 한다. 1970년 미국에서는 29억 8,300만 달러의 TV 세트가 판매되었고 30억 3,500만 달러의 광고가 미국인들에 의해서 팔렸다. 미국인 가족은 매년 평균 1,200시간 동안 TV 시청을 하며 보냈다. 이로서 연간 비용은 TV 세트 구입에 26달러, TV 설치 서비스 20달러, 광고 15달러, 그리고 기타 수리비에 10달러를 지불한 것으로 통계되었다.

결국 미국 국민들이 TV 시청을 하는 데 쓰는 비용의 전체 중 63%가 서비스를 위한 것임을 알 수 있다.

이렇듯 거의 모든 제품의 구매활동에 있어서 서비스는 동시에 이루어진다.

사례 1-2 서비스 기업이란 무엇인가?

서비스를 분류한다는 것은 어려운 일이다. 이에 따라 어떠한 기업이 서비스 기업이고 어떠한 기업이 서비스 기업이 아닌지를 구분하는 것 또한 매우 어렵다. 한 예로서 어느 생선소매 회사의 발전과정에서 그 복잡성을 보고자 한다.

매일 잡는 생선을 팔기 위해 생선소매회사는 소매시장체인업을 운영하였다. 신선한 생선은 부패성이 매우 강하므로 24시간 이내에 팔리지 않은 제품은 포장되고 냉동되었다. 이러한 생선은 냉동실 가동과 포장비용으로 인해 가격이 높아짐에 따라 소비자의 소비가치는 낮아졌다. 이 같은 상황을 극복하고자 이 가게는 소비자들에게 초저녁에 생선소매시장에서 생선요리를 집에 기져가서(takeout) 먹게 할 수 있도록 새로운 운영방법으로 다각화를 꾀하였다. 보다 성공적이긴 했으나 신선한 생선을 모두 소비할 만큼 수요가 충분하진 않았다. 그래서 시트다운(Sit-down) 레스토랑을 겸비하여 운영하게 되었다.

결국 이 기업은 네 번의 변화를 통하여 운영되고 있다. 즉 생선소매회사는 생선이 라는 단순한 제품판매에서 서비스업인 레스토랑을 겸비하여 운영하는 과정에서 제품과 서비스의 스펙트럼을 엿볼 수 있다.

제2절 관광서비스의 개념 정의

1. 관광의 이해

1) 놀이와 여가의 개념

인류는 사상 최초로 티그리스강과 유프라테스강 중간지역에 도시군락을 형성하고 나일강 연안에 최초의 통일국가를 건설하였다. 이러한 다른 생활 형태는 필연적으로 새로운 사람들의 흐름을 유발하였다. 사자(使者)들은 도시와 도시 사이를 왕복하였고, 관리들은 각기 담당업무를 공무로 순찰하였으며, 상인들은 여기저기로 시장을 찾아다녔고, 축제일에는 많은 사람들이 도시나 전원지대로부터 성지를 찾아 몰려들었다.

그러나 인간은 한 국가를 형성하기 이전에 의식주를 해결하기 위하여 무리를 지어 다른 지역으로의 이동을 거듭하였을 것이며, 한 곳에 정착하는 동안 그 주변의 색다른 발견을 지속하였을 것이다. 이와 관련하여 호이징하(Huizinga)는 "놀이는 순수한 물리적 또는 순수한 생물학적 행위의 한계를 넘어선 것이다. 놀이는 하나의 의미있는 기능이다. 즉 놀이에는 뜻이 있으며 놀이 속에는 생활의 직접적인 욕구를 초월하고 동시에 생활 행위에 의미를 부여하는, 놀고 있는(at play) 어떤 것이 있기 때문에 인간은 '놀이하는 인간(Homo Ludens)'이라고 하였다. 즉 인간은 생각하는 인간(Homo Sapiens), 만드는 인간(Homo Faber)이라기보다는 '놀이하는 인간'에 더 가깝다고 하였다.

또한 "놀이에 대한 욕구는 놀이로 인한 즐거움이 놀이를 욕구하는 한에서만 절실해지는 것이다. 놀이가 언제나 연기될 수 있으며 중지될 수 있는 이유는 결코 물리적 필요나 도덕적 의무로 부과되는 것이 아니기 때문이다. 따라서 놀이는 결코 임무가 아니며 여유가 있을 때, 자유시간에 행해지는 것으로서 자유스러운 것, 바로 자유이다"라고 하였다.

그리고 맥켄널(MacCannell)은 관광은 그 모든 것에서 대중을 벗어나게 하는 일종의 현대적 의례와 같은 것이라고 하였다. 여기서 '그 모든 것'은 일터, 숙제, 가사 등과 같은 일상적이고 세속적인 생활이며, 관광은 다른 특수한 형태의 도덕생활과 마찬가지로 일정한 시간 동안에만 지속되므로 장기간에 걸친 일상생활과 대조를 이룬다.

인간의 활동은 일(work)과 여가(leisure) 생활의 연속이다. 특히 일은 인간 자신과 사회의 요구에 부응하기 위하여 행해지는 활동이다. 그러나 이로 인해 스트레스와 권태의 지배로부터 벗어나고자 자유, 참여, 자기실현의 욕망과 같은 욕구충족을 실현하기 위하여 여가를 선호하게 되었다. 그리고 이러한 가운데 일상생활로부터의 이탈현상을 가져왔다.

특히 현대사회에 있어 여가란 취해도 좋고 버려도 좋은 것이 아니라 개인의 균형잡힌 생활양식을 위한 정신과 육체의 건강을 도모할 뿐만 아니라 전 사회경제를 안정시키는 데에도 크게 도움을 준다.

결국 여행을 여가의 일부라고 볼 때 인간에게 여행은 본능적인 활동이며 이러한 활동을 통하여 인간의 삶을 영위할 수 있는 것이다.

2) 관광과 여행의 개념

현대사회에 접어들면서 관광과 여행을 구분지어 설명하기란 어렵다. 혹자는 관광이란 인간이 일시적으로 반복되는 일상생활을 벗어나 다시 돌아올 예정으로 타국·타지의 문물 및 제도 등을 시찰하고, 또는 경치를 감상·유람하는 목적으로 여행하는 것이라고 정의하고 있다. 그뿐만 아니라 세계관광기구(World Tourism Organization : WTO)도 관광(tourism)은 1년 미만의 기간 동안 일상생활권을 떠나 여가·업무 등의 목적으로 여행을 하거나 머무르는 인간의 활동이라고 정의하고 있다.

또한 여행(travel)을 일반적으로 인간이 2개 지역 또는 그 이상의 지리적으로 떨어진 지역을 이동하는 행위, 혹은 단순히 목적이나 동기와 관계없이 한 장소에서 다른 장소로 이동하는 행위라고 여러 학자들에 의해 정의되고 있다.

인간이 노동을 벗어나 다른 시·공간에서 행하여지는 제반 활동의 의미로 보면 관광과 여행의 개념이 같을 수 있으나, 관광은 본질적으로 여행의 한 형태라는 관점에서 서로의 개념은 달라져야 할 것이다. 그 예로서 국민의 관광참가율과 여행시장 등의 개념은 관광이 여행 중에서 커다란 의미를 가진다는 것을 강조한 분류개념인 것이다.

근대 이후 여행이란 용어는 일괄해서 관광이라 불리고 있으나, 최근 미국에서는 관광보다는 여행이라는 광범위한 개념을 취하는 것이 보편화되고 있다. 이때의 여행이라는 개념은 관광을 포함하며 관광은 여행의 한 종류로서 인식된다. 결국 관광은 어떠한 목적이나 동기를 가지고 이동하여 일상생활권으로 다시 돌아오는 여가활동의 한 유형이며, 여행은 이러한 목적이나 동기와 관계없이 일상생활권을 벗어나 이동하는 여가활동의 한 유형이라할 수 있다.

[그림 1-6]은 PLTT, 즉 놀이(play), 여가(leisure), 여행(travel), 관광(tourism)의 상관관계를 나타낸 것으로 이것은 인간의 본능적 의미를 지닌 "즐거움"이라는 시각에서 보면 결국 관광이라는 개념의 근원은 놀이에서 찾아볼 수 있겠다.

[그림 1-6] PLTT의 상관관계

관광이야기

관광이란 술어는 다음과 같이 변화되었다. 1746년 영어의 turn(to take a turn)이 1760년 tour(to make a tour)로 바뀌었고, turn과 tour는 라틴어 tournus(도르래)에서 파생되었다. tour의 접미어 -ist와 -ism의 사용은 1800년과 1811년에 각각 『옥스퍼드 영어사전(Oxford English Dictionary)』에서 소개되었다(Fuster 1981). Tourism은 관광으로 번역되어 사용하고 있으며 이 용어가 영어로 처음 사용된 것은 1811년 『스포팅매거진(The Sporting Magazine)』 스포츠 월간지이다.

한편 동양에서의 관광(觀光)이라는 어원은 기원전 8세기경 고대 중국의 주나라에서 편찬된 오경(五經) 가운데 하나인 『주역(周易)』의 관국지광 이용빈우왕(觀國之光 利用賓于王)에서 비롯되었으며, 이것은 '나라의 뛰어난 경관과 문화 등을 보여준다는 것은 왕의 손님으로 접대하기에 적합하다'라는 의미이다.

관광이라는 용어가 우리나라에서 처음으로 사용된 것은 고려 예종 11년(1115년)으로 송나라 방문 사신의 조서 부문에서 '관광상국 진파숙습(觀光上國盡把宿習)'이라는 내용을 볼 수 있다. 이는 '상국(上國)을 방문하여 문물제도를 시찰하는 것'으로 해석된다. 그 후 1385년 정도전의 『삼봉집(三峰集)』에서 중국 북경 신년 가정사의 여행기 제목을 관광집(觀光集)으로 소개하는 곳에서 찾아볼 수 있다.

여행의 의미를 포함하고 있는 Travel의 어원은 라틴어의 Travail에서 파생되었다. 이것은 고생 혹은 노동(trouble, work)의 의미를 가지고 있으며, 과거 고대 그리스 로마시대의 여행은 특권층이 아닌 서민들에게는 위험과 고역이 따르는 활동이었음을 알 수 있다.

한편 동양에서의 여행(旅行)이라는 용어의 최초 사용 시기는 『예기(禮記)』에서 찾아볼 수 있는데 여기에서의 旅는 '나그네'를 의미하며 行은 '가다, 돌아다니다'라는 뜻을 담고 있어 여행은 이동의 개념을 포함하고 있다.

2. 관광산업의 현상적 범위

관광은 맥켄널(MacCannell)이 주장한 그 모든 것에서 대중을 벗어나게 하는 일종의 현대적 의례와 같은 것, '그 모든 것'은 일터, 숙제, 가사 등과 같은 일상적이고 세속적인 생활이며, 관광은 다른 특수한 형태의 도덕생활과 마찬가지로 일정한 시간 동안에만 지속되므로 장기간에 걸친 일상생활과 대조를 이룬다라고 하는 개념정립은 그 범위를 한정할 수 없는 광의의 개념이라 할 수 있다.

반면 WTO의 관광 개념정립은 1년 미만의 기간 동안 일상생활권을 떠나 여가, 업무 등의 목적으로 여행을 하거나 머무르는 인간의 활동이라고 정의하고 있다. 이는 관광의 시간적 · 공간적 · 활동적 범위를 어느 정도 한정하고 있으나 이 역시 범위를 국한하는 데에는 한계가 있을 수 있다.

따라서 본서에서는 관광현상으로서의 범위를 알아보고 그 범위에 따라 서비스 영역에 해당하는, 즉 관광의 주체인 관광자 혹은 관광객체인 관광대상의 시각에서가 아닌 관광자와 관광대상을 결부 내지 중개역할을 하는 관광매체인 관광사업과 범위를 국내 및 외국으로 구분하여 살펴보고자 하며, 이는 관광서비스의 범주 및 관광서비스 개념정립에 대한 전단계이기도 하다.

1) 관광현상의 구성체계

관광현상은 매우 복잡하므로 이를 보다 쉽게 이해하기 위해서는 체계론적 사고와 접근방법이 적합하다. 체계론적 사고란 문제의 인식과 해결을 위해 목적과 목표를 설정하고 문제의 부분적 해결보다는 전체적으로 파악하려는 사고방식이다. 관광현상의 범위를 알아보기에 앞서 관광현상을 구성하고 있는 관광체계(tourism system)의 구성요소를 보면 관광체계는 거시적인 환경과 상호작용한다. 관광현상을 둘러싸고 있는 거시적인 환경으로는 정치적 환경, 경제적

환경, 사회·문화적 환경, 기술적 환경, 그리고 생태적 환경 등으로 구성된다.

이와 같은 거시적 환경 내에서 서로 상호작용하는 관광체계의 요소를 보면 [그림 1-7]과 같다. 즉 관광현상의 주체적인 요소로서 관광자의 행동에 관련된 관광행동(tourist behavior) 요소, 관광현상의 객체적인 요소로 관광대상에 관련된 관광자원(tourism resources) 요소, 관광현상의 매체적 요소로서 관광행동과 관광자원을 연결시켜 주는 관광산업(tourism industry) 요소, 또한 관광현상의 매체적인 요소로서 주로 정부가 개입하는 부분인 관광정책(tourism policy) 요소, 마찬가지로 관광현상의 매체적인 성격을 띠고 있는 관광정보(tourism information) 요소 등으로 구성된다.

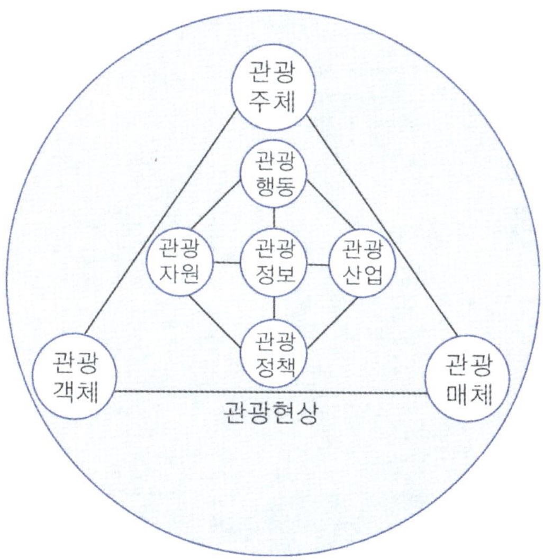

[그림 1-7] 관광현상의 구성체계

결과적으로 5가지의 관광체계요소는 관광의 3대 요소인 관광주체, 관광객체, 관광매체에서 파생되며 이러한 모든 구성요소들은 관광현상의 범위에 포함시킬 수 있다.

2) 외국 관광사업의 범위

Gee의 관광객을 중심으로 한 관광사업의 범주의 내용을 보면 [그림 1-8]과 같다. 즉 관광사업 내의 하부사업 · 조직이 다른 하부사업 · 조직과 관광객에게 어떻게 관련되는가를 이해시키고 있다. 하부사업 · 조직들이 관광사업의 구성부문이 되고 직접서비스 제공자(direct providers), 지원서비스(support services) 및 개발조직(development organizations)으로 나타낼 수 있다.

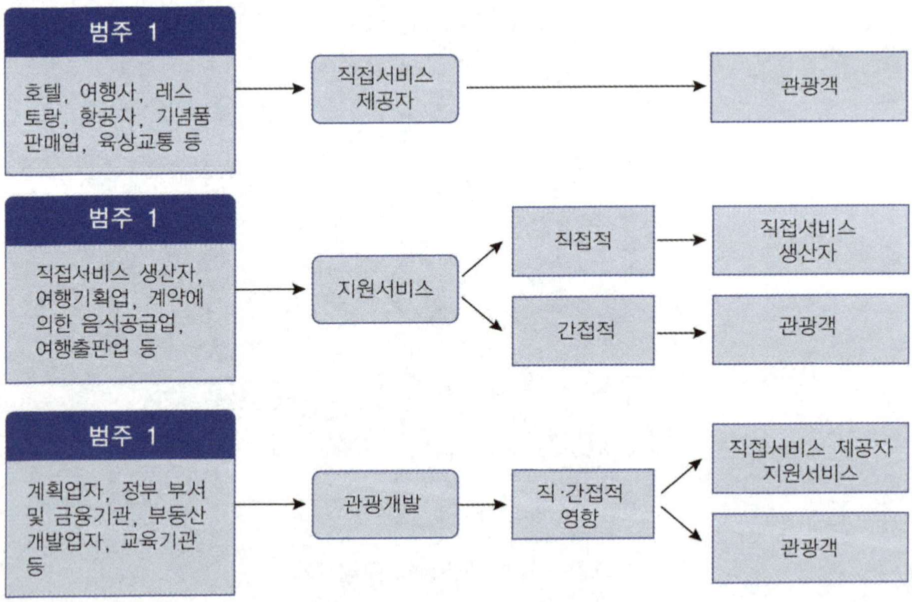

자료: Chuck Y. Gee, James C. Makens, and Dexter J. L. Choy(1989).

[그림 1-8] Gee의 관광사업 범주 및 관련도

제1의 범주인 직접서비스 제공자는 항공사, 호텔, 육상교통, 여행사, 레스토랑, 소매점포 등과 같은 일반적으로 관광과 연결된 사업을 포함한다. 이러한 사업은 직접 관광객들에게 소비되고 구매되는 서비스, 활동 및 제품을 제공하는 데 관광객들에게 보여지는 분야를 나타내고 있다.

제2의 범주인 지원서비스는 여행기획업자(tour organizers), 관광 및 업계 출판물, 관광조사기업 등과 같은 전문화된 서비스 형태를 갖춘 기업을 포함하고 있다. 그리고 외주계약에 의한 세탁서비스(contract laundry)와 음식 공급서비스(contract food services) 등과 같은 관광객에게 간접적으로 제공하는 사업도 포함하고 있다.

제3의 범주인 관광개발소식은 계획업자(planner), 정부기관, 금융기관, 부동산 개발업자, 그리고 교육 및 직업훈련 기관 등이 포함된다. 이러한 조직은 관광개발을 취급하고 있는데 업무의 성격상 순간적인 관광서비스 생산 업무보다는 복잡하고 그 영역이 매우 넓다. 관광개발에 관한 의사결정과 그것의 결과가 장기적인 이유로 인하여 순간적인 운영에 초점을 맞추고 있는 제1, 2의 범주와는 다르다.

결과적으로 제1의 범주에 속해 있는 사업은 재화나 서비스를 관광객에게 직접 제공하는 사업이다. 또한 제2의 범주는 관광객에게는 간접적으로, 제1의 범주에 속해 있는 기업에게는 직접적으로 재화나 서비스를 제공하는 관광사업이라 할 수 있다. 그리고 제3의 범주는 관광객에게는 간접적으로, 관광개발에는 직접적으로 재화나 서비스를 제공하는 사업으로 구분될 수 있다.

〈표 1-6〉은 미국의 상무성 표준산업분류 중 관광관련 사업을 나타낸 것으로 그 범위가 매우 넓고 다양함을 볼 수 있다.

〈표 1-6〉 미국 관광관련 사업의 범주

SIC Code	Industrial Component
4011	Railroad
4111	Local and suburban transit, including airport transportation and local bus operations
4119	Local passenger transportation not otherwise classified, including sightseeing buses and limousine rental
4121	Taxicabs
4131	Intercity and rural highway passenger transportation
4142	Passenger transportation charter service, except local
4173	Bus terminal and service facilities
4431	Great Lakes-St. Lawrence Seaway transportation4459 Sightseeing boats, water taxis, swamp buggy rides, and excursion boats
4481	Deep-sea transportation of passengers, except by ferry4489 Water transportation of passengers
4493	Marinas, not elsewhere classified
4511	Air transportation, certified carriers
4512	Air transportation, scheduled
4521	Air transportation, noncertified carriers including sightseeing plane service4581 Service related to air transportation
4724	Travel agencies
4725	Tour operators
4729	Arrangement of passenger transpor tation not elsewhere classified5541 Gasoline service stations
5561	Recreation vehicle dealers
5812	Eating and drinking places-primarily eating establishment-may or may not serve alcoholic beverages
5813	Eating and drinking places-primarily drinking establishment-may or may not serve food

5946	Camera and photographic supply stores6052 Gift, novelty, and souvenir shops
7011	Foreign exchange establishments
7032	Sporting and recreational camps
7033	Trailer parks and camp sites
7514	Passenger car rental without drivers
7922	Theatrical producers
7929	Bands, orchestras without drivers
7948	Racing, including track operations
7993	Coin operated amusement devices
7996	Amusement parks
7999	Amusement and recreation service not classified elsewhere
8412	Museums and art galleries
8422	Botanical and zoo logical gardens
8941	Professional sports clubs

자료: Chuck Y. Gee, James C. Makens, and Dexter J. L. Choy(1989).

3) 한국 관광사업의 범위

우리나라 관광관련 사업의 유형 및 범위는 관광진흥법 제2장 제3조와 관광진흥법 시행령 제2조에서 규정한 관광사업 유형의 세분화에서 볼 수 있다. 그 내용을 보면 아래와 같다.

(1) 여행업

여행자 또는 운송시설, 숙박시설, 기타 여행에 부수되는 시설의 경영자 등을 위하여 당해 시설이용의 알선이나 계약체결의 대리, 여행에 관한 안내 기타 여행의 편의를 제공하는 업으로서 일반여행업, 국외여행업, 국내여행업으로 구분하고 있다.

(2) 관광숙박업

관광숙박업은 호텔업과 휴양콘도미니엄업으로 나눈다. 호텔업은 관광객의 숙박에 적합한 시설을 갖추어 이를 관광객에게 제공하거나 숙박에 부수되는 음식, 운동, 오락, 휴양, 공연 또는 연수에 적합한 시설 등을 함께 갖추어 이를 이용하게 한다. 휴양콘도미니엄업은 관광객의 숙박과 취사에 적합한 시설을 갖추어 이를 당해 시설의 회원, 공유자 기타 관광객에게 제공하거나 숙박에 부수되는 음식, 운동, 오락, 휴양, 공연 또는 연수에 적합한 시설 등을 함께 갖추어 이를 이용하게 한다.

또한 호텔업은 관광호텔업(종합관광호텔업, 일반관광호텔업)과 수상관광 호텔업, 한국전통호텔업, 가족호텔업으로 세분되어 있다.

(3) 관광객이용시설업

관광객을 위하여 음식, 운동, 오락, 휴양, 문화, 예술 또는 레저 등에 적합한 시설을 갖추어 이를 관광객에게 이용하게 하는 업과 대통령령이 정하는 2종 이상의 시설과 관광숙박업의 시설 등을 함께 갖추어 이를 회원 기타 관광객에게 이용하게 하는 업으로 전문휴양업과 종합휴양업(제1종 종합휴양업, 제2종 종합휴양업), 자동차야영장업, 관광유람선업, 관광공연장업, 외국인전용 관광기념품판매업으로 구분된다.

(4) 국제회의업

국제회의업은 대규모 관광수요를 유발하는 국제회의(세미나, 토론회, 전시회 등을 포함)를 개최할 수 있는 시설을 설치 · 운영하거나 국제회의의 계획, 준비, 진행 등의 업무를 위탁받아 대행하는 업이며, 국제회의시설업과 국제회의기획업으로 구분된다.

(5) 카지노업

전용영업장을 갖추고 주사위, 트럼프, 슬롯머신 등 특정한 기구 등을 이용하여 우연의 결과에 따라 특정인에게 재산상의 이익을 주고 다른 참가자에게 손실을 주는 행위 등을 하는 업이다.

(6) 유원시설업

유기시설 또는 유기기구를 갖추어 이를 관광객에게 이용하게 하는 업(다른 영업을 경영하면서 관광객의 유치 또는 광고 등을 목적으로 유기시설 또는 유기기구를 설치하여 이를 이용하게 하는 경우를 포함)이며, 종합유원시설업, 일반유원시설업, 기타유원시설업으로 구분하고 있다.

(7) 관광편의시설업

관광편의시설업은 동법 규정에 의한 관광사업 외에 관광진흥에 이바지할 수 있다고 인정되는 사업이나 시설 등을 운영하는 업을 의미하며, 관광 유흥음식점업, 외국인전용 유흥음식점업, 관광식당업, 시내순환관광업, 관광사진업, 여객자동차터미널시설업, 관광토속주판매업으로 세분된다.

이와 같이 우리나라 관광법규상 관광사업을 크게 7가지로 분류하여 설명하고 있으며 이것으로써 관광객의 관광활동에 따른 범주를 어느 정도 가늠할 수 있다. 그러나 시간의 변화에 따른 관광객의 욕구가 다양해지고 있기 때문에 구체적으로 그 범위를 한정하여 나타내기란 그리 쉽지 않다.

물론 시대의 변화에 의해 관광객의 욕구와 필요가 다양해져 향후의 관광 관련사업 범위가 달라지겠지만 Gee와 외국의 관광관련사업의 범위, 그리고 한국의 관광법규상 관광관련사업을 통합하여 관광산업의 현상적 범위를 보면 [그림 1-9]와 같이 나타낼 수 있다.

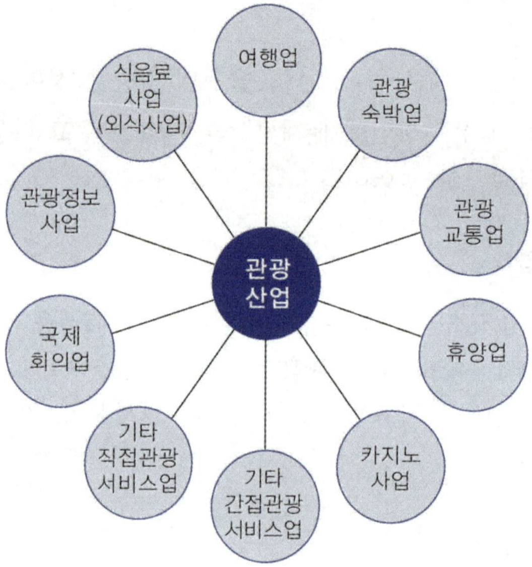

[그림 1-9] 관광산업의 현상적 범위

3. 관광서비스의 범주

관광서비스의 범주를 설정하기 위해서는 서비스의 개념과 관광의 개념을 이해하는 것으로부터 시작된다. 관광서비스도 다양한 서비스의 유형 가운데 분류된 하나의 서비스 형태이기 때문이다. 제1절에서 보았듯이 서비스는 행위(deeds), 과정(processes) 및 그 결과인 성과(performances)이다. 서비스는 만지고, 보고, 냄새를 맡을 수 있는 유형적인 것이라기보다는 무형적인 행위와 성과이다. 즉 전반적인 서비스는 문제분석, 고객과의 만남, 사후처리 및 보고로 이어지는 '행위, 과정, 성과의 연속선'을 통해 고객에게 전달된다.

서비스는 한 부분에서 다른 곳으로 제공되는 본질적으로 무형의 것이고 어떤 소유권도 발생되지 않는 활동이나 편익이다. 즉 경제주체에 대하여 유용한 노동을 하는 행동개념을 서비스로 규정하고 있다.

그 밖에 서비스를 다음과 같이 정의하고 있다.

서비스는 이용 가능한 제 자원(사람, 물건, 시스템)이 유용한 기능을 다하는 것을 가리킨다. 따라서 서비스는 물건을 낳게 하는 원천이 반드시 존재하며, 결국 서비스 주체는 구체적으로 물건이고, 그것이 발휘하는 유용한 기능의 작용이 서비스이다. 결과적으로 서비스는 서비스 주체에서 서비스 대상이 되게 하는 작용이라고 말할 수 있으며, 서비스 대상은 서비스라고 하는 작용을 받는 것에 의하여 그 이전의 상태에서 변화한다.

관광이란 무엇인가? 여기에 관한 많은 개념 중 WTO의 관광 개념 정립을 보면 1년 미만의 기간 동안 일상생활권을 떠나 여가, 업무 등의 목적으로 여행을 하거나 머무르는 인간의 활동이라고 정의하고 있다. 이것은 이동(movement)과 시간을 기초로 하여 관광을 개념화한 것이다. 그러나 이러한 개념정의로는 인간의 활동을 내포하고 있는 관광서비스의 범위를 설정하기는 어렵다. 앞서 보았듯이 관광의 개념을 둘러싸고 있는 관광현상의 구성요소에는 관광행동(tourist behavior) 요소, 관광자원(tourism resources) 요소, 관광산업(tourism industry) 요소, 또한 관광정책(tourism policy) 요소, 관광 정보(tourism information) 요소 등으로 되어 있으며, 이러한 5가지의 관광체계요소는 관광의 3대 요소인 관광주체, 관광객체, 관광매체에서 파생된다.

또한 관광가치를 창출하는 관광상품은 어떠한가? 관광상품은 물적자원에 의한 생산부문(식음료, 관광기념품 등)과 시설부문(호텔시설, 주제공원 등)을 내포하고 있는 유형재와 관광종사원의 인적자원의 서비스부문인 무형재를 포함하고 있다. 예를 들어 관광서비스 중 호텔서비스부문에서 제공하는 서비스는 가시적으로 나타나는 제반시설과 식음료, 장비, 소모품 등을 포함하는 물리적인 서비스와 고객과 접객종사원 간의 대인관계적인 인적서비스, 접근성과 편리성 등의 입지, 호텔에 대한 고객의 이미지와 가격 등과 같은 유·무형의 서비스 모두가 관광서비스의 범주에 속한다. 그러나 관광 서비스는 서비스 그 자체의 본질적인 특성이 있으나 인적서비스에 대한 의존도가 높게 나타난다.

따라서 본서에서는 관광의 개념을 구성하고 있는 관광현상의 모든 요소들이 관광서비스에 해당할 수 있으나, 관광의 주체인 관광자와 관광자원 및 관광대상이 되는 관광객체의 관점이라기보다는 관광자를 관광할 수 있도록 하는 그 행위적인 측면에서 관광매체인 관광산업을 중심으로 관광서비스의 범주를 설정하고자한다.

4. 관광서비스의 정의

서비스를 인간의 인간에 대한 봉사라고 칭하면서 서비스의 공업화를 주장하였다. 하지만 이 같은 정의는 과거 초기의 서비스 개념이다. 시간의 흐름에 따라 서비스의 개념이 달라짐과 동시에 관광서비스의 개념 또한 변화하여야 한다. 어느 학자는 관광서비스의 개념을 기능적, 비즈니스(business)적, 구조적 측면에서 정의하고 있다. 기능적 정의는 관광기업의 수입증대에 기여하기 위한 종사원의 헌신적 봉사하는 자세와 업무에 대해 최선을 다한다는 태도, 즉 세심한 봉사정신이다. 비즈니스적 정의로는 관광 기업활동을 통하여 고객인 관광객이 호감과 만족을 느끼게 함으로써 비로소 가치를 낳는 지식과 행위의 총체이다. 또한 구조적 정의로서의 관광서비스는 관광기업이 기업활동을 함에 있어서 관광객의 요구에 맞추어 소유권의 이전이 없이 제공하는 상품적 의미의 무형의 행위 또는 편익의 일체라고 언급하고 있다. 그 밖에 전문서비스의 하나인 관광서비스를 관광사업의 영업효과에 직접 관련되는 촉매요소로서 작용하는 정신적 배려행위라 정의하고 있다. 하지만 이러한 관광서비스의 개념들에서는 기업의 궁극적 목적인 이윤추구의 시각으로 보는 견해가 크다.

관광기업 및 조직이 고객의 욕구를 충족시키기 위해서 제공되는 모든 인간적 활동, 혹은 관광활동 내에 고객인 관광객을 위해 제공되거나 부수되는 욕구충족의 주체적이고 핵심적인 것으로 소득에 의해 소비자효용이 일어나기보다는 행위나 성과에 의해 효용이 나타나는 소유권의 이전이 수반되지 않는 무형행위 또는 편익의 총체로 관광서비스를 정의하고 있다.

이는 관광서비스를 단순 소비자가 아닌 지속적인 유착관계에 있는 고객의 시각에서 정의함으로써 한층 변화됨을 엿볼 수 있다. 그러나 관광의 범위가 어느 정도 함축되어 있지 않고 있다.

따라서 관광서비스는 "관광의 현상적 범위 내에서 고객인 관광자의 욕구를 충족시켜 주기 위해 가능한 제 사원을 이용하여 유용한 기능의 행위를 다하는 것"이라고 할 수 있다.

사례 1-3 관광서비스의 고객만족경영(여행업)

여행업의 특성상 인적 서비스 의존도가 높은 것이 사실이지만 몇몇 여행사를 제외하고는 변변한 서비스교육이 제대로 이뤄지고 있지 않은 것도 현실이다. 최근 하나투어가 회사 규모의 성장과 실적 향상에 주력해 오면서 다소 부족했던 직원 교육에 대해 체계적인 전략을 수립하고 집중적인 투자를 결의해 화제다. 하나투어가 수립한 인재육성 프로그램은 비전달성을 위한 하나인상 확립과 고객중심의 기업문화 창출을 콘셉트(concept)로, 현안 과제는 1) 고객만족을 위한 지속적인 친절서비스교육, 2) 세일즈맨 교육강화 및 고성과 세일즈맨 양성, 3) 관리자 능력향상 및 개인역량 강화, 4) 시너지 창출을 위한 직원의식 교육, 5) 건강한 일터를 위한 기업문화 조성, 6) 사이버교육 기반 확보 등 여섯 가지로 설정했다. 이를 달성하기 위해 계층별 직능별 교육이 실시된다.

교육프로그램의 첫 단계로 지난 수일 전부터 고객만족경영과정을 실시하고 있다. 대상은 임원을 포함한 전 직원이며 3주간 진행된다. 지방 지사도 출장 교육을 받는다. 하나투어의 인재양성 교육프로그램을 총괄 기획하고 이번 고객만족경영 과정을 직접 진행하는 오○○ 대리는 "끊임없이 변화하는 고객의 기대와 수준에 기업 역시 같은 속도로 변화하지 않으면 고객만족을 기대할 수 없으며 새로운 문화 생산자로서 고객만족에 대한 이해와 노력이 기본적이며 필수적으로 필요하기 때문에 고객만족경영과정을 실시하게 됐다"고 교육실시 취지를 밝혔다.

하루 5시간 진행되는 과정은 다양한 시청각 자료를 활용하여 고객개념이해, 고객 심리파악, 고객불만족 사례학습, 고객만족경영의 필요성, 기본예절, 고객응대화법 등을 공부한다. 앞으로도 하나투어는 팀장능력 향상과정과 하반기 공채 신입사원 입문과정이 계획되어 있으며, 리더십 향상과정, 자기계발프로그램이 실시될 예정이다. 또한 직무능력을 집중 강화시키는 HPT(High Performance Team) 프로그램, 세일즈맨 심화과정, 사원능력 향상과정 등은 향후 연도에 실시된다.

Q

1. 유형성 스펙트럼(tangibility spectrum)이란 무엇을 의미하는가?

2. 제품과 서비스의 차이점을 어떻게 설명할 수 있는가?

3. 서비스기업은 어떠한 시각(視角)에서 분류되어야 하는가?

4. 관광서비스 범주의 설정은 어떠한 관점에서 이루어져야 하며, 관광서비스란 무엇인가?

참고문헌

김윤수(1981), 『호모 루덴스(놀이와 문화에 관한 연구)』, 까치.
박정준 외(2000), 『관광과 서비스』, 대왕사.
오정환(1996), 『서비스 산업론』, 기문사.
원석희(2001), 『서비스 운영관리』, 형설출판사.
이정학(2001), 『서비스 경영』, 기문사.
이유재(2001), 『서비스 마케팅(2판)』, 학현사.
전경수(1987), 『관광과 문화』, 까치.
전인수(1998), 『서비스 마케팅』, 석정.
채서묵(1995), 『관광서비스개론』, 대왕사.
서비스경영연구회(1998), 『서비스 경영(개정판)』, 석정.
통계청(2001), 『2001년 고용동향』, 통계청 보도자료.
한국고용정보원(2015), 서비스업 인력 수요 변동 분석, 기본연구 2015-15.
한국무역협회 국제무역연구원(2015), Trade Brief, 2015. 4. 27. NO.28.
Chuck Y. Gee, James C. Makens, and Dexter J. L. Choy(1989), The Travel Industry, Van Nostrand Reinhold.
Medrick S.(1980), The Business of Hotel, Heinemann, London, pp.13-14.
Morris, Barbara and Robert Johnston(1987), "Dealing with Inherent Variability: The Difference between Manufacturing and Service," International Journal of Production management, 794), pp.13-22.
Sasser, W. E. Olsen, R. P. & Wyckoff, D. D.(1978), Management of Service Operations, Allyn and Bacon.
Shostack, G. L.(1977), "Breaking Free from Product marketing," Journal of Marketing, 41(April), pp.73-80.
http://www.restaurant.org/research/ind_glance.cfm

CHAPTER

02

관광서비스의 체계 및 유형

제2장 관광서비스의 체계 및 유형

제1절 관광서비스의 특징

1. 인적서비스의 의존성
2. 상호보완적인 연계성
3. 고객욕구에 따른 변동성
4. 고객참여에 따른 동시성
5. 최고급 지향성

사례 2-1 조선호텔, CRM 고객서비스 강화

사례 2-2 친절서비스는 이렇게…

제2절 관광서비스의 구성

1. 관광서비스의 기능적 요소
2. 관광서비스의 구조

제3절 관광서비스의 유형

1. 여행서비스
2. 호텔서비스
3. 항공서비스
4. 식음료서비스

사례 2-3 카운터는 여행사의 안방마님격…

사례 2-4 벨맨은 만능박사

사례 2-5 호텔의 얼굴, 프런트데스트

사례 2-6 대한항공 서비스 아카데미

사례 2-7 캐세이퍼시픽항공의 노티플라이서비스

사례 2-8 최고급 항공서비스를 위하여…

사례 2-9 서비스는 신속하게, 가격은 패스트푸드, 그리고 가치 위주의 메뉴제공

CHAPTER 02 관광서비스의 체계 및 유형

체계(system)란 목표달성을 지향하는 구성요소 간의 상호의존적인 관계로 성립되고 있으며 동시에 외부환경과도 상호작용하는 요소의 집합체로 정의되고 있다. 관광서비스는 인적중심의 서비스이면서 타 업종과의 상호보완적인 면이 있는 동시에 관광객의 욕구에 따라 매우 민감하며, 고객의 참여 속에 이루어질 뿐만 아니라 최고급의 서비스를 지향한다. 또한 관광서비스는 관광기업에 따라 그 유형이 다양하다.

제1절 관광서비스의 특징

관광서비스 또한 일반 서비스의 특성과 같은 형태의 서비스 전달시스템(service delivery system)을 가지고 있다. 즉 무형적이고 불분명함으로 인해 고객의 만족에 더 많은 이해가 요구되며, 생산과 소비가 동시에 이루어지고, 종업원이 항상 같은 서비스를 할 수 없는 것과 같은 표준화의 어려움(이질성), 그리고 호텔객실과 항공좌석 등과 같은 공간을 매일 저장하여 다음에 판매할 수 없는 비저장성의 성격을 지니고 있다.

따라서 관광서비스의 일반적 특성보다는 고객의 관점에서 관광서비스가 지니고 있어야만 되는 특수성을 언급하고자 한다.

1. 인적서비스의 의존성

서비스가 물질적인 요소 혹은 인적활동을 중심으로 이루어지고는 있지만 관광상품의 특수성으로 인해 관광서비스는 인적서비스에 의존하는 비중이 매우 크다. 비록 호텔의 외형 및 실내장식이 고객에게 주는 서비스일지라도 고객에 대한 진정한 서비스는 결국 종업원들에 의한 서비스이다.

호텔을 방문하는 고객을 맞이하면서부터 체크아웃(checkout)하기까지의 모든 과정이 종업원의 활동에 의해서 이루어진다. 결국 호텔이미지를 결정하는 요소들은 다양하지만 호텔을 방문하는 고객은 호텔요원의 서비스 정도에 의해 이미지를 결정하는 데 큰 변수로 작용되고 있다. 또한 여행업에서의 인건비 지출은 가장 많은 부분을 차지하고 있다. 이것은 인적자원 위주의 서비스를 이행하고 있음을 단편적으로 보여주고 있는 것이다.

시간의 흐름에 따라 고객의 요구 또한 다양하게 변화하므로 관광서비스에 있어서 인적자원의 전문성은 마땅히 강조되어야 한다.

호텔투숙을 위한 고객을 정중히 맞이하는 도어맨

2. 상호보완적인 연계성

여행상품을 구매하여 관광을 하는 관광객은 하나의 관광서비스만을 이용하는 것이 아니라 연속적으로 다양한 관광서비스를 받으며 관광을 하게 된다. 예를 들어 제주도 관광을 위한 여행상품을 구매한 고객은 항공기를 탑승하기 위해 공항에 집결한 후 항공기 내에서의 기내서비스를 받으면서 제주공항에 도착하면 호텔투숙을 위해 미리 정해 놓은 호텔에서 호텔서비스를 받게 된다. 그리고 여행일정에 맞추어 제주 관광을 할 때 필요한 차량으로 교통서비스를 받음과 동시에 지역 안내서비스를 받으면서 관광이 이루어진다. 또한 식사를 위한 식음료서비스가 매일 이루어지며, 관광객을 위한 기타 시설, 즉 게임, 나이트클럽, 기념품, 위락 등이 갖추어진 시설에서 다양한 서비스를 받게 된다.

이상으로 볼 때 관광서비스는 한 곳이 아닌 여러 곳에서, 그리고 다양한 내용과 함께 상호보완적이면서 동시다발적으로 이루어지는 연속적인 면을 지니고 있다.

3. 고객욕구에 따른 변동성

관광수요는 매우 탄력적이다. 이것은 여행자의 수입이나 가격적인 면에서 비교적 사소한 변화에도 수요는 매우 큰 비율로 변화한다. 물론 관광이라는 그 자체가 계절성과 여러 환경요인, 즉 경제적인 환경, 정치적인 환경, 사회문화적인 환경, 국제적인 환경 등의 다양한 요인들로 인해 관광서비스와는 별개로 그 수요의 변화가 매우 크게 나타난다. 하지만 여기서 언급하고자 하는 변동성은 고객의 욕구 및 기호의 변화에 따라 그 서비스 또한 다양하게 변모하여야만 하는 것을 의미한다. 무형성을 지닌 여행상품에 대해 고객인 여행객은 각 개인마다 기대하는 욕구가 상이하기 때문에 관광서비스는 여기에 부응하여 충족시켜 주어야 실제만족을 느낄 수 있다.

결국 고객의 기대와 관광서비스 경험에 대한 주관적인 평가인 지각과 일치하도록 하기 위해서는 그들의 끊임없는 욕구에 따라 탄력적으로 변화를 가져다주어야만 한다.

4. 고객참여에 따른 동시성

관광에서 고객은 서비스의 생산과정에 참여한다. 즉 관광서비스가 제공되기 위해서는 고객의 참여가 동시에 이루어져야 한다. 예를 들어 여행상품을 구매한 고객은 여행 중 안내서비스를 받는 경우 안내서비스의 제공과 이를 소비하는 과정은 동시에 발생한다. 또한 호텔서비스의 경우 호텔에 투숙하고자 하는 고객이 존재하여야만 호텔에서 발생할 수 있는 제반서비스가 이루어질 수 있다. 즉 호텔의 고객은 손님이 직접 호텔에 찾아와 애용할 것을 필수적인 요건으로 하고 있다. 만일 고객이 직접 호텔에 찾아오지 않은 호텔 경험의 개념(concept)은 그것 자체가 아무런 의미를 갖지 못한다. 이처럼 관광서비스는 고객(관광객)이 존재할 경우에만 발생된다. 아무리 훌륭한 시설과 많은 광고를 하여 인지도가 높아도 고객이 바라는 기대와 욕구에 달하는 서비스가 이루어지지 못하면 점차적으로 고객의 참여도는 떨어지게 된다. 이는 결국 관광서비스 기업으로서 서비스를 제공할 기회를 점차 상실하게 만들며, 이후 경영악화를 불러오는 계기가 된다.

5. 최고급 지향성

관광서비스를 제공받는 고객은 최고의 서비스를 지향하기 때문에 관광서비스는 최고급서비스로 이루어져야 한다. 예를 들어 항공교통을 이용하게 되는 관광객은 항공요금, 안전성과 기내서비스의 정도 등에 따라 항공사를 선택할 것이며, 이에 따라 여러 항공사에서는 이러한 여건들을 최적 · 최대한 높여 고객에게 제공하려고 한다. 관광서비스는 기계적인 서비스가 아닌 개별적인 인간의 서비스로 이루어지므로 최고급서비스를 위한 서비스요원의 투철한 정신자세는 매우 중요시된다. 인적서비스 상품은 균일되게 표준화(standardize)하기가 어렵다. 개별 고객마다 성격도 다르고 욕구도 다르다. 이처럼 고객이 달라지면 서비스도 달라지고, 최일선에서 접객하는 서비스요원이 누구냐에 따라 제공하는 서비스도 약간씩 차이가 있게 마련이다. 따라서 관광서비스를 제공받는 고객 모두에게 만족된 서비스가 이루어지도록 하기 위해서는 관광기업은 물론 관광서비스요원 각 개인의 끊임없는 자기계발이 필요하다.

호놀룰루 폴리네시안 문화센터에서 관광객들의 참여 속에 전통춤을 추고 있는 모습

사례 2-1 조선호텔, CRM(Customer Relationship Management) 고객서비스 강화

호텔가의 CRM(고객관계관리) 구축 붐의 선두에 있는 웨스틴조선호텔 CRM이 2000년 시작으로 1년을 맞았다.

CRM 구축 이후 약 6만 5,000명에 이르는 VIP클럽 회원의 데이터베이스를 만든 조선호텔 CRM전담팀은 그간 조선호텔의 각 식음료업장과 객실 등 여러 종류로 분산되어 있던 우량회원들을 조선호텔 VIP카드로 통합해 고객들의 연령대, 직업, 주 사용처, 금액 등 사용 실적에 따라 고객군을 분류, 고객의 취향에 맞는 프로모션을 전개해 왔다.

지난 10월에는 대고객 서비스의 일환으로 하나비자카드와 제휴, 조선VIP 카드에 신용카드 기능을 추가했으며 우수 고객들을 위한 각종 이벤트도 강화하고 있다.

조선호텔들은 특히 VIP클럽 회원들의 취향에 맞는 각종 행사를 개최해 왔다. 지난 8월에는 웨딩 페어, 9월에는 분스파(BOON spa)의 피부 미용강좌, 10월에는 난타공연, 가수 콘서트 등을 개최하는 등 우수고객을 위한 이벤트를 통해 고객과 호텔 간의 유대감을 형성하는 데 정성을 기울이고 있다.

사례 2-2 친절서비스는 이렇게…

LA 노선에서의 일이었다. 음료와 주류를 서비스하던 중 “무엇을 준비해 드릴까요?”하는 승무원의 물음에 어느 중후한 신사분은 이렇게 요구하셨다.

“아~ 오늘은 뭘로 할까~ 으음… 그래! 난 칵테일로 주세요.” 순간 승무원은 당황스러웠지만 “무슨 칵테일을 원하십니까?”하고 여쭙게 되면 그 승객은 분명 당황해하실 것이라고 판단하고 “네, 잠시만 기다리십시오. 칵테일로 준비해 드리겠습니다”라고 말하곤 적당한 칵테일을 믹스해 드렸다. 그러자 주변 승객 모두 기쁜 표정으로 “나도 칵테일!”이라고 하는 것이었다.

승무원은 승객 분위기에 따라 각종 칵테일을 임의대로 만들어 드렸는데 아주 기분 좋아하시는 모습이었다. 사람에 따라선 갑자기 칵테일 이름이 하나도 생각나지 않을 경우도 있고, 또 외양과 달리 소박하신 분들은 칵테일 종류나 이름을 모르시는 분도 있을 것이다. 그런 경우 “아니 칵테일이라 하심 어떻게 해요? 무슨 칵테일인지 말씀해 주셔야죠.” 하고 말한다면 그 승객뿐만 아니라 주변 여러 승객의 마음이 불편해질 것이다.

친절 서비스는 상황에 맞게, 그 고객뿐 아니라 주변 고객도 의식해야 하는 것을 잊어서는 안 되겠다.

(길현섭의 그림으로 보는 서비스 세상)

제2절 관광서비스의 구성

관광서비스가 관광의 현상적 범위 내에서 고객인 관광자의 욕구를 충족시켜 주기 위해 가능한 제 자원을 이용하여 유용한 기능의 행위를 다하는 것이라고 한다면, 이러한 관광서비스를 구성하고 있는 요소와 구조는 어떠한 지를 알아보자.

1. 관광서비스의 기능적 요소

관광서비스가 형성되기 위해서는 어떠한 요소들이 갖추어져야만 하는가?

첫째, 관광서비스 상품을 구매 혹은 이용하거나 제공받아서 소비하는 고객이 있어야 한다. 고객은 관광서비스의 핵심인 셈이다. 아무리 훌륭한 관광서비스를 제공하여도 지속적으로 고객의 욕구에 충족되지 못하는 관광서비스 상품은 재구매의 효과를 누릴 수 없을 것이다. 고객이 존재하지 않으면 관광서비스는 성립될 수 없다.

둘째, 최일선에서 고객에게 관광서비스를 제공하고 전달하는 접객종사원이다. 고객이 관광서비스의 질을 평가함에 있어 다양한 요인들에 의해서 평가되고 있으나 특히 고객을 직접적으로 맞이하는 종사원의 서비스는 매우 중요한 요인이 되고 있다. 따라서 접객종사원은 고객과 가장 밀착관계에 있으므로 고객지향의 서비스를 제공할 수 있도록 하여야 한다.

셋째, 관광서비스가 제공되기 위해서는 관광시설, 기구 등과 같은 하드(hard)적인 물리적 환경과 소프트(soft)적인 기획, 전략, 조직 등을 갖춘 관광기업이 있어야 한다. 이러한 관광서비스기업은 무엇보다도 고객 위주의 서비스를 제공할 수 있도록 물리적인 환경뿐만 아니라 전사적인 종사원을 고객으로 보는 시각이 필요하다.

넷째, 고객인 관광객에게 관광서비스를 제공하기 위해서는 관광대상인 관광매력물이 있어야 한다. 물론 관광기업이 소유하고 있는 호텔이나 리조트, 그리고 관광식당 등은 그 자체가 관광매력물이 될 수 있으나 관광지에서의 관광안내서비스를 위해선 관광대상이 있어야 관광서비스가 이루어질 수 있다.

다섯째, 고객에게 관광서비스를 전달하기 위해서는 관광에 필요한 지원 시스템이 형성되어야만 한다. 아무리 좋은 여행상품과 인솔자가 있다 하여도 관광할 수 있는 여건이 조성되어 있지 않으면 관광서비스는 이루어질 수 없다. 즉 도로확보, 전기공급, 상ㆍ하수도 등과 같은 관광을 위한 지원시스템이 갖추어져야만 관광서비스가 이루어질 수 있다.

[그림 2-1]은 관광서비스의 기능이 형성되기 위한 요소들을 나타낸 것이다.

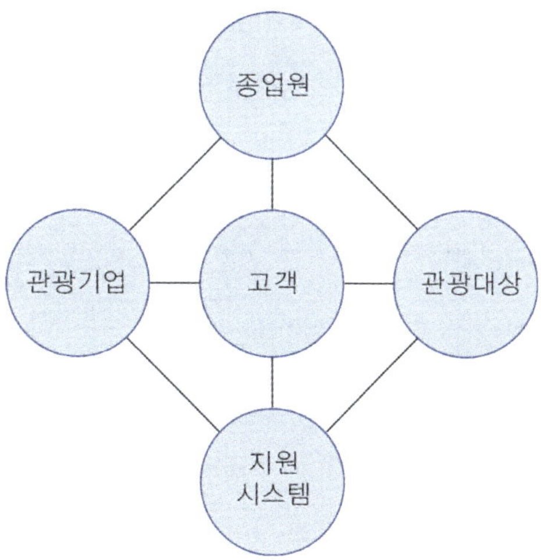

[그림 2-1] 관광서비스의 기능적 요소

2. 관광서비스의 구조

고객에게 관광서비스를 제공하여 운영되는 기업은 물리적인 환경 그 자체가 관광서비스가 될 수 있는가 하면, 고객에게 전달될 서비스를 생산하는 보이지 않는 부문 또한 관광서비스로서 매우 중요한 부분이다. 예를 들어 호텔 식당에서 일품요리를 고객에게 제공하기 위해서는 고객이 직접 볼 수 없는 주방에서 훌륭한 맛과 정갈한 모양, 그리고 청결과 시간 등의 서비스요소들로 구성되어 접객종사원에 의해 서빙(serving)이 이루어진다.

외관상 아무리 훌륭한 호텔의 모습과 훌륭한 접객종사원의 서비스가 이루어진다 하여도 훌륭한 음식이 고객에게 제공되지 않으면 서비스는 나쁘게 평가된다. 이같이 관광서비스는 고객의 관점에서 보면 보이지 않는 생산부문과 보이는 전달부문으로 구성되어 있다.

이상과 같이 보이지 않는 부문에서 이루어지는 후방서비스와 보이는 부문에서의 전방서비스를 나타내어 보면 〈표 2-1〉과 같다. 결국 관광서비스는 고객이 볼 수 없는 부분까지도 포함되어 하나의 상품으로 고객에게 전달된다.

〈표 2-1〉 관광서비스의 구조

생산부문	관광서비스 전달부문 관광서비스	
여행사의 여행상품기획, 호텔/식음료업체의 주방, 숙박업체의 세탁 등	접객종사원 서비스 관광서비스 시설 지원 시스템	정보, 광고, 판매, 대행, 조사, 가격 등의 서비스
후방	전방	

제3절 관광서비스의 유형

관광서비스의 범주에서 보았듯이 본서에서는 관광서비스를 관광의 주체인 관광자와 관광자원 및 관광대상이 되는 관광객체의 시각보다는 관광자를 관광할 수 있도록 하는 그 행위적인 측면에서 관광매체인 관광산업을 고찰하여 관광서비스의 범주를 설정하고 있다.

따라서 관광서비스의 유형 또한 관광산업 범위에 속해 있는 모든 영역을 대상으로 개념을 살펴보아야 한다. 하지만 본서에서는 관광자를 안내하고 관광자와 관광관련업자(principal)를 상호알선하고 관광자를 위하여 기나 필요한 서비스를 행하는 여행서비스, 관광자가 관광활동을 하면서 숙박 및 부대시설을 이용토록 서비스하는 호텔서비스, 여러 다양한 교통 서비스가 있으나 장거리 여행을 가능케 하며 관광교통업에 있어서 대표적인 항공서비스, 식당서비스로 불리는 식음료서비스에 관하여 알아보고자 한다. 그리고 각 부문별 고객인 관광객을 위한 다양한 인적중심의 관광서비스가 어떠한 것들이 있는지 핵심서비스와 부가서비스로 나누어 고찰해 보고자 한다.

1. 여행서비스

관광진흥법에 의해 규정된 여행업은 "여행자 또는 운송시설, 숙박 시설 기타 여행에 부수되는 시설의 경영자 등을 위하여 당해 시설이용의 알선이나 계약체결의 대리, 여행에 관한 안내 기타 여행의 편의를 제공하는 업"으로 정의하고 있다. 결국 고객에 따른 여행서비스란 여행상품을 생산 · 판매하고 관광자를 안내하며 관광자와 관광관련업자(principal)를 위하여 상호알선하고, 관광관련

사업자의 사용권을 매매함과 동시에 기타 관광에 필요한 업무를 수행하는 여행사 내의 관광서비스이다.

하지만 여행사 내에서 행해지는 모든 구성원의 서비스가 고객과의 직접적인 대면으로 서비스가 이루어지는 것은 아니다. 또한 여행업의 유형은 내국인의 국내 · 외 여행 및 외국인의 외래관광 모두의 업무기능을 담당하는 일반여행업과 내국인의 국외여행의 업무를 담당하는 국외여행업, 그리고 내국인을 대상으로 국내여행을 알선하는 국내여행으로 나뉜다. 이와 같이 여행업의 유형에 따라 기능과 서비스의 영역이 달라지겠지만 이 모두를 종합하여 볼 때 여행업의 서비스를 핵심서비스와 부가서비스로 나누어 살펴보면 아래와 같다.

1) 핵심서비스

여행서비스의 핵심서비스는 먼저 카운터서비스로서 관광객이 관광할 수 있도록 도와주는 상담서비스와 항공예약발권서비스를 포함하고 있으며, 숙박 및 교통, 그리고 음식점 등을 이용 가능토록 수배하는 수배서비스가 있다. 그리고 안내서비스로 이것은 국외관광자를 대상으로 출발공항에서부터 여행일정을 마치고 귀국하여 해산할 때까지 인솔역할을 하는 국외여행 인솔서비스와 외래관광객을 대상으로 하는 통역 및 안내서비스를 포함하며, 비자 및 여권 등을 대행하는 수속대행서비스 등이 있다.

(1) 카운터서비스

여행을 하고자 하는 고객은 여행사의 카운터 직원과 첫 면담을 통하여 여행상품에 관하여 문의하게 된다. 상담 후 고객은 자신이 원하던 여행일정과 적합성 등에 따라 여행상품 선택 여부를 결정하게 된다. 따라서 카운터 서비스는 고객에게 그 여행사의 이미지와 여행상품의 구매가능성을 불어 넣을 수 있는 매우 중요한 서비스이다.

카운터상담서비스의 내용을 보면 여행상품에 관한 상담, 숙박 및 항공 등의 교통편 상담 및 예약·발권, 여행일정의 작성 및 접수, 여행관련 정보제공 등과 같은 서비스가 포함된다.

카운터서비스를 하고 있는 모습

(2) 수배서비스

수배서비스는 고객의 신청에 따라 희망하는 운송 및 숙박 등의 관광관련 업체에 대해 각각의 예약으로 여행에 필요한 제반요소를 확보하여 관광하고자 하는 고객에게 보다 편리함을 제공토록 하는 서비스이다. 따라서 수배 서비스는 고객이 원하는 것을 정확히 이해하여 관광관련 공급업체에 정확한 내용을 신속하게 처리하여 고객의 여정에 불편함이 없도록 하여야 한다. 또한 수배활동은 대부분 전화에 의해 이루어지므로 정확하게 기록하는 것이 매우 중요하다. 이러한 기록내용에 의해 여정이 변동될 수 있기 때문이다. 그뿐만 아니라 수배서비스의 실시 중에는 고객의 요구사항에 틀림이 없도록 하기 위한 반복적인 확인작업이 필요하다.

수배서비스의 내용을 보면 교통, 호텔숙박, 음식점, 관광지, 편의시설 등에 관한 예약이 이루어질 수 있도록 하는 서비스이다.

(3) 안내서비스

여행상품의 특성상 고객인 관광객은 여행과정 중 다양한 서비스를 받게 되는데 그중 안내서비스는 그 결과에 따라 여행사의 이미지에 큰 영향을 미칠 수 있다. 안내서비스는 내국인 관광객이 국외여행을 할 경우 인솔하는 국외여행 인솔서비스와 외국인 관광객이 국내여행을 안내하는 통역 및 안내서비스로 구분된다.

TE(Tour Escort), 혹은 TL(Tour Leader), TC(Tour Conductor) 등으로 불리는 국외여행 인솔서비스 담당자는 국외여행의 출발준비에서부터 여행종료에 이르기까지 전 과정을 지휘하고 통제하면서 회사를 대표하는 역할을 하므로 매우 훌륭한 서비스가 요구된다. 또한 외국인 관광객을 상대로 통역 및 안내를 담당하는 통역안내원은 회사의 이미지뿐만 아니라 국가의 이미지가 평가될 수 있으므로 그 역할 또한 매우 중요하다.

(4) 수속대행서비스

국외여행을 실시할 경우 여권 및 비자발급은 반드시 이루어져야 하는 것으로 수속대행서비스는 주로 관광객을 위해서 여권 및 비자발급을 대행하는 서비스이다. 물론 이러한 서비스는 여행사의 고유서비스 영역은 아니지만 고객의 대서비스차원에서 신속한 처리가 이루어져야만 하는 서비스이다.

수속대행서비스의 내용으로는 여권 및 비자발급, 보험, 환전 등이 포함된다.

2) 부가서비스

핵심서비스는 같은 유형의 업종에서 모두 이루어지는 서비스이지만 부가 서비스는 고객에게 보다 차별화된 서비스로 제공하여 경쟁력을 갖게함을 그 목적으로 하고 있다. 여행서비스에서의 부가서비스는 업체들마다 다양하게 제공되고 있으나 대략적인 서비스의 형태를 보면 다음과 같다.

먼저 여행정보서비스가 있다. 이것은 온라인(on-line)과 오프라인(off-line)을 통하여 저렴하고 실속있는 다양한 신여행상품에 대한 정보를 기존고객 혹은 잠재고객에게 제공함으로 인해 고객이 여행상품 및 핵심서비스를 이용하도록 하는 것이다.

그리고 여행에 관한 제반 의문사항을 직접 방문하여 상담하는 방문상담 서비스가 있다.

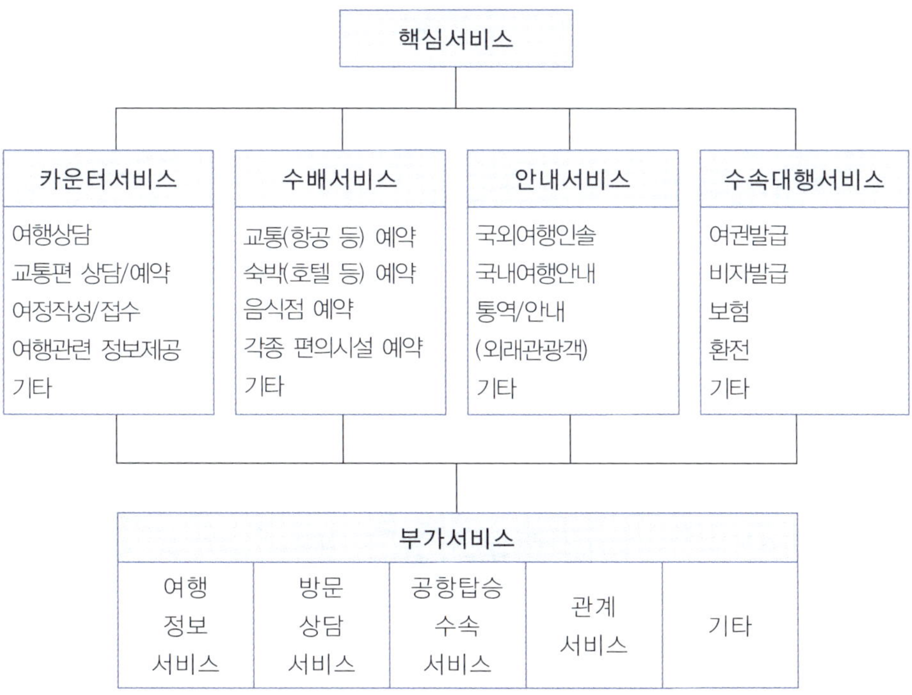

[그림 2-2] 여행서비스의 범위

여행에 필요한 각종 서류 등의 준비를 대행하여 고객의 편의를 도모하는 것 또한 부가서비스에 포함되며, 단체 및 개인여행의 출국 시 공항에서 탑승 수속을 위한 샌딩(sending)이나 입국 시 고객을 맞이하는 미팅(meeting)과 같은 서비스가 있다. 그리고 여행을 마친 이후 고객과의 지속적인 유대관계를 갖기 위한 관계서비스가 부가서비스로 이루어진다.

[그림 2-2]는 여행서비스의 범위를 나타낸 것이다.

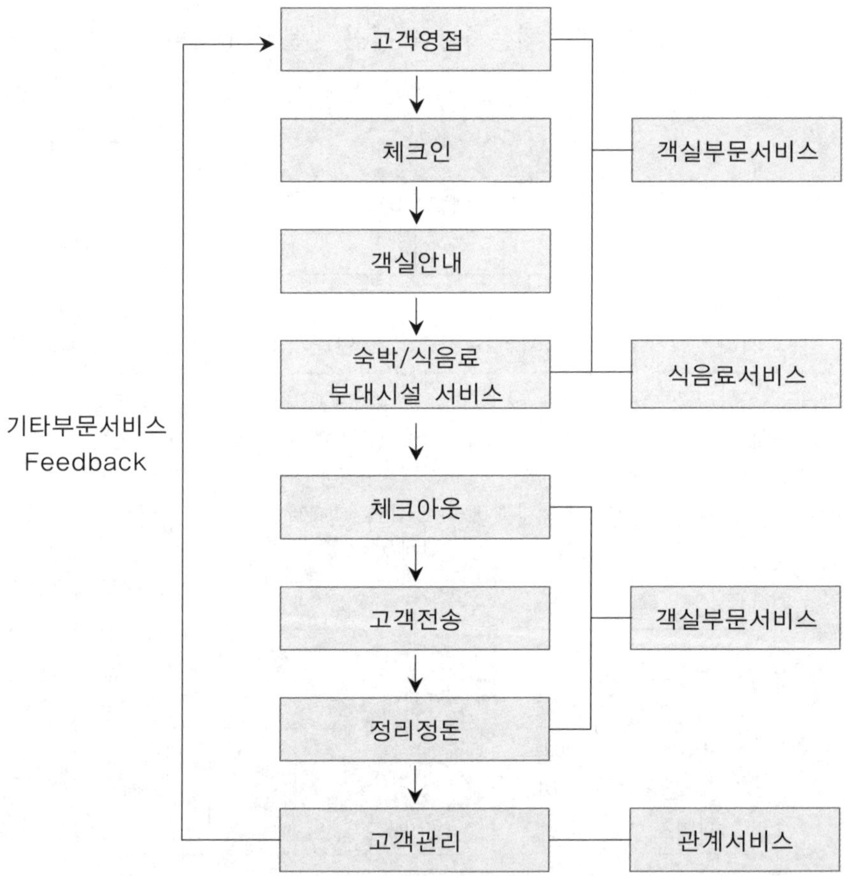

[그림 2-3] 여행서비스의 흐름도

정 오 표

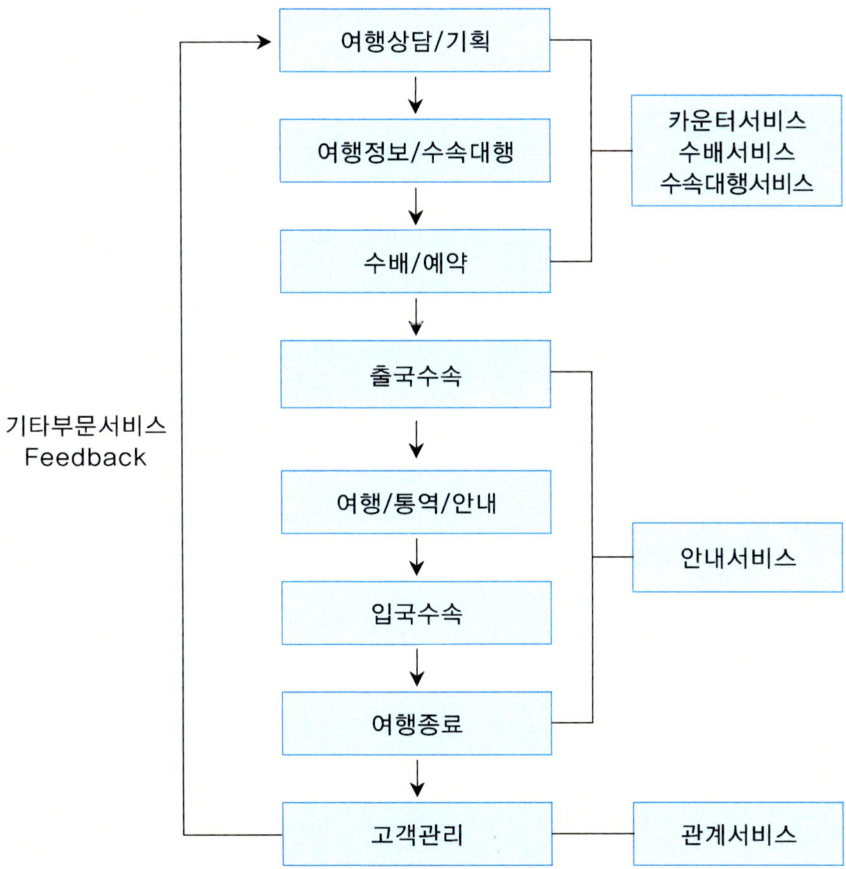

[그림 2-3] 여행서비스의 흐름도

사례 2-3 카운터는 여행사의 안방마님격…

대만 · 홍콩을 오가는 행상인들, 인센티브성 고객, 유학생들이 주 고객층을 이루는 국경여행사에서 무려 7년 동안 항공발권 카운터 업무를 관장해 온 임○○ 실장, 그의 첫 직장은 여행사가 아닌 일반회사로 단순 업무를 맡았다. 그가 국경여행사에서 카운터 업무를 시작할 무렵 지도해줄 선배가 없었다. 실습시간을 거쳐 업무에 뛰어들었지만 실무를 혼자 배우며 일을 하나하나 꼼꼼히 체크했고, 조금이라도 의심나는 부문에 대해서는 반드시 항공사에 전화를 걸어 확인했다. 그러한 노력에 힘입어 한때 이 여행사는 대만 전문여행업체답게 단교 이전에는 편도항공권만으로도 40만 달러 정도의 매출을 올리기도 했다.

카운터업무 중 기본은 전화를 받는 일이다. 그는 “전화를 잘못 받아 고객의 항공 여행 스케줄이 잘못 처리되면 여행사 이미지를 손상하는 일”이라며 이 부문의 중요성을 강조하고 있다. 또한 그는 “카운터담당자의 기본자세가 갖춰져 있어야 이를 테면 여행사 세일즈맨이 잘못 처리한 일까지 중간에서 제대로 처리해낼 수 있다”라고 언급하고 있다.

어찌 보면 카운터라는 업무는 회사 영업사원과 손님, 관련항공사와 영업사원을 조율하는 중요한 역할을 맡는다는 것이 그의 지론이다. 이해당사자의 중간자 입장에서 때로 발생할지도 모르는 이해상충 부문을 제대로 조화시키는 역할이 카운터라는 것이다.

전문성과 성실성을 주무기 삼아 한 계단 착실히 승진을 해 온 그는 실장이라는 직함에 걸맞게 단골손님이 많다. 예약을 받으면서 가장 핵심적인 사항을 빠뜨리는 후배직원들이 종종 있다고 한다. 고객들의 영문이름과 가고자 하는 목적지를 정확히 기록해야 하는 것이 기본이다. 이 경우 비슷한 도시 이름들이 많아 목적지를 받아 적으면서 확인을 거듭해 정확히 기록하지 않으면, 고객들이 엉뚱한 목적지가 적힌 항공권을 받아 여행을 떠나는 등 낭패를 보게 된다는 것이다.

2. 호텔서비스

관광진흥법에서의 관광호텔은 "관광객의 숙박과 체재에 적합한 시설을 갖추어 이를 이용하게 하고 식음료를 제공하는 업"으로 규정하고 있다. 이와 같이 호텔이라는 존재는 고객을 위한 숙박과 음식에 따른 제반 서비스가 주류를 이룬다. 이 밖에 부대시설이용에 따른 서비스가 있을 수 있다. 호텔서비스의 특성은 일반 서비스의 특성 이외에 서비스 구매시간의 단기화로 고객에 의한 서비스 평가시간이 짧다는 것이다. 호텔서비스의 구매는 접객요원, 장식품, 기물, 유니폼 등에 따라 달라지고, 호텔서비스는 독립적이면서도 상호보완적인 조직이 필요하다. 호텔은 그 자체가 서비스로 구성된 것이다. 따라서 그 서비스 범위 또한 매우 다양하므로 모든 것을 열거하기란 어렵다.

본서에서는 고객과 직접적인 접촉으로 인해 서비스가 이루어지는 접객 부서(front of the house)의 시각에서 객실부문(room department), 식음료부문(food & beverage department), 그리고 기타부문으로 크게 나누어 각 부문의 핵심서비스와 부가서비스를 살펴보고자 한다.

1) 객실부문서비스

호텔에 있어서의 객실부문서비스는 가장 기본이며 주가 되는 서비스이다. 호텔을 찾는 고객은 숙박을 위한 목적이 가장 두드러지며, 이러한 고객들의 많은 기대와 욕구를 충족시켜 주는 객실부문서비스야말로 호텔이미지를 결정케 하는 중요한 요인이 되고 있다.

(1) 핵심서비스

객실부문의 핵심서비스는 프런트 서비스, 프런트오피스(front office) 서비스, 하우스키핑(housekeeping) 서비스로 구분할 수 있다.

① 프런트 서비스

프런트 서비스는 호텔의 현관 및 로비(lobby) 내에서 일어나는 서비스이다. 즉 호텔을 이용할 고객이 도착하면 제일 먼저 영접하고 안내하며 체크아웃 (check-out) 이후 호텔을 떠날 때 전송하는 서비스이다. 그뿐만 아니라 고객의 짐을 객실로 운반하는 경우, 그 반대의 경우에도 프런트 서비스에서 이루어지며 고객의 요구사항(신문전달, 시설안내, 정리정돈, paging 등)을 해결해 주기도 한다.

프런트 서비스의 주요내용을 보면 호텔 이용객의 영접 · 전송, 호텔 현관 앞 차량정리, 차량수배 및 안내, 수화물 관리 및 단체 짐 관리, 페이징(paging) 등이 된다. 여기서 페이징이란 방문고객을 수배하여 알려주는 서비스를 의미한다.

② 프런트오피스 서비스

프런트오피스 서비스는 호텔의 매우 중요한 위치로서 고객과 가장 많이 접촉하며 가장 쉽게 눈에 띄면서 이루어지는 서비스이다. 프런트오피스 서비스는 신경조직의 중심(nerve center)이라고 불릴 정도로 대부분의 고객서비스와 관련이 있기 때문에 다양한 고객의 요구 및 욕구를 충족시켜 주어야 한다.

프런트오피스 서비스의 내용을 보면 객실예약(room reservation), 등록(reception), 우편 및 안내(mail & information), 정산(cashiering), 객실 키(key) 등이 있다. 원칙적으로 정산을 담당하는 캐셔(cashier)는 프런트오피스의 직원은 아니지만 그 위치에서 고객과의 직접적인 서비스가 이루어지므로 매우 중요한 부분을 담당하고 있다.

③ 하우스키핑 서비스

하우스키핑 서비스의 기본은 청결과 안락, 그리고 편리함을 고객에게 제공하는 것이다. 고객에게 호텔숙박의 만족은 매우 중요하다. 호텔의 청결 · 관리, 리넨류의 공급, 장비 · 비품의 관리 등은 하우스키퍼(housekeeper)에 의해서 유지된다. 이와 같이 하우스키핑 서비스는 고객을 위하여 호텔의 청결 · 유지를 기본으로 시설, 가구의 보수, 세탁(laundry) 그리고 비수기를 이용한 적절한 보수계획을 수립하여 관리하기도 한다.

하우스키핑 서비스의 내용을 보면 객실청소 및 정돈, 객실장비 · 비품관리, 리넨류의 관리, 세탁물 관리 등이 있다.

(2) 부가서비스

객실부문의 부가서비스는 호텔마다의 차별화를 위하여 다양하게 이루어질 수 있다. 고객에 관한 과거의 정보를 이용하여 그의 취향을 파악하여 앞선 서비스를 제공하는 고객일치서비스, 고객에게 호텔 내의 제반 서비스를 이용가능토록 하는 정보제공서비스, 고객의 지불사항을 체크아웃 이전에 이루어지게 하여 지불시점에 불쾌감이 없도록 하는 청구서비스 등이 있다.

2) 식음료부문서비스

호텔의 식음료부문서비스는 음식 및 음료의 제조과정과 식음료의 전달 과정 서비스로 고객은 식음료서비스 정도에 따라 호텔의 전반적인 평가를 하므로 객실부문서비스와 더불어 매우 중요한 서비스이다. 모든 서비스의 질이 그러하듯이 고객이 바라는 음식과 친절한 서비스, 그리고 안락한 분위기 등은 호텔의 식음료부문에서 가장 기본이 되는 것이다.

(1) 핵심서비스

식음료부문서비스의 핵심서비스는 한식, 양식, 일식 등을 고객에게 전달하는 식당서비스(restaurant service), 로비라운지, 나이트클럽, 메인바 등에서 음료를 고객에게 전달하는 음료서비스(beverage service), 그리고 각종 연회 행사의 경우 식음료부문에 따른 연회서비스(banquet service)로 구분하여 볼 수 있다.

① 식당서비스

식당은 일정한 장소에 시설을 갖춘 상태에서 고객을 영접하여 음식을 제공하는 곳이지만 호텔에서의 식당은 이러한 물적 서비스보다는 접객요원의 숙련된 자세로 고객의 식사를 훌륭하게 할 수 있도록 하는 인적서비스의 비중이 매우 크다. 좋은 시설과 값진 식사와 음료가 제공된다고 할지라도 훌륭한 인적서비스가 함께 하지 않는다면 호텔의 식당운영은 매우 어렵게 될 것이다.

호텔에서의 식당서비스는 크게 4가지로 나뉜다. 고객의 주문에 의해 접객요원이 음식과 음료를 제공하는 테이블서비스(table service)와 고객이 앉아서 간단히 먹기 편리하도록 카운터 테이블(counter table)이 갖추어져 있어 음식이 제공되는 카운터서비스(counter service), 그리고 이미 마련된 식단 및 테이블에 의해 고객이 직접 참여하는 형태인 셀프서비스(self service)와 고객이 객실에서 주문하여 음식을 제공받는 룸서비스(room service)로 이루어지고 있다.

테이블서비스는 일반적인 형태의 식당으로 일정한 장소에서 고객의 주문에 의하여 음식을 제공하는 서비스로서, 가장 전형적인 서비스로는 쾌적한 분위기 속에서 접객요원이 보다 전문적이고 효율적인 방법으로 좋은 음식이 제공되어 고객의 욕구를 충족시켜 주는 서비스이다.

카운터서비스는 고객이 조리과정을 직접 볼 수 있도록 개방하고 있으며 카운터를 식탁으로 하여 음식이 제공되므로 빠른 서비스를 할 수 있는 것이 장점이다. 반면 셀프서비스는 고객이 기호에 맞는 음식을 직접 운반하여 식사를 하도록 되어 있는 뷔페(buffet)와 같은 서비스형태이다.

② 음료서비스

음료(beverage)는 알콜성음료(alcoholic beverage 혹은 hard drink)와 비알콜성음료(nonalcoholic beverage 혹은 soft drink)를 포함하는 것으로 일반적으로 알콜성은 양조주, 증류주, 혼성주 등이 있으며, 비알콜성은 청량음료, 영양음료, 기호음료 등이다.

호텔에서의 음료서비스는 메인바(bar), 로비라운지(lobby lounge), 나이트클럽(night club), 식당(restaurant) 등에서 고객에게 음료가 제공되는 서비스이다. 주로 알콜성음료는 메인바와 나이트클럽에서 서비스되며, 비알콜성 음료는 로비라운지와 식당에서 서비스가 이루어진다. 하지만 와인과 같은 저알콜성음료는 식전, 식중, 식후에 서비스되기도 하며, 청량음료 또한 메인바에서 서비스되기도 한다.

③ 연회서비스

호텔에서의 연회는 축하, 위로, 환영, 석별 등을 위한 것뿐만 아니라 회의, 전시회, 세미나, 교육 등과 같은 행사에 따른 것을 의미한다. 따라서 연회서비스는 호텔 내의 일반식당 서비스와는 행사의 내용, 성격, 인원, 방법 등으로 인해 고객의 요청에 따라 이루어지는 식음료부문서비스 중 하나이다.

훌륭한 연회서비스는 연회의 특성에 따라 충분한 사전교육과 접객요원의 적절한 배치로 신속한 서비스가 이루어질 수 있도록 하는 데 있다. 연회서비스는 연회의 성격에 따라 일반적인 서비스보다 조직적으로 서비스가 이루어진다.

연회서비스는 크게 구분하여 테이블서비스와 스탠딩서비스로 분리될 수 있으며, 보통 정찬이나 파티(party)의 성격인 경우는 테이블서비스로 이루어지며 학회 및 세미나 등과 같은 성격일 경우에는 스탠딩서비스로 이루어진다.

(2) 부가서비스

호텔의 경쟁력을 갖추기 위한 방편으로 식음료부문에 있어서의 부가서비스는 그 호텔의 특성에 따라 다양하게 이루어진다. 신선한 과일, 요거트, 포장된 샌드위치 등을 준비하여 고객에게 제공되는 자동판매(vending machine) 서비스라든가, 야간을 이용한 이벤트성 칵테일 쇼, 그리고 특별코너를 마련하여 식음료를 제공하는 소매전문음식매점(retail speciality food shop) 서비스 등이 식음료부문의 서비스에 속한다.

3) 기타부문서비스

호텔서비스는 객실부문서비스와 식음료부문서비스 외에도 전화교환서비스, 주차관리서비스, 비서업무서비스, 여행정보서비스, 관계서비스 등 호텔 규모에 따라 다양한 서비스가 이루어질 수 있다. 이 중 전화교환서비스는 보이지 않는 음성서비스이지만 서비스의 질에 따라 호텔 전체에 영향을 미치므로 이 또한 최상의 서비스가 될 수 있도록 해야 한다. 따라서 전화교환서비스요원은 상냥하고 예의바른 응답방법으로 고객을 대하여야 하며, 능숙하고 효율적인 대처능력과 호텔의 위치, 각 부서의 전화번호 등과 같은 기본사항들은 숙지하여 신속한 통화서비스가 이루어질 수 있도록 전문성을 가져야 한다.

이와 같이 호텔서비스는 어느 한 부서의 진심어린 서비스만으로 그 호텔의 전체 이미지가 형성되는 것이 아니라 호텔을 구성하고 있는 모든 부문들이 연관되어 고객이 바라는 기대 및 욕구를 충족시켜 주어야만이 훌륭한 서비스가 될 수 있다.

[그림 2-4]는 호텔서비스의 범위를 나타낸 것이다.

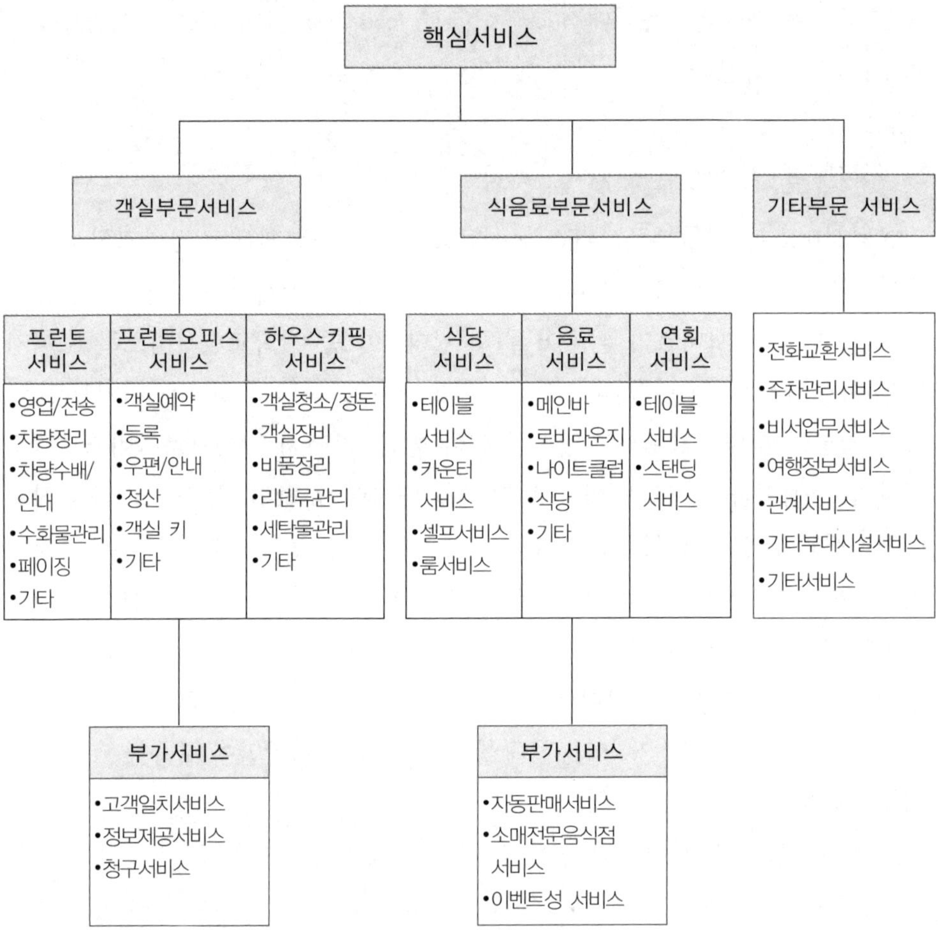

[그림 2-4] 호텔서비스의 범위

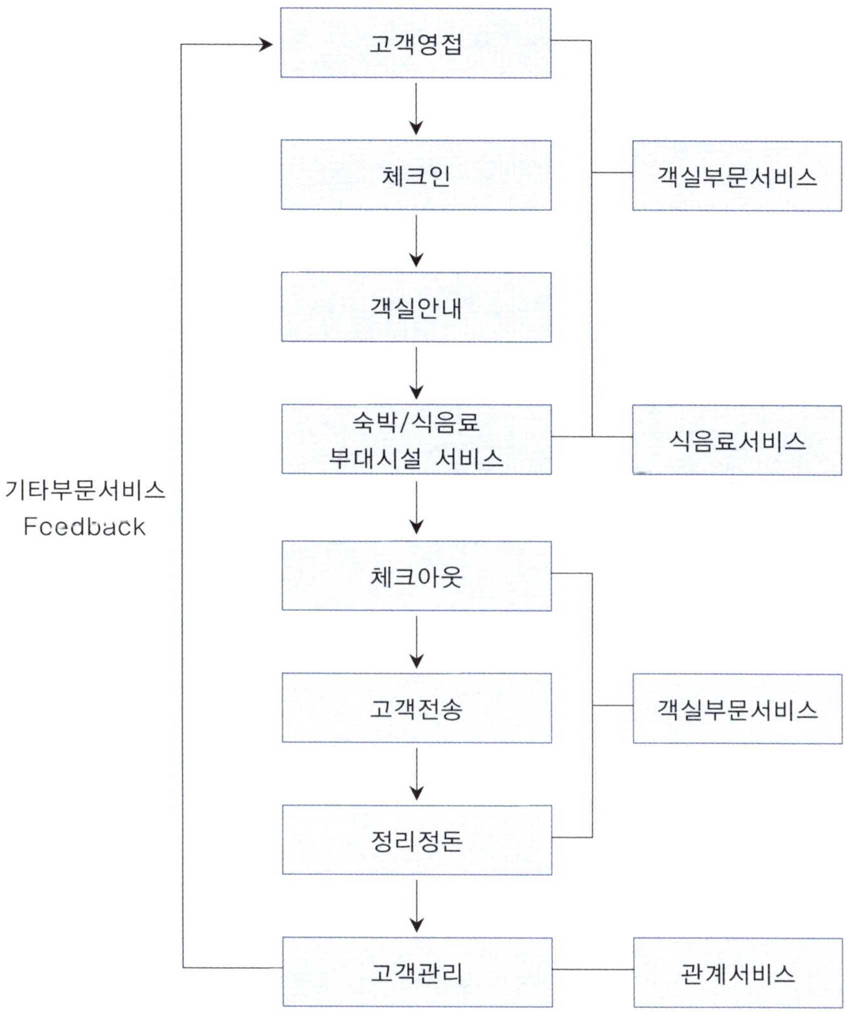

[그림 2-5] 호텔서비스의 흐름도

사례 2-4 벨맨(bellman)은 만능박사

"벨맨은 호텔에 관한 것뿐만 아니라 고객들의 사사로운 사생활까지도 털어놓고 나눌 수 있는 친구같은 존재입니다. 그 때문에 언제나 호텔에서 손님들이 어려운 부탁을 하는 상대이기도 하죠. 몇 년 뒤 저를 기억하고 다시 찾아오는 손님들을 맞이할 때면 벨맨으로서 보람과 자부심을 느낍니다."

10년을 호텔에서 근무를 해도 자리에 앉아보는 것은 처음이라며 어쩔 줄 몰라 하는 김○○씨. 1991년 호텔에 첫발을 내딛은 그는 지금껏 인터컨티넨탈 호텔의 벨데스크를 꿋꿋이 지켜온 호텔의 얼굴이다. 벨맨 10년차인 김씨가 말하는 벨맨은 '호텔의 만능박사.' "벨맨은 호텔의 구석구석까지 꿰차고 있어야 합니다. 고객들을 처음으로 맞는 사람이 바로 벨맨이기 때문이죠." 사람을 만난다는 것이 그저 즐겁다는 그는 타 부서로의 이동을 수차례 제안받았지만 모두 거절했다고 한다. "10년 전에 입사했을 때 저의 꿈은 호텔을 경영하는 전문경영인이 되는 것이었죠. 하지만 10년이 지난 지금도 전 이 자리에 그대로 있지만 전혀 후회하지 않습니다. 아마도 이 일이 저에겐 천직인가 봐요."

최고의 서비스마인드를 가진 프로만이 최고의 벨맨이 될 수 있다는 그는 손님을 어렵게 여기는 마음이 바로 서비스의 기본이라고 강조한다. 지금껏 그의 실수로 인한 고객의 컴플레인(complaint)이 단 한 건도 없었던 것도 이러한 그의 철저한 고객중심의 마인드에서 나온 것이 아닐까. 그의 포켓 속 손때 묻은 수첩 속에는 고객들에 대한 체크로 빼곡하다.

"저는 언제나 손님을 가장 기분 좋게 할 수 있는 최선의 답을 드리기 위해 노력하죠. 단순히 짐을 들어주는 것만이 다가 아닙니다. 정말 벨맨의 업무는 끝이 없죠. 손님에 대한 반응을 철저히 체크하고 혹 우리 호텔의 서비스에 대해 불편해 하시는 고객들이 있다면 어떻게 해서든지 좋은 기억을 갖고 떠날 수 있도록 해야 합니다."

벨맨으로서 성공하기 위해서는 어떠한 사람을 만나더라도 자신의 사람으로 끌어들일 수 있는 스킬(skill)이 필요하다고 말한다. "사람을 간파할 줄 아는 눈을 길러야 합니다. 손님이 원하는 것을 파악해서 손님이 요구하기 전에 서비스를 제공하는 것이 중요하기 때문이죠. 피나는 노력으로만 얻어질 수 있는 것이지요. 어학도 중요하지만 사람 만나는 자체를 즐겨야 하죠." 그는 세계 각국의 다양한 사람들을 접하면서 비록 외국을 많이 다니지는 않았지만 세계의 문화에도 밝다. "프랑스 사람들은 겉으론 부드럽지만 안으로는 인색하죠. 독일 사람들은 정반대고요. 미국인들은 모든 것을 다 줄 것처럼 행동하지만 철저한 실속파들이죠. 백화점이나 거리를 지날 때 외국인을 만나면 그 사람의 국적까지 거의 100% 알아맞히는 것을 보고 사람들이 놀라워합니다."

"회사에서 실시하는 어학시험이나 서비스교육이 저에겐 적당한 자극이 됩니다. 어떤 일을 하든지 자기개발을 게을리하면 도태되기 마련이죠." 지금껏 다른 길을 생각해 본 적이 없다는 그는 걸어온 길보다 아직도 가야 할 길이 멀다. "외국의 호텔을 다녀 보면 나이가 지긋한 벨맨을 쉽게 만날 수 있습니다. 정말 좋아 보이더라구요. 나이가 들어 비록 짐을 들어줄 수는 없더라도 호텔을 안내해 주고 손님의 이름을 기억해 친구처럼 이름을 불러주는 벨맨으로 남고 싶습니다."

사례 2-5 호텔의 얼굴, 프런트데스트

"낮 12시가 프런트데스크에서는 가장 바쁩니다. 호텔 체크아웃 시간이거든요. 고객이 체크인과 체크아웃을 하고 호텔에 대한 모든 정보를 제공하고 고객이 원하는 객실 및 서비스를 컨텍 및 조정하는 일이 바로 호텔 프런트의 역할입니다. 따라서 자유로운 체크인보다 고객들이 몰리는 체크아웃 시간은 가장 바쁜 시간대인 셈이죠."

지난 1995년 대학을 졸업하던 해 첫발을 뗀 곳이 바로 지금의 리츠칼튼 호텔이라는 문○○씨. 마침 리츠칼튼 호텔이 오픈을 앞두고 있던 시점에서 학교 선배의 호텔 소개 내용이 전혀 다른 길로 갈 수도 있던 그를 지금의 모습으로 이끌었다. 그것은 바로 "우리는 신사숙녀를 모시는 신사숙녀입니다."라는 리츠칼튼 호텔의 모토였다. 전공과는 다른 길을 가려 했던 그는 당시 단순히 숙식을 제공하는 개념으로 인식되던 국내 호텔업계에서 획기적인 이 제안에 마음이 흔들렸고 바로 이곳에서 일을 해야 한다고 마음을 정했다고 한다.

그가 처음 지원했던 분야는 벨데스크. 1지망, 2지망 모두 벨데스크를 지원했지만 정작 일을 시작한 것은 피트니스 클럽. 그곳에서 1년여를 근무한 후 그가 소망하던 벨데스크로 옮겨 3년 반 정도를 근무한 후 프런트로 옮겨온 지는 이제 1개월이 되었다.

프런트데스크로는 아직 신참인 셈. 그러나 벨데스크에 근무하면서 다양한 사람들을 만날 수 있었고 호텔의 전반적인 내용들에 대해 많이 지켜봤기 때문에 프런트 업무에도 어려움이 없다.

"프런트는 곧 호텔의 얼굴과도 같은 곳입니다. 고객들이 무엇인가 문의를 하거나 의뢰를 할 때 제일 먼저 찾게 되는 곳이 바로 프런트 잖아요. 때문에 프런트데스크에서는 호텔에 관한 모든 내용을 잘 알고 있어야 합니다. 객실에 대한 지식, 어느 곳에서 어떤 일이 일어나는지 등의 전반적인 상황까지도 잘 알고 있어야 고객들에게 제공할 정보와 서비스가 풍부해지기 때문이죠." 그의 설명처럼 호텔 프런트데스크는 고객이 호텔에 처음 들어서서 호텔을 나서기까지 고객과 가장 밀접한 곳이다.

고객을 배려하는 서비스 정신 중요

"서비스 직종이 다 그렇지만 프런트는 특히 고객이 호텔에 무엇을 요구하는가를 먼저 파악하고 적합한 서비스를 제공해야 하므로 무엇보다도 배려하는 마음이 중요한것 같습니다. 호텔종사원 자격증은 물론 갖춰야 하겠지만 서비스라는 것이 실제로는 자격증이나 이론대로만 실행되는 것이 아니잖아요. 따라서 자격보다는 고객을 진정으로 생각하고 배려할 줄 하는 서비스 정신이 가장 중요하다고 생각합니다."

체크아웃을 하고 가는 고객들이 자신의 서비스로 인해 리츠칼튼 호텔은 참 친절해서 좋다는 말을 할 때 보람과 자부심을 느낀다는 문○○씨. 벨데스크 시절에는 브라질에서 고국을 방문한 교민이 다시 고국을 찾았을 때 친절한 서비스를 기억해 그를 다시 찾기도 했다. 또한 타 호텔에 숙박하던 고객의 요구로 룸 안내를 해주었던 그의 친절에 감동받아 호텔을 옮긴 일까지 있을 정도다.

"단 한 사람뿐이어도 좋습니다. 제가 하고 있는 일이 다른 이들에게 조그만 희망이라도 될 수 있다면 호텔일도 그리고 사이트도 성심껏 해나갈 것입니다. 제 꿈을 향해 벽돌을 한 장 한 장 쌓아 올리는 마음으로요." 자신의 꿈을 향해 한 걸음 한 걸음 힘차게 내딛고 있는 문○○씨. 사이버상의 네오 호텔이 현실에서도 문을 열고 친절한 서비스로 고객을 맞을 그날이 기다려진다.

(www.nmetro.com)

호텔이야기

숙박시설의 기원을 살펴보면 고대부터 현대에 이르기까지 인간의 사회활동과 이동의 역사라고 할 수 있다. 기원전 숙박시설로는 고대 그리스나 이집트에서 상인들을 위한 숙박시설인 캐러밴(caravan)이 있었고 바빌론의 함무라비엔 여관 들의 질과 불량식품을 견제하기 위한 여관법규가 있었다. 또한 폼페이의 발굴 유적에선 수천 년 전의 여관 터를 발견하기도 했다. 고대 로마시대엔 제국의 사자(使者)가 숙박하기 위한 여관(hospitum)이 각처의 도로변에 위치하고 있었다.

반면 관광객을 대상으로 살펴본다면 중세의 성지순례, 병약자의 보양을 위한 관광이 성행했는데 이로 인해서 호텔의 어원 또한 라틴어의 'Hospes(타향인, 나그네, 객)'에서 파생된 'Hospitalis'가 중성형 'Hospitale'로, 프랑스어의 고어인 Hospital은 다시 현대어인 Hospital 또는 Hostel로 전환되면서 중간의 's'자가 묵음이 돼서 'Hotel'로 발전됐다는 것이 언어 학자들의 이야기이다. 실제로 Hospital 시대엔 병약자의 병간호와 숙박시설을 함께 운영했기에 현대의 병원 개념이었고 Hostel 시대엔 기숙사와 같은 운영형태로, 그리고 Inn의 시대엔 현재 우리의 여인숙과 같은 영업형태를 띠었는데 Inn은 영어의 전치사 'in'에서 유래된 것이다.

또한 18~19세기 산업의 발달로 인해 'Tavern'이 생겨났으며 Hotel이란 명칭은 프랑스에서 미국으로 1790년대에야 전파되었다. 그리고 호텔을 발전시킨 위대한 두 사람이 있다. 한 사람은 프랑스의 세자르 리츠(Cesar Rits 1850~1918)이고, 다른 한 사람은 미국의 스타틀러 호텔의 창시자인 스타틀러(E. M. Statler)이다. "Guest is always right. - 고객은 항상 정당하다"는 리츠가 내건 슬로건으로 호텔맨의 정신적인 의미로 삼고 있는 말이기도 하다.

3. 항공서비스

항공법에서 규정하는 항공운송사업이란 "타인의 수요에 응하여 항공기를 사용하여 유상으로 여객 또는 화물을 운송하는 사업"으로 정의하고 있다. 또한 항공운송사업의 분류를 보면 운항의 정기성 여부, 수송객체, 수송 지역 등으로 구분할 수 있다.

운항의 정기성 여부에 의한 분류는 국내외에서 한 지점과 다른 지점 사이에 노선을 정하여 정해 놓은 시일에 항공기가 운항이 되는 정기 항공운송(scheduled airline)사업과 정기성이나 항공노선에 제한을 받지 않고 수용의 요구에 따라 불특정지점을 일시에 운항하는 부정기 항공운송(nonscheduled airline)사업으로 구분된다. 운송대상이 되는 운송객체에 의한 분류를 보면 여객운송사업과 화물운송사업, 그리고 우편물운송사업으로 분류되고 있다.

또한 운송지역에 의한 분류로는 국내운송사업과 국제운송사업으로 구분하고 있다.

항공운송서비스의 특성은 타 운송교통보다 빠른 고속성(시간단축성), 절대적인 안전을 요구하는 안전성, 공표된 스케줄(schedule)에 따라 운항하는 정시성, 타 운송교통보다 시간단축에 의한 운임의 경제성, 객실 내의 시설 및 기내서비스 등에 의한 쾌적성, 비교적 자유로이 노선을 개설할 수 있는 용이성, 그리고 국제간의 항공협정에 의해 자유로이 활동할 수 있는 국제성 등이 될 수 있다.

항공서비스는 고객과의 접촉성의 관점에서 항공여객예약·발권서비스, 공항여객서비스, 객실서비스, 기타부문서비스 등으로 구분할 수 있다. 각 부문별 항공서비스에 해당하는 핵심서비스와 부가서비스를 보면 다음과 같다.

1) 항공여객예약 · 발권서비스(airline reservation service)

항공여객예약 · 발권서비스는 교통수단인 항공기를 이용하고자 하는 고객을 위해서 사전에 좌석을 확보하여 주거나 탑승권을 발권해 주는 등의 서비스를 의미한다.

(1) 핵심서비스

항공여객예약 · 발권서비스의 핵심서비스를 보면 판매경로에 따라 직접 판매서비스, 간접판매서비스, 인터라인(interline)서비스로 구분된다. 이 중 직접판매서비스와 간접판매서비스는 카운터에서 직접 고객과의 대면을 통하여 서비스가 이루어지므로 매우 중요한 서비스이다.

① 직접판매서비스

항공여객예약 · 발권서비스 중 직접판매서비스는 항공사가 자사의 지점이나 영업소를 통하여 그 지역 내 기업이나 단체 또는 일반 불특정수요를 대상으로 판매활동을 직접 전개하고 항공예약의 접수, 항공권의 발행, 여행의 안내 등의 제반활동을 하는 서비스이다. 정부, 국영기업체, 대기업, 각종 단체 등을 대상으로 항공사가 직접적으로 서비스하고 있다. 또한 지점이나 영업소의 카운터를 설치하여 직접 고객에게 서비스를 제공하고 있다.

② 간접판매서비스

항공사는 대체로 항공편의 공급량이 증가하고 판매되는 지역범위 또한 광범위하므로 자사판매망으로서는 충분히 판매할 수 없을 뿐만 아니라 효과적이지 못하기 때문에 항공여객예약 · 발권서비스를 간접판매 형태로 하여 서비스하고 있다. 각 항공사는 지역마다 다수의 판매전문업자로 하여금 항공의 예약 · 발권 · 판매 등의 업무를 대리하게 하는 간접판매망을 구성하여 서비스하고 있다. 고객이 항공여행에 필요한 수속을 하기 위하여 직접 항공사의 지점이나 영업소를 방문해야 할 불편함이 없이 가까운 판매대리점을 통하여 필요로 하는 모든 서비스를 받을 수 있도록 한 것이다.

항공여객예약 · 발권서비스의 간접판매 형태로는 항공사가 일정지역을 한정하여 포괄적인 판매대리점으로 지정하고 그 지역 내의 대리점 관리, 판매 대금 회수 등을 겸비하는 총판매대리점이 있다. 항공사를 대리하여 고객에게 항공여객서비스의 판매를 전업으로 하는 판매대리점, 그리고 여행 상품에 항공의 운송기능이 포함되어 판매되는 경우 독립된 항공운송서비스가 아니라 여행사의 상품유통과정에 따른 것이므로 여행도매업자(wholesaler)와 여행소매업자(retailer)에 의해 서비스가 이루어진다.

그 밖에 간접판매형태로는 인터라인(interline)서비스가 있다. 이는 어느 항공사 자사가 운항하고 있지 않은 도시에서도 영업소를 가지고 고객에게 운송서비스를 하고 있지만, 이와 같은 도시에서는 그 지역에 강력한 기반을 갖고 있는 항공사가 있어 서비스활동에 어려움을 겪게 된다. 따라서 상호 간의 협정을 통해 상대방의 대리인으로서 항공운송서비스를 인정하여 쌍방 간의 판매서비스대행제도를 실시하게 된다. 결국 항공사 간 상호협정 아래 타 항공사의 항공권으로 자사의 항공편을 이용할 수 있도록 하는 서비스이다.

(2) 부가서비스

항공여객예약 · 발권을 위한 부가서비스로는 의뢰인이 거주하고 있는 곳에서 항공운임을 지불하고, 승객은 타 도시에서 항공권을 발급받을 수 있는 PTA(prepaid ticket advice)라 불리는 타지역송부서비스, 인터넷을 통하여 항공권을 예약한 후 항공권 전달은 택배를 이용한 서비스와 공항에서 항공권을 찾을 수 있는 방법 중 고객이 편리한 방법을 선택하여 항공권구매를 할 수 있도록 하는 국제선항공권 인터넷구매서비스가 있다. 또한 [그림 2-6]과 같이 A공항에서 D

공항까지 여행(A에서 B까지는 에어프랑스, 경유지 공항 B, C에서는 대한항공) 시 A공항의 에어프랑스 항공사 카운터에서 B, C 공항 출발 대한항공편의 좌석 배정 및 탑승권을 발급하고, 수하물을 D 공항까지 수속할 수 있을 뿐만 아니라, 중간 경유지 B, C에서는 별도의 탑승 수속이 필요 없는 항공사 간 연결탑승수속서비스 등이 있다.

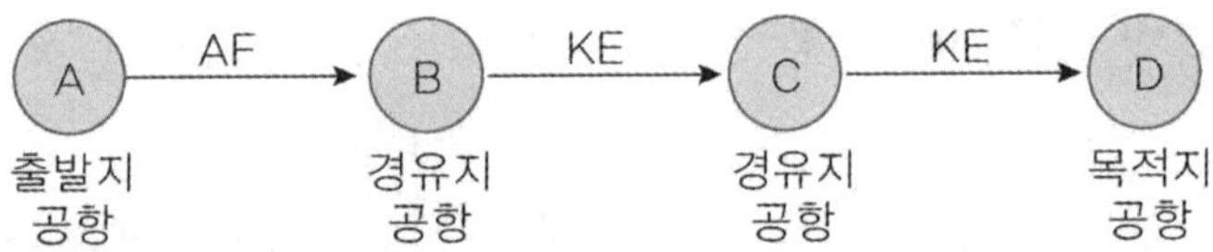

[그림 2-6] 항공사 간 연결탑승수속 서비스

2) 공항여객서비스(airport passenger service)

공항여객서비스는 항공편을 이용하고자 미리 예약이 되어 있으면서 항공권을 가지고 있는 승객에게 출발공항 혹은 도착공항에서 이루어지는 제반 서비스이다.

(1) 핵심서비스

공항여객서비스부문에서 핵심적인 서비스는 체크인카운터서비스(checkin counter service)와 탑승게이트서비스(boarding gate service), 도착서비스(arrival service) 등이 있다.

① 체크인카운터서비스

체크인카운터서비스는 승객들을 가능한 빠른 시간 내에 탑승수속을 받게 하여 기다리는 시간을 줄이고 예정된 항공편을 탑승할 수 있도록 해주는 서비스이다. 일반적으로 공항 체크인카운터는 승객들이 탑승권을 받기 위해 줄을 서 있는 모습을 연상하게 된다. 따라서 신속하고도 정확한 서비스가 제공되어야만 고객만족서비스가 이루어질 수 있다.

② 탑승게이트서비스

탑승게이트는 게이트의 항공사 직원이 탑승권(boarding pass) 확인 절차를 거쳐 승객을 기내 승무원에게 인계하는 곳이다. 승객의 순조로운 탑승을 위해서 관계담당기관 및 기내승무원과의 업무연락과 협조가 조화로이 이루어진다.

③ 도착서비스

승객 도착서비스는 승객이 목적지 도시에서 원활한 입국을 할 수 있도록 도와주는 제반서비스이다. 즉 승객이 원활한 수속을 할 수 있도록 관련 신고서 작성, 통역서비스 등을 제공하는 동시에 수하물 서비스도 포함하고 있다. 승객의 수하물에 관한 파손, 분실 등의 발생 시에 직원의 적절한 조치를 해야 한다.

(2) 부가서비스

공항여객서비스의 부가서비스로서 공항라운지서비스(airport lounge service)를 볼 수 있다. 이것은 주로 일등석 및 VIP 고객의 품격에 맞도록 최고의 시설과 서비스를 제공하는 휴식 공간으로 꾸며져 있다. 고급승객들을 위하여 칵테일바, 편안한 휴식을 위한 수면실, 완벽한 비즈니스 업무 수행을 위한 비즈니스 센터, 인터넷 전용 컴퓨터 등이 마련되어 서비스를 제공하고 있다. 또한 국내·국제선을 연결하여 운항하는 승객의 수하물을 국제선 최종 목적지까지 체크인(check-in)해 주는 출국수하물 국내·국제연결서비스를 볼 수 있다.

3) 객실서비스(cabin service)

항공서비스 중 객실서비스는 넓은 의미로 승객들이 탑승하기 이전부터 기내 시설물이나 기용품의 설치 및 탑재와 관련된 여러 준비 과정업무를 포함하고 있으며, 좁은 의미로는 승객들이 항공기를 탑승하는 시점부터 시작으로 해서 운항 중의 제반서비스, 그리고 안전하게 도착하여 하기까지 객실 승무원에 의해 이루어지는 제반 서비스를 의미한다. 따라서 객실서비스는 지상에서의 기내물품준비 및 장착과정인 물적서비스와 항공운항 중의 기내 서비스로 구분된다. 이를 다시 세분하여 보면 다음과 같다.

(1) 핵심서비스

객실서비스 중 핵심서비스는 출근(show-up) 및 브리핑(briefing), 항공기 탑승, 기내서비스(in-flight service)의 순으로 이루어진다.

① 출근 및 브리핑

국제선인 경우 승무원들은 비행출발시간 2시간 10분 전(국내선 1시간 30분 전)에 공항 승무원 담당사무실에 출근하여 비행정보의 확인 및 업무수행 준비를 위하여 지정된 장소에서 실시하는 객실 브리핑에 참석하여 비행에 필요한 제반 서류 및 업무지시, 필수휴대품 등을 점검하게 된다.

② 항공기 탑승

객실브리핑 및 운항브리핑을 완료한 승무원은 출국수속을 마친 후 국제 선의 경우 최소한 항공기 출발 1시간 전, 국내선인 경우에는 30분 전까지 탑승하여 승객탑승서비스를 준비한다.

③ 기내서비스

기내서비스는 승객들의 탑승이 시작되면서 승무원 각자의 위치에서 승객의 원활한 탑승이 이루어지도록 하면서 시작된다. 승무원의 이륙(takeoff) 전 승객에 대한 인사와 더불어 좌석안내, 수하물정리, 승객 좌석벨트 점검(seatbelt check), 비상안전서비스 등이 이루어지며, 그리고 비행 중에는 좌석 등급별(class) 서비스, 신문, 잡지 등 제공, 음료제공, 기내식 제공, 영화 상영, 그리고 착륙(landing) 전에 실시하는 안전점검서비스 등 많은 서비스가 이루어진다.

(2) 부가서비스

도착지 공항으로 팩스(Fax)를 보내어 고객이 도착하는 즉시 받아볼 수 있도록 하는 팩스전송서비스, 애완동물의 기내 동반을 위해 적절한 케이지(cage)에 넣어서 승객의 좌석 밑이나 발치에 두고 여행할 수 있도록 하는 펫 케이지(pet cage) 무료제공서비스 등이 있다.

4) 기타부문서비스

항공사는 항공기를 이용하여 고객의 요청에 따라 여객 또는 화물을 출발지에서 목적지까지 안전하고 신속하게 운송하고 그 대가를 받는 것을 주된 목적으로 하고 있으나, 이외의 다양한 특수서비스가 있을 수 있다. 예를 들어 자사 또는 타사의 항공기를 이용하여 여러 구간을 계속 여행하는 경우 항공기 접속을 위해 여정 중 어느 지점의 공항에서 장시간 대기하거나 혹은 호텔에 숙박을 해야 하는 경우가 있다. 이와 같이 여객이 지상에서 대기하는 동안 발생하는 식사, 숙박 및 지상 이동 등에 소요되는 비용을 항공사에서 부담하게 된다.

이와 같은 서비스를 항공사의 본연의 임무인 운송서비스에 부가되는 특수서비스라고 하며, 이러한 특수서비스에는 여객의 여행편의를 위한 우대 서비스와 항공기의 지연운항 등 특수한 상황에서 여객에게 제공하는 피해 보상적인 의무서비스가 있다.

First class에서의 기내서비스

핵심서비스

예약 · 발권서비스	공항여객서비스	객실서비스	기타부문서비스
•직접판매서비스 •간접판매서비스 •인터라인서비스	•체크인 카운터서비스 •탑승게이트서비스 •도착서비스	•출근 및 브리핑 •항공기 탑승 •기내서비스	•특수서비스 •우대서비스 •의무서비스 •리무진버스서비스

부가서비스	부가서비스	부가서비스
•타지역송부서비스 •인터넷구매서비스 •항공사간연결탑승	•공항라운지서비스 •출국수하물 국내 · 국제연결 서비스	•팩스전송서비스 •펫 케이지 무료 제공 서비스 •기타

[그림 2-7] 항공서비스의 범위

그 밖에 항공서비스 중 기타부문서비스에는 국내 주요지역에 따라 항공사 리무진버스를 운행하여 여행객의 항공교통편, 호텔숙박 등을 보다 용이하게 이용하도록 해주는 리무진버스서비스가 있다.

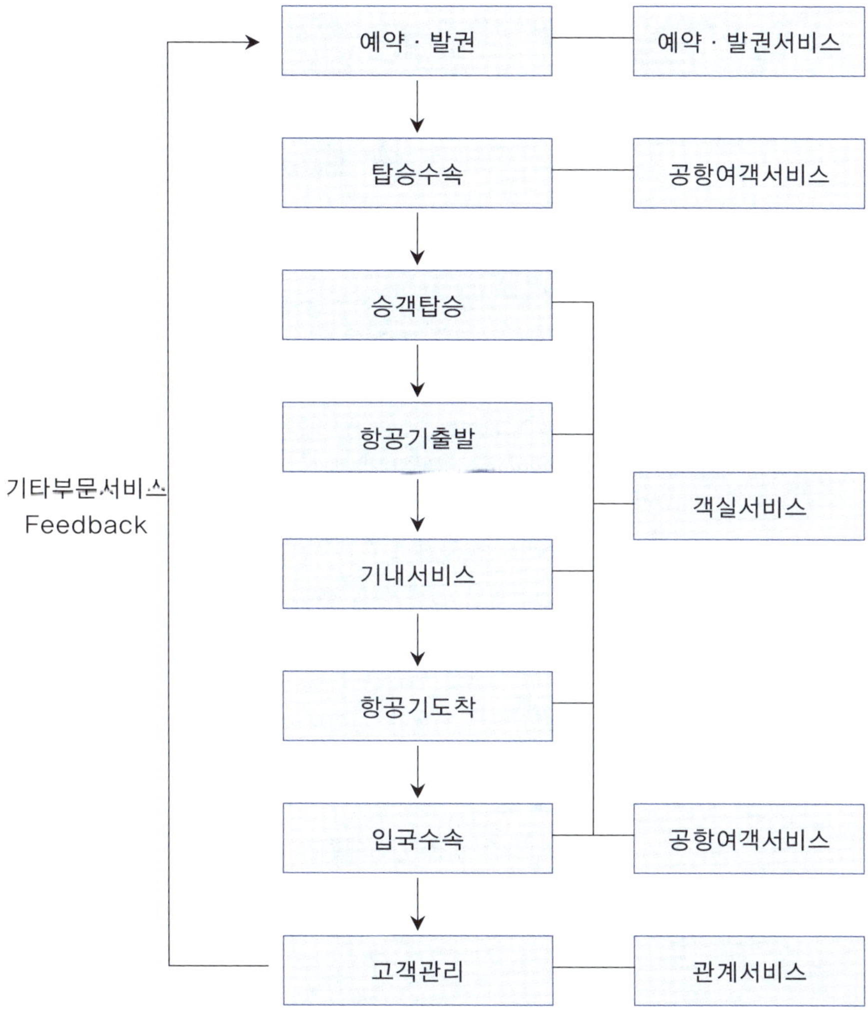

[그림 2-8] 항공서비스의 흐름도

사례 2-6 대한항공 서비스 아카데미

생존을 위한 경쟁이 치열해지면서 친절과 서비스가 기업 경쟁력에서 차지하는 비중이 나날이 커지고 있다. 이 때문에 친절교육이 각광받고 있다. 특히 고객들과의 만남을 통해 상품을 파는 서비스업체들은 전사적으로 친절과 서비스를 강화하기 위해 부심하고 있다. 최근에는 딱딱함의 대명사로 불렸던 공무원과 공기업까지 이미지 쇄신을 위한 친절교육에 총력을 다하고 있다.

이러한 사회적인 분위기로 주목받는 곳이 있다. 대한항공이 운영하고 있는 '서비스 아카데미'이다. 당초 대한항공 서비스 아카데미는 자체 직원교육을 위해 1992년 개원한 국내 최초의 서비스 예절 및 매너 전문교육기관이다. 그러나 외부교육 요청이 쇄도해 1993년 현대백화점을 시작으로 외부교육도 하고 있다. 특히 서비스 아카데미는 대전 국제박람회 도우미 서비스 예절교육과 1995년 지방자치제 실시 후 자치교육기관으로서 위상이 높아졌다.

올해도 서비스 아카데미는 제주지역 관광협회, 대구 광역시청, 문화 관광부, 재정 경제부, 인천 시청, 제주 남구청, 방송 위원회 등 총 1만 여명에 달하는 공무원과 직장인을 대상으로 친절 교육을 했다. 특히 서비스 아카데미는 1998년부터 초 · 중 · 고 및 대학생을 대상으로 여름 방학 동안 친절교육을 실시하고 있다. 초등학생의 경우 부모도 함께 교육에 참가하도록 해 교육 효과를 높이고 있다.

최근 서비스 아카데미의 인기는 절정이다. 향후 새로운 교육기법을 적용한 신규 프로그램을 마련해야 할 정도다. 서비스 아카데미는 향후 매너와 에티켓 등의 기본 자세 실습 중심의 단순 교육에 고객만족과 의식화 교육을 추가로 보완하기로 했다.

또 서비스 교육이 일회성에 그치지 않고 지속적인 고객관리가 될 수 있도록 교육 애프터서비스도 실시한다는 계획이어서 관심이 모아지고 있다.

대한항공 관계자는 "사내 교육기관이 가진 장점을 사회에 환원한다는 생각으로 외부 교육을 실시하고 있다"며 "서비스 아카데미 교육 목표인 미소, 친절, 겸손. 정성. 봉사가 일상화되기를 기대한다"고 말한다.

사례 2-7 캐세이퍼시픽항공의 노티플라이서비스

캐세이퍼시픽항공(Cathay Pacific)이 '노티플라이(notiFLY)' 서비스를 전 세계 40개 취항 국가로 확대 실시한다. 출범 1주년을 맞은 노티플라이 서비스는 현재 한국어를 포함 영어, 일어, 중국어로 전 세계에서 이용이 가능하며 예약항공편의 도착 · 출발 및 변경사항 등 운항관련 최신 내용을 문자 메시지 형태로 고객의 핸드폰이나 e메일 주소로 전송해 준다. 데이비드 턴블 캐세이퍼시픽 항공 부회장은 "지난해 노티플라이 서비스를 개시한 이래 점차 이용고객의 수가 증가하고 있으며 특히 태풍 등의 자연재해로 인해 항공기 운항장애가 예상될 때에는 이용객의 수가 급증했다"며 "이번 서비스의 확대로 전 세계에서 운항되고 있는 항공편의 정확한 정보를 적시에 제공하는 데에 소요되는 경비를 절감, 고객들에게 더욱 큰 편의를 제공할 수 있을 것"이라고 말한다.

노티플라이 서비스를 이용, 최신 운항정보를 문자 메시지로 전송받기를 원하는 고객들은 캐세이퍼시픽항공 웹사이트(www.cathaypacific.co.kr) 또는 팜 PDA를 이용해 항공기 편명, 출발과 도착 중 원하는 서비스를 선택한 후 전화번호를 입력하면 된다. 이와 함께 캐세이퍼시픽항공이 사우디아라비아의 수도인 리야드에 신규 취항을 개시했다.

캐세이퍼시픽항공은 이번 리야드 신규 취항에 따라 기존의 바레인 주 7회, 두바이 주 9회를 포함 중동지역에 매주 총 18편의 여객항공편을 운항하게 됐으며 향후에는 일본의 관광도시인 삿포로에 취항할 예정이다.

사례 2-8 최고급 항공서비스를 위하여…

캐세이퍼시픽항공 이용 고객의 경우 캐세이퍼시픽 항공 보유기종 모든 좌석에서 이메일을 이용할 수 있다. 캐세이퍼시픽항공은 미국의 인터넷 서비스제공업체인 텐징커뮤니케이션(Tenzing Communication)의 기술지원으로 항공업계 최초로 기내에서 이메일 및 인트라넷 서비스를 고객에게 제공할 수 있도록 관련 일정을 확정하였다고 밝혔다.

텐징커뮤니케이션에서는 항공여행이 빈번한 고객들에게 초점을 맞추어 이메일을 주고받는 서비스는 물론 웹상의 우수 사이트를 선별해 놓은 '베스트 오브 더 웹'을 서핑할 수 있는 인트라넷 그리고 전자상거래 관련 서비스를 제공하게 된다.

기내에서 이메일을 이용하기 위해서는 항공기 개별좌석마다 고객의 노트북 컴퓨터와 연결되는 전원시스템 및 데이터 시스템 설치가 필수적이며, 캐세이퍼시픽 항공에서는 이미 미국 프리맥스 테크놀리지와 손잡고 데이터시스템인 '엠포트'와 개별 전원 시스템인 '엠파워'를 캐세이퍼시픽항공기 전 좌석에 설치할 계획이다.

또한 아시아나항공은 국내 항공업계 최초로 음성인식 예약 서비스(Speech Recognition Service : SRS)를 선보였다. 아시아나 SRS는 음성인식 자동 교환방식을 사용하여 사용자가 전화상으로 서비스 명칭을 부르면 곧바로 원하는 서비스로 연결되는 최첨단 예약정보 서비스로 예를 들어 "자동예약"이라고 말하면 자동예약으로, "출 · 도착"을 말하면 출 · 도착 안내로 연결되므로 일일이 서비스 코드를 기억해야 할 필요가 없고 또 단계별로 전화기 버튼을 눌러야 하는 일이 없어져, 기존의 자동응답 전화서비스(ARS)가 갖고 있던 불편함이 크게 줄어들게 된다.

그리고 예약직원이 통화중일 경우 고객에게 언제쯤 직원과 통화가 가능할지에 대한 자동안내가 나가게 돼 그간 고객들이 가져왔던 통화대기에 대한 불만사항이 사라질 것으로 보인다. 이 서비스는 기존의 아시아나항공 예약센터 전화로 하면 된다. 이때 직원과 직접 연결이 안 되고 단 1초라도 손님이 기다려야 하는 상황이 되면 바로 SRS 서비스로 넘어가게 되며, 손님이 SRS 서비스를 원치 않을 경우 "예약"이라고 말하면 다시 직원과 연결된다.

아시아나는 이 SRS서비스와 함께 '자동 문자음성 변환시스템'을 사용하여 신규 취항지, 기내 서비스 등 수시로 변하고 새롭게 생겨나는 다양한 항공 정보를 그때마다 최신 상태로 고객들에게 제공할 계획이다.

4. 식음료서비스

관광진흥법 시행령 제2조 6항에 명시된 관광편의시설업의 종류를 보면 식음료업에 해당하는 부문을 볼 수 있다. 즉 식품위생법령에 의한 유흥주점 영업의 허가를 받은 자로서 관광객의 이용에 적합한 시설을 갖추어 이를 이용하는 자에게 주류 기타 음식을 제공하고 노래와 춤을 감상하게 하거나 춤을 추게 하는 관광유흥음식점업, 식품위생법령에 의한 유흥주점영업의 허가를 받은 자로서 외국인 이용에 적합한 시설을 갖추어 이를 이용하는 자에게 주류 기타 음식을 제공하고 노래와 춤을 감상하게 하거나 춤을 추게 하는 외국인 전용 유흥음식점업, 식품위생법령에 의한 일반음식점영업의 허가를 받은 자로서 관광객의 이용에 적합한 음식제공시설을 갖추고 이들에게 특정 국가의 음식을 전문적으로 제공하는 관광식당업, 그리고 주세법에 의한 주류제조 · 판매의 면허를 받은 자로서 관광객의 이용에 적합한 시설을 갖추고 이들에게 직접 제조한 토속주를 판매하는 관광토속주판매업으로 되어있다.

한국표준산업분류표상의 음식점업에 관한 정의를 보면 “구내에서 직접 소비할 수 있도록 접객시설을 갖추고 조리된 음식을 제공하는 식당, 음식점, 간이식당, 카페, 다과점 등을 운영하는 활동과 독립적인 식당차를 운영하는 산업활동을 말한다. 또한 여기에는 접객시설을 갖추지 않고 고객이 주문한 특정음식물을 조리하여 즉시 소비할 수 있는 상태로 주문자에게 직접 배달 (제공)하거나 고객이 원하는 장소에 가서 직접 조리하여 음식물을 제공하는 경우가 포함된다.”고 규정하고 있다. 그 밖에 미국의 경우 영리를 목적으로 하는 미국식당협회(national restaurant association : NRA)에서 음식업을 분류한 형태를 보면 일반음식점 및 전문 · 패스트푸드음식점(limited-service·fast food restaurant) 등과 같은 일반음식점업, 항공기내식과 대학교 등에서 판매 되는 위탁경영방식외식업, 호텔식당 및 모텔 등의 숙박시설에서의 음식업, 그리고 편의점 및 자판기 등에서 판매되는 기타 음식업 등으로 되어 있다.

결국 식음료서비스 또한 관광서비스 중 하나이므로 본서에서는 관광객의 관광활동에서 식음료를 제공받는, 즉 관광과 관련된 음식업으로 한정하기로 한다. 그러나 고객에게 단순히 음식만을 제공하는 하나의 사업으로서의 역할이 아닌 고객인 관광객에게 제공되는 식당에서의 제반서비스 개념이 포함된 식음료서비스를 의미한다.

식음료서비스의 구성요소를 보면 시설에 관련된 물적서비스, 편리를 도모한 입지성, 요금, 요리 및 음료, 인적서비스 등으로 되어 있다. 이러한 식음료서비스의 구성요소 가운데 고객과의 직접적인 접촉에 따른 서비스, 즉 인적서비스는 접객서비스(hospitality service)이다. 식음료서비스는 시설 및 규모, 영업형태 등에 의해 달라질 수 있으나 크게 테이블서비스(table service)와 카운터서비스(counter service)로 나뉜다. 테이블서비스는 일반적인 레스토랑과 호텔 식당에서 이루어지는 서비스형태이며, 카운터서비스는 뷔페(buffet) 혹은 카운터에서 요리사가 직접 식음료를 제공하는 형태의 서비스를 의미한다.

따라서 본서에서는 테이블서비스를 중점으로 예약 및 좌석안내서비스를 포함한 예약 · 영접서비스(reservation & greeting service), 테이블서비스(table service), 환송서비스(farewell service), 그리고 기타부문서비스로서 접객을 위한 관계서비스(relationship service) 등 고객을 맞이해서 환송에 이르기까지 지속적인 관계의 모든 서비스과정을 알아보고자 한다.

1) 예약 · 영접서비스

식음료서비스 중 예약 · 영접서비스는 고객의 방문을 유도할 수 있는 시점인 동시에 예약된 고객 혹은 일반고객이 방문하여 접객요원으로부터 서비스를 제공받는 첫단계이기도 하다.

(1) 핵심서비스

식음료서비스에 있어서 예약 및 고객영접은 자사의 영업과 이미지에 첫번째 영향을 미치는 매우 중요한 부문이다. 먼저 예약은 고객이 계획하고 있는 행사를 위해 담당자와 약속하는 것으로서 주로 전화로 이루어진다.

따라서 고객의 모든 요구사항을 정확히 접수하여야 하며, 사전준비와 효율적인 서비스가 이루어질 수 있도록 부서 간의 업무연락이 중요하다. 특히 예약접수 시에 방문객수, 전화번호, 성명, 일자, 시간, 특별주문사항 등은 매우 중요한 사항이므로 누락이 되어 고객의 귀중한 시간의 소비에 따른 불만으로 업체의 이미지에 영향을 미쳐서는 안 된다. 그리고 예약된 장소 및 테이블은 방문예정시간으로부터 어느 정도 시간이 경과되면 예약고객에게 판매할 수 없을 뿐만 아니라 일반고객에게도 제공될 수 없는 어려움이 따르게 된다. 따라서 예약시 이러한 점을 고려하여 고객에게 미리 알리는 방법도 사전에 노쇼(No-show)를 방지하는 서비스가 될 수 있다.

그리고 고객영접서비스는 예약된 고객이 자사를 방문할 때 접객요원이 먼저 접근하여 마중하면서부터 시작한다. 고객의 예약성명을 확인하고 요구한 좌석 혹은 선호하는 좌석을 순간적으로 배정 · 안내하여 착석하도록 하는 과정이다. 특히 순간적인 좌석배정시 고객의 특성과 주변 고객과의 관계를 잘 파악하여 원하는 좌석에서 식음료를 제공받을 수 있도록 하는 것이 매우 중요하다.

2) 테이블서비스

식음료서비스에서의 테이블서비스는 고객이 선호하는 음식과 음료를 주문받아 주방에서 혹은 테이블에서 요리하여 고객에게 서빙(serving) 및 정산(billing)이 이루어지는 모든 과정을 의미하며, 접객요원의 기능(skill)이 매우 중요시되는 서비스부문이다.

(1) 핵심서비스

고객이 원하는 식사를 준비하기 위하여 주문접수(taking the order)가 우선 되는데 이때 서비스접객요원은 메뉴의 내용을 충분히 숙지하여 고객의 의문을 해결해야 하며, 상황에 따라선 고객의 심리를 파악하여 만족할 수 있는 메뉴를 선택하도록 유도하는 적극적인 방법을 취해야 한다.

식음료서빙은 일반적으로 매뉴얼(manual)에 의한 여러 단계로 나뉘어 이루어지지만 식음료서비스부문 중에서 기능을 가장 잘 발휘해야 하는 과정이기도 하다. 식음료서빙은 주문에 따른 새로운 테이블세팅(table setting), 음식(food), 음료(beverage), 치우기(clearing), 정산(billing) 등의 서비스를 포함하고 있다.

3) 환송서비스

환송서비스는 테이블서비스가 모두 이루어진 이후 고객이 최종적으로 모든 서비스를 평가하는 단계에서 재방문의 의사를 결정짓는 중요한 서비스이다.

(1) 핵심서비스

식음료서비스에서 환송서비스는 고객과의 직접적인 접촉이 종료되는 시점이므로 고객으로서는 이 과정에서 좋은 점과 불만스러운 면을 나타낼 수 있다. 이것은 유사한 업종과의 경쟁력을 가질 수 있는 매우 좋은 자료가 된다는 점에서 그 중요성을 인식해야 한다. 따라서 새로운 정보제공, 불만족 해소처리, 출입문 밖까지의 동행 등의 서비스는 환송서비스에서 이루어지고, 이 가운데 고객이 불만족을 표현할 때 중도에 말을 못하게 하는 일이 없이 끝까지 들어야 하며, 즉시 해결할 수 있는 것과 그렇지 않은 것을 구분하여 처리하고 향후 검토를 위해 메모를 해야 한다. 고객의 불만족은 상황에 따라서 재방문의 효과를 얻을 수 있기 때문에 기꺼이 받아들여야 한다.

4) 기타부문서비스

(1) 핵심서비스

식음료서비스 중 기타부문서비스로서 고객의 차량을 주차하고 출차시키는 주차관리서비스와 접객요원의 용모와 태도에 따른 기타 응대서비스, 그리고 고객 간의 만남을 이루게 해주는 페이징서비스(Paging Service), 고객의 분실물 신고 및 접수에 의한 로스트앤드파운드서비스(Lost & Found Service), 또한 실내분위기 연출, 고객과 지속적으로 단골고객으로서의 관계를 유지토록 하는 관계서비스 등이 있을 수 있다.

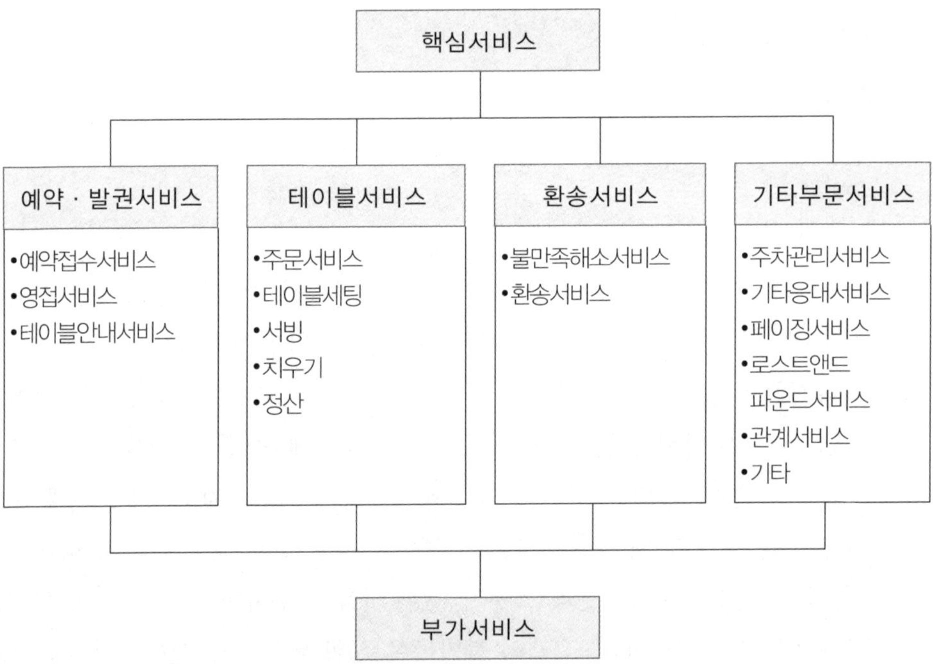

[그림 2-9] 식음료서비스의 범위

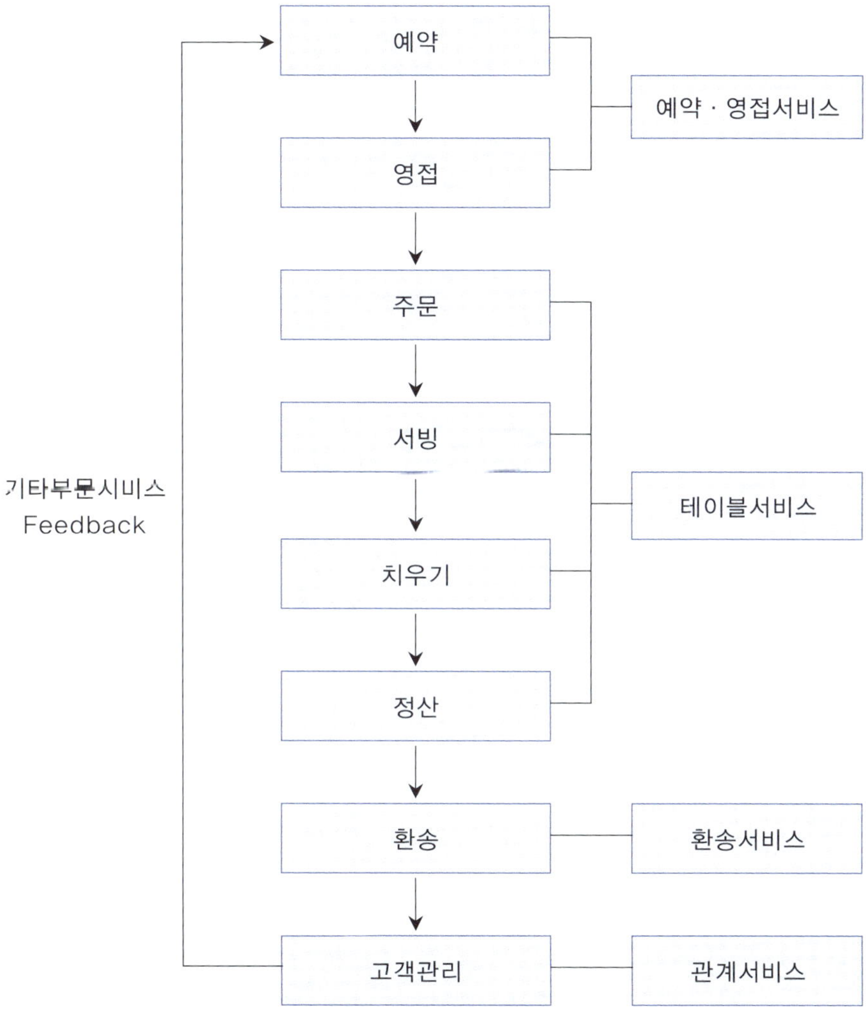

[그림 2-10] 식음료서비스의 흐름도

사례 2-9 서비스는 신속하게, 가격은 패스트푸드, 그리고 가치 위주의 메뉴제공

미국경제가 계속 침체된 상황에서 '패스트캐주얼(fast-casual)'이라는 신종 업태가 고속성장을 하고 있다. 캐주얼 다이닝 레스토랑(fast dining restaurant) 분위기와 동일한 메뉴를 제공하면서 평균 객단가는 현저하게 떨어뜨리는 패스트 캐주얼 운영자들은 신메뉴와 분위기 및 점포 위치 등 기본적인 것을 바라면서도 가격대에 민감한 고객들을 유인하고 있다. 그 대표적인 주자로, 백야드버거(Back Yard Burger)의 창업주 겸 회장인 래티모어 마이클(Lattimore Michael)은 "경기 하향이 실제적으로 우리들에게는 반대급부로 긍정적인 효과를 주고 있다"고 강조하면서 "일반 캐주얼 다이닝(dining-casual)에서 매주 2~3회씩, 10달러에서 20달러 정도로 점심을 먹던 고객들이 우리 식당으로 몰리고 있다"고 즐거워하고 있다. 최근에는 블랙앵거스(Black Angus, 고급육 소고기) 버거와 하와이언 치킨 샌드위치 등 차브로일러를 이용한 캐주얼 다이닝 성향이 있는 신 메뉴를 내놓으면서 단순한 패스트푸드 이미지를 탈피하고 있는 브랜드이다.

고품질, 저가격, 빠른 서비스 3박자 갖춘 패스트캐주얼

"저가형이면서 고품질의 점심을 찾는 단골고객들의 유입이 블루칼라(blue collar) 점심 고객집단을 특별히 유도하거나 아이들을 동반한 젊은 가족들이 더 자주 오도록 하는 것은 아니다. 단지 우리는 'Good Food, Served Fast'라는 가치 아래 고객들의 주요 물줄기를 새로운 니치마켓(niche market)이라고 할 수 있는 신속 서비스 방향으로 유도하고 있는 것이다"라고 백야드버거 회장은 강조하고 있다. 지난해에 이 회사가 개발한 앵거스 버거(Angus Burger)는 백야드버거에 강력한 신상품으로 자리매김할 뿐만 아니라 백야드버거의 점포 확장 및 단위당 매출을 증대시키는 핵심 역할을 하고 있다. 객단가는 점점 올라가고 식자재 원가는 내려가는 가장 이상적인 외식업 운영을 하고 있는 것이다. 새로운 론칭 전략 성공으로 인해 백야드버거는 업스케일(upscale) 메뉴를 판매하는 수준 있는 등급의 레스토랑 목록에 격상 등재되었지만 서비스 속도와 평균 객단가는 패스트푸드에 속한다. 이와 유사한 레스토랑을 나열해 보면, 맥도날드 계열로 편입되고 덴버에 본부를 둔 치폴레 멕시칸 그릴(Chipotle Mexican Grille), 플로리다의 애틀랜틱 비치에 본부를 둔 롤리 폴리(Roly Poly), 콜로라도의 볼더(Boulder)에 본부를 둔 누들 앤드 컴퍼티(Noodle & Company), 애틀란타에 본부를 둔 칙필에이(Chick-fil-A) 등으로 고품질, 퀵서비스 양쪽 다 제공하는 고급 브랜드로 통하고 있다.

레스토랑 경력 30년을 가진 윈스톱(Wingstop) 창업자 겸 CEO, 안토니오 스워드(Antonio Swad)는 "고객들이 4명분에 약 21달러(2만 7,300원)를 지불하고 4인 가족이 먹을 수 있는 충분한 음식을 가정으로 가지고 갔을 때 음식이 먹음직스럽고 양이 많아 보이며 테이블에서 먹는 듯한 지글거리는 음식이라면 고객들은 또다시 이 식당을 찾게 될 것이고 이러한 경험들은 영업에 대단한 시너지 효과를 주게 된다"고 주장한다. 그는 접시닦이로 판다로사 스테이크하우스에 취업했다가 최고경영자가 된 사람이다.

그의 말은 패스트캐주얼의 음식들이 가격은 싸면서 음식이 빨리 나오므로 신선감도 같다는 말이다. 현재 33개 점포를 운영 중이며 텍사스 가랜드(Garland)에 본부를 둔 윔스톱은 최근 점포 확장에 고속성장을 하고 있는 브랜드로서 올해 12개를 추가하고 2002년까지는 100여 개를 오픈할 예정으로 박차를 가하고 있다.

또 다른 패스트캐주얼 브랜드로 켄터키 렉싱톤에 본부를 둔 시드 레드토랑 그룹(Seed Restaurant Group)이 운영하는 점포 396개의 '파졸리스(Fazoli's)'가 있다. 고객들이 레스토랑급 음식인데도 객단가 4.15달러(5,400원)로서 패스트캐주얼 다이닝(fast-casual dining) 경험을 하고 있다고 파졸리스의 품질과 구매담당 부사장인 Charlie Lousignont는 말하고 있다. 전 롱 존실버 모회사인 제리코(Jerrico Inc.)사에 의해서 1986년에 퀵서비스 이탈리안 패스트푸드를 론칭했던 파졸리스는 4년 후에 일본계 기업인 쿠니토요다(Kuni Toyoda)가 인수했으며, 당시 쿠니토요다는 제리코의 아시아 지역 프랜차이즈 개발 회사였다. 점포 5개를 인수한 토요다는 즉시 메뉴개발 작업에 착수해서 음식의 질과 다이닝 분위기에 지속적으로 노력한 결과 지금은 30여 개국에 약 400여 개의 점포를 운영하고 있다. 식당부지만 합작 투자하는 15개의 법인체와 컨소시엄을 이루어 162개의 회사직영 점포를 운영하면서, 별도로 219개의 가맹점을 운영하고 있고, 2002년에 25개의 점포를 추가 오픈할 계획을 가지고 있다.

세트메뉴 지양, 일품요리로 변해가는 고가의 레스토랑들

고객들은 돈을 지불하면서 항상 더 얻고 싶어하고 식당 업주들은 고객들이 머무는 동안 음식을 더 사먹든지 빨리 자리에서 일어나 기다리는 사람들에게 자리를 비워 주기를 바란다.

텍사스에 본부를 두고 103개 점포를 운영하는 스테이크 앤 에일(Steak & Ale)의 마케팅 및 컨셉(concept) 개발담당 부사장인 빌 왓슨(Bill Watson)은 지난 수년 동안 지불가치 우선과 스테이크의 품질 위주로 메뉴를 개편하고 있다고 말한다. 또한 소고기 스테이크만을 강조하는 영업 정책이 아니라 다양한 음식을 준비하고 있으며 최근에는 일부 영업점에서 번들(bundle)로 판매하던 세트메뉴를 지양하고 고객 방문주기를 높이기 위해 알 라 카테(A la Carte, 일품요리) 형식의 메뉴를 판매하기로 했다. 이와 유사한 마케팅 정책을 시도하는 업체가 캔자스 위치타(Wichita, Kansas)에 본부를 둔 론스타 스테이크하우스(Lone Star Steak & Saloon, Inc.)로서 243개의 미국 내 점포를 위주로 마진이 높은 파스타와 그릴에 구운 생선 등 소고기가 아닌 메뉴를 시판하기 시작했다. 올해 1/4분기 매출을 보면 론스타는 메뉴 선택 시에 마진이 좋은 비 소고기 제품을 추가하면서 고객들의 반발이 없도록 자연스러운 유도로 대체하면서 충분한 식사가치를 돌려주는 전략을 높이 평가받고 있다고 자부한다.

테네시 내쉬빌에 본부를 두고 151개 점포를 운영 중인 오 찰리스(O'Charley's)는 양을 아예 많이 주거나 값을 내리면서 번들 제품으로 묶어서만 판매하던 것을 앙뜨레만 단독으로 제공하는 방식으로, 잘 먹지 않는 음식을 세트로 구입하지 않고 선호 음식만 주문하도록 하고 있다. 마치 밥이나 주요리만 주문하고 집에 있는 냉장고의 김치를 꺼내 먹으면 완벽한 세트메뉴가 되는 것과 같은 이치이다. 불필요한 것은 주문하지 않으니 값이 싸다고 할 수 있으나 과거 판매방식으로 계산하면 실제로는 값이 인상된 것이다.

컨설리데이티드 레스토랑(Consolidated Restaurant Cos. Inc.)은 고객들에게 저가격 앙뜨레를 제공하는 전략을 구상 중인데 최근에 이 그룹에서 운영 중인 2개의 캐주얼 브랜드 엘 치코(El Chico)(점포수 100개)와 스파게티 웨어하우스(Spaghetti Warehouse)(점포수 41개)의 중간 가격대 런치메뉴(lunch menu)를 선보이고 있다.

요즘 고객들은 정말로 돈 씀씀이에 민감하다. 시대의 흐름상 메뉴 가격은 올려야 하고 식자재 원가는 따라잡지 못하기 때문에 '고객이 우선이다'라는 말만 내세우기보다는 값이 싸고 질은 높은 메뉴개발에 꾸준한 연구를 하거나 인상된 값을 치르더라도 기대 이상의 가치를 누릴 수 있는 혜택을 줌으로써 고객들의 관심을 유도하는 전략이 필요하다고 할 수 있다.

1. 관광서비스는 어떠한 서비스 전달시스템(service delivery system)을 지니고 있는가?

2. 고객에게 전달되는 관광서비스는 어떠한 구조로 이루어져 있는가?

3. 관광서비스의 각 유형별 핵심서비스와 부가서비스는 어떠한 것들이 있는가?

4. 관광서비스에 있어서 부가서비스는 왜 중요한가?

참고문헌

김영규(2001), 『여행사경영과 실무』, 대왕사.
김찬영(2000), 『관광항공운송사업론』, 대왕사.
김헌희 외(2001), 『외식산업경영의 이해』, 백산출판사.
박정준 외(2000), 『관광과 서비스』, 대왕사.
유정남(1998), 『호텔경영론』, 기문사.
이용구(1999), 『항공업무총론』, 학문사.
이송한(2001), 『호텔주장경영실무론』, 학문사.
이희천(1999), 『호텔객실실무』, 학문사.
정상천 외(2000), 『항공여객운송』, 기문사.
최동열(1998), 『관광서비스론』, 기문사.
한국외식산업연구소(2000), 『외식사업연구소』, 백산출판사.
Holly Bamunuge and David Karet(1990), Service Craft-Food and Beverage, Macmillan Education LTD.
Lovelock, Christoper H., Service Marketing, 2nd ed, Englewood Cliffs, N. J: Prentice-Hall, 1991.
Hotel & Restaurant(2001. 10).
『내일신문』(2000. 12. 20).
『여행정보신문』(2001. 11).
『여행신문』(2001. 11).
『여행정론』(2000. 8).
『한국관광저널』(1997. 1).
http://www.hotelrestaurant.co.kr/intro/index.html
http://www.koreanair.co.kr
http://www.nmetro.com
http://www.svc-world.com, 길현섭의 그림으로 보는 서비스 세상.

CHAPTER

03

고객가치의 이해

제1절 고객의 이해

제2절 고객의 유형

제3절 고객의 역할

제3장 고객가치의 이해

제1절 고객의 이해

1. 고객의 개념
2. 고객의 패러다임
3. 고객의 가치

사례 3-1
패러다임 변화 주도해야 성공한다

제2절 고객의 유형

1. 내부고객의 의미
2. 외부고객의 의미

사례 3-2
내부고객 만족의 중요성

제3절 고객의 역할

1. 생산성의 원천
2. 품질 · 가치 · 만족에 기여하는 공헌자
3. 경쟁자

사례 3-3
고객과 스타틀러

CHAPTER 03 고객가치의 이해

고객의 가치는 단기적인 관점이 아니라 그들이 관광서비스를 지속적으로 구입할 장기적인 관점에서의 가치이다. 따라서 고객을 이해하여야만 그들이 기대하는 서비스를 제공할 수 있으며 이로 인해 지속적으로 고객과의 관계를 유지할 수 있다.

제1절 고객의 이해

고객이란 무엇인가? 고객은 기업에 있어서 가장 중요한 사람이다. 고객이 우리에게 의존하는 것이 아니라 우리가 고객에게 의존하고 있다. 고객은 우리의 일을 방해하는 것이 아니고 우리 일의 목적이다. 우리가 고객에게 서비스를 제공하는 것이 고객에게 호의를 베푸는 것이 아니라, 고객이 우리에게 서비스를 제공할 수 있는 기회를 줌으로써 고객이 우리에게 호의를 베푸는 것이다. 고객은 말다툼의 대상이 아니며 어느 누구도 고객에게 주장을 해서 승리할 수는 없다. 고객과 우리 자신에게 도움이 되도록 서비스하는 것이 우리의 일이다(Peters & Austin).

과연 고객이란 관광기업에 있어서 어떠한 대상인가? 또한 고객은 어떤 현대적 의미를 지니고 있으며 고객의 가치는 무엇인가?

1. 고객의 개념

고객의 사전적 의미로는 한자인 돌아볼 고(顧)와 손님 객(客)을 사용하여 "영업하는 곳에서, 물건을 사거나 서비스를 받거나 하기 위해 찾아오는 손님을 다소 격식을 갖추어 이르는 말, 즉 상객(常客)"으로 표현하고 있다. 영어로의 고객은 습관적으로 물건을 사는 사람인 Customer와 초대받은 사람 혹은 환대받은 사람으로, 주로 호텔 등에서 자주 사용되는 Guest로 표현하고 있다.

- Customer-a person who buys, especially a regular patron of a particular store.
- Guest-1. a person who received and entertained at one's home, clubs, etc.; person who not a regular member. 2. a staying at a hotel, boarding house, etc. : The world book dictionary

관광기업에서의 고객은 어떠한 의미를 지니고 있는가? 이것은 단순히 생산된 제품을 소비하는 소비자(consumer) 혹은 구매하는 구매자(buyer)와 구별하여 개념을 파악해야 될 것이다. 즉 제품의 유통과정에 있어서 최종적으로 제품을 소비하는 사람을 고객으로 볼 것인지 혹은 소비자로 볼 것인지에 따라서 그 의미는 달라진다. 관광서비스상품은 더욱 그러하다. 고객은 관광기업이 존재하도록 하는 사람인 동시에 그 기업 내에 종사하는 모든 종업원을 구성하게 하는 사람이다. 또한 관광기업의 관점에서는 기업 내부에 있는 구성원 모두가 고객이기도 하다. 이와 같이 고객은 내부고객(internal customer)과 외부고객(external customer)이 있을 수 있으며 일반적으로 통용되는 고객은 외부고객을 의미한다.

현대사회에서 고객이라 칭하는 의미는 무조건적으로 혹은 헌신적으로 서비스를 제공하는 대상이 아니라 진정한 서비스로 욕구충족을 시키는 대상인 셈이다. 결국 관광기업에서 불리는 고객이란 그들의 욕구를 충족시켜 주어 관광서비스상품을 지속적으로 이용토록 하여 그로 인한 수익으로 기업이 유지될 수 있게 하는 매우 중요한 대상이다.

2. 고객의 패러다임

사회과학에서의 패러다임을 이렇게 정의하고 있다. 즉 사회과학에서 이론(theory)은 사회현상을 사회에 내재하는 변수들의 관계로 설명한 것이라면, 하나의 사회현상의 설명에 있어 많은 학자들이 각기 다른 이론을 주장할 수 있다. 패러다임이란 그러한 이견(異見)이 존재하지 않는 일반화된 이론이라고 말하고 있다.

그러면 고객의 패러다임 전환은 어떠한가? 앞서 보았듯이 분명히 고객이란 일반적인 소비자의 개념을 뛰어넘은 의미를 지니고 있다. 하지만 아직도 많은 관광기업에서 '고객'이라는 개념을 인식하지 못하고 기업을 운영하는 경우를 볼 수 있다. 고객을 단지 이익을 창출하는 판매대상으로 인식하고 있는 것이다. 관광서비스를 구매하는 고객을 단순한 소비자로 보는 시각에서 벗어나야 한다. 그것은 고객의 가치를 일깨워 주는 매우 중요한 것이다. 훌륭한 서비스는 한 명의 고객이 지속적인 수입을 보장하는 수익의 원천이라는 인식에서 비롯된다. 즉 만족한 고객은 재구매를 통하여 지속적인 수입을 보장할 뿐만 아니라 구전(mouth to mouth)으로 다른 새로운 고객을 만들기도 한다. 물론 이것은 고객에 대한 개념을 관광기업 내의 전사적인 관점에서 대전환이 전제되어야 가능한 일이다. 따라서 관광서비스에서 고객의 패러다임 전환은 반드시 있어야만 한다.

3. 고객의 가치

고객의 가치는 얼마나 될까? 물론 고객의 가치를 수치적으로 정확하게 나타낼 수는 없다. 평균적으로 미국의 대부분 중년시민들은 일주일에 세 번 정도, 두세 명의 친구들과 외식을 한다(Knutson et al., 1993). 한 예로서 어느 레스토랑에 몇몇의 고객들이 점심식사 대신 한 잔에 3달러 하는 커피만 주문하였을 경우, 종업원은 퉁명스런 말투로 고객을 대하였다고 하자.

바쁜 점심시간에 겨우 한 잔에 3달러 하는 커피를 주문하는 고객들을 달가워하지 않았을 것이다. 때문에 종업원은 고객들을 3달러만의 가치로 생각하여 서비스하였고, 그 결과 일주일에 보통 서너 번을 함께 식사하는 그 고객들은 이러한 레스토랑을 다시는 찾지 않는 결과를 낳았다. 그러나 3달러만의 가치에 불과한 고객들은 서비스만족에 따라 향후 한 달에 무려 2,000달러(1인당 식사 30달러×4인×한 달 17번 = 2,040달러) 이상의 고객이 될 수 있다. 한 번의 좋은 서비스는 지속적인 단골고객으로 만들 수 있다. 이러한 사실을 미리 알고 있었으면 종사원의 서비스를 어떠했을까? 물론 이 같은 고객의 가치는 수익적인 환산으로 계산하여 서비스를 한다면 그 또한 고객의 개념을 정확히 파악하지 못하는 것이다. 스타틀러 호텔의 창시자인 스타틀러(Ellsworth Milton Statler)는 “삶은 서비스이다. 그러므로 발전하는 사람이란 모든 사람들에게 좀 더 많은 그리고 보다 나은 서비스를 제공해 주는 것이다”라고 말하였다.

결국 고객의 가치는 서비스를 제공하는 사람에 의해 그 가치는 달라질 수 있다. 따라서 고객이 가장 중요시하는 가치를 정확히 평가하고, 항상 고객의 입장에서 생각한다면 고객의 가치는 이해가 될 것이다.

사례 3-1 패러다임 변화 주도해야 성공한다

노벨상 수상자인 허버트 사이먼은 패러다임이 인간의 행위에 어떤 영향을 주는지 알아보기 위해 서양 장기인 체스를 이용하여 다음과 같은 흥미로운 실험을 하였다.

두 명의 프로와 두 명의 초보자를 각각 체스의 게임규칙에 따라 대국시켰다. 게임이 어느 정도 진행된 다음 장기판을 프로와 초보자에게 각각 5초씩 보여준 다음 복기(復碁)하도록 하였다. 결과는 예상대로 나타났다. 프로는 전체 수의 80% 이상을 정확히 옮겨놓은 반면 초보자는 33%밖에 옮겨놓지 못했다. 그러나 장기의 수를 규칙에 따라 움직여 놓지 않고 컴퓨터를 통해 무작위로 배열해 놓은 다음 복기시켰더니 정반대의 현상이 나타났다. 프로는 매우 당황하여 어쩔 줄 몰라했으나 초보자는 앞의 경우와 별 차이가 없이 옮겨 놓았다.

이처럼 패러다임이 변하면 과거의 학습과 경험은 오히려 해(害)가 된다. 이러한 맥락에서 '성공은 실패의 어머니'라는 역설(逆說)이 성립한다. 이러한 패러다임 패러독스(paradigm paradox)를 설명할 때 일본의 제2차 세계대전 패인이 자주 거론된다. 일본은 1905년 러일전쟁에서 승리함으로써 작은 섬나라에서 세계의 열강(列强) 중 하나로 도약할 수 있었지만, 이때의 전략과 무기 및 군장(軍裝)을 기반으로 2차대전을 벌였기 때문에 패배할 수밖에 없었다는 것이다.

이러한 새로운 도전에 성공하기 위해서는 먼저 패러다임의 변화를 분명히 인식하고 변화를 주도할 수 있는 역량을 구축해야 한다. 이것이 구체적으로 무엇을 의미하는지 살펴보자.

첫째, 무엇보다 먼저 후면경(後面鏡)만 보는 한계를 벗어나야 한다. 둘째, 사업을 안정된 궤도에 올리려 하지 말고 안정된 사업을 불안정한 곳으로 내쫓는 용기가 필요하다. 셋째, 창조성은 계획이나 전략에 의해 만들어지는 것이 아니라 환경의 자연적 산물이라는 것을 깨달아야 한다. 넷째, 인재는 비용이 아니라 자산이다. 따라서 그들을 어떻게 유인, 보유, 활용하는가에 따라 기업의 미래가 결정된다. 다섯째, 사이버 경제를 전제로 우리의 사고와 관행 및 전략을 전면적으로 바꾸어야 한다.

제2절 고객의 유형

일반적으로 관광기업에 있어 서비스를 구매하고 이용하는 고객은 하나이다. 하지만 고객의 가치를 생산하는 관점에서의 내부고객과 그러한 가치를 구매하고 이용하는 시각에서의 외부고객이 있다.

어떠한 고객이 내부고객이며 왜 중요한지, 외부고객과의 관계는 어떠한지, 그리고 외부고객은 무엇을 의미하는지를 알아보자.

1. 내부고객의 의미

고객이란 일반적으로 조직의 외부에 존재하면서 마케터(marketer)가 제공하는 고객가치 패키지(package)를 제공받고 대가를 지불하는 외부고객을 의미한다. 반면 외부고객에게 제공하는 고객가치 패키지를 개발하고 제공하는 데 협력하는 조직 내부의 구성원들을 내부고객이라 한다. 관광기업에서의 내부고객은 기업 내 조직에 포함되어 있는 각각의 구성원들이다. 예를 들어 여행사의 여행상품기획부서는 기획된 여행상품을 판매하는 영업 부서와 밀접한 관계를 유지하고 있다. 이처럼 어느 한 기업의 부서는 독립되어 있으면 서도 상호관계를 지속적으로 유지한다. 따라서 각 부서의 구성원 개개인이 하나의 커다란 서비스가치를 창조하게 된다. 한 항공사가 외부고객과 효과적으로 상호작용하고 지속적으로 관계유지를 할 수 있도록 하는 것은 각 부서에 해당하는 구성원을 적절히 채용하고 채용된 구성원을 계속적으로 교육시키며 적절한 보상과 자부심을 가질 수 있는 환경을 만드는 데 있다.

특히 관광서비스를 외부고객에게 전달하는 데 있어 내부고객에게 주어지는 환경에 따라 달라진다. 때문에 기업구성원의 내부마케팅(internal marketing)에 관한 관심은 매우 중요시되고 있다. 내부마케팅은 기업이 외부 고객과의 약속(혹은 요구)을 지킬 수 있게 구성원을 교육하고, 동기를 부여하고, 적절한 보상을 위해 수행하는 활동이다. 최일선에서 서비스를 전달하는 종사원이 외부고객에게 훌륭한 서비스를 제공할 의지나 능력이 없다면 그 기업은 고객의 욕구를 충족시키지 못하게 되고 서비스의 질은 저평가된다. 따라서 내부고객의 만족(employee satisfaction)은 외부고객의 만족이라는 가정에 바탕을 두고 있으며, 내부고객을 중시하지 않는 한 진정한 고객지향적 조직은 존재할 수 없는 것이다. 최근 많은 서비스기업에서 내부고객 만족도 조사(Employee Satisfaction Index : E.S.I)를 실시하고 있는 경우 또한 이러한 이유에 근거한 것이다.

2. 외부고객의 의미

외부고객은 내부고객에 의해 생산된 서비스의 가치를 최종적으로 이용하거나 구매하는 대상을 의미하며 일반적으로 '고객'으로 통용되는 용어이다. 관광서비스의 존재는 이러한 외부고객의 가치를 이해하는 것으로부터 시작 한다. 외부고객은 관광서비스가 존재할 수 있도록 하는 기준이며 목적인 셈이다.

최종적으로 관광서비스를 이용·구매하는 외부고객의 가치를 인식하여 내·외부고객의 통합적인 서비스가 이루어져야 한다. 즉 관광서비스의 가치를 생산하는 기업 내부구성원인 내부고객과 서비스의 가치를 이용하는 외부고객 간의 원만한 유기적인 관계가 유지되어야만 고객의 가치창출을 이룰 수 있다. 특히 최일선의 접객서비스요원(내부고객)의 만족 없이는 고객(외부고객)의 만족은 있을 수 없다.

[그림 3-1]과 [그림 3-2]와 같이 하나의 관광기업은 내부구성원에 의해 훌륭한

관광서비스의 가치가 생산되면 이러한 훌륭한 서비스는 외부고객이 지속적으로 이용·구매하는 데 영향을 미치므로 수익의 원천이 된다.

결국 관광기업의 관점에서는 내·외부고객 모두가 고객이다.

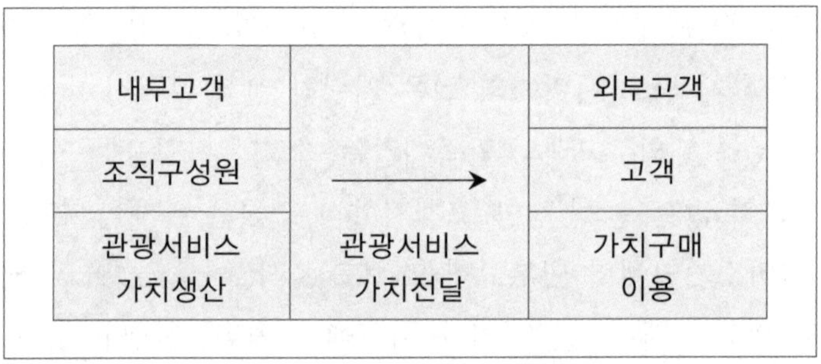

[그림 3-1] 관광기업의 고객

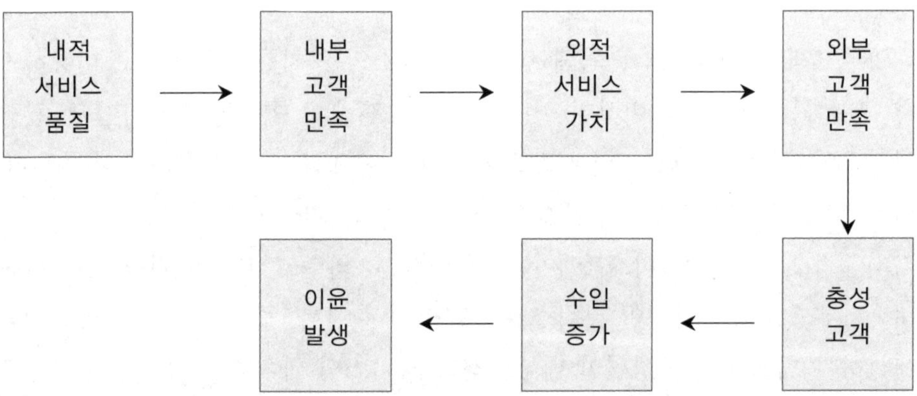

[그림 3-2] 내·외부고객과 수익과의 관계

사례 3-2 내부고객 만족의 중요성

서비스에 불만을 느낀 고객 한 명이 보통 10명 정도의 다른 사람에게 그 불만을 전한다고 한다. 그러면 회사에 불만을 느끼는 한 명의 사원이 기업에 미치는 영향은 어느 정도일까? 몇 가지 정리해 보면 다음과 같다.

첫째, 회사에 불만을 느끼는 직원은 자사의 제품을 포함한 기업에 대한 불만을 주위 사람에게 이야기할 것이다. 이 경우 그 회사의 직원이 하는 말이기 때문에 불만은 훨씬 설득력 있게 전파된다.

둘째, 그 직원은 최선을 다해 업무를 수행하지 않는 경향이 있다. 불만을 가진 직원에게 효율적이고 자신의 성의를 다하는 업무를 기대한다는 것은 불가능할 뿐 아니라 창의성과 자율성이 보다 중요해지는 현재의 업무 패턴대로라면 그 차이는 점점 더 커질 것이다.

셋째, 조직 분위기의 악화이다. 조직의 업무는 조직 구성원들의 협력과 조화를 통해 이루어진다. 그런데 불만을 느낀 직원이 한 명이라도 있다면 원활한 업무 수행에 차질을 빚을 뿐 아니라 불만의 분위기까지 정상적인 다른 직원에게 전염된다.

넷째, 불만 고객의 양산이다. 서비스기업에 종사하는 직원이 회사에 대해 불만을 느끼고 있다면 자신의 불만을 대개 고객에게 전가시키는 경향이 있다. 이처럼 기업에 불만을 가지고 있는 직원에게 고객만족형 서비스를 기대하기란 어렵다.

다섯째, 많은 비용이 발생한다. 불만을 가진 직원은 이직률이 높다. 이직률이 높다는 것은 그만큼의 비용이 발생한다는 것을 의미한다. 이직으로 인한 업무 공백으로 발생하는 비용, 신규로 직원을 채용하는 데 발생하는 비용, 그리고 채용한 신규 직원에게 업무를 숙달시키기 위해 발생하는 교육비용 등 여러 가지 추가 비용이 발생한다. 이처럼 불만을 지닌 내부고객의 파괴적 영향력은 엄청나다. 그러면 내부고객의 불만을 줄이고 만족을 위해서는 무엇을 해야 하는가? 그 대답은 의외로 쉽다.

고객만족을 위해서 해야 하는 일이 서비스이듯 내부고객도 고객이므로 서비스를 통해 만족을 만들어 내면 된다. 그러면 내부고객의 만족을 위해서는 누가 서비스해야 하는 것일까? 리더(leader)가 바로 그 일을 해야 한다. 리더의 임무는 고객만족형 서비스를 통해 부하 직원의 만족을 창출해 내는 것이다. 만족을 느낀 내부고객만이 외부고객에게 감동을 전달할 수가 있다. 즉 성공하는 리더는 고객만족형 서비스를 내부고객에게 제공했는가 아닌가의 여부로 판가름 난다. 성공하는 기업 또한 마찬가지이다. 내부 고객을 만족시키지 않고 성공한 기업은 찾아볼 수 없다. 리더라면 자신의 내부고객인 부하직원을 진정한 내 고객으로 생각을 하고 있는지 그리고 그의 만족을 위해 고객 만족형 서비스를 하고 있는가 하는 물음에 자신 있게 'Yes'라고 대답할 수 있어야만 한다.

제3절 고객의 역할

1. 생산성의 원천

서비스에서 고객은 스스로가 종업원의 역할을 하므로 서비스시스템의 한 부분으로서 활동하는 고객의 역할이 전체 서비스의 생산성에 영향을 미친다. 이와 같이 고객은 조직의 생산역량을 키워주는 인적자원으로 흔히 '부분종업원(partial employee)'이라고 한다.

예를 들어 사우스웨스트항공사(Southwest Airline)는 승객들에게 직접 짐을 운반하게 하고 지정한 좌석제도가 없어 고객이 직접 자리를 찾아야 한다. 어쩌면 고객에 대해 굉장히 무성의해 보이는 서비스 과정일 수 있으나 승무원의 수를 줄여 여행운임을 보다 저렴하게 하여 서비스를 제공하는 등의 전체적인 생산성에 큰 도움이 된다. 하지만 서비스 전달과정에 대한 고객의 직접적인 참여가 생산성에 항상 긍정적인 영향을 미치는 것은 아니다.

그러나 고객은 불확실성의 근원이기 때문에 서비스 전달과정은 가능한 한 고객으로부터 독립해야만 생산성의 향상을 가져올 수 있다는 주장도 있다.

즉 서비스기업은 고객이 서비스에 참여하고자 하는 시간을 알 수 없고 그들의 태도를 통제하기가 어렵기 때문에 고객과 서비스시스템과의 직접적인 접촉이 적으면 적을수록 서비스시스템이 가장 잘 운영될 것이라는 것이다.

2. 품질 · 가치 · 만족에 기여하는 공헌자

고객이 서비스 제공 시 할 수 있는 또 하나의 역할은 제공받은 서비스의 품질이나 자신이 느낄 만족에 공헌을 하는 것이다. 즉 고객을 생산의 시스템 내로 끌어들임으로써 서비스기업을 더 잘 이해하게 하고 그들이 원하는 만족을 얻게 한다. 이것은 고객들의 역할이 단지 가치를 소비하는 것이 아니라 가치를 창조하는 것이라는 것을 고객들에게 이해시키고자 하는 것이다.

그러면 고객은 서비스과정에 참여하는 것이 내재적으로 매력적이라는 것을 느끼게 되고 이러한 과정을 통해 만족을 하게 된다. 만약 서비스과정에서 뭔가 잘못되더라도 고객 자신이 참여한 과정이기 때문에 문제의 일정 부분을 자신의 탓으로 돌리는 등 발생할 수 있는 불만을 감소시킬 수도 있다.

어떤 고객은 서비스전달과정에 참여하는 것을 즐긴다. 할인이 되기 때문에 스스로 서비스를 이용하는 경우도 있지만, 편리하고 서비스결과를 통제할 수 있으며 서비스전달시기를 정확히 할 수 있어 셀프서비스(self-service)를 원하기도 한다.

3. 경쟁자

고객들은 부분적이거나 전체적인 서비스를 담당하므로 잠재적으로 서비스기업의 경쟁자가 될 수 있다. 만약 셀프서비스의 고객이 기업의 부분종업원으로 간주될 수 있다면 그 고객은 어떤 경우에는 부분적으로 서비스를 수행하고 어느 경우에는 전체적으로 서비스를 수행하기 때문에 서비스 제공자가 필요하지 않을 수 있다. 다른 예로서 여행상품을 여행사에 의뢰하여 기획하는 대신에 자신 혹은 그룹이 자체적으로 기획할 경우 고객은 여행사의 경쟁자이며, 여행시 찍은 사진을 집에서 직접 인화 혹은 편집하면 관광사진업의 경쟁대상이 되는 것이다. 이처럼 고객 자신은 서비스에 대한 경쟁자로서 해당 서비스를 부분적이나 전체적으로 생산해낼 수 있다.

결국 고객은 서비스 생산의 원천으로서 역할을 할 수 있는 동시에 더 나은 서비스의 질과 가치를 얻기 위해서 기여할 수도 있지만 기업의 경쟁자로서의 업무를 수행할 수도 있다.

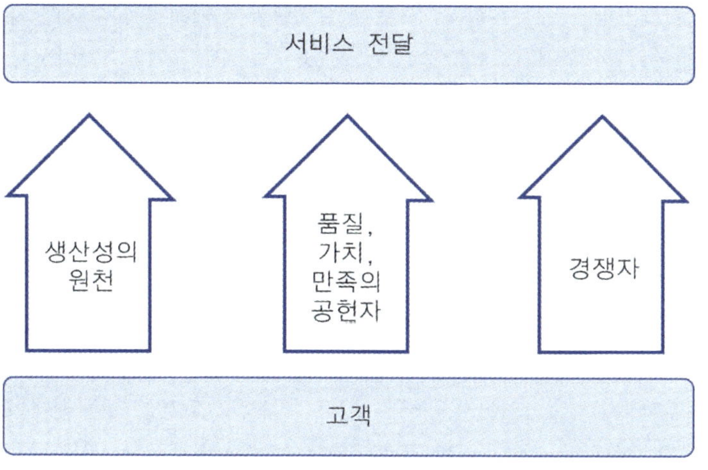

[그림 3-3] 고객의 역할

사례 3-3 고객과 스타틀러(Statler)

스타틀러(Ellsworth Milton Statler)는 "모든 호텔경영자 중 제일의 호텔경영자"라고 많은 사람들이 생각하고 있다. 그는 호화로운 호텔, 안락하고 편리한 고급 호텔시설과 서비스를 중산층 여행자들에게 적정한 가격으로 판매했다. 포드(Henry Ford)와 마찬가지로 그는 일반대중시장을 인식해서 적정한 가격에 우수하고 뛰어난 상품을 제공하기 시작했다. 그는 어느 누구보다도 호텔산업에 많은 변화를 가져왔기 때문에 리츠의 이름이 호화호텔을 연상하게 하는 것과 마찬가지로 그의 이름은 1급호텔을 연상하게 한다.

그는 고객이 지불할 수 있는 한도의 가격을 유지하면서 안락한 잠자리와 식사를 제공하는 것에 관심과 정열을 쏟은 불세출의 호텔 경영자였다. 그의 일생은 역경을 극복한 한 인간의 이야기이기도 하다. 역경 속에서도 그가 보여준 인내와 의지는 놀랄 만한 것이었다. 자수성가한 많은 다른 사람들과 마찬가지로 그의 목표는 호텔사업에 성공하는 것이었다. 그래서 그는 어떤 경쟁도 두려워하지 않았으며, 열심히 노력한다면 언젠가는 반드시 성공할 것이라는 강한 신념을 가지고 있었다.

그는 웨스트 버지니아의 신흥도시 휠링(Wheeling)의 일류호텔인 맥클러하우스(McClure House)에서 벨보이로 종사한 일이 있다. 맥클러하우스는 5층이었는데, 엘리베이터는 손님과 지배인만 사용할 수 있었다. 벨보이들은 고객의 짐을 날랐고, 얼음 물을 배달하고, 불을 지폈으며, 손님이 목욕하기를 원하면 더운 물을 공급해 주는 일을 하였다. 엘즈워스는 15세에 헤드 밸맨이 되었으며, 그는 일에 대한 주의력을 집중하였으며, 어떻게 하면 좀 더 효율적인 성과를 얻을 수 있을까 하는 문제에 관심을 쏟았기 때문에 "코로넬(colonel)"이라는 별명을 얻었다. 처음에는 놀리기 위해서 그 별명을 불렀지만, 점차 존경하는 뜻으로 부르게 되었다. 사람들은 그의 끝없는 야망과 호기심 그리고 열성 때문에 그를 신임하게 되었다.

호텔 주인 맥클러(Harry McClure)는 스타틀러가 15세 때 "너는 언젠가 세계에서 가장 큰 호텔을 경영할 것이다"라고 말하였는데. 그는 이 말을 믿었던 것이다.

맥클러가 당구장과 기차표 판매 면허를 가지고 상당한 이익을 얻는 것을 보고 이 면허를 자기에게 빌려 달라고 부탁했고, 허락을 받은 후 그는 독특한 시범게임을 당구장에서 시작하여 손님들의 인기를 모았다. 그는 볼링장도 개업하였으며, 그 후 파이하우스(Pie House)라는 식당으로 바꾸어 그 도시에서는 최고의 식당으로 만들었다.

그곳에서는 마더 스타틀러(Mother Statler)의 닭고기 요리와 파이를 멋있는 도자기 그릇과 네 겹의 은쟁반에 담아 고객들에게 제공하였다. 그는 1894년에 31세의 나이로 연수익 1만 달러를 벌어들였고, 새로운 사업분야를 개척하려고 준비를 서두르고 있었다. 그는 1901년 버팔로에서 전 미국박람회(Pan American Exposition)가 열렸을 때 방문객들이 거처할 수 있는 2,100실의 임시호텔을 지었다. 그러나 날씨가 몹시 추웠고, 방문 중이던 맥킨리(Mckinlney) 대통령이 암살당하는 소동이 일어나 박람회는 최악의 실패로 끝나고 말았지만, 다행히도 그는 식당 사업에서 현금거래 덕택으로 빚을 지지는 않았다. 그는 3년 후 또 다시 세인트루이스의 세계박람회 때 2,257개의 객실을 가진 임시호텔을 지었다. 그런데 호텔을 개장하면서 고장난 커피 주전자가 폭발하여 커피 끓이던 소년은 죽고, 스타틀러는 전신에 화상을 입어서 3군데나 이식수술을 받고 병원에 입원한 사태가 일어났다. 그는 웨이터들이 뒤에서 부정을 저지르고 있다는 것을 알고서는 단정한 유니폼을 입은 웨이트리스로 재빨리 교체하였다.

그 결과 유니폼을 입은 웨이트리스들은 고객들의 호기심을 자극시켰고, 매력을 더해 주었다. 그리하여 그 계절이 끝날 때에 순수익 30만 달러를 벌을 수가 있었고, '대형 호텔건립'의 꿈을 더욱 키우게 되었다.

스타틀러는 버팔로에서 300개의 객실과 욕실을 가진 호텔을 개업하였다. 그는 그의 만능 재능을 이 호텔의 세부장식에서 발휘하였다. 새로운 형태의 배관통로를 창안하였으며, 이는 후에 '스타틀러 배관통로(Statler puumbling shaft)'로 널리 알려졌는데, 이 통로 속에는 수도 · 쓰레기 파이프뿐만 아니라 각방으로 통하는 난방용 파이프와 전선들을 설치하였다. 그리고 출입문 옆에 전기 스위치를 설치했고, 모든 객실에 찬 얼음물이 준비되었다. 그는 고객들이 벨보이(bellboy)를 부르는 이유 중 90%가 얼음물을 갖다 달라는 것임을 알고 모든 객실에 얼음물을 나오게 함으로써 종사원의 수를 줄일 수가 있었고, 고객들도 벨보이에게 팁을 주지 않아도 되게 하였다. 또 그는 객실마다 전화를 설치하였고, 욕실마다 거울 옆에 타월걸이를 만들어 고객이 사용한 수건을 마루바닥에 버리지 않고 쉽게 걸 수 있도록 하는 한편, 설계도를 잘 익혀 호텔의 내부구조에 대한 연구도 했다. 그는 세부지식이 고객의 안락함과 호텔의 효율적인 운영을 위해서 아주 중요하다고 생각했다.

그는 또한 컨벤션(convention)사업이 증가될 것을 예측하면서 그에 적합한 호텔을 건설했는데, 그것이 바로 1912년에 건설된 클리브랜드(Cleveland) 스타틀러 호텔이었다. 아침마다 무료로 신문을 문 밑으로 집어 넣을 수 있도록 객실 문 밑을 1인치 정도 높게 하였다. 또한 스타틀러 호텔의 특징은 고객을 위하여 객실마다 바늘과 실 그리고 핀을 꽂아 놓는 바늘꽂이를 준비해 놓았다. 클리브랜드 스타틀러에 있는 주방들은 식사를 나르는 종사원이 다니는 데 방해되지 않도록 설계되었고, 식당의 홀을 주방과 연결하여 만들었다. 그리고 한 주방에서 식당, 커피숍, 카페 등에 식음료를 제공하도록 시설을 고안하여 경영의 합리화를 기하였다.

호텔 장식가인 로리머(Lewis Rorimer)를 엄격한 심사를 거쳐 채용하였으며, 로리머의 작업에 아주 만족하여 그 후에 건설하는 모든 호텔뿐만 아니라 그의 2채의 저택도 장식하게끔 하였다. 객실은 다양하게 장식하되, 커튼, 침대커버, 융단들이 모든 스타틀러 호텔에서 언제나 서로 교환될 수 있도록 서로 관련된 색들로 만들도록 하였다. 스타틀러는 이 호텔에서 고객들이 세탁하거나 다릴 필요가 있는 옷들을 걸어 놓도록 하기 위하여 객실출입문에 서비도(servidor)를 처음으로 소개하였다.

고객이 벨맨에게 팁을 주지 않고도 벨맨이 옷을 가져가고, 갖다 놓을 수 있게 된 것이다. 펜실베이니아 스타틀러 호텔은 외과병실, 치과의사 그리고 야간치료를 포함한 완전한 의료봉사를 고객에게 제공하는 최초의 호텔이었다. 그 외에도 스타틀러가 개혁한 것에는 다음과 같은 것이 있다. 객실마다 개인욕실을 설치하고, 욕실마다 얼음물이 나오게 하였으며, 객실에는 전신이 비치는 거울을 설치하고, 어두운 방으로 홀의 불빛이 새어 들어가지 않도록 하기 위하여 색유리창을 설치하였다. 그리고 문고리 아래에 설치했던 열쇠구멍을 문고리 위에 설치했다. 또 객실에 객실요금표를 붙여 자기가 객실비용을 얼마나 지불하고 있는지를 고객들이 알 수 있도록 하였다. 침대머리에는 독서용 스탠드를 부착하고 객실에는 타월과 필기도구를 충분히 준비해 놓았다. 호텔매점에서는 시중 가격으로 신문, 잡지, 담배, 캔디 등을 판매하게 하였으며, 그리고 1년 이상 봉사한 종사원들을 위해 조건없이 단체보험에 가입시켰다.

스타틀러는 모든 일에 매우 꼼꼼하였으며, 그는 고객이 불편해하고 싫어하는 것이 무엇인가를 알기 위하여 완전히 옷을 입은 채 욕조 속에 들어가 방 주위를 둘러 보기도 했다. 세면기 아래쪽에 더러운 얼룩이 묻어 있자 그것을 즉시 제거하였고, 화장실에 물이 빠지고 욕조에 물을 다시 채우는 데 시간이 얼마나 걸리는가를 알기 위하여 호텔 맨 위층에서 초시계로 재기도 하였다.

한번은 이탈리아의 유명한 소프라노 가수 테트라치니(Tetrazzini)가 3개의 방이 연결된 객실이 필요하다고 버팔로 스타틀러(Buffalo Statler) 호텔에 연락이 왔다. 스타틀러는 호텔에 방 3개 연결 스위트(three-room suite)가 없었음에도 불구하고 곧 그 예약을 보았으며, 10시간 안에 나란히 있는 방들의 벽을 뚫어내고 문을 단 다음 페인트 칠을 해서 테트라치니가 도착했을 때는 3방 연결객실이 준비되도록 하였다.

"삶은 서비스다. 그러므로 발전하는 사람이란 모든 사람들에게 좀 더 많은 그리고 보다 나은 서비스를 제공해 주는 것이다"라는 스타틀러의 말은 사회나 개인에게 적용되는 철학으로 호텔산업에 완전히 합치되는 것이라고 볼 수 있다. 스타틀러의 서비스는 세계적으로 유명하게 되었으며, 스타틀러는 그의 종사원들이 고객과 호텔에 대하여 계속적으로 책임의식을 느끼도록 했다. 스타틀러는 "고객은 항상 옳다"라는 말로 유명하다. 이전에 리츠(Ritz)가 이와 비슷한 말을 한 적이 있었는데, 스타틀러는이 말이 모든 고객의 불평이 정당하고 이치에 합당하다는 것을 의미하는 것이 아니라 마치 고객이 옳은 것처럼 행동해 주는 것이 좋은 일이라고 보았던 것이다. 스타틀러 (Ellsworth Statler)는 미국 중산층 사람들에게 일류호텔(wellrun hotel)의 편안함과 안락함을 제공해 주고자 전력을 다했던 최초의 호텔경영자였다. 그는 그의 호텔을 더욱 더 훌륭하게 발전시키는 과정에서 호텔경영상의 많은 개선을 가져오도록 기여를 하였다. 그리고 스타틀러 재단을 통해서 미국 호텔발전에 끼친 그의 공헌은 잊을 수 없을 것이며, 그 일은 지금도 효과적으로 계속되고 있다.

(www. studyclick.co.kr)

Q

1. 관광기업에 있어서 고객은 어떠한 존재인가?

2. 고객의 패러다임(paradigm) 전환은 왜 중요한가?

3. 내부고객은 무엇을 의미하며, 외부고객과의 관계에 있어 왜 중요한가?

4. 호텔경영자 스타틀러(Statler)의 경영철학은 무엇인가?

참고문헌

박영택, 『패러다임 변화 주도해야 성공한다』, 서울경제신문(2000. 1. 1).

Chase, R. B.(1978), "Where does the Customer Fit in a Service Operation?," Harvard Business Review, November-December, pp.137-142.

Knutson, Bonnie and Patton, Mark(1993), Restaurant can Find Gold among Silver Hair: Opportunities in the 55+Market, Journal of Hospitality and Leisure Marketing, Vol. No. 3.

Mark E. Patton(2001), 『Dancing Service』, 가산출판사.

Zeithaml, V., and Bitner, M.(1998), Service Marketing, McGraw-Hill, Singapore, pp.462-463.

www.studyclick.co.kr

CHAPTER

04

관광서비스 접점의 이해

제1절 관광서비스요원의 이해

제2절 관광서비스 접점

제4장 관광서비스의 접점의 이해

제1 절 관광서비스요원의 이해

1. 관광서비스요원의 개념
2. 관광서비스요원의 중요성

제2절 관광서비스 접점

1. 관광서비스 접점의 개념
2. 관광서비스 접점의 중요성
3. 관광서비스 접점의 유형
4. 관광서비스 접점 사이클

사례 4-1
MOT의 대명사 스칸디
나비아항공

CHAPTER 04 관광서비스 접점의 이해

관광서비스는 다른 분야의 서비스보다 고객과의 수많은 접점에 의해 이루어진다. 따라서 관광서비스 기업에 종사하는 최일선 서비스요원의 중요성을 인식해야 하며, 그들의 훌륭한 서비스마인드는 각각의 접점에서 발생되는 결정적 순간(moment of truth)에 영향을 미치게 된다.

제1절 관광서비스요원의 이해

고객과 가장 밀접하게 접해 있으면서 그들이 요구하는 것에 대해 유연하고 민첩하게 대처할 수 있는 능력과 고객에 대한 동정심 등을 포함한 인격적 속성을 지닌 관광서비스요원은 어떠한 역할과 중요성을 지니고 있는가?

1. 관광서비스요원의 개념

서비스요원을 참여자믹스의 하위믹스이며 일반적으로 참여자믹스란 고객의 지각에 영향을 미치는 모든 인간적인 관계자로 인식하고 있다. 여기서 참여자믹스의 구성요소로는 기업의 서비스요원과 기업의 물리적 서비스환경에서 존재하는 다른 고객들로 대별하고 있다.

관광기업에서 고객에게 서비스를 제공하는 구성원들 모두가 서비스요원이 될 수 있으나 고객에게 직접적인 대면을 통하여 서비스를 제공하는 요원과 직접적인 접촉을 통하지 않고 서비스를 제공하는 요원으로 분류될 수 있다. 여기서 말하는 관광서비스요원이란 관광부문에서 고객과 직접적인 접촉을 통하여 서비스를 제공하는 최일선 종사원을 의미한다. 따라서 이들은 고객과의 접촉 역할뿐만 아니라 관광기업의 생산역할을 담당하기도 한다.

이같이 고객의 다양한 욕구를 실질적으로 충족시켜 주는 업무를 수행하는 최일선 서비스요원을 총칭하여 현장접객요원(Contact Personnel : CP)이라고 부르기도 한다.

2. 관광서비스요원의 중요성

관광기업은 고객인 관광객과의 직접적인 접촉을 통하여 서비스가 전달되는 비중이 매우 높다. 때문에 관광기업에서 종사하는 직원들의 고객에 대한 서비스는 그 기업의 이미지에 직접적인 영향을 미치게 된다. 결국 고객으로부터 형성된 기업의 이미지는 그 기업의 성패를 결정하는 매우 중요한 요인이 될 수 있다. 혹자는 고객과 서비스요원과의 상호작용을 통하여 서비스 기업이 고객에게 제공하는 서비스상품은 기술적인 질과 기능적인 질로 구분하고 있다. 기술적인 질이란 서비스기업과의 상호작용 중에 고객이 제공 받는 것을 의미하며, 예를 들어 호텔의 객실, 외식업체의 음식 등을 의미하고 있다. 그리고 기능적인 질이란 이러한 기술적인 요소가 어떻게 고객에게 전달되는가를 의미한다. 이처럼 기능적인 질은 최일선에서 고객을 맞이하는 서비스요원에 의해 이루어지므로 이들의 역할은 매우 중요시된다. 그뿐만 아니라 서비스요원의 서비스 질은 고객과의 지속적인 유대관계를 갖게 하는 동시에 기업의 성장을 가져오도록 하는 결과를 낳는다. 따라서 관광기업에 있어 최일선 서비스요원은 매우 중요한 역할을 담당하고 있는 것이다.

[그림 4-1]에서 보듯이 관광서비스관계 삼각형은 관광서비스조직이 생존하기 위해 반드시 성공적으로 수행해야 하는 상호관계의 3가지 유형을 나타내고 있으며 이 3가지 유형은 모두 고객에게 약속하고 이를 지키는 것과 관련된 것이다. 이 가운데 관광서비스요원을 중심으로 보면 기업과는 내부 고객으로서의 내부관계를 유지하고, 고객과는 약속된 서비스를 실질적으로 제공하면서 상호작용을 통해 새로운 관계개선으로 지속적인 유대를 갖는 매우 중요한 역할을 하고 있다.

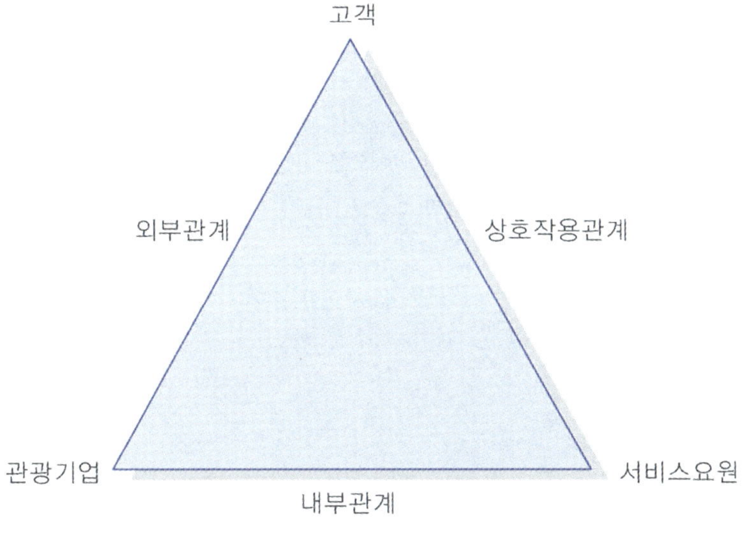

[그림 4-1] 관광서비스관계 삼각형

"조직외부에 양질의 서비스를 제공하려면 먼저 조직내부에 양질의 서비스를 제공할 수 있는 체제를 구축해야 한다"라고 언급하며 〈표 4-1〉과 같이 서비스업에서 공통적으로 발견되는 고객에 대한 종사원의 접객태도불량을 서비스의 7거지악이라 말하고 있다.

〈표 4-1〉 서비스의 7거지악

1. 무관심(apathy)	나와는 관계없다는 식의 태도(고객이 창구에 다가와도 쳐다보지 않는 행위)
2. 무시(brush-off)	마치 먼지를 털어내듯 고객의 요구나 문제를 못 본 척하고 고객을 피하는 일
3. 냉담(coldness)	고객에게 "귀찮으니 저리 좀 가주세요"라는 식으로 적대감, 통명스러움, 친근하지 못함, 고객사정을 고려 하지 않음, 조급함을 표시하는 태도
4. 생색(condescension)	의사가 환자 다루듯 생색을 내거나 어딘지 모르게 건방진 태도
5. 로봇화(robotism)	종사원이 기계적으로 응대하므로 고객 개인 사정에 맞는 따뜻함이나 인간미를 전혀 느낄 수 없는 태도
6. 규정핑계(rule book)	고객만족보다는 조직의 내부규정을 앞세우기 때문에 종사원의 재량권을 행사하거나 예외를 인정할 수 없어 상식이 통하지 않는 경우
7. 발뺌(runaround)	"죄송합니다만 ㅇㅇ로 가주십시오. 여기는 담당이 아닙니다"라는 식으로 발뺌하는 행동.

자료: 이유재(1999), 『서비스마케팅』.

관광서비스이야기

관광서비스 요원의 마음자세

1. 시작이 중요하다.
   출근하여 업무를 시작하기 전에 '오늘도 최선을 다 하겠다'고 스스로 다짐하라.
2. '원래 그런 거'라고 생각하라.
   수준 이하의 고객, 형편없는 고객을 상대하게 되었을 때는 '고객은 원래 저런 거'라고 생각하라.
3. '웃긴다'라고 생각하라.
   고객의 행패나 저질스런 언행을 대할 때는 심각하게 생각하기보다 '웃긴다,' '녀석이 불쌍하다'라고 생각해 보라.
4. '좋다, 까짓 것'이라고 생각하라.
   고객의 무리한 요구나 귀찮은 일에 대하여는 '좋다, 까짓 것,' '이왕 해줄 바에는 화끈하게 해주겠다'고 크게 생각하라. 크게 마음먹으려 들면 바다만큼 커질 수 있는 것이 인간의 마음이다.
5. '그럴 만한 사정이 있겠지'라고 생각하라.
   고객의 입장에서 생각해 보라. 내가 고객이라면 '저럴 수밖에 없을 것,' '그럴 만한 사정이 있어서 저럴 것'이라고 생각하라.
6. '내가 왜, 너 때문에'라고 생각하라.
   당신의 신경을 건드린 고객은 전혀 마음의 상처를 입지 않고 있는데, 그 고객 때문에 당신이 속을 끓여야 한다는 것이 정말 억울하지 않는가. '내가 왜 당신 때문에 속을 썩어야 하지?' 그렇게 생각하라.
7. '시간이 약'임을 확신하라.
   지금의 속상한 일도 며칠, 아니 몇 시간만 지나면 별 것 아니라는 사실을 깨달아라. 너무 속이 상할 때는 '세월이 약'이라는 식으로 생각하라.

8. 거꾸로 생각하라.
   세상만사는 마음먹기 달렸다. 속상한 자극에 연연하지 말고 생각을 싹 바꿔 보라. 기분 나쁜 일은 가급적 빨리 털어 버리는 것이 좋다. 심적 자극으로부터 탈출하려는 의도적인 노력이 필요하다.
9. 즐거웠던 순간을 회상하라.
   괴로운 일에 매달리다 보면 한없이 속을 끓이게 된다. 즐거웠던 지난 일을 회상해 보라. 기분이 좋아질 수 있다.
10. 눈을 감고 심호흡을 하라.
   괴로울 때는 조용히 눈을 감고 위에서 언급한 9가지 방법을 활용하면서 심호흡을 해보라. 감정이 솟구치거나 화가 날 때는 침을 삼키듯 화를 '꿀꺽' 삼켜 보라.

(도서출판 다움)

제2절 관광서비스 접점

관광서비스요원에 의해 고객에게 전달되는 서비스는 순간적인 접촉에 의해 여러 단계로 나뉘어 이루어진다. 다양한 관광서비스분야에 있어서 관광서비스 접점은 무엇이며, 서비스접점의 유형은 어떠한지, 그리고 어떠한 서비스 접점에 의해 서비스가 제공되는지를 알아보자.

1. 관광서비스 접점의 개념

관광서비스를 고객에게 전달하기 위해서는 서비스요원과 고객과의 많은 접촉에 의해 가능하다. 물론 호텔의 세탁서비스와 항공기의 정비 등과 같은 비접촉을 통하여 서비스 제공이 가능한 경우가 있지만 관광서비스의 특성상 많은 부분에서 고객과 서비스요원과의 직접적인 접촉에 의해 서비스가 이루어진다.

관광서비스 과정(process)은 서비스 제공기간과 고객이 서비스와 직접적으로 상호작용하는 기간을 의미한다. 즉 서비스요원, 물리적 시설, 그리고 기타 유·무형적인 요소들과의 접촉 모두를 포함한 개념이다. 이렇듯 관광서비스는 서비스를 제공하는 서비스요원과 서비스를 제공받는 고객 사이의 접점(encounter)에 의해 구별된다. 고객의 관점에서 보면 관광서비스에 대한 가장 인상적인 것은 고객이 관광기업과 서로 상호작용을 하는 관광서비스 접점을 받게 된다. 그래서 혹자는 서비스 접점을 고객과 서비스 제공자 간의 상호작용이라 하고 있다.

결국 관광서비스 접점이란 고객과 관광기업의 서비스요원(종사원) 혹은 특정 관광자원과의 접촉에 의한 상호작용관계를 의미한다. 한편 리처드 노만(Richard Normann)은 고객의 마음속에 내재하는 서비스에 대한 품질이 정의되는 고객과 서비스제공자 사이의 상호작용을 결정적 순간(moment of truth)[1]이라고 표현하였다.

2. 관광서비스 접점의 중요성

관광서비스 접점은 고객의 만족을 결정하는 데 매우 중요하다. 특히 관광 서비스 접점의 과정 중 초기 접점은 매우 중요하다. 예를 들어 호텔의 경우 고객이 호텔 현관을 들어서는 순간 서비스요원에 의해 서비스를 받게 된다.

그 접촉 순간의 접점에서 고객이 어떠한 지각을 하느냐에 따라 전반적인 호텔의 이미지를 결정할 수 있다. 즉 고객이 긍정적인 만족을 지각하였을 경우는 전체적인 이미지를 좋게 평가할 수 있는가 하면 부정적인 불만족을 지각하였을 경우는 그 반대일 수 있다. 메리어트(Marriott)호텔의 경우 광범위한 고객조사를 통해 고객선호도에 가장 큰 영향을 미치는 서비스가 무엇인지 조사한 결과 상위 5위 내의 요인 중 4가지가 고객이 투숙하는 기간 중 첫 10분 동안 발생한다는 결과가 나타났다.

하지만 관광서비스 제공기간 동안 모든 접점이 중요시된다. 이것은 100-1 = 99가 아닌 100-1 = 0과 같은 관광서비스의 원리에 근거한다. 다시 말해 고객이

---

1) 스웨덴 학자인 리처드 노만이 처음으로 사용한 'moment of truth(MOT)'는 결정적 순간 혹은 진실의 순간으로 불린다. MOT란 스페인의 투우 용어인 'moment de la verdad'를 영어로 옮긴 것인데 원래 이 말은 투우사가 소의 급소를 찌르는 순간을 말하며 '피하려고 해도 피할 수 없는 순간' 또는 '실패가 허용되지 않는 매우 중요한 순간'을 의미한다. 서비스 품질관리에서 MOT는 "고객이 조직의 어떤 일면과 접촉하는 접점으로서, 서비스를 제공하는 조직과 그 품질에 대해 어떤 인상을 받는 순간이나 사상(事象)"을 말한다. 일반적으로 MOT는 고객이 종업원과 접촉하는 순간에 발생하지만, '광고를 보는 순간'이나 '대금 청구서를 받아보는 순간' 등과 같이 조직의 여러 자원과 직접 또는 간접적으로 접하는 순간이 될 수도 있다. 이러한 MOT는 이전에는 고객과의 접촉에 적용되던 용어 중 하나였으나 스칸디나비아 항공사 사장인 얀 칼슨(Jan Calzon)이 그의 저서에서 접촉 순간의 중요성을 강조한 이후 고객과의 접점을 표현하는 대표적인 용어가 되었다(사례 4-1 참조).

많은 관광서비스 접점의 순간을 경험하게 되는 동안 어느 한 순간의 접점에 있어 부정적인 경험을 하여 서비스 질을 나쁘게 평가하면 나머지 긍정적인 경험조차도 나쁘게 평가할 수 있다. 고객이 어느 때는 긍정적인 경험을 하고 어느 순간은 부정적인 경험을 하게 되면 이들이 결합적으로 영향을 미쳐 고객은 관광기업의 서비스 질에 대해 확신을 하지 못하게 되고 서비스제공의 일관성에 따른 불만족으로 경쟁업체의 서비스를 접하게 되는 동기를 부여하게 된다. 따라서 관광서비스 접점은 고객만족과 고객의 재구매의사에 영향을 미침에 따라 매우 중요하다.

[그림 4-2]는 여러 순간의 접점에서 직접적으로 고객과 접촉하게 되는 관광서비스 최일선 종사원의 중요성을 인식하여 나타내고 있다. 고객과 가장 가까운 위치에서 그들의 욕구를 파악할 수 있는 조직구성원은 최일선 종사원으로서 그들로부터 얻은 고객에 대한 정보는 의사결정에 중대한 작용이 되므로 조직 내의 가장 중요한 위치에 자리매김되는 것이다. 즉 기존의 피라미드식의 조직도를 뒤집은 역피라미드 구조로 고객과의 접점을 중요시한 서비스주도형 조직도이다.

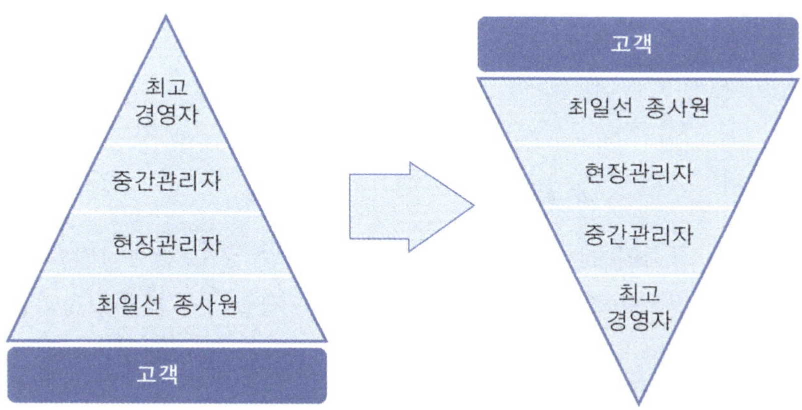

[그림 4-2] 서비스주도형 조직도

3. 관광서비스 접점의 유형

일반적으로 관광서비스 접점을 크게 구분하면 고객과의 직접적인 대면 접점(face-to-face encounter), 전화상의 전화접점(phone encounter), 그리고 관광기업과의 원격접점(remote encounter) 등으로 나눌 수 있다.

1) 대면접점

관광서비스 과정에 있어서 대면접점은 관광서비스요원과 고객과의 직접적인 접촉에 의해 이루어지는 것을 의미한다. 예를 들어 여행서비스의 경우 고객이 패키지여행상품을 통하여 국외여행을 하기 위해 여행사를 방문하였을 때 고객과의 대면접점은 여행사 카운터직원에서부터 시작된다. 그리고 여행상품이 선택된 이후 여행인솔자와의 접점과 현지 관광지에서의 여행가이드와의 접점 등과 같이 관광서비스요원들과 직접적인 접촉에 의해 여행서비스가 이루어진다. 이러한 대면접점은 다른 관광서비스 접점의 유형에 비해 서비스 질을 파악하는 데 매우 복잡하다. 이것은 관광서비스 요원의 행동적인 서비스 외에 비언어적인 행동 즉 그들의 복장, 용모 등에 의해 서비스의 질이 평가되기도 하기 때문이다.

2) 전화접점

전화접점은 고객이 관광서비스를 이용하고자 할 경우 관광서비스요원과의 전화상에서의 접촉을 의미한다. 이러한 접점은 직접적인 대면접촉과는 달리 유무선상에서 대화로 이루어지는 경우이므로 고객은 응답태도, 지식, 신속성, 그리고 문제해결의 정도 등에 따라 서비스의 질을 평가하게 된다.

관광서비스기업은 이와 같은 전화접점을 시작으로 고객을 맞이하게 되는 경우가 대부분이다. 즉 호텔예약, 식당예약, 항공예약 등과 같이 예약 및 문의는 전화상의 접촉을 통하여 향후 대면접점으로 이어진다.

3) 원격접점

관광서비스 접점의 유형 중 원격접점은 직접적인 인적 접촉이 없이 이루어지는 경우를 말한다. 예를 들어 항공예약 시 고객은 인터넷을 통하여 원하는 항공사의 항공예약을 할 수 있다. 그리고 호텔 및 콘도미니엄과 같은 숙박시설을 예약하고자 할 경우 고객은 인터넷에 등록된 사이트에서 원격으로 숙박을 예약할 수 있다. 또한 자동 티켓 발매장치라든가 혹은 통신판매 등이 원격접점에 해당한다. 이러한 경우 전화 혹은 직접적인 대면접촉이 없이도 서비스를 제공받는다. 최근 인터넷의 발달로 이 같은 원격서비스의 여부에 의해 기업을 선택 혹은 평가하는 요인으로 등장하고 있어 원격 접점의 중요성을 더욱 부각시키고 있다.

4. 관광서비스 접점 사이클

대부분의 서비스는 동태적 시스템이다. 마찬가지로 관광서비스 또한 동태적 시스템에 의해 고객에게 전달된다. 이와 같은 동태적 서비스는 최일선 종사원에 의해 고객에게 직접적으로 전달되는 가시적인 서비스이다. 관광서비스에서 이루어지는 서비스 접점 사이클(cycle)은 최일선 종사원들이 고객의 욕구와 기대가 충족될 수 있도록 하는 MOT의 연속이다. 그 관광서비스 사이클은 고객과 관광기업의 서비스조직이 처음 접촉하는 바로 그 순간부터 시작된다. 관광서비스 각 부문별 접점 사이클은 고객의 이용목적과 욕구 등에 따라 많은 접점이 이루어질 수 있기 때문에 다소 차이가 있겠으나 고객과 최일선 종사원 간 전화접점과 대면접점의 관점에서 일반적인 내용을 보면 다음과 같다.

1) 여행서비스 접점 사이클

[그림 4-3]에서 보는 바와 같이 최일선 여행서비스 종사원에 의해 직접적으로 고객에게 전달되는 여행서비스의 접점은 여행상담으로부터 시작된다.

서비스접점은 고객과 최일선 서비스요원 간에 직·간접적으로 더 많은 접점이 이루어질 수 있다.

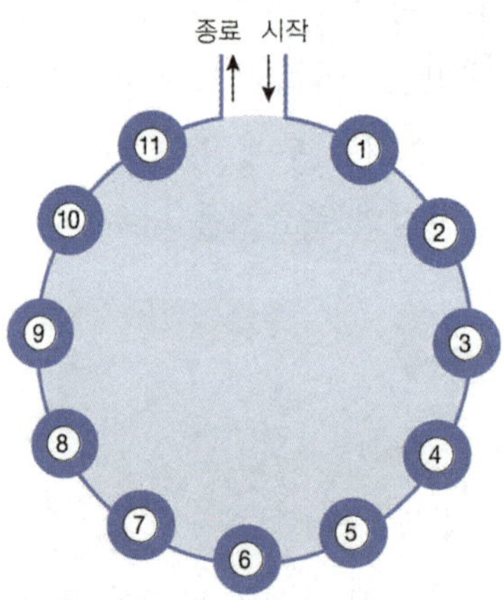

① 여행정보수집을 위해 전화를 걸었을 때 (혹은 방문하여 상담을 받을 때)
② 여행상품을 계약할 때 (혹은 항공권을 예약할 때)
③ 수속 등을 대행할 때
④ 여행출발전 미팅을 할 때
⑤ 공항에서 미팅을 할 때
⑥ 출국수속을 받을 때
⑦ 관광지 입국수속을 받을 때
⑧ 여행인솔을 받을 때 (혹은 가이드안내를 받을 때)
⑨ 관광지에서 출국수속을 받을 때
⑩ 입국수속을 받을 때
⑪ 공항에서 해산할 때

[그림 4-3] 여행서비스 접점 사이클

2) 호텔서비스 접점 사이클

호텔서비스 접점 사이클은 고객의 예약으로부터 시작되며, 최일선 종사원과의 직접적인 대면접점은 [그림 4-4]와 같이 주로 고객의 영접으로부터 시작된다.

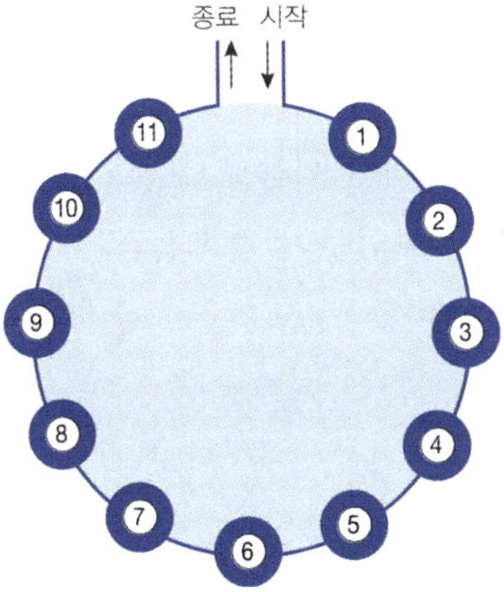

① 객실, 부대시설 등 예약을 위해 전화를 걸었을 때
② 현관밖 자동차에서 내릴 때
③ 현관에서 안내를 받을 때
④ 프론트에서 체크인을 할 때
⑤ 투숙을 위해 객실을 안내받을 때
⑥ 식당, 부대시설 등에서 서비스를 받을 때
⑦ 룸서비스 등 필요한 것을 요구할 때
⑧ 객실에서 벨맨을 부를 때
⑨ 프론트에서 체크아웃을 할 때
⑩ 현관에서 안내를 받을 때
⑪ 자동차에 승차할 때

[그림 4-4] 호텔서비스 접점 시이클

3) 항공서비스 접점 사이클

항공서비스에서 고객과의 접점은 [그림 4-5]와 같이 항공권 예약 및 발권에서부터 시작된다. 모든 관광서비스가 그러하듯이 항공서비스에서도 이러한 접점 이외에 고객과 최일선 서비스요원과 더 많은 접점이 이루어진다.

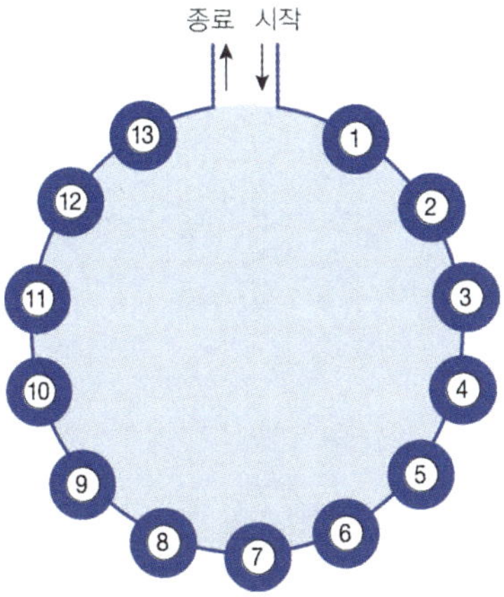

① 항공예약을 위해 전화를 걸었을 때
② 항공발권을 할 때
③ 공항 카운터에서 탑승권을 받을 때
④ 출발 라운지에서 대기할 때
⑤ 탑승수속을 받을 때
⑥ 탑승 시 환영을 받을 때
⑦ 좌석을 안내 받을 때
⑧ 수하물을 선반에 보관할 때
⑨ 안전벨트 등 안내를 받을 때
⑩ 기내식사를 제공받을 때
⑪ 음료 등 요구사항을 주문할 때
⑫ 하기 시 안내를 받을 때
⑬ 하기 시 환송을 받을 때

[그림 4-5] 항공서비스 접점 사이클

4) 식음료서비스 접점 사이클

[그림 4-6]과 같이 식음료서비스 접점은 전화상의 좌석예약으로부터 시작된다. 직접 고객과 대면접점이 이루어지는 시점은 고객이 식음료서비스가 행해지는 장소에 나타났을 때부터이다. 하지만 앞에서 보았듯이 전화접점, 대면접점, 그리고 원격접점 어느 하나 중요하지 않은 것은 없다. 고객은 모든 접점에서 만족하여야만 재방문을 하기 때문이다.

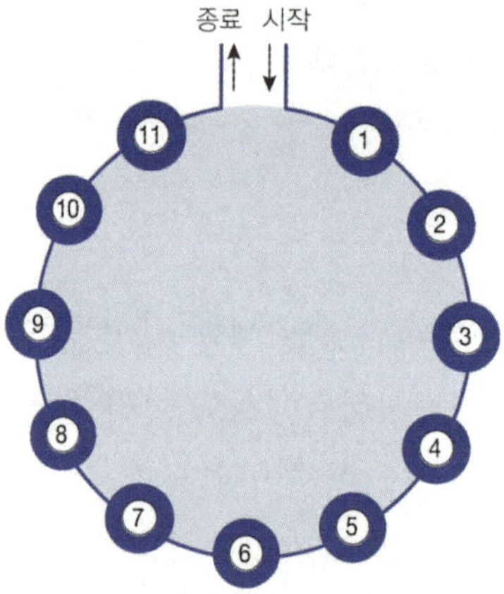

① 좌석예약을 위해 전화를 걸었을 때
② 현관밖에서 자동차에서 내릴 때
③ 현관에서 영접을 받을 때
④ 예약된 좌석에 안내를 받을 때
⑤ 음식주문을 받을 때
⑥ 주문에 따라 새로운 세팅이 이루어질 때
⑦ 주문한 음식이 서빙될 때
⑧ 식사 이후 식기류가 치워질 때
⑨ 정산이 이루어질 때
⑩ 현관에서 환송을 받을 때
⑪ 자동차에 승차할 때

[그림 4-6] 식음료서비스 접점 사이클

사례 4-1 MOT의 대명사 스칸디나비아항공

1970년대 말 석유파동으로 인해 세계 항공업계는 큰 시련을 맞이하였다. 17년간 연속해서 흑자를 기록하였던 스칸디나비아항공(SAS)에서도 1979년과 1980년 사이의 2년 동안에 3,000만 달러의 적자가 누적되었다. 이러한 위기 가운데 39세의 얀 칼슨(Jan Carlzon)이 이 항공사의 사장으로 취임하였다.

고객이 직원들과 접하는 처음 15초 동안의 짧은 순간이 회사의 이미지, 나아가 사업의 성공을 좌우한다고 강조한 칼슨 사장은 1년 만에 적자를 흑자로 바꾸었다. 그뿐만 아니라 스칸디나비아항공은 1983년도 '올해의 최우수 항공사'로, 1986년에는 '고객서비스 최우수 항공사'로 선정되었다. 스칸디나비아항공이 단숨에 위기를 극복하고 최우수 항공사로 도약한 비결은 무엇일까?

스칸디나비아항공(Scandinavian Airlines System, SAS)은 스웨덴, 덴마크, 노르웨이 3개국의 민간과 정부가 공동으로 소유하고 있는 항공사이다. 39세의 젊은 나이에 사장으로 취임한 얀 칼슨은 MOT라는 새로운 개념을 도입하여 위기에 빠진 회사를 구하고 서비스 품질경영의 전설적 신화를 창조하였다. 칼슨은 MOT(Moments of Truth)의 개념을 소개하기 위해 불결한 트레이(tray: 접시 또는 쟁반)를 자주 예로 들었다. 만약 승객들이 자신의 음식 트레이가 지저분하다는 것을 발견하게 된다면, 그들은 그 순간에 자신이 탑승하고 있는 비행기가 불결하다고 느끼게 된다는 것이다. 이처럼 MOT는 서비스 제공자가 고객들에게 서비스의 질(質)을 보여줄 수 있는 극히 짧은 시간이지만, 자사에 대한 고객의 인상을 좌우하는 극히 중요한 순간이다. 일반적으로 항공사 직원들은 항공기, 정비시설, 사무실, 업무수행 절차 등의 집합이 회사라고 생각하나, 고객들은 항공사로부터 어떤 경험을 하였는가를 이야기한다. 칼슨은 서비스기업의 본질은 물적 자산의 집합이 아니라 일선 직원들이 개별 고객에게 제공하는 서비스의 품질이라고 강조하였다.

1986년 SAS에서는 대략 1,000만 명의 고객이 각각 5명의 직원들과 접촉했으며, 1회 응대시간은 평균 15초였다. 따라서 1년에 5,000만 번 고객의 마음속에 회사의 인상을 새겨넣는 순간들이 있었다. 칼슨은 이 15초 동안의 짧은 순간이 결국 SAS의 전체 이미지, 나아가 사업의 성공을 좌우한다고 이야기하면서, 이 순간들이야말로 SAS가 최선의 선택이었다는 것을 고객들에게 입증해야만 하는 때라고 강조하였다. 진정한 자산은 만족한 고객들이라는 신념 아래 칼슨은 SAS를 고객중심적 기업으로 변화시키는 일에 착수하였다. 전통적인 피라미드형 조직에서는 고객들과 매일 접하면서 그때 그때의 상황을 가장 잘 알고 있는 일선 직원들이 문제를 처리하는 권한을 갖고 있지 못하다. 또한 경영진의 지시나 방침을 그들에게 전달하는 사람들을 일반적으로 중간관리자라고 부르고 있으나, 엄밀한 의미에서 그들은 '관리자'가 아니라 기업 피라미드의 상부에서 내린 결정을 전하는 '전달자'에 불과하다. 따라서 고객중심적 기업으로 변한다는 것은 기존의 조직구조를 뒤집어 놓는 문화적 변혁을 수반하는 쉽지 않은 과제이다.

1981년 칼슨이 SAS의 사장으로 부임하였을 때 이사회는 극심한 불경기하에서도 흑자경영을 실현해야 한다는 한 가지 임무를 부여하였다. 새 사장을 맞이한 직원들은 더욱 혹독한 원가절감 운동이 펼쳐질 것으로 예상하였으나 칼슨의 생각은 달랐다. 일반적으로 비용지출이란 줄여야만 할 필요악(必要惡)이라고 간주되고 있으나, 사실은 경쟁력을 높이기 위한 자원으로 생각해야 한다는 것이었다. 경비가 사업의 목적 달성에 효과적으로 사용되기만 한다면 그것은 경쟁력을 높이기 위해 필요한 자원인 것이다. 칼슨은 SAS의 회생전략을 수립하면서 한 가지 분명한 원칙을 정했다.

불경기를 이겨내기 위해 많은 항공사들이 하고 있는 것처럼 비행기를 처분하여 단기적 수익의 개선을 꾀하지 않고, 최고의 서비스를 제공함으로써 성장이 멈춘 시장에서 자사의 점유율을 높이고 이익을 창출한다는 것이었다. 비용을 최대한으로 줄이고 있는 SAS에서 더 이상의 비용절감을 추진하는 것은 이미 정지한 자동차의 브레이크를 세게 밟는 것과 같다. 이렇게 무모한 시도를 계속한다면 결국은 브레이크가 자동차의 밑바닥을 뚫고 나가 자동차는 운행이 불가능한 상태가 될 수도 있다.

무엇보다 먼저 바깥 세상에 대한 선명한 그림을 그리고, 그 위에 SAS가 설 자리를 정해야 했다. 다시 말해서 새로운 사업전략의 개발이 필요하였다. 성장이 멈춘 시장에서 수익을 내기 위한 전략으로서 SAS는 "출장이 많은 비즈니스 여행객들에게 세계 최고의 항공사가 된다"는 전략적 목표를 수립하였다. 비즈니스 여행객들은 시장에서 가장 안정된 고객층이다. 일반 관광 여행객들과는 달리 그들은 자신의 마음대로 여행시간을 선택할 수 있는 폭이 넓지 않다. 좋든 나쁘든 사업상 필요가 발생하면 이동해야 하는 사람들이다. 그러나 이들에게는 특별한 요구가 있다. 이러한 요구사항을 잘 충족시켜 줄 수 있는 서비스를 개발한다면 할인되지 않은 정상요금으로 그들을 유치할 수있을 것이다.

사실 이러한 생각은 기발한 것도 아니고 새삼스러울 것도 없었다. 통상적으로 정상 요금을 내고 탑승하는 사람들은 비즈니스 여행객들뿐이기 때문에 이들을 확보하지 못하면 수익을 낼 수 없다는 사실을 다른 항공사들도 다 알고 있었다. 한 가지 차이가 있었다면 이러한 목표를 추진하는 방식이었다. 불황에 대처하기 위해 당시 대다수의 경영자들은 시장의 요구를 불문하고 모든 부문의 업무비용을 일률적으로 삭감하는 '치즈썰기 방식(cheese-slicer approach)'을 사용하였으나, SAS는 정반대의 접근방식을 택하였다. 치즈썰기 방식은 불요불급한 비용을 잘라내는 데는 확실한 효과가 있지만 고객이 원하는 서비스까지도 제거하는 경우가 적지 않아 결국은 경쟁력의 저하로 연결되는 경우가 많았다. 또한 일률적인 비용삭감이 조직 내부에 끼친 영향도 심각하였다. 일선 간부들의 의욕이 감퇴하고, 결국에는 될 대로 되라는 식으로 일손을 놓아버리는 결과를 초래하였다.

SAS는 모든 자원, 모든 경비, 모든 절차에 대해 면밀히 검토하고 스스로 자신들에게 물어보았다. "출장이 잦은 비즈니스 여행객들을 모시는 데 실질적으로 필요한 것인가?" 만약 그렇지 않다는 대답이 나오면 사내에서 아무리 소중하게 생각되어 왔더라도 거기에 소요되는 비용이나 절차를 단계적으로 제거하기 위한 준비에 나섰다. 이와는 반대로 그렇다는 대답이 나오면 경쟁력 강화를 위해 보다 많은 지출이 이루어질 수 있도록 하였다. 또한 필요한 다른 것이 빠져 있으면 그것을 추가시킬 준비도 하였다. 이러한 노력의 덕분으로 기업을 회생시키기 위한 독특한 전략계획이 수립되었다. 비용을 삭감하기는커녕, 이사회에 4,500만 달러의 추가적 투자와 147개의 다른 프로젝트를 추진하기 위해 필요한 1,200만 달러의 운영비 증액을 제안하였다. 새로운 제안에는 광범위한 정시출발 캠페인, 코펜하겐 시내의 교통거점 개선, 1만 2,000명이 넘는 직원들에 대한 서비스교육 등에 소요되는 비용이 포함되어 있었다. 추가적인 비용지출이 더 많은 수익을 가져다줄 것이라고는 아무도 보장할 수 없었지만, 이미 비용삭감 노력을 해온 터이기 때문에 다른 방도가 없었다.

1981년 6월 덴마크에서 개최된 이사회에서는 새로운 전략의 위험성이 결코 작지 않았지만 만장일치로 새로운 계획을 승인해 주었다. 한 해에 2,000만 달러의 큰 적자가 예상되던 어려운 시기에 새로운 도전에 나섰다. 수립된 계획을 실행에 옮기는 과정에서 비즈니스 여행객들에게 서비스한다는 전략적 목표에 부합하지 않는 많은 정책과 절차들이 발견되었다. 따라서 4,500만 달러의 새로운 투자와 함께 4,000만 달러의 비용을 삭감하기 위한 '가지치기(Trim)'라는 이름의 새로운 큰 프로젝트를 병행하였다.

비즈니스 여행객들에게 서비스한다는 분명한 목표가 있었기 때문에 잘라내어야 할 일들을 찾는 것이 그리 어렵지 않았으며, 또한 그렇게 하더라도 크게 문제될 것이 없다는 확신을 가질 수 있었다. 예를 들어 비즈니스 여행객들은 관광 여행객들을 더 많이 확보하기 위한 부서를 운영하는 일 등은 아예 안중(眼中)에 두지도 않았으며, 또한 항공업계 내에서 어떠한 위치를 확보하기 위해서 기울이는 노력에 대해서도 무관심하였다. 기업회생 전략이 가져다준 가장 의미 있는 성과 중 하나는 직원들의 태도 변화였다. 서비스중심의 항공사로 거듭남으로써 수익을 창출하겠다는 공식적 의지표명은 사풍의 근본적인 변화를 촉발시켰다.

일선 직원들의 노력이 사내에서 높이 평가되기 시작하면서 사기가 치솟았다. 모든 직원들이 서비스 제공에 관한 특별교육을 받았으나, 대부분의 사람들에게는 교육의 내용보다는 자신들에게 시간과 자원을 투자하고 있다는 사실 자체가 더 실감나는 것이었다. 예전에는 자신들의 노고가 제대로 인정받지 못한 경우가 많았으나, 이제는 관심과 주목의 대상이 되었다고 믿게 된 것이다.

SAS가 기업회생 전략의 일환으로 추진한 업무 중 사실 새로운 것은 거의 없었다. 전임 경영진들도 보다 더 서비스중심의 기업으로 변해야 한다는 것을 이미 지적하였다. 실행된 아이디어들의 대부분은 연구보고서나 비망록의 형태로 정리되어 있던 것이었다. 예를 들자면 비즈니스 여행객들을 붙잡기 위한 특별 클래스의 설치 문제도 오래 전부터 논의되어 왔으며, 그것은 또한 참신한 아이디어도 아니었다. 프랑스항공, 브리티시항공, KLM 등에서 벌써부터 그러한 프로그램을 운영하고 있었다. 출장이 잦은 비즈니스 여행객들에게 최고의 서비스를 제공하는 데 전력을 다하기로 결정한 이상, 그러한 계획의 도입 자체에 대해서는 다른 이견(異見)이 있을 수 없었다. SAS의 문제점 중 하나는 퍼스트클래스(first class)뿐 아니라 이코노미클래스(economy class)까지도 할인요금으로 탑승하는 고객들이 너무 많다는 것이었다. 유럽의 다른 항공사들은 이코노미클래스의 정상요금에 얼마간 요금을 추가하여 비즈니스클래스를 운영하고 있었다. 그러나 비즈니스 여행객들이 이코노미클래스의 정상요금만 지불하더라도 재무적 상황이 상당히 호전된다는 것을 알게 되었다. 그래서 SAS는 유럽노선에서 퍼스트클래스를 없애버리고(당시 퍼스트클래스는 항공사 간부들이 주로 이용하던 세계에서 가장 값비싼 식당 정도의 역할밖에 하지 못했다), 이코노미클래스의 정상요금으로 훨씬 나은 서비스를 제공하는 '유로클래스(Euro class)'를 신설하였다. 할인제도를 유지하기는 하였으나 비즈니스 여행객들에게 초점을 맞추었으므로 초기에는 적극적으로 판촉에 이용하지 않았다. 유로클래스를 여러 가지 면에서 차별화하고 홍보에 나섰다. 우선 유로클래스와 다른 클래스의 차이가 눈에 띌 수 있도록 이동식 칸막이를 이용하여 다른 클래스와 물리적으로 구분하였다. 공항 터미널에서는 전화와 텔렉스 서비스 시설을 갖춘 쾌적한 전용 대합실을 마련하였다. 또한 별도의 탑승수속 창구, 보다 안락한 의자, 보다 나은 식사를 제공하였다. 서비스 수준에서도 유로클래스를 차별화시켰다. 일반 관광 여행객들의 탑승수속에는 10분이 소요되었지만 유로클래스 승객의 경우는 6분으로 단축되었다. 비즈니스 여행객들이 비행기에 가장 늦게 타고, 가장 빨리 내릴 수 있도록 배려하였다. 일반 승객들보다 기내식을 먼저 들 수 있도록 하고, 술과 신문 및 잡지를 무료로 제공하였다.

성과가 나타나기까지는 그리 오랜 시간이 걸리지 않았다. 유로클래스 도입 첫해에 2,500만 달러, 이듬해에 4,000만 달러의 수익증가를 목표로 하였지만, 세계 항공시장의 극심한 불황 속에서도 첫해에 8,000만 달러의 수익이 증가되었다. 수익 외의 다른 측면에서도 뜻깊은 성과가 있었다. 1983년 8월 『포춘(Fortune)』에서 실시한 조사에서 SAS는 비즈니스 여행객들을 위한 최고의 항공사로 선정되었으며, 같은 해에 『항공 운항세계(Air Transport World)』지에 의해 올해의 최우수 항공사로 선정되는 영예를 안았다. 여기서 한 가지 짚고 넘어갈 사항은 비즈니스 여행객들에 초점을 맞춘다는 전략이 일반 관광객 시장을 외면하거나 무시한다는 것을 의미하지 않는다는 사실이다. 현실은 그 정반대이다. 여기에는 한 가지 중요한 역설(paradox)이 존재한다. 비즈니스 여행객들에게 집중하면 할수록 일반 관광 여행객들을 보다 더 저렴한 요금으로 확보할 수 있다는 것이다. 비즈니스 여행객들이 선호하지 않는 출장 날짜나 출발 시간이 있기 때문에 빈 좌석이 많을 때가 자주 있다.

그러나 비즈니스 여행객들이 지불하는 정상요금만으로도 비행기 운항에는 아무런 지장이 없으므로 일반 관광객들에게는 덤핑가격으로 빈 좌석을 제공할 수 있다. 이러한 이유로 인해 SAS는 정상요금 지불 승객의 비율이 유럽에서 제일 높으면서도, 관광 여행객들에게 가장 저렴한 항공권을 판매하고 있다.

1981년 칼슨이 사장으로 부임하면서 내세운 목표는 "비즈니스 여행객들에게 세계 최고의 항공사가 된다"는 것이었다. 당시 SAS는 대형 단거리 비행용으로 최첨단 기술을 수용한 4대의 에어버스를 인수한 직후였는데, 에어버스는 실내공간이 넓고 내부장식 또한 호화로웠다. 4대의 에어버스 구입에 소요된 비용은 1억 2,000만 달러였으며, 추가적으로 8대를 주문해 놓은 상태였다. 이러한 대규모 발주는 주요 항공사에서 흔히 있는 일이었다. 첨단 기술이 적용되어 1마일 비행당 비용이 낮아진 신형 비행기로 교체하는 것은 SAS뿐 아니라 다른 모든 항공사들도 일상적으로 하고 있는 일이었다. 새로운 비행기가 나오면 가능한 한 빠른 시일 내에 구매한다는 것은 사실상 항공사 중역들의 신조와도 같았다. 에어버스의 승객 마일당 비행 비용은 당시 SAS의 주력 기종이었던 DC-9보다 6% 낮았다. 그러나 에어버스의 좌석수(240석)가 DC-9의 좌석수(110석)보다 두 배 이상 많았기 때문에 승객을 거의 꽉 채우지 못하면 경제적으로 이점이 없었다. 그러나 에어버스를 구매하고 나서야 그것을 운행하기에는 SAS의 승객 기반이 너무 적다는 사실을 깨달았다. 승객수가 매년 7~9% 성장하고, 또한 화물 운송양도 같은 속도로 늘어날 것이라는 예측을 전제로 에어버스에 대한 구매 결정이 내려졌지만, 예상치 못한 석유파동으로 인해 세계 경제가 불황의 늪에 빠져들고 시장은 얼어붙었다. 코펜하겐에서 승객을 꽉 채우지 못하면 스톡홀름에서 유럽 대륙의 주요 도시로 운항하는 에어버스가 흑자를 낼 수 없었다. 따라서 고객들이 바라고 있는 것처럼 스칸디나비아와 유럽 대륙에 있는 여러 도시들을 직항(直航)으로 연결하기에는 적당치 않았다. 고객인 비즈니스 여행객들의 입장에서 이 문제를 바라보아야 했다. 스톡홀름이나 오슬로 등과 같은 스칸디나비아 도시에 근무하고 있는 비즈니스 여행객들은 어떠한 생각을 갖고 있을까? 운항 중인 비행기 편수가 적어서 코펜하겐을 경유하더라도 최신의 대형 기종인 에어버스를 이용하고 싶을까? 아니면 그들이 근무하고 있는 스칸디나비아의 도시에서 유럽 대륙의 목적지까지 중간 경유지 없이 논스톱으로 연결하는 직항편을 선택할 것인가? 대답은 자명하다. "에어버스를 예비기로 돌리고 DC-9를 사용하라"고 칼슨은 지시하였다.

칼슨의 지시를 받은 직원들은 깜짝 놀랐다. 그것은 마치 새로운 공장을 건설해 놓고 준공식장에서 사장이 폐쇄하라고 이야기하는 것과 다를 바 없었다. 그러나 냉정하게 생각해 보면 이러한 결정은 현명한 것이었다. 칼슨은 에어버스가 좋지 않다고 말한 것이 아니다. 에어버스 자체는 분명히 우수한 기종이다. 제한된 시장에서 비즈니스 여행객들을 유치하여 경쟁력을 확보하기 위해서는 논스톱으로 목적지에 도착할 수 있는 직행편을 빈번하게 운항시켜야 하지만, 그것을 실행하기에는 에어버스가 너무 대형이었다. 비록 에어버스가 SAS의 정규노선에 투입되지는 않았지만 임대용 전세기로 사용되었다. 에어버스의 구입에 관한 이 사례는 제품중심의 철학과 고객중심의 철학이 어떻게 다른지 잘 보여준다. 전통적인 제품중심의 기업은 생산이나 투자를 먼저한 후-이 사례에서는 항공기를 구매한 후-에 그것의 운용을 설비에 맞추려 한다. 이러한 사고방식은 항공산업의 성장 초기에는 별 문제없이 통했다. 그 시절에는 승객들이 어느 정도의 불편을 감수하더라도 진기한 경험을 갖고자 했으며, 신형 비행기의 성능향상도 매우 빠르게 진행되었다. 또한 한 나라를 대표하는 국적기라는 생각이 있었기 때문에 시간이 더 걸리고 다소 불편함이 있더라도 자기 나라 비행기를 이용하는 것이 애국심을 표현하는 수단이 되기도 하였다. 그러나 이제는 사정이 달라졌다. 비즈니스 여행객들은 먼저 자신의 일정계획을 세우고, 그 일정에 가장 편리한 항공편을 예약한다. 이러한 시장환경 하에서는 여러 직항노선을 빈번하게 움직일 필요가 있다. '비즈니스 여행객들에게 세계 최고의 항공사가 된다'는 목표를 정한 SAS로서는 이것이 무엇보다 중요한 경쟁변수였던 것이다.

오늘날 서비스 품질경영의 기본적 용어 중 하나인 MOT는 칼슨이 1987년에 쓴 「Moments of Truth」란 책이 발간되고 나서 급속히 보급되었다. MOT의 개념을 제대로 적용하기 위해서는 다음과 같은 2가지 면에 특히 주의해야 한다.

(1) MOT사이클 전체를 관리해야 한다.

서비스 품질관리에서 MOT 또는 결정적 순간이란 "고객이 조직의 어떤 일면과 접촉하는 접점으로서, 서비스를 제공하는 조직과 그 품질에 대해 어떤 인상을 받는 순간이나 사상(事象)"을 말한다. 일반적으로 MOT는 고객이 종업원과 접촉하는 순간에 발생하지만, '광고를 보는 순간'이나 '대금 청구서를 받아 보는 순간' 등과 같이 조직의 여러 자원과 직접 또는 간접적으로 접하는 순간이 될 수도 있다. 이 결정적 순간들이 하나하나 쌓여 서비스 전체의 품질이 결정된다. 따라서 고객을 상대하는 종업원들은 고객을 대하는 짧은 순간에 그들로 하여금 최선의 선택을 하였다는 기분이 들도록 만들어야 한다.

항공서비스의 경우를 예로 들어보면, 고객은 다음과 같은 MOT들을 경험할 수 있다. 고객과의 접점에서 발생하는 MOT가 특히 중요한 이유 중 하나는 고객이 경험하는 서비스 품질이나 만족도에는 이른바 '곱셈의 법칙'이 적용된다는 점이다.

즉 여러 번의 MOT 중 어느 하나만 나빠도 한 순간에 고객을 잃어버릴 수 있기 때문에 MOT 사이클 전체를 관리해야 한다. 흔히 무시되고 있는 안내원, 경비원, 주차관리원, 전화교환원, 상담접수원 등과 같은 일선 서비스요원들의 접객태도가 회사의 운명을 좌우할 수 있다. 사실 MOT 하나하나가 그 자체로서 서비스 상품인 것이다.

(2) MOT도 고객의 시각에서 관리해야 한다.

서비스 제공자가 빠지기 쉬운 일반적 함정 중 하나는 자신이 해당 분야의 베테랑이기 때문에 고객의 기대와 요구를 고객 이상으로 잘 알고 있다고 생각하는 것이다. 그러나 서비스 제공자의 논리와 고객의 시각이 일치하지 않는 경우가 허다하다. 우리가 이미 살펴 본 SAS의 에어버스 구매 사례도 여기에 속한다. 다음의 사례는 이러한 차이를 보다 선명하게 보여준다. 컨벤션센터나 호텔에서 열리는 세미나의 휴식시간에 우선적으로 고려해야 할 5가지 요소를 조사해 보았다. 세미나 참석자들은 커피나 홍차가 준비되어 있을 것, 신속하게 나갔다가 다시 돌아올 수 있을 것, 화장실이 가까이 있어서 빠른 시간 내에 이용할 수 있을 것, 자기 사무실에 손쉽게 연락을 취할 수 있도록 전화가 있을 것, 다른 참석자들과 대화를 나눌 수 있는 충분한 공간이 있을 것과 같은 순서로 중요도를 평가하였다. 그러나 연회담당 전문매니저에게 동일한 질문을 하였더니 완전히 다른 대답이 나왔다. 이들이 제시한 상위 5가지 항목은 따뜻하고 향이 좋은 커피를 제때 내놓을 것, 기타 다과류(롤, 머핀, 신선한 과일, 주스 등)를 준비할 것, 서비스 장소를 멋있게 꾸밀 것, 깨끗하고 흠집이 나지 않은 식기를 사용할 것, 깨끗한 테이블을 적절히 배치할 것의 순으로 나타났다. 누가 잘못된 것일까? 물론 어느 쪽도 아니다. 연회담당 전문매니저들도 전화나 화장실이 있으면 좋겠다고 생각하지만, 테이블 준비나 다과를 보기 좋게 진열하는 것에 주의를 집중하고 만다. 그러나 고객들은 휴식시간에 화장실이 청소 때문에 잠겨 있거나 가까이 있는 전화가 장거리용이 아니라면 더 큰 불만을 느낀다.

이처럼 서비스 제공자와 고객의 기본적 시각이 다른 경우가 많기 때문에, MOT를 효과적으로 관리하기 위해서는 항상 고객의 목소리에 귀를 기울여야 한다.

(박영택, 2000년)

1. 관광서비스요원은 왜 중요하며, 고객과 관광기업 간은 어떠한 관계를 유지하고 있는가?

2. 관광서비스 접점은 무엇을 의미하며, 왜 중요한가?

3. 스칸디나비아 항공사(SAS)에서 도입한 MOT의 개념은 무엇을 의미하는가?

참고문헌

박영택(2000), 『공공행정부문 Single PPM 품질혁신』, Single PPM 품질혁신추진본부.

이유재(1999), 『서비스마케팅』, 학현사.

전인수 편역(1998), 『서비스마케팅』, 석정.

Albrecht, K.(1988), At America's Service, Homewood, IL: Dow Jones-Irwin.

"How Marriott makes a Great first Impression," The Service Edge 6, 5(May 1993), p.5.

Jan Carlzon(1987), Moment of truth, Ballinger, Cambridge, Mass.

Richard Normann(1984), Service Management, John Wiley & Sons, New York, p.89.

Shostack, G. Lynn(1985), "Planning the Service Encounter," in The Service Encounter ed. Czepiel, John A., Solomon, Michael R., and Surprenant, Carol F., Lexington, Mass. : Lexington Books, pp.243-254.

Zeithaml, Valarie A. and Bitner, Mary Jo(1998), Service Marketing, McGraw- Hill Book Co., Singapore.

CHAPTER

05

관광서비스 고객만족의 이해

제5장 관광서비스 고객만족의 이해

제1절 고객만족서비스

1. 고객만족의 개념
2. 고객만족의 구성요소
3. 고객만족의 필요성

사례 5-1
호텔 리츠칼튼의 고객만족

사례 5-2
고객만족서비스를 위한
10가지 법칙

사례 5-3
고객만족을 위한 호텔서비스

제2절 충성고객서비스

1. 고객충성도의 개념
2. 충성고객서비스

사례 5-4
포시즌호텔의 고객관리

CHAPTER 05

관광서비스 고객만족의 이해

고객에게 관광서비스를 제공하는 데 있어 그들이 만족을 하느냐 못하느냐는 매우 중요한 일이다. 고객을 만족시키는 것은 그들의 기대치에 부응하는 것이며 이를 위한 노력은 끊임없이 지속되어야만 한다.

제1절 고객만족서비스

관광서비스의 핵심은 고객만족(Customer Satisfaction : CS)이다. 그러면 고객을 만족시킨다는 것은 무엇이며 고객만족은 왜 필요한가? [사례 5-1]에서 볼 수 있듯이 많은 관광기업에서 고객만족 실현을 위한 노력을 하고 있다.

이는 관광서비스에 있어서 고객만족은 최고의 품질을 증명하는 결과이기 때문이다.

1. 고객만족의 개념

고객만족에 대해서 "고객의 성취반응이므로 정해진 수준 이상 고객의 기대를 충족하는 것으로 품질은 인지되지만 만족은 보통 경험으로 고객의 감정적

과정에 의해 강하게 영향 받는다. 만족은 이렇게 정해진 주관적인 기대 수준에 의해 좌우되므로 객관적으로 낮은 혹은 높은 품질로도 개인의 기대에 따라 만족을 얻거나 얻지 못하는 경우가 생긴다. 따라서 고객만족이란 고객의 욕구와 기대에 최대한 부응한 결과 제품과 서비스의 재구입이 이루어지고 더불어 고객의 신뢰감이 연속되는 상태를 의미한다."라고 주장하고 있다.

품질과 만족을 다음과 같이 구분하고 있다. 품질판단의 기초가 되는 차원은 힌트나 속성 등과 같이 구체적인 데 반해 만족에 대한 판단은 품질과 상관없이 어떤 차원으로부터도 올 수 있다. 즉 만족은 서비스 제공자가 통제할 수 없는 요소, 다시 말해 품질차원이 아닌 것에 의해 얼마든지 좌우될 수 있다. 예를 들어 레스토랑에서 신용카드로 대금을 결재할 경우 카드 조회 시 걸리는 시간을 들 수 있다. 또한 만족은 품질 외적인 요소 즉 평등 의식이나 공정성 같은 것에 의해서도 크게 좌우될 수 있으며 귀속, 감정, 인지적 · 감정적 과정에 영향을 강하게 받는다. 결국 높은 품질에도 불구하고 불만족한 경우를 볼 수 있다. 즉 고급레스토랑에서 평소 친근한 종업원이 부재중일 때 실망하는 고객은 좋은 예가 된다.

이상으로 볼 때 관광서비스 고객만족이란 관광서비스 제공에 따른 고객의 일정한 수준 혹은 기대충족의 성취반응이라 할 수 있다.

사례 5-1 호텔 리츠칼튼의 고객만족

"신사 숙녀를 모시는 신사 숙녀가 되어야 한다"는 모토 아래 호텔 리츠칼튼 서울은 언제나 최고의 서비스만을 고집합니다.

고객의 방문 목적과 취향에 맞는 다양한 객실, 세련된 비즈니스를 위한 최고의 서비스, 최고의 주방장들이 선사하는 세계 각국의 진미, 특별한 날을 최고로 빛내 드리는 웨딩 및 연회 서비스, 그리고 건강과 휴식을 위한 최고의 피트니스 센터 등…. 호텔 리츠칼튼 서울은 고객 한 분 한 분을 최고의 귀빈으로 모실 수 있도록 모든 세심한 부분에서 최상의 준비를 하고 있습니다.

리츠칼튼인의 신조

- 리츠칼튼 호텔은 고객의 편안함과 고객에 대한 정성 어린 배려를 위하여 최선을 다하는 것을 가장 중요한 임무로 삼는 곳이다.
- 우리는 고객이 친절하고 품위 있는 분위기를 느낄 수 있도록 최선의 개별서비스와 시설을 제공할 것을 다짐한다.
- 우리의 고객이 새로운 느낌과 만족감을 경험할 수 있도록 하며, 고객이 표현하지 않은 기대와 요구까지도 충족시킨다.

사훈

우리는 신사 숙녀를 모시는 신사 숙녀이다.
We Are Ladies and Gentlemen Serving Ladies and Gentlemen.

서비스의 3단계

1) 따뜻하고 진실된 마음으로 고객을 맞이하며, 되도록 고객의 성함을 사용한다.
2) 고객이 원하는 바를 미리 예측하고 부응한다.
3) 따뜻한 작별 인사로 고객에게 감사를 드리며. 되도록 고객의 성함을 사용한다.

리츠칼튼인의 기본 수칙

리츠칼튼인의 20가지 기본수칙에는 다음과 같은 내용이 포함되어 있다.

- 리츠칼튼 철학과 스탠더드
- 문제 해결 과정
- 품질 향상 과정
- 복장과 용모 규정
- 전화 예절
- 하우스키핑
- 안전, 자산 보호, 환경 보호

이 기본 수칙은 전 세계 리츠칼튼 호텔에서 고객들의 기대에 부응하는 일관된 서비스를 제공할 수 있도록 해줍니다.

직원에 대한 약속

리츠칼튼에서는 우리의 신사 숙녀들이 고객에 대한 서비스에서 가장 중요한 자원이다. 신뢰와 정직, 존중, 성실과 약속을 바탕으로 우리는 개인과 회사의 이익을 위해 그들의 재능을 발전시키고 최대화시킬 것이다. 리츠칼튼은 다양함이 존중받고, 삶의 질이 향상되며, 개인의 포부를 만족시키고, 리츠칼튼의 신비함이 강화되는 근무환경을 만들 것이다.

2. 고객만족의 구성요소

고객을 만족시키기 위한 구성요소는 어떠한가? 고객만족의 개념에서 살펴보았듯이 만족이라는 개념은 품질과 구분 가능하다. 따라서 고객만족의 구성요소는 서비스 품질과 비교하여 설명하고자 한다. 혹자는 품질과 만족은 분석수준에서는 다르지 않지만 두 개념의 원인과 결과는 근본적으로 다르다는 데 학자들 간에 의견일치를 보이고 있으므로 만족은 서비스의 구체적인 차원에 초점을 맞춘 서비스 품질에 대한 평가보다 넓은 개념으로 보아야 하며, 이러한 관점에서 지각된 서비스 품질은 고객만족 구성요소의 하나에 불과하다는 견해이다.

[그림 5-1]에서 볼 수 있듯이 서비스 품질은 서비스의 5가지 차원[2)]에 대한 고객지각을 반영한 평가이다. 반면 만족은 보다 포괄적이어서 서비스 품질, 제품품질, 가격에 대한 지각뿐만 아니라 개인적인 요인을 포함한 상황적 요인에 의해 영향을 받는다. 예를 들어 관광서비스 부문 중 항공사의 서비스 품질은 비행일정에 따른 목적지로의 출발과 도착의 여부(신뢰성), 항공예약/발권, 탑승수속, 수하물처리 능력 등에 대한 신속함에 있어 서비스요원들이 고객의 요구에 얼마나 잘 응대하는지(대응성), 비행에 있어 얼마나 안전한 기록을 보장하는지 혹은 기내서비스를 하는 직원의 유능함과 같은 믿음은 어떠한지(확신성), 특별고객의 요구사항에 대한 이해 정도와 고객 개개인의 욕구에 대한 정확한 예측(공감성), 그리고 항공서비스의 물리적인 표현으로서 항공기, 항공장비, 인력구조, 예약발권영업대리점, 직원의 유니폼 등의 외형적인 요소(유형성) 등에 의

2) 학자들에 의해 연구되고 있는 서비스 품질의 다차원적인 견해는 조금씩 차이를 보이고 있으나본 교재에서는 Parasuraman, A, Zeithaml, Valarie A., and Berry, Leonard L. 등이 함께 개발한 SERVQUAL(신뢰성, 대응성, 확신성, 공감성, 유형성)을 중심으로 서비스 품질의 차원을 보이고 있다(자세한 내용은 제6장 참조).

해서 평가된다.

그러나 항공서비스의 고객만족은 이러한 5가지 서비스품질의 차원 이외에 제품품질(항공사에서 판매되는 제품의 품질), 항공권 가격, 그리고 고객의 기분과 같은 감정상태, 날씨(탑승한 승객이 항공사의 약속된 시간에 목적지까지 도착하는 것은 당연시하고 있지만 악천후 영향으로 인해 날씨가 매우 안 좋다는 걸 인식하게 되면 정시 도착보다는 무사히 착륙하기만을 희망할 것임) 등과 같은 일시적인 변화로서의 조절 불가능한 상황적 요인에 의해서도 영향을 받게 된다.

[그림 5-1] 고객만족의 구성요소

3. 고객만족의 필요성

관광기업에 있어 고객만족은 왜 필요한가?

첫째, 기업의 매출이 신규고객과 기존고객의 반복구매에서 일어나기 때문이다. 새로운 고객을 끌어들이는 것은 기존의 고객을 유지하는 것보다 많은 비용이 든다. 그러므로 신규고객 창출보다 기존고객의 유지가 기업의 생존에 보다 중요하다. 이러한 중요성을 갖는 고객유지의 핵심은 바로 고객을 만족시키는 것이다. 만족한 고객은 반복구매를 하며 다른 사람에게 서비스에 대해 좋게 평가하며 경쟁업체의 브랜드와 광고에 관심을 크게 쏟지 않고 그 회사의 다른 서비스에 대해서도 호의적인 반응을 보내기 때문에 만족한 고객은 단순한 매체광고보다 훨씬 더 효과적인 광고수단이 될 수 있다. 고객만족은 불만족한 고객의 행동을 살펴봄으로써 더욱 명확하게 알 수 있다. 한 조사에 의하면 일반적으로 만족한 고객은 제품에 대한 좋은 경험을 3명의 타인에게 말하는 반면에 불만족한 고객은 11명에게 그 내용을 전달한다고 한다. 결국 한 기업의 관점에서 고객만족경영은 그 기업의 좋은 이미지와 시장확대를 위해 매우 중요하다.

둘째, 고객만족의 결과는 기업의 궁극적인 목적인 이익을 가져다주기 때문이다.

셋째, 고객만족에 의한 긍정적인 경영성과는 최일선 서비스종사원 개개인과 조직의 구성원을 존재하도록 하며, 더 나아가서는 사회 및 국가의 안정을 꾀한다.

관광서비스 상품은 모방이 매우 쉽다. 예를 들어 어느 여행사에서 유럽 배낭여행 상품을 만들어 고객에게 판매하여 많은 이익을 보게 되면 여러 많은 다른 여행사들은 거의 같은 여행내용으로 상품을 만들어 판매한다.

또한 어느 호텔에서 개발한 차별화된 서비스가 큰 성과를 보게 되면 다른 경쟁업체들이 같은 서비스를 고객들에게 제공하는 경우를 볼 수 있다.

따라서 관광서비스를 제공하여 운영되고 있는 기업은 날로 치열한 경쟁 속에서 동종업체와의 경쟁력을 키우지 않으면 안 된다. 이와 같은 동종기업의 무한경쟁과 고객의 욕구가 날로 고급화 · 다양화 · 개성화되는 시점에서 고객지향적인 사고로 전환하여 고객만족경영에 관심을 집중하는 것은 당연한 일이다. 그러나 지속적인 고객만족경영을 위해서는 고객의 만족을 창출하는 것도 중요하지만 고객의 불만을 효과적으로 처리하여 고객충성으로의 전환이 필요하다.

사례 5-2 고객만족서비스를 위한 10가지 법칙

고객을 먼저 알아보자

우리의 일상생활 가운데에서 기분을 즐겁게 해주는 한 경우는 본인이 모르는 사람이 자신의 이름을 기억해 주었을 때이다. 예를 들어 고객이 호텔의 현관데스크 또는 벨캡틴(Bell Captain) 데스크에 발을 들여놓자마자 자신의 이름을 부르는 인사를 받았을 때 그 고객은 매우 감동한다.

첫인상을 좋게 하라

첫인상이 나쁘면 이를 만회할 기회가 좀처럼 오지 않는다. 고객이 서비스업체에서 겪게 되는 첫 경험은 그의 마음에서 좀처럼 지워지지 않는다. 서비스기업은 고객과의 첫 접촉에서 고객의 마음에 이미지를 심어준다. 고객이 받는 이러한 인상은 보통 즉각적이고 직감적으로 나타난다. 주차장의 조명상태는 잘되어 있는가? 현관 입구의 Carpet는 혹시 지저분하지 않은가? 귀 업체의 포터(Porter), 호스티스(Hostess), 그리고 프런트데스크 클럭(Clerk)은 고객에게 필요한 최소한의 인사를 잘 하고 있는가?

이상과 같은 여러 가지 요인들이 당 업체에 대한 고객의 첫인상을 결정하는 데 중요하게 작용한다.

고객의 기대감을 충족시켜라

고객은 불편하지 않은 안락한 환경을 원한다. 그들은 귀 업체에서 만들어낸 영업에 관한 책자를 읽어보려고 하지도 않고 회사의 정책이나 업무절차를 이해하려고 신경 쓰지도 않는다. 또한 업무절차에 따라 이행하는 것조차 별로 관심이 없다. 그들이 원하는 것은 불평할 것 없이 자기들의 욕구만 충족되기를 바랄 뿐이다.

고객의 수고를 덜어주라

고객은 귀 업체의 서비스를 구입함에 있어서 가능한 한 적은 노력과 수고를 들이려고 원한다. 따라서 그러한 노력과 수고는 판매업소 측에서 부담해야 하며 고객이 주문하기도 쉽고 방도 구하기 용이하며 지불절차도 간편해야 한다. 오늘날 우리 사회는 편의 위주의 사회가 되었다. 그래서 레스토랑에 차를 몰고 직접 들어갈 수 있는 드라이브 스루(drive-through), 음식을 싸 가지고 밖으로 가지고 나갈 수 있도록 포장해 주는 테이크 아웃(takeout), 또는 배달까지 해주는 딜리버리 서비스(delivery service)가 급속도로 발전하였다. 비록 겉보기에 사소한 편의제공으로 보이지만 결과적으로 엄청난 차이를 가져온다. 프랜차이즈(franchise) 레스토랑 회사인 미스터 스테이크(Mr. Steak)의 경우를 예로 들면, 이 레스토랑의 주요단골 고객층은 독신남녀들이다. 수년 동안 고객들의 지불방식은 웨이트리스가 청구서를 고객의 테이블에 놓으면 고객이 그걸 가지고 계산대에 가서 지불하는 절차를 취했다. 바쁠 때는 고객이 지불하기 위하여 줄을 서서 기다려야 했다. 고객들을 대상으로 설문조사를 한 결과 고객들이 줄서서 기다리는 것이 시간낭비라고 생각되어 싫어하고 있다는 사실이 밝혀졌다. 그래서 식당업체측은 고객들이 직접 지불하거나 아니면 웨이트리스들에게 지불 업무를 대행할 수 있도록 조치를 취했다.

고객의 의사결정을 용이하게 하라

고객들은 자기가 스스로 결정하는 것을 별로 좋아하지 않는 경향이 있다. 더구나 자세한 내용을 잘 모르고 있을 때 더욱 그렇다. 이때 서비스요원인 당신의 도움이 필요하 다. 판매 위주가 아닌 권유판매(suggestive selling)를 통하여 고객의 마음의 결정을 용이하게 해준다. 예를 들면 음료 또는 디저트를 소개하는 내용을 로비, 식당, 기타 상점 등에 판매촉진용 포스터를 부착하는 것과, 그리고 당일의 특별메뉴의 소개 등이다.

고객의 견해에 초점을 맞추어라

고객들은 서비스업체에 대해 나름대로의 견해를 가지고 있고 그것을 또한 현실로 받아들이고 있다. 업체의 입장에서 생각하고 있는 것처럼 고객들로 반드시 그렇게 생각하지 않는다. 업체에서 책정한 가격수준이 경쟁업소들의 가격수준과 동일하다든지, 또는 종사원들의 지식수준이 다른 경쟁업체보다 훨씬 높다든가의 문제는 고객들의 입장에서 볼 때 별로 문제가 되지 않는다. 고객이 볼 때 업체에서 제시한 가격이 비싸다고 생각하면 비싼 것이고, 종사원들이 최소한의 지식과 정보를 갖추지 못하고 있다고 고객들이 믿고 있다면 그것이 사실이라고 보지 않을 수 없는 것이다. 어떤 방식과 절차에 의하여 종사원 교육을 시켰는가의 문제는 일단 별도로 취급해야 한다.

고객의 시간 한계를 위반하지 말라

기다리며 보낸 시간은 실제보다 4배쯤 길게 느껴진다고 한다. 배고픈 손님이 식당에 찾아왔을 때 음식을 기다리는 손님의 심정을 생각해 보면 이해할 수 있을 것이다.

최근에 고급 레스토랑을 대상으로 실시한 서비스에 관한 연구결과를 살펴보면, 고객들은 어떤 식당에 들어가서 일정한 서비스를 받게 되기까지 2분 정도 기다릴 용의가 있다고 한다. 이것은 기다리는 고객의 입장에서 본 시간이므로 이러한 원리를 적용하여 실제 시간을 환산하여 보면, 즉 2분을 4로 나누면 실제 기다린 시간은 30초가 된다. 즉 30초는 고객이 신경질 내지 않고 기다릴 수 있다는 것으로 타임 리미트(time limit)가 바로 이러한 의미이다. 30초란 결코 긴 시간이 아니다. 30초는 전화벨이 다섯 번 정도 울리는 시간이며, TV광고 2편 정도의 시간이다. 그러나 기다리는 손님에 게는 2분에 해당한다는 사실을 명심하여 신속한 서비스 제공의 중요성을 다시 한번 유념해야 할 것이다.

고객이 회상하고 싶어하는 추억을 만들어라

사람들은 기억나는 좋은 시절을 다시 한번 만들어 내고 싶어한다. 이러한 원리는 업체를 다시 찾아오도록 단골 고객을 만들어 내는 기초가 된다. 사람들은 자기 자신이 영리하다고 느끼는 것을 좋아한다. 예를 들어 고객이 어느 호텔의 객실에서 안락하게 잠을 잘 자고, 식당에서 맛있는 음식을 먹고, 즐겁고 유쾌한 환대를 받고 가면 틀림 없이 다시 찾아오게 마련이다. 즐거운 시절과 시간에 대한 정답고 아름다운 추억이야 말로 일생을 통하여 영원히 잊을 수 없는 것으로 접객산업의 최상의 상품이다. 그들이 잊을 수 없는 좋은 추억을 가지고 귀국하면 가족 또는 친지들에게 이야기하므로 돈으로 살 수 없는 구전광고효과(word-of-mouth advertising)까지 얻게 된다.

고객들은 기분 나쁜 경험을 더 오래 기억한다

사람들은 기분 나쁜 경험을 기분 좋았던 경험보다 더욱 오랫동안 생생하게 기억한다. 그들은 또한 기분 나쁜 경험에 관하여 더 많이 사람들에게 이야기하므로 악선전되는 결과를 가져온다. 나쁜 소문은 사람들의 입에 오르내리면서 와전되기 시작하고 왜곡되어 나중에는 사실과 너무 동떨어진 사실로 전락하게 된다. 결국 찾아올 가능성 있는 잠재 고객까지도 잃게 만든다.

고객이 빚지고 있다고 생각하게 하라

고객과의 서비스가 끝나면 종업원이 고객에게 제공한 기분 좋은 서비스 덕분에 고객이 그에게 빚지고 있다는 감정을 느끼도록 해야 한다. 고객이 지불한 값(계산서 금액)에 대해서만 고맙게 생각하면 안 된다. 고객이 업체를 떠날 때 가격 · 가치 측면에서 많은 이익을 보았다는 느낌으로 떠나도록 하여야 한다. 고객이 서비스에 대해 불평하는 이유는 금전상의 낭비라기보다는 시간낭비와 즐길 기회를 상실한 데 대한 분노이다.

사례 5-3 고객만족을 위한 호텔서비스

우리가 '호텔'이란 말에서 떠올리는 것들, 편안한 잠자리, 맛있는 음식, 갖가지 이벤트, 허니문, 비즈니스맨들이 쉬어 가는 장소, 사교의 공간 등 모든 부분이 서비스와 떼어놓고는 생각할 수 없다. 그 중심에 '고객'이 있어야 함은 물론이다. 호텔에서 다양한 고객들의 의견을 담아내고 파악하는 것으로 쓰이는 것 중 가장 기본적인 것이 '고객의견카드'이다. 호텔마다 조금씩 차이는 있지만 대체로 이 카드는 프런트나 객실에서 제공돼 체크아웃 시 회수된다. 의견을 자유롭게 쓰도록 줄만 그어져 있는 것부터 항목별로 체크를 하도록 돼 있는 것, 이 2가지의 절충형 등 형태도 여러 가지이다. 또한 대부분 호텔측에선 이 카드를 모아 데이터베이스를 구축한다.

이유는 고객의견을 파악해 호텔 서비스 개선에 활용하고 이를 호텔 이미지 제고에도 연결시키려는 것이다. 시설이나 서비스 면에서 간단한 불평이나 제안 등은 곧바로 해당 업장이나 직원에게 통보해 시정케 하고 간단하지 않은 시설면의 의견은 장기적인 개 · 보수에 적용하기도 한다. 몇몇 호텔들의 특징적인 고객의견 활용법을 살펴본다.

신라호텔이 고객 의견을 관리하는 방법은 보다 적극적이다. 신라호텔을 거쳐 간 고객들이 남긴 갖가지 불만 · 칭찬 · 제안 사항들은 매년 '고객의견(voice of guest)'이라는 한 권의 책자로 묶여 나오게 된다. 제주신라호텔과 서울신라호텔 모두 이 책자를 발간하는데 특히 제주신라호텔의 경우 이미 4~5년 전부터 발간을 시작해 왔다. 이 '고객 의견'은 신라호텔의 임직원들로 하여금 자신들의 서비스에 대한 고객들의 반응을 직접 확인하여 보람을 느끼고 부족한 점은 개선해 나가는 계기를 주어왔다. 또한 고객의 칭찬사항과 불만사항을 한두 달 전에 미리 고지해 같은 불만이 재발되지 않도록 조치한 점도 눈에 띈다. 지난해 제주신라호텔의 '고객의견'에 기재된 의견은 총 2,240건으로 칭찬이 1,542건에 제안이 572건, 불만이 126건으로 대체로 긍정적인 의견이 주를 이룬다. 이 중 제안사항의 일부를 보면 "방학 중에만 시행하는 어린이 놀이방 운영을 연휴 기간에도 실시하여 주시기 바랍니다". "다음에 다시 오게 되면 제가 있었고 생활했던 방을 다시 기억할 수 있는 간단한 카드 정도라도 선물이 있었으면 어떨까 생각합니다" 등과 같이 호텔 서비스 개선에 실질적인 도움을 줄 수 있는 것들이 많다.

그랜드인터컨티넨탈호텔의 고객의견카드는 많은 질문 구성이 특징이다. 총 42문항 7단계로 이뤄져 있는 이 카드는 객실뿐 아니라 호텔 내 모든 파트를 대상으로 하는데 접수된 의견은 매달 한 번씩 '포커스'라는 프로그램을 이용해 본사로 전달될 뿐 아니라 레포트로 만들어져 보관된다.

리츠칼튼호텔은 객실 내의 일반 고객의견카드 외에 별도로 '고객기호 카드'라는 것을 사용하고 있다. 내용인 즉 업장과 오피스 직원 모두가 손바닥만한 작은 카드를 가지고 다니다가 '어느 고객이 어떤 것을 좋아하더라'는 것을 파악하며 바로 데이터베이스화해 놓는다는 것이다. 이 업무를 담당하는 고객기호 관리직원만 2명이 있다. 이들에게 접수된 고객기호는 정리작업을 거친 후 전 세계 리츠칼튼 37개 체인호텔에 정보로써 공유된다. 그로 인해 다음번에 고객이 다시 리츠칼튼호텔을 찾았을 때 이것저것 주문하지 않더라도 파악된 성향을 바탕으로 미리 서비스한다는 취지다.

세종호텔은 고객의견과 관련해 '세심한 서비스'에 초점을 맞춘다. 한 예로, 이 호텔은 지리적 특성상 비즈니스 여행객과 개별 여행객 양쪽을 공략할 수 있지만 의외로 도심 한가운데 있다는 특성상 도로 소음이 심하다는 불만도 나온다고 한다. 이런 경우를 대비해 호텔에서는 고객의 성향을 잘 파악해 두는 것에 많은 신경을 쓴다고 한다.

이 호텔이 지난해 7월부터 선보인 '그린 캠페인' 제도는 고객의견과 환경보호를 성공적으로 연결시킨 경우. 즉, '그린 캠페인 카드'를 침대 위에 비치한 고객의 경우 시트 교환이 불필요하다는 의지로 보고 시트 교체를 하지 않는 것이다. 대신 해당 고객은 호텔측으로부터 작은 기념품을 답례로 받는다. 이 제도로 호텔측은 시트 세척에 사용되는 많은 양의 세제를 줄임으로써 환경 보호에 일조해 긍정적인 기업 이미지를 구축하고 시트 세척에 투입되는 비용의 절감 효과도 누릴 수 있었다. 이 호텔 관계자는 '그린 캠페인' 제도가 앞으로도 계속될 것이라고 말한다.

제2절 충성고객서비스

관광서비스 제공에 따른 고객의 일정한 수준 혹은 기대충족의 성취반응이 관광서비스 고객만족이라면 고객충성도란 무엇이며 이와는 어떠한 관련성이 있는가?

1. 고객충성도의 개념

고객만족경영(CSM)에 있어 '고객충성도(customer loyalty)'와 '고객관계관리(Customer Relationship Management: CRM)[3)]'가 가장 중요한 관심분야가 되고 있다. 1980년대 가시화되었던 고객만족경영에 있어 기업들의 초기 관심은 불만고객을 최소화하고, 만족한 고객의 집단을 더욱 많이 만드는 일이었다. 그것은 고객만족점수와 고객의 구매행동 간에는 높은 상관관계가 있다는 가정하에 고객만족점수가 높아지면 그 회사의 제품과 서비스에 대한 고객의 구매비중과 타인에게 추천하는 비율이 더욱 높아지며 더 높은 가격을 지불할 의향이 높을 것이라 생각했던 것이다.

그러나 몇몇 연구결과에서 고객만족수준이 높아진다고 해서 반드시 판매량과 이윤증가로 이어지지 않는다는 이론이 제기되면서 고객만족경영에 대한 일부 의구심을 갖게 되었다. 이러한 주장과 함께 고객만족과 판매 증가(이윤 포함)

3) CRM이란 현재 기업이 보유하고 있는 고객과 잠재고객에 대한 데이터를 수집 · 분석하여 비즈니스적인 요구에 맞는 마케팅 정보로 가공하고, 고객 행동을 분석 · 예측하기 위하여 고객의 행동 확률을 고객 개인별로 점수화하며, 개별 고객의 점수를 활용하여 동일한 고객군으로 그룹화하여 분류하고, 고객별, 그룹별로 효과적인 마케팅 프로그램과 전략을 개발, 검증, 구현, 측정 및 수정케 하는 일련의 과정이다(부록편 참조).

에 대한 상관관계에 대한 연구가 활발하게 이루어지면서 고객충성도가 기업의 재무적인 성장을 예측하는 데 보다 신뢰성을 가질 수 있다는 측면을 발견하게 되었다. 그리하여 자사에 있어 고객충성도 비율이 얼마나 되느냐가 회사의 중요한 경영지표가 되면서 고객만족 추진에 있어 고객충성도 비율을 어떻게 증가시킬 것인가에 대한 관심이 증대되기 시작했다.

고객충성도 개념에는 고객이탈률(customer defection)이 5% 감소하면 순이익(net profit)은 25~85%의 큰 증가를 가져올 수 있다는 데 그 기초를 두고 있다. 그 이유는 고정고객의 효과 때문이다. 고정고객일수록 가격에 대해 덜 민감하고 새로운 고객을 유치하는 것(seeking customers)보다 비용이 적게 들어간다. 다시 말해 마케팅 광고비용이 줄어들고 촉진활동의 비용도 줄어들게 된다. 결국 새로운 고객을 유치하는 것보다 평균적으로 5배 정도의 비용이 덜 든다.

고객충성도를 개념화하기 위해서는 다음과 같은 조건을 갖추고 있어야만 한다고 주장하고 있다.

첫째, 정기적으로 반복구매를 하는 고객, 둘째, 그 기업에서 제공하는 다양한 품목의 제품과 서비스를 포괄적으로 구매하는 고객, 셋째, 다른 사람들에게 그 업체(혹은 서비스)를 추천하는 고객, 넷째, 경쟁업체의 유인전략에 동요하지 않는 고객, 다섯째, 고객충성도를 강조할 때 많이 인용되는 것이 고객의 거래기간과의 수익관계, 고객이탈 시 손실비용 등이 많이 거론되며, 고객보유기간이란 고객과 기업 간의 관계가 지속되는 기간을 의미하며 고객이탈은 바로 이러한 관계를 멈춘다는 것이다.

이상으로 볼 때 고객충성도란 고객만족의 실현을 통하여 자사의 서비스(혹은 제품)를 지속적으로 이용케 하며, 기존고객의 이탈을 방지하여 고객관계를 높이는 것이라 할 수 있다. 결국 고객충성도를 높이기 위해서는 고객 만족은 필수요소이다.

2. 충성고객서비스

고객변화 프로세스에서 불특정 다수(suspect)의 고객이 상품구매의 대상이 될 수 있을 때 잠재고객(prospect)이 된다. 잠재고객이 최초의 구매를 하게 되면 고객(customer)이 되고 반복구매를 하게 되면 단골고객(client)이 되며 기업체의 서비스 확대를 통해서 강화되면 충성고객(advocate)이 된다.

여러 많은 MOT에 있어 고객의 지각은 수시로 변하고 서비스 제공자 간의 극심한 경쟁 때문에 충성고객은 없다고 말한다. 하지만 현대 관광서비스 산업에 있어 고객을 자사의 충성고객으로 만들기 위한 노력을 게을리해서는 시장에서 존재할 수 없게 된다. 그러므로 고객충성도 비율을 증가시키기 위해 자사의 서비스에 대해서 반복구매를 하도록 하며, 기존고객이 이탈하지 않고 지속적으로 관계를 맺는 마케팅이 진행되어야 한다.

이에 따라 관계마케팅(relationship marketing)[4]과 이러한 마케팅의 가치를 창출

---

4) 관계마케팅(relationship marketing)이란 시장상황이 극도로 경쟁지향적일 때 마케팅이 지향해야 할 목표를 고객창조 차원을 넘어서 고객의 유지에 두고 이를 위해서는 기존의 4P's 이외에 고객 서비스, 인적자원, 과정을 추가함으로써 품질 및 서비스 리더십을 선도하여 장기적인 고객의 만족은 물론 기업의 성장을 꾀할 수 있다는 점을 강조한 마케팅이라고 볼 수 있다. 이때 추가된 과정은 독립된 마케팅믹스 요소로서, 과정관리는 서비스 품질의 개선에 필수 불가결한 것이다. 인적자원은 고객을 위해 부가가치를 창조할 수 있는 중요한 차별화 요소라는 것을 의미한다. 또한 고객서비스는 광고, 판매촉진보다 높은 비율을 나타내면서 제품이나 가격 다음으로 세 번째 순위에 놓이는 추세를 보이고 있다. 관계마케팅은 고객시장과의 보다 발전된 관계뿐만 아니라 공급자시장, 종업원시장 등과의 관계를 증진시키는 것을 고려하는 마케팅이며 생산된 제품과 서비스의 품질뿐만 아니라 각 시장과의 유대관계를 창출하고 유지하는 과정을 말한다. Engel, Warshaw 그리고 Kinnear는 경쟁이 치열한 현대의 사업환경 속에서 기업이 성공하기 위해서는 기업은 꾸준한 혁신을 이루고 고객에게 탁월한 서비스를 제공하여야 하며 이러한 기업조직의 필요성을 다음과 같이 나타내고 있다.

첫째, 기업이 남보다 뛰어난 성과와 목표를 달성하자면 기업이 어디를 향해서 가야 하며, 어떻게 갈 것인가를 뚜렷하게 밝혀야 한다. '초일류', '세계경영', '초우량기업' 등이 좋은 예이다.
둘째, 새로운 마케팅환경 속에서 고객제일주의를 추구하지 않을 수 없는 오늘날 고객만족 경영은 가장 중요한 기업의 이념적 지표라고 하겠다.

하기 위한 고객관계관리(customer relationship management : CRM)와 같은 일련의 프로그램을 개발해야만 한다. 고객이 자사의 서비스를 외면하기 전에 조기경보 시스템의 도입으로 고객의 요구를 파악하고 그것을 경영에 직접 반영하여 기존고객을 잃지 않도록 하는 것이 매우 중요하다.

많은 기업들이 CRM에 대한 막대한 투자를 하는 것은 고객충성도를 높이고자하는 목적이 있기 때문이다. 그러나 기업들이 고객을 감동시키고 존경으로 대하는 본질을 저버리고 고객충성도의 수치만을 의존하여 기업을 운영한다면 지속적인 이윤추구와 브랜드가치를 높이기 쉽지 않을 것이다.

셋째, 창의적이며 혁신적 변화를 추구하는 가운데 경쟁우위를 차지하며 선도적 기업의 이점을 누릴 수 있다.
넷째, 실무자의 책임의식과 개인목표와 조직목표의 조화는 목표에 의한 관리에서 싹튼다고 한다.
다섯째, 마케팅조직은 기업체 타 부서와의 상호작용과 효율적인 커뮤니케이션의 결과로 효율적인 마케팅을 수행할 수 있다.

사례 5-4 포시즌호텔(Four Seasons Hotel)의 고객관리

고객에 대한 적극적인 관리 방안을 마련하기 위해서는 기업에서는 비용이 들어가는데 그것은 장기적인 면에서 투자가 될 수 있다. 미국 호텔체인들이 얼마나 서비스가 좋은지 조사를 했는데, 그때 포시즌호텔(Four Seasons Hotel)이 리츠칼튼(Ritz Carlton)을 제치고 1위에 오를 수 있었던 에피소드가 있다. 미국의 한 변호사가 워싱턴에 갔다가 포시즌호텔에 묵고 뉴욕으로 돌아갔다. 워싱턴 포시즌 호텔의 청소하는 직원이 청소를 하다가 변호사가 놓고 간 가방을 발견하고, 그 가방 속에 들어 있는 연락처를 갖고 연락을 했다. 마침 그 변호사와 통화를 하게 되어, 고객이 놓고 간 것에 대해 호텔 부담으로 부쳐 주겠다고 했더니, 그 변호사는 내일 아침 9시에 변론할 중요한 서류가 그 가방에 들어 있기 때문에 오늘밤 중에 받아야 한다고 했다. 그래서 청소담당직원은 마지막 비행기를 간신히 타고 뉴욕에 가서 가방을 변호사에게 전해주고, 마지막 비행기를 타고 돌아왔다. 호텔에 돌아오니 호텔 매니저가 당신이야말로 우리 포시즌의 모범이라고 말하면서, 고객을 위해서 헌신하는 것이 포시즌이 추구하는 바로 그것이라고 말했다. 그 후 워싱턴 포스트, CNN 등 언론사들에서 몰려들기 시작했다. 너무나도 고마움을 느낀 변호사가 고마움을 표시하기 위해 언론사측에 연락을 했기 때문이었다. 그래서 그 청소담당직원은 승진과 포상까지 받았다. 결국 그 일은 워싱턴 포스트, 뉴욕 타임스, ABC, NBC, CNN 등 모든 언론기관에 보도되어, 그 홍보 효과만 해도 엄청난 것이다. 고객을 점유 · 유지하는 것에 종원들의 마음으로부터 우러나오는, 고객을 위해 봉사한다는 정신이 없으면 안 된다. 적극적으로 고객을 관리하기 위해서는 최고 경영층이 정기적으로 고객을 접촉해야 한다.

(신건철 한국마케팅연구원)

Q

1. 품질과 만족 간의 차이점을 어떻게 설명할 수 있는가?

2. 고객만족의 상황적 요인이란 무엇인가?

3. 관광서비스 고객만족은 왜 필요한가?

4. 관광서비스에 있어서 고객충성도란 무엇이며, 왜 중요한가?

참고문헌

원석희(2001), 『서비스 운영관리-고객만족을 통한 가치창출-』, 형설출판사.

_____(1998), 『서비스 품질경영-서비스 품질의 완벽추구-』, 형설출판사.

한상록(2001), 「Customer Loyalty와 CRM」, 『한국고객만족경영학회』 제17호.

신건철(2001), 『고객 점유 마케팅 전략과 사례』, 한국마케팅연구원.

이문규(1999), 「소비자 행동 분석을 통한 마케팅 전략의 수립방안」, 『월간마케팅 12월호』, 한국마케팅연구원.

『여행신문』(2000. 4. 13), 커버스토리.

Parasuraman, A., Zeithaml, Valarie A., and Berry, Leonard L.(1994), "Reassessment of Expectations as a Comparison Standard in Measuring Service Quality: Implications for Future Research," Journal of Marketing 58, 1(January): 111-124; Oliver, Richard L. "A Conceptual Model of Service quality and Service Satisfaction: Compatible Goals, Different Concepts," in Advances in Services Marketing and Management, Vol. 2, ed. Swarth, Bowen, and Brown, op. cit., pp.65-85; Biter, Mary Jo and Hubbert Amy R.(1993), "Encounter Satisfaction vs. Overall Satisfaction vs.

Quality: The Customer's Voice," in Service Quality: New Directions in Theory and Practice, ed. Rust, Roland T. and Oliver, Richard L.(Newbury Park, Calif.: Sage), pp.71-93, op cit.

Zeithaml, Valarie A. and Bitner, Mary Jo(1998), Service Marketing, McGraw- Hill Book Co., 전인수 편역, 석정.

The Cornell Quarterly(1988), Nov., pp.14-17.

CHAPTER

06

관광서비스 품질의 이해

제1절 관광서비스 품질의 의의

제2절 관광서비스 품질관리

제6장 관광서비스 품질의 이해

제1절 관광서비스 품질의 의의

1. 관광서비스 품질의 개념
2. 관광서비스 품질의 특성
3. 관광서비스 품질과 고객 만족 간의 관계

사례 6-1
관광서비스, 한국서비스 대상

제2절 관광서비스 품질관리

1. 관광서비스 품질의 측정
2. 관광서비스 품질관리
3. 관광서비스 품질경영

사례 6-2
CS평가시스템 프로세스

사례 6-3
사우스웨스트항공사의 품질경영

사례 6-4
서비스 품질을 위한 신모델

CHAPTER 06 관광서비스 품질의 이해

관광서비스 품질(tourism service quality)은 고객이 인지하는 그 자체이며 고객의 서비스 품질인지는 서비스를 받기 전의 기대와 실제 서비스의 경험을 비교한 결과이다. 서비스의 품질이 좋고 나쁨을 평가하는 것은 오직 고객만이 할 수 있으므로 고객의 요구를 잘 파악하여 관광서비스 품질을 향상시켜야만 한다.

제1절 관광서비스 품질의 의의

관광서비스 품질은 어떠한 의미를 지니고 있는가? 기업을 운영하는 본래의 목적은 서비스 혹은 제품의 생산과 판매를 통하여 이익을 올리면서 지속적으로 성장 및 발전하는 데 있다. 그런데 기업이익의 추구는 장기적 안목으로 보아 고객만족의 품질경영을 기본으로 삼지 않으면 안 된다. 저가격에 품질이 조금 나빠도 팔리고 품질이 좋으면 고가격이라도 잘 팔리는 것은 일시적 현상에 불과하다. 우리나라의 경우 품질제일을 강조하고 있는 대기업에서조차 제조품질과 설계품질의 확보를 게을리하면서 외형적으로 규격화된 품질보증에만 힘을 쏟고 영업활동과 원가절감에 열을 올리고 있음을 흔히 볼 수 있다. 이러한 기업에서의 제품은 사용단계에서 품질불량이 있게 되어 클레임(claim), 반품처리 및 애프터서비스 등으로 인한 금전적 손실은 물론 소비자들에게 불만족 및 실망을 주기 때문에 판매기회의 상실로 인한 막대한 손실을 초래할 것이다. 관광서비스를 제공하는 기업 또한 마찬가지이다. 고객이 요구하는 서비스를 제공할 준비가 되어 있지 않으면서 고객에게 서비스를 제공하면 많은 고객을 잃게 될 것이다. 때문에 현대경영에서 가장 중요한 성공요인은 바로 '품질'이다. 일반 제조업의 서비스 품질과는 달리 관광서비스 품질은 서비스 제 특성의 여러 요소 중 인적서비스의 비중이 매우 커서 이를 품질화한다는 것은 그리 쉽지 않은 일이다. 그러나 품질이 관광서비스 상품의 한 가지 속성이 아닌 고객충성도의 상승, 신규고객의 유치, 시장점유율과 이익의 증가, 그리고 경쟁의 우위 등과 같이 기업경영에 있어 직접적인 영향요인들이기 때문에 관광서비스의 품질을 제대로 인식하는 것은 매우 중요한 일이다.

1. 관광서비스 품질의 개념

서비스 품질을 고객에 의해 주관적으로 인지되는 품질로 이를 객관적인 품질과 구별하여 '인지한 품질(perceived quality)'이라고 말하고 있다. 이러한 '인지한 품질'은 [그림 6-1]과 같이 서비스 품질을 기술적(technical) 차원과 기능적(functional) 차원으로 나누는데 전자는 고객이 서비스기업과의 상호작용에서 무엇(what)을 받느냐의 결과품질(outcome quality)로서, 이는 서비스가 끝난 뒤 고객에게 남는 것으로 기술적 품질(technical quality)이라고 한다.

그리고 후자인 기능적 차원은 고객이 서비스를 어떻게(how) 받는가 또는 서비스 제조과정을 어떻게 경험하는가를 나타내는 과정품질(process quality)이다. 이는 고객과 기업간의 상호작용에서 여러 MOT가 어떻게 이루어지는가, 서비스 제공자가 어떻게 기능을 수행하는가를 나타내는 과정으로 기능적 품질(functional quality)이라고 부른다.

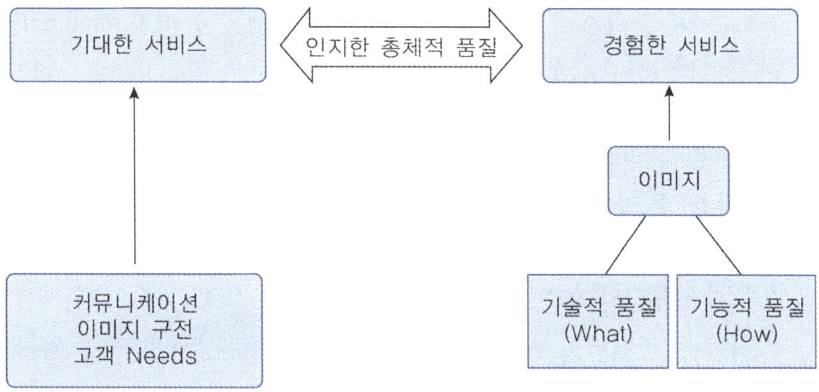

[그림 6-1] 인지한 총체적 품질

서비스 품질은 '기대(expectation)와 성과(performance)의 비교에 의해 결정'된다고 언급하고 있다. 즉 고객이 인식한 서비스 품질은 '서비스 기업이 제공해야만 한다고 느끼는 고객의 기대와 서비스를 제공한 기업의 성과에 대한 고객의 인식을 비교'하는 것이다. 그러므로 서비스 기대와 서비스 인식을 비교한 결과 서비스 품질이 인식되는데 이것은 고객의 기대와 인식 사이에 있는 불일치의 정도와 방향이라고 볼 수 있다. [그림 6-2]는 고객이 서비스 품질을 어떻게 인식하는가를 보여주고 있다.

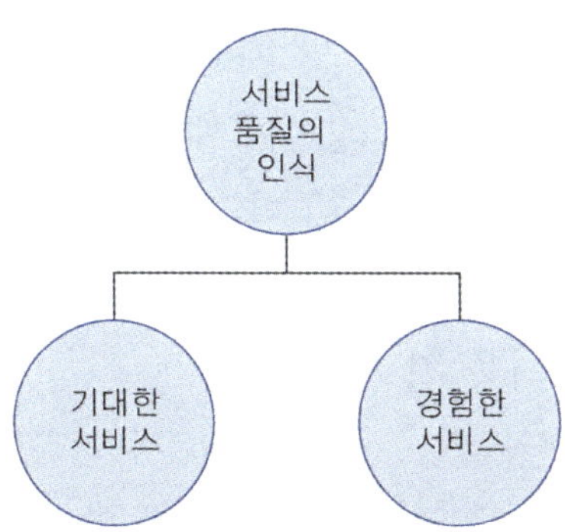

[그림 6-2] 서비스 품질의 인식

이상으로 볼 때 관광서비스 품질은 '관광기업이 제공한 제반 서비스에 대해 고객이 인식한 결과의 산물'이라고 할 수 있다.

2. 관광서비스 품질의 특성

관광서비스는 순간의 MOT와 주어진 제반 환경에 의해 고객에게 제공된다. 따라서 이러한 관광서비스 상품에 대한 품질의 특성은 관광서비스의 특성을 바탕으로 살펴보면 다음과 같다.

첫째, 일반서비스가 물질적 혹은 인적활동을 중심으로 이루어지고는 있지만 관광상품의 특성으로 인해 관광서비스는 인적서비스에 의존하는 비중이 매우 크다. 따라서 최일선에서 고객을 맞이하는 종사원의 행동은 관광서비스 품질을 규정하는 특성이 된다.

둘째, 관광서비스 중 여행상품을 구매하여 관광을 하는 관광객(고객)은 단 하나의 관광서비스만을 이용하는 것이 아니라 항공, 버스, 호텔, 음식점, 관광안내 등과 같은 다양한 관광서비스를 경험한 후 여행상품을 평가하게 된다. 때문에 대고객서비스를 위해서는 관련된 모든 관광업체 간의 상호협력에 의한 서비스 품질체계가 이루어져야 하는 특성을 지니고 있다.

셋째, 관광서비스는 고객의 요구 및 기호의 변화에 따라 변모해야만 한다. 무형성을 지니고 있는 관광서비스 상품에 대해 고객은 각 개인마다 기대와 경험의 차이로 인해 서비스에 대한 질이 다르게 평가될 수 있다. 따라서 각개인 고객의 욕구에 대한 관광기업의 대응이 전체적인 이미지를 형성하는 데 기여하므로 고객지향적인 성격을 지니고 있다.

넷째, 관광서비스가 제공되기 위해서는 고객의 참여가 동시에 이루어져야 하므로 관광에서 고객은 서비스의 생산과정에 참여한다. 결국 관광서비스의 순간의 MOT에 있어 고객불만에 대한 동시 해결 또는 후속조치 이행 여부는 고객의 인지에 매우 큰 영향을 미친다.

다섯째, 관광서비스를 제공받는 고객은 최고의 서비스를 지향하기 때문에 관광서비스는 최고급서비스로 이루어져야 하는 특성을 지니고 있다. 즉 대부분의 고객은 제공받기 전의 기대서비스(expected service)를 항상 높게 인식하고 있기 때문에 경험서비스(perceived service)를 높여야만 하는 특성을 지니고 있다.

3. 관광서비스 품질과 고객만족 간의 관계

관광서비스 품질은 고객만족의 선행변수로 작용한다. 즉 고객만족을 결정하는 것은 고객에게 제공되는 제품과 서비스의 품질수준인 것이다. 따라서 한 기업의 관광서비스 품질관리 결과에 따라 고객만족에 영향을 줌에 따라 품질은 직접 통제 · 관리될 수 있는 부문이다. 그리고 고객만족은 고객충성도와 기업수익에 영향을 미친다.

결과적으로 관광서비스 품질과 고객만족은 기대의 수준적인 면에서 유사한 개념으로 볼 수 있으나 서비스 제공자와 고객의 관점, 측정 가능성 등을 비교해 볼 때 서로 다른 차이점을 볼 수 있다.

〈표 6-1〉 관광서비스 품질과 고객 만족의 차이

구분	관광서비스 품질	고객만족
정의	관광분야에서 제공되는 다양한 서비스의 상대적 우수성 혹은 열등성에 대한 전반적인 인식	막연한 기대와 사전적 감정이 결합되어 발생한 복합적 심리상태(기대했던 것보다 좋았는지에 대한 느낌)
관점	서비스 제공자의 관점에서 눈에 보이지 않는 부분까지 고려	고객의 관점에서 눈에 보이는 부분만을 고려

기대의 개념	규범적인 기준(어떤 서비스가 제공되어야만 하는지에 대한 믿음)과 실제 경험한 수준과의 차이	예측적인 기준(서비스 제공자가 제공할 것이라고 느끼고 있는 것)과 실제 경험한 수준과의 차이
비교 가능성	유사한 서비스 간의 품질수준 비교뿐 아니라 상이한 서비스 간의 품질수준에 대한 비교도 가능(서비스업종 간 순위비교)	고객만족 측정도구는 유사한 서비스 간의 우열은 판단할 수 있지만 상이한 서비스 간의 우열을 판단하기 어려움
측정 내용	각각의 서비스 항목에 대해 얼마나 우수하다고 생각하는지를 측정	전반적으로 만족했는지(사전에 기대했던 것보다 좋았는지)에 대한 느낌을 측정

사례 6-1 관광서비스, 한국서비스대상

롯데관광이 한국표준협회가 선정하는 한국서비스대상(KOREA SERVICE GRAND PRIX)의 여행사부문 최우수상을 수상했다. 한국표준협회는 2001년 5월 23일 리츠칼튼호텔에서 한국서비스대상 시상식을 갖고 9개 부문 17개 업종의 17개 업체에 대상과 최우수상을 전달했다.

표준협회의 서비스 대상은 고객중심의 서비스 품질 경영 시스템을 구축하고 경영 전반에 서비스 품질혁신 활동을 전개해 우수한 서비스를 제공하고 있는 기업에게 주어지는 상이다. 수상업체들은 전년도 매출액과 시장점유율, 전문단체 추천 등을 거쳐 엄선된 후보 기업 중에서 심사위원회의 서류심사와 현장심사를 거쳐 최종 선정됐다.

지난해 처음 제정된 한국서비스대상의 경우 2000년에는 여행사부문이 없어 수상자를 내지 못했으나 올해 여행사부문이 생기면서 첫 수상업체로 롯데관광이 최우수상 업체로 선정됐다. 한편 여행사 외에 여행관련업종에서는 호텔부문에서 호텔리츠칼튼서울이 대상을 차지했으며 콘도부문에서는 금호리조트가 최우수상을 수상했다. 리츠칼튼은 전 체인점이 공유하는 고객별 이력관리와 정기적인 내부고객 만족도조사를 비롯해 20여 가지 리츠칼튼의 기초 등이 높은 평가를 받았다.

제2절 관광서비스 품질관리

고객은 과거에 제공받았던 서비스보다 더 나은 품질의 서비스를 제공받으려는 기대가 점차적으로 커지고 있다. 이러한 점은 관광서비스를 제공하는 기업이 품질관리경영에 중점을 두지 않으면 안 되는 가장 큰 영향요소이다. 관광서비스 품질관리를 위해 서비스 품질 측정방법과 서비스 품질의 갭(gap) 모형을 통하여 그 방안을 모색해 보고자 한다.

1. 관광서비스 품질의 측정

관광서비스 품질은 고객만이 평가할 수 있다. 그리고 관광서비스 품질의 평가는 고객과 서비스 제공자 사이의 접점에서 발생되므로 서비스 전달과정 중에 일어난다. 앞에서 보았듯이 서비스 품질과 관련하여 고객만족은 제공받은 서비스의 인지와 서비스의 기대를 비교하는 것으로 정의할 수 있다.

[그림 6-3]과 같이 기대는 구전(word of mouth), 개인적 니즈(needs), 과거 경험 등에 근거하며 이러한 기대보다 인지가 높을 경우 서비스는 특별한 품질로 인식되어 고객감동으로 이어진다. 반면에 기대에 미치지 못할 경우에는 서비스 품질은 수용 불가능한 것으로 여겨진다. 그리고 서비스 품질의 다양한 측면에 대한 측정을 위해 파라슈라만(Parasuraman)[5] 등의 학자에 의해 개발된 5개의 서비스 품질차원을 보여주고 있다.

---

5) Parasuraman Zeithaml and Berry(1985/1988)는 서비스의 품질에 대한 고객들의 평가는 결국 고객의 기대와 인지의 차이로 결정된다는 입장에서 출발하여 서비스의 결정요인 10개에 입각하여 서브퀄(SERVQUAL)이라는 척도를 개발하였으며 이는 후에 실증분석을 통하여 다시 5개 차원으로 수정되었다(이들이 개발한 10가지 차원 및 SERVQUAL 설문지 내용은 부록편 참조).

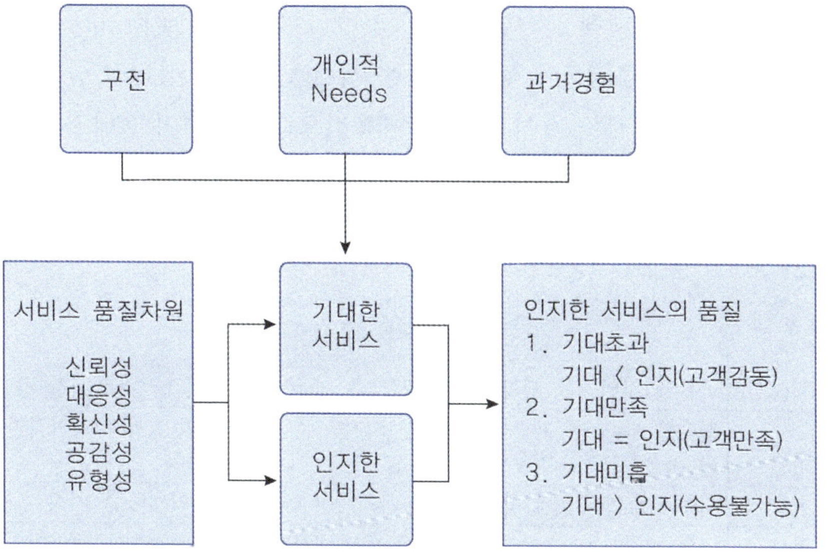

자료: Parasuraman, Zeithaml and Berry(1985).

[그림 6-3] 인지한 서비스 품질

〈표 6-2〉는 이러한 5개의 서비스 품질의 결정요인과 내용을 나타내고 있다.

반면 크로닌과 테일러(Cronin & Taylor)는 서비스 품질은 태도에 의해 개념화되고 추정되어야 한다는 관점에서 성과(成果)만의 척도(performanceonly scale/SERVPERF)를 개발하고 이를 분석의 도구로 이용하였다. 이들은 기대된 서비스와 인지된 서비스 간의 차이에 의해 서비스 품질을 개념화하고 측정하는 기존의 연구들(SERVQUAL 등)은 만족과 태도를 혼동하고 있기 때문에 서비스 품질의 측정방법으로 부적합하다는 것이다.

항공사 서비스 품질측정을 위한 서브퀄(SERVQUAL)과 QFD[6] 통합 모형을 이용

6) 품질기능전개(Quality Function Deployment : QFD) 모형은 시장의 요구(또는 고객의 소리)와 제품의 공학적 설계와의 관계를 매트릭스 형태로 연결시켜 주는 도표로, 신제품의 설계과정에 개입되는 여러 가지 상쇄관계를 이해할 수 있도록 도와주며 참여하는 다양한 구성원들의 커뮤니케이션을 원활히 하는 역할을 한다. 이 기법은 1972년 미쓰비시 조선소에서 처음 활용

하여 국내 항공사에 대해 분석한 사례도 엿볼 수 있다. 즉 국내 항공사를 주로 이용하는 응답자의 충성도에 영향을 주는 서비스 차원별 상대적 중요도의 비율은 각 시장마다 조금씩 차이가 나며, 공통적으로 공감성이 응답자의 항공사에 대한 충성도에 가장 큰 영향을 주는 것으로 나타났다.

〈표 6-2〉 서비스 품질의 결정요인

서비스 품질의 결정요인	내 용
신뢰성	약속된 서비스를 정확하게 수행할 수 있는 능력(서비스 수행, 시간 엄수 등)
대응성	신속한 서비스를 제공하고자 하는 의지와 준비성(종사원의 의지, 즉각적인 조치 및 반응 등)
확신성	서비스 수행을 위해 필요한 기술과 지식의 보유(종사원의 기능과 지식, 친절 등)
공감성	고객에 대한 개인적인 관심을 보여줄 준비성(특별고객의 요구사항에 대한 이해 정도)
유형성	서비스의 외형적인 증거(물리적 시설, 직원외모, 장비 등)

각 프로세스 간의 상관관계, 서비스 차원과 프로세스와의 관계(relationship matrix), 그리고 각 프로세스 단계별 가중점수가 의미하는 바는 서비스 개선에 있어서 각 부문별 및 기능별 접근보다는 시스템적인 접근이 필요하다는 것이다. 그 가운데서도 A항공사는 여행목적이 휴가 · 관광인 고객에 대한 서비스 품질에 더욱 신경을 써야 할 것으로 분석되었다. 전체시장에 있어서 서비스 단계에서는 기내서비스를 제외한 부분에, 서비스 차원에서는 신뢰성과 공감성에 초점을 두어야 하며, 공감성의 상대적 중요도에 비하여 낮은 성과는 이 부분이 집중적으로 관리가 필요하다는 점을 발견할 수 있다.

되었고, 도요타 자동차의 설계과정에 도입되어 신제품 도입기간을 단축하고 비용을 절감하였으며, 이러한 내용을 Houser & Clausing(1988)이 논문에서 정리하여 소개한 바 있다. 서비스 분야에서 품질기능 전개 모형의 응용은 Behara & Chase(1993)와 Fitzsimmons & Fizsimmons(1998)에서 찾아볼 수 있다.

사례 6-2 CS평가시스템 프로세스(Tools & Methodology)

본 그림은 한국능률협회컨설팅에서 고객만족을 조사하여 평가하는 과정을 나타낸 것이다.

Phase 1 고객 Needs	Phase 2 고객조사	Phase 3 CS평가 지표개발	Phase 4 CS평가 체계구축	Phase 5 실행
• 고객정의 • 고객 Needs 파악 • 고객 Needs 품질 파악	• 외부고객조사 • 내부고객조사 • 협력고객조사	• 핵심고객 • Needs 도출 • CS지표 개발 • KPI 개발	• 평가운영체계 마련 • 실행전략 마련 • 전사공유	• 목표설정 • 활동전개 • 평가 및 보상

Phase 1 고객요구 · Define

기존의 VOC (Voice of the Customer) 자료에 대한 수집 및 분석과 고객접점 및 서비스 현상에 대한 진단을 통해 원시데이터를 수집하고 QFD(Quality Function Deployment : 품질기능전개) 기법을 이용해 고객요구품질을 추출한다.

Phase 2 고객조사

고객요구를 반영하여 설문지를 개발하고 각 고객별 조사를 통해 고객의 기대와 만족의 정도를 파악한다. 일반적으로 외부고객만족도(CSI)조사와 내부부서만족도(ICSI)조사를 시행한다.

Phase 3 CS평가지표 개발

QFD기법을 통해 주요 고객요구와 핵심관리요소(CSF)를 도출하고, 대표성 및 전략적 중요성 등을 고려하여 평가지표를 도출한다. 또한 평가지표별 측정기준이 되는 KPI를 개발한다.

Phase 4 CS평가 실행체계 구축

각 지표별 DATA Gathering 방안을 마련하고 평가설계(대상, 주기, 도구 및 방법 등)를 구체적으로 마련하며, 파일럿 테스트(pilot test)를 통해 문제점을 보완하여 완성한다. 또한 사내 공유를 위한 프리젠테이션을 실시한다.

Phase 5 실행

전사, 부문, 팀, 개인 단위의 지표별 목표를 설정하고 구체적인 실행계획(Action plan)을 수립하여 활동을 전개한다. 이 이후 실행에 대한 성과를 분석하고 새로운 평가시스템에 따라 평가와 보상을 시행한다.

2. 관광서비스 품질관리

1) 서비스 품질 갭(gap) 모형

관광서비스 품질관리는 먼저 파라슈라만(Parasuraman) 등의 학자가 제시한 서비스 품질 갭 모형을 통하여 살펴볼 수 있다. 많은 관광서비스 기업에서는 고객에 대한 피드백(feedback) 과정의 일환으로 기대된 서비스와 인지된 서비스 간의 갭을 측정하고 있다. 이것은 고객의 요구와 기대 그리고 기업의 능력 간 갭을 해소하고자 함이다.

[그림 6-4]는 인지와 기대 사이에서 발생 가능한 5가지 갭을 나타내고 있으며, 상위부분은 고객과 관련되고 하위부분은 서비스 제공자에 해당된다.

이러한 5가지 갭 가운데 다섯 번째 갭(고객의 기대한 서비스와 인지한 서비스 간의 차이)은 서비스 전달 과정에서 발생하는 기타 4가지 갭의 크기와 방향에 따라 영향을 받는다.

첫번째 갭은 고객의 기대와 이에 대한 경영자의 인식 간의 차이이다. 이것은 고객의 기대가 형성되는 과정에 대한 경영자의 이해부족이 원인인데, 고객의 기대는 광고, 기업에 대한 과거경험, 개인적 욕구, 친구와의 대화 등에 근거하여 형성된다.

두번째 갭은 서비스 품질에 대한 경영자의 참여부족 혹은 고객의 기대를 충족시키는 것이 불가능하다는 인식과 고객기대의 인지를 충족시키기 위한 서비스 품질의 목표수준 설정과 이것을 작업 가능한 규격으로 전환할 경영자의 능력부족에서 야기된다.

세번째 갭은 실제 서비스의 전달이 경영자가 설정한 규격과 일치하지 않기 때문에 발생한 서비스 성과에 대한 차이이다. 이것은 팀워크(teamwork)의 부족, 직원선발의 취약, 부적합한 훈련, 부적절한 직무설계 등의 이유로부터 발생된다.

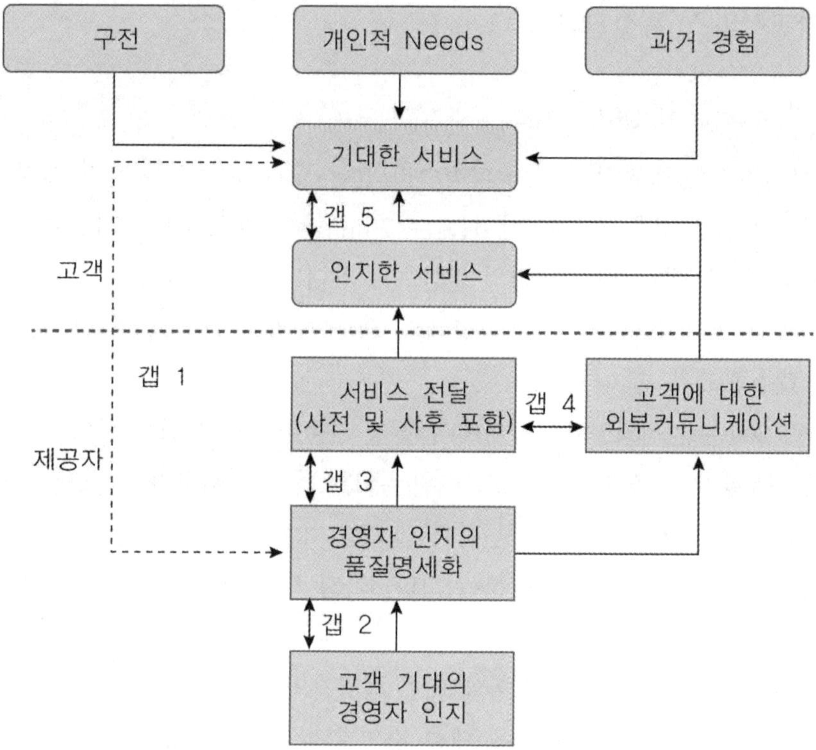

자료: Parasuraman, Zeithaml and Berry(1988).

[그림 6-4] 서비스 품질 갭 모형

네번째 갭은 외부 커뮤니케이션으로부터 형성된 과다약속 및 이에 대한 서비스 제공자의 정보부족과 서비스 전달 사이의 갭이다.

다섯번째 갭은 고객의 기대한 서비스와 인지한 서비스의 갭이다.

이상과 같이 최상의 서비스 품질을 위해서는 서비스 제공자, 고객의 기대와 인지, 그리고 서비스 능력 등 모두를 측정해서 상호 간의 격차를 줄여야만 한다.

2) 관광서비스 품질관리

품질관리(Quality Control : QC)의 주요 목적을 "제품이나 서비스가 처음 의도했던 바의 용도에 적합하게 이루어지고 또한 유지되고 있는가에 대해 가장 경제적으로 해결하는 방안을 찾아내는 것이다"라고 언급하고 있다. 품질관리는 처음 주어진 사항에 부합하도록 사전의 예방을 원칙으로 하고 있다. 따라서 품질관리는 고객이 만족할 수 있는 제품 혹은 서비스를 효율적이고 경제적으로 생산하기 위한 종합적인 계획 · 활동인 셈이다.

인적서비스의 특성을 내포하고 있는 관광서비스 그 자체의 품질을 물리적으로 측정하여 평가하고 관리하는 데에는 많은 문제를 안고 있다. 그러나 관광서비스는 인적요소로 고객에게 제공되는 서비스의 비중이 매우 크므로 [그림 6-5]와 같이 고객과 종사원 간의 상호작용[7]에 따른 서비스 평가 모델을 인식하여야 한다. 관광서비스의 질적 수준을 향상시키고 조직의 성장을 도모하기 위해서는 무엇보다도 조직구성원의 자발적인 공헌이 요구된다. 이러한 최일선 종사원의 자발적인 조직행동은 훌륭한 서비스를 생산하는 데 영향을 미칠 뿐만 아니라 서비스 성과에 직접적인 영향을 미치기 때문이다.

일반적으로 행해지는 서비스 품질개선책은 표준화된 매뉴얼(manual)을 개발하여 서비스요원을 교육 · 훈련시키고 있다. 하지만 고객이 요구하는 관광 서비스를 생산하기 위해서는 관광기업이 제공하는 제반 서비스에 대해 종합적이면서 전사적인 관점에서의 관리가 필요하다.

---

7) Mill(1986)은 접객서비스 제공에 따른 종사원의 행동, 관리자의 영향, 그리고 고객행동의 삼위일체 관계를 서비스 상호작용의 관점에서 파악하였다. 이러한 개념적인 모형개발을 통하여 종사원에 대한 행동관리가 고객의 행동관리와 함께 관리자에게 중요한 과제이며, 관리자의 사고와 리더십(leadership)이 종사원의 행동에 영향을 미치고 있다고 강조하였다.

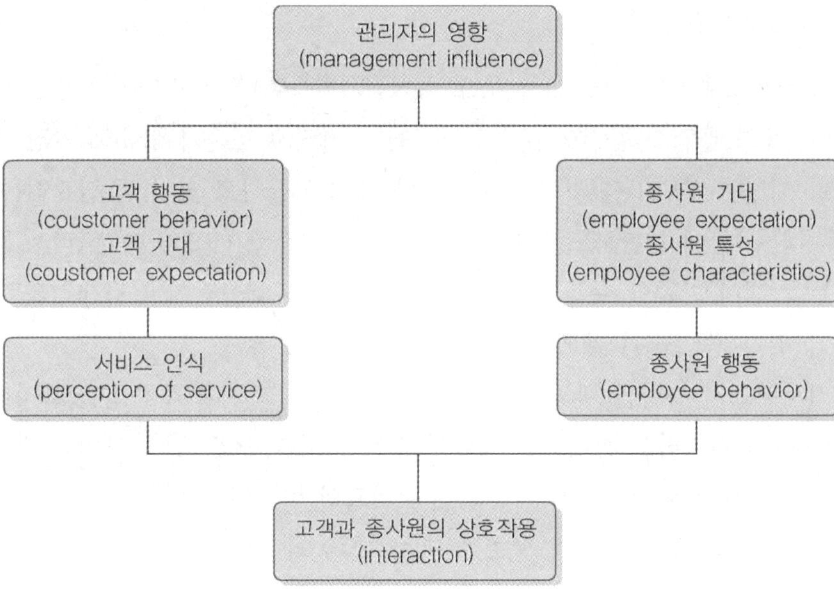

[그림 6-5] 관광서비스의 고객 · 종사원의 상호작용

3. 관광서비스 품질경영

품질경영의 핵심은 사전행동적(proactive) 시스템을 갖추는 데에 있다. 처음부터 고객이 요구하는 서비스를 이행하자는 것이다. 그렇게 되면 고객 불만에 대한 사과할 일도 없어질 뿐만 아니라 고객충성도를 높일 수 있는 계기를 마련하게 된다. [사례 6-3]에서 볼 수 있듯이 사우스웨스트 항공(Southwest Airline)은 단거리를 자주 여행하는 비즈니스맨들이 주요 고객이다. 시간관념이 철저한 이들은 고급취향의 기내 서비스보다는 '정시 출발과 정시 도착, 그리고 저렴한 요금'을 최고의 서비스로 여긴다. 번거로운 예약 절차 없이 불시에 공항으로 달려가도 항공기를 이용할 수 있으면, 더욱 좋다.

사우스웨스트는 핵심 비즈니스 도시들을 자주 운항하면서 이 같은 수요를 충족시킬 수 있었다. 사우스웨스트가 이처럼 독특한 영업전략을 구사할 수 있었던 이유는 공식적인 마케팅 조사가 아니라 매일매일 고객과의 관계를 유지하는 일선 종사원의 의견을 적극 반영했기 때문이다. 비즈니스 맨들에겐 신뢰성 있는 서비스가 가장 중요하며 거점을 통하지 않고 짧은 거리를 직접 운항하는 것이 서비스의 품질을 높인다는 사실을 깨달았다.

즉 저렴한 요금에 친절한 종사원들이 제공하는 서비스가 다른 항공사가 제공하는 지정예약좌석제, 기내식사, 수하물 연결보다 자사 고객들에게 더욱 중요하다는 것이었다. 그 결과 사우스웨스트는 고객들로부터 높은 수준의 충성도를 얻을 수 있게 되었다.

[사례 6-4]와 같이 삼성 에버랜드는 서비스 품질경영을 위한 신개념인 '자율, 창의, 화합'을 바탕으로 한 리더십을 강조하고 있다. 즉 리더(leader)는 영업 최일선에서 고객과 만나는 종사원 만족을 위해 서비스 성과를 측정하고 보상하는 시스템을 도입해야 한다고 강조하고 있다. 또한 종사원들이 자발적으로 일할 수 있도록 창의와 자율을 최대한 보장하는 것이다. 이 운영체계를 통해 종사원이 만족하게 되면 고객서비스 품질이 올라가면서 고객만족으로 이어진다. 과거의 수직적 관계를 정리하고 수평화된 조직체계로 전환해 리더와 종사원 간에 상호협력을 통한 윈윈(win-win) 관계를 만들어 간다. 이를 통해 리더와 종사원 간에는 서로 지시하고 종속하는 관계가 아닌 진정한 파트너십(partnership)이 형성되어 서비스 품질을 한층 높일 수 있는 경영이 마련된다.

사례 6-3 사우스웨스트항공사(Southwest Airline)의 품질경영

미국의 사우스웨스트항공은 예약을 받지 않는 항공사다. 기내식도 별로 좋지 않고 외견상 승무원들의 서비스도 별다른 특징이 없다. 그러나 이 항공사는 1971년 설립 이후 단 한 번도 적자를 낸 적이 없다. 미국 내 매출순위는 항상 7위 밖이지만 내실은 그어느 회사보다도 탄탄하다. 이는 사우스웨스트가 충성도가 강한 고객집단을 타깃으로 특화된 마케팅 전략을 펼쳤기 때문이다.

이 항공사의 종사원 생산성 또한 놀랄 만하다. 종사원들은 직무에 상관없이 동시에 여러 가지 업무를 처리한다. 예를 들어 비행기 출발이 늦을 경우 조종사도 수하물 처리를 거들어야 한다. 이 같은 유연성으로 인해 사우스웨스트는 경쟁 항공사에 비해 종사원 1인당 승객처리수가 3~4배 높게 나타난다. 그리고 이직률은 항공산업 내에서 가장 낮은 것으로 나타나 있다. 종사원의 절반 이상은 퇴근 후 자선활동에 함께 참여하고 있으며 그동안 1,000여 명이 사내 결혼을 할 정도로 가족적인 분위기를 자랑하고 있다.

의사결정 과정 역시 자율적이다. 종사원들은 고객을 위해 자유롭게 의사결정을 내릴 수 있으며 자신이 없는 경우에만 상사에게 보고토록 돼 있다. 사우스웨스트의 사례는 서비스 기업들의 수익성은 시장점유율이 아니라 고객충성도에서 결정된다는 점을 보여주고 있다. 일반적으로 고객충성도가 5% 증가할 경우 업종에 따라 차이는 있으나 대략 25~85%의 수익 증가를 가져옴을 알 수 있다.

오늘날 고객은 대단히 가치지향적이다. 즉 고객은 서비스에 대해 지불한 가격과 그 서비스를 얻기 위하여 들인 획득비용보다 더 큰 서비스 결과의 가치와 서비스 전달과정에서의 품질을 원한다. 수익증가는 고객충성도로부터 파생되고 고객충성도는 서비스의 가치에 대한 고객만족도의 결과로 나타난다. 그리고 서비스의 가치는 직무에 만족하고 매진하는 생산성을 지닌 종사원에 의해 산출되며 종사원 만족도는 기업의 정보기술 및 교육훈련에 대한 투자와 종사원에 대한 권한위양 정책에 의해 창출된다. 이처럼 수익과 성장, 고객만족과 고객충성도, 고객들에게 제공된 서비스의 가치, 종사원 만족도와 종사원 충성도 및 종사원 생산성을 연결시키는 일련의 관계를 서비스 수익체인(Service Profit Chain : SPC)이라고 부른다.

사례 6-4 서비스 품질을 위한 신모델

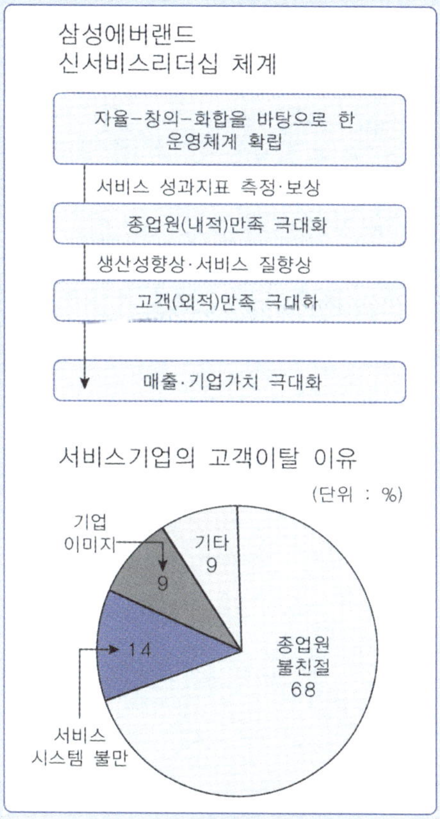

삼성에버랜드가 서비스 품질을 올리는 대대적인 혁신에 들어갔다. 에버랜드는 28일 종사원만족을 통해 고객 만족을 극대화하고 기업가치를 올리는 '21세기형 서비스 리더십모델'을 제시했다.

자율 · 창의 · 화합을 축으로 한 신리더십

이 모델은 명령과 지시 그리고 상명하복에 의한 전통적인 리더로는 서비스 수준을 향상시키기 어려우므로 '자율-창의-화합'을 바탕으로 한 리더십을 강조하고 있다. 리더는 영업 최일선에서 고객과 만나는 종사원(내적)만족을 위해 서비스 성과를 측정하고 보상하는 시스템을 도입해야 한다는 것이다.

또한 종사원들이 성심성의껏 일할 수 있도록 창의와 자율을 최대한 보장해 주어야 한다. 이 운영체계를 통해 종사원이 만족하게 되면 고객서비스 품질이 올라가면서 자연스레 고객(외적)만족으로 이어진다.

특히 이 서비스 모델이 성공적으로 도입되면 영업이 잘되는 것은 물론, 일반고객이나 투자가들에게서 높은 신뢰를 받아 기업가치가 올라가게 된다고 에버랜드 측은 설명하고 있다.

사람 마음을 움직이는 리더십 발휘

이 모델은 서비스 리더가 갖춰야 할 요소로 서비스 개념(Concept), 의식(Mind), 기술(Skill) 등 3가지(CSM)를 제시했다.

그리고 서비스 리더십이 사람 마음을 움직이는 데서 시작한다고 말하고 있다. 서비스 리더는 종사원이나 고객마음을 감동시키기 위해 우선 이들이 어떤 유형, 어떤 수준의 서비스를 원하는지 파악해야 한다. 리더는 또한 종사원이 지속적으로 높은 서비스 태도를 유지하고 조직성과를 높일 수 있도록 유도해야 한다. 이를 위해서는 종사원에게 권한을 과감하게 위임하고 참여하도록 해야 한다. 아울러 쌍방향 대화 기회를 확대해야 한다.

특히 종전의 수직적 관계를 정리하고 수평화된 조직체계로 전환해 리더와 종사원 간에 상호협력을 통한 윈윈(win-win)관계를 만들어야 한다. 이를 통해 리더와 종사원 간에는 서로 지시하고 종속하는 관계가 아닌 진정한 파트너십(partnership)이 형성된다.

1. 고객이 인지하는 관광서비스 품질이란 무엇을 의미하는가?

2. 관광서비스 품질은 어떠한 특성을 지니고 있는가?

3. 관광서비스 품질을 관리하기 위한 방안은 무엇인가?

4. 사우스웨스트항공사(Southwest Airline)의 서비스 품질경영 개념은 무엇인가?

참고문헌

서비스경영연구회 편역(1999), 『서비스 경영』, 석정.

원석희(2001), 『서비스 운영관리-고객만족을 통한 가치창출-』, 형설출판사.

이유재(2001), 『서비스 마케팅(제2판)』, 학현사.

이훈영(2001), 「Marketing 가치 창출을 위한 CRM 성공과 실패사례 분석」, 『월간마케팅(7월 호)』, 한국마케팅연구원.

최휴종(1998), 「호텔종업원의 서비스 질에 대한 고객의 평가요인 분석」, 『관광학 연구』 26: 100-101.

『매일경제신문』(2001. 6. 29).

『여행신문』(2001. 5. 28).

『한국경제신문』(2002. 1. 15).

Cronin, J. J. & Taylor S. A.(1992), Measuring Service Quality: A Reexamination and Extension, Journal or Marketing, 56, pp.55-68.

Gronroos, C.(1990), Service Management and Marketing : Managing the Moments of Truth in Service Competition, Lexington Books.

Mill(1986), Robert C., "Managing the Service Encounter," The Cornell H. R. A. Quarterly, Feb., pp.137-138.

Parasuraman, A., Zeithaml, Valarie A., and Berry, Leonard L.(1985), "A Conceptual Model of Service quality and Implications for Future Research," Journal of Marketing. Vol. 49, Fall, p.48.

Parasuraman, A., Zeithaml, Valarie A., and Berry, Leonard L.(1988), "Communication and control Processes in the Delivery of Service Quality," Journal of Marketing, Vol. 52, April, p.36.

P·A·R·T

2

관광서비스 고객만족경영

제2부 관광서비스 고객만족경영

CHAPTER

07

관광서비스 고객만족경영

제7장 관광서비스 고객만족경영

제1절 관광서비스 고객만족경영

1. 고객만족경영의 의의
2. 고객만족경영의 필요성
3. 고객만족경영의 핵심
4. 고객만족경영의 효과

제2절 관광서비스 회복관리

1. 관광서비스 실패의 개념 및 유형
2. 관광서비스 회복의 개념
3. 관광서비스 회복의 중요성 및 전략
4. 관광서비스 회복의 성과

제3절 고객만족도 조사

1. 고객만족도 조사의 필요성
2. 고객만족도 조사 방법

CHAPTER 07 관광서비스 고객만족경영

앞에서 살펴본 바와 같이 관광서비스는 반드시 고객이 만족할 수 있는 서비스가 이루어져야만 한다. 이는 고객만족을 위한 노력이 끊임없이 지속되어야 한다는 것을 의미한다. 본장에서는 이러한 고객만족을 위한 경영의 필요성에 대해서 다시금 알아본다.

제1절 관광서비스 고객만족경영

관광서비스의 고객만족경영이란 무엇을 의미하는가? 그리고 어떠한 이유로 고객만족경영을 하지 않으면 안 되는가?

1. 고객만족경영의 의의

경영의 목적을 고객만족에 두고 고객만족향상을 위해 지속적으로 노력하는 관광기업이 대부분이다. 그러나 그 성과에 있어서는 각 기업들 간 많은 차이를 보이고 있다. 이는 고객이 요구하는 바를 찾아내어 그에 충족을 시켜 줌으로써 조직의 목표를 달성하려는 의지는 같으나 경영자 및 관리자가 서비스 개념과 서비스 전달과정을 제대로 인식하지 못한 이유 때문이다. 따라서 고객만족경영을 위해서는 리더의 패러다임 전환이 절대적으로 필요하다.

고객만족경영은 목표고객의 욕구를 파악하여 이것을 충족시켜 줄 수 있는 제품과 서비스를 제공함으로써 고객의 만족수준을 최대화하고, 이러한 고객만족의 최대화 결과로 기업의 목표인 이익을 극대화시키는 것을 의미한다고 할 수 있다. 그렇다면 서비스에 대한 고객의 만족 수준은 어떻게 높일 수 있을까? 오늘날 고객은 서비스 구매 시 다양한 선택을 할 수 있는데, 그들은 서비스의 구매 시 그 가치와 품질을 판단하여 그것을 기준으로 선택한다.

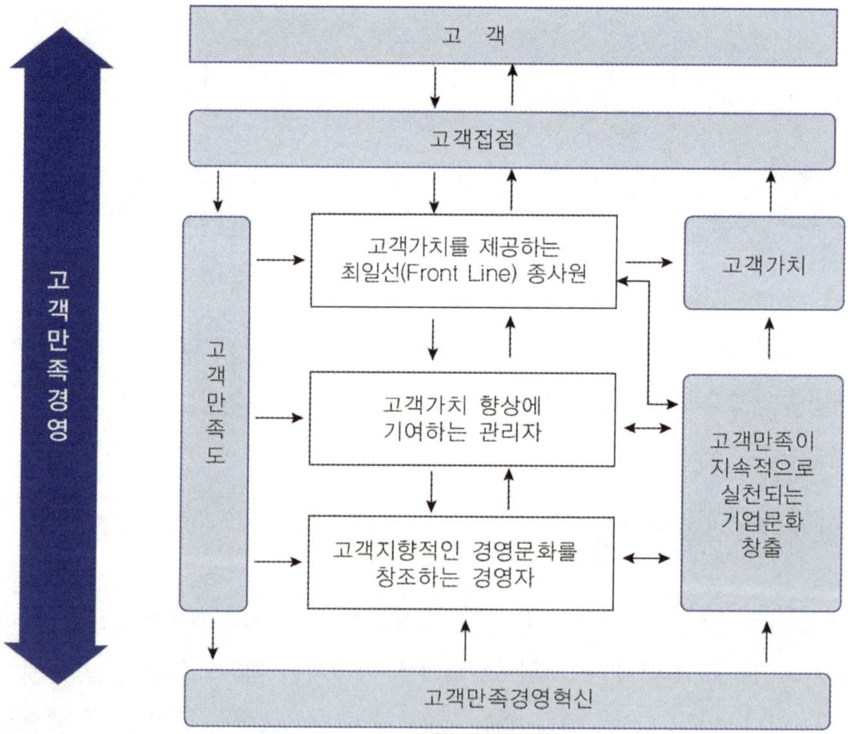

[그림 7-1] 고객만족경영 체계도

따라서 고객이 서비스에 대해 어느 정도 만족하느냐는 구매 전에 가진 기대와 비교하여 그 서비스가 어느 정도 기능을 발휘하느냐에 달려 있다. 즉 고객만족 수준은 서비스의 구매 후 기능에 대한 인식과 고객의 구매 전 기대와의 차이에 의해서 결정된다고 할 수 있는데, 고객의 구매 후 기능에 대한 인식이 구매 전 기대보다 높을수록 만족 수준은 높아지며, 기능에 대한 인식이 구매 전 기대보다 낮을수록 불만족은 커진다.

따라서 고객만족경영을 위한 고객만족수준을 높이는 데는 여러 가지 방법이 있을 수 있으나 그중 하나는 구매 전 고객의 기대를 높이면서 동시에 구매 후 기능을 높이는 방법으로 이른바 총체적 고객만족(Total Customer Satisfaction : TCS)을 달성하는 것이다.

결국 고객만족경영은 변화되는 고객의 기대와 욕구를 파악하여 그에 부응하도록 지속적인 개선을 통하여 고객감동과 가치를 창조하고 고객을 만족시켜 충성도를 향상시키는 것이다.

2. 고객만족경영의 필요성

일반적으로 관광기업은 고객이 요구하는 것을 제공해 줌으로써 만족한 고객을 만들 수 있으며, 또한 무한경쟁 시대에서의 경쟁우위의 핵심은 고객을 제대로 인식하는 것으로부터 시작하여야 한다. 그리고 고객만족경영은 기업으로 하여금 고객의 관점에서 고객의 욕구를 규정하기를 바란다.

또한 고객만족경영은 고객이 중심이 되고 고객에 의해 이끌어지는 경영(customer-driven management)으로 변화하기를 요구한다. 그렇다면 고객의 관점에서 생각하여 고객을 만족시키는 것이 왜 중요한가? 그것은 기업의 매출이 신규고객과 기존고객의 반복구매에서 일어나기 때문이다. 그러나 새로운 고객을 끌어들이는 것은 기존의 고객을 유지하는 것보다 많은 비용이 든다. 그러므로 신규고객 창출보다 기존고객의 유지가 기업의 생존에 보다 중요하다. 이러한 중요성을 갖는 고객유지의 핵심은 바로 고객을 만족시키는 것이다. 만족한 고객은 반복구매를 하며 다른 사람에게 그 서비스에 대해 좋게 평하고 경쟁업체의 브랜드와 광고에 관심을 크게 쏟지 않으며, 그 회사의 다른 서비스에 대해서도 호의적인 반응을 보내기 때문에 만족한 고객은 단순한 매체광고보다 훨씬 더 효과적인 광고수단이 될 수 있다. 따라서 고객만족경영은 기업의 좋은 이미지 유지와 시장확대를 위해 매우 중요하다.

그리고 관광기업이 고객만족경영을 추구해야 하는 이유는 시장의 경쟁이 점점 더 격화되고 있기 때문이다. WTO협정에 의해 내수시장이 개방되었고, 시장진입에 관한 정부의 여러 규제조치가 철폐되면서 국내 및 외국 기업의 신규참여가 늘어나 공급확대로 인한 동종업체 간의 경쟁이 점점 심화되어가고 있다. 그리고 과거와는 달리 고객의 서비스 구매행동은 날로 변해가고 있기 때문에 기업이 고객만족경영체제로 변하지 않으면 생존경쟁에서 살아남을 수 없다.

3. 고객만족경영의 핵심

업체를 운영하면서 경영자는 서비스에 대해서 잘 인식하고 있으면서도 서비스 제공 과정에서 문제가 발생한다. 이것은 서비스를 단순한 '봉사' 혹은 '노동'으로 여기면서 서비스의 특성과 중요성을 제대로 인지하지 못하고 있기 때문이다. 또한 누구나 서비스를 잘 할 수 있다는 착각과 서비스는 지원 업무에 불과하다는 생각 그리고 서비스에 대한 세부전략을 세우거나 계획할 필요가 없다고 생각하고 있기 때문이다. 서비스에 대한 전략은 서비스 전문가에 의해 제공되어야 하며 철저한 분석과 설계에 의해 운영되어야 한다.

고객만족경영의 핵심은 고객중심의 서비스이다. 이러한 관점에서 서비스 삼각형은 가장 효율적으로 서비스를 제공할 수 있도록 조직설계를 시각적으로 잘 묘사한 것이다.

[그림 7-2]에서 보는 서비스 삼각형은 모든 서비스 조직들이 공통적으로 가진 3가지 특성들을 설명한다.

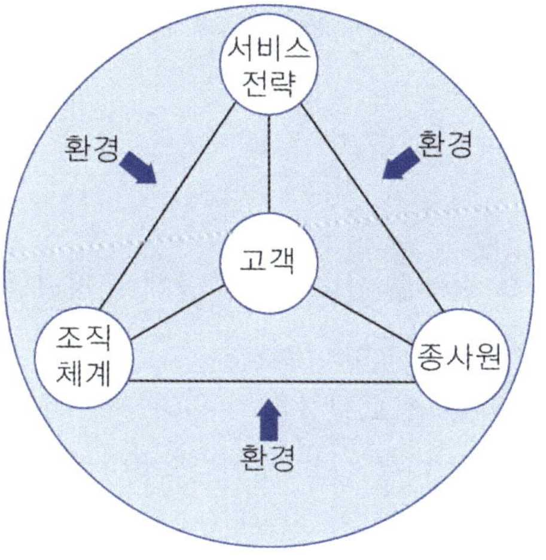

[그림 7-2] The Service Triangle

첫째, 서비스 전략 : 고객의 우선적인 일들을 위해서 조직 내 사람들의 주의력을 지적한다.

둘째, 고객 친화적 체계 : 서비스 제공 종사원들을 보충해주는 제공 시스템은 실제로 조직의 편리함을 위해서라기보다 고객의 편리함을 위해 만들어진 것이다.

셋째, 고객지향 최일선 종사원 : 고객의 요구에 계속하여 관심을 가진다.

서비스 삼각형은 고객을 조직의 중심으로 두면서 그 위에 3가지 요소와 고객과의 관계를 설명하고 있다. 전략, 체계 그리고 종사원은 고객 지향적이어야 하며 서로에게 영향을 끼친다. 서비스를 제공하는 기업은 관리자들이 무엇을 어떻게 경영해야 할지 이해하기 위해서 서비스 삼각형에 속한 이 4가지 요소(고객, 전략, 체계, 종사원)들과 그들 간의 관계를 지속적으로 연구해야 한다.

따라서 진정한 관광서비스경영에 접근하기 위해서는 고객을 중심으로 전략, 체계, 종사원(인적자원)이 상호작용하는 서비스 트라이앵글 모델을 개발 · 적용해야 한다.

1) 관광서비스 전략

효과적인 관광서비스 전략은 서비스를 시장에 포지셔닝해 주는 기능을 수행한다. 특히 지속적인 시장조사와 분석은 훌륭한 서비스 전략에 도달하기 위한 출발점이며 뛰어난 업체는 정보원천을 이용해 전략적인 서비스를 기획한다. 시장조사란 결국 고객의 소리를 듣는 것이다. 정량적인 조사 이외에도 고객의 목소리를 직접 듣고 관찰하는 것이 중요하다. 그러나 단순한 조사만으로 전략을 수립하는 것은 한계가 있다. 전략을 뒷받침해서 구성원을 움직일 수 있는 가치를 명확히 규정해야 한다.

가치란 기업의 존재 이유를 설명하고 의사결정의 기본원칙이 되는 대명제를 의미한다. 기업가치가 직원 자신의 가치와 일치할수록 직원들은 긍정적인 고객 체험을 보장하기 위해 가능한 모든 활동을 하려고 헌신적으로 노력하게 된다.

2) 관광서비스 체계

체계(system)는 고객가치 제공에 신뢰성을 더해줄 뿐만 아니라 효율성, 경제성, 맞춤화, 개별화, 독특성을 줄 수 있도록 설계되어야 한다. 체계의 기능은 크게 5가지로 나누어 볼 수 있다.

첫째, 실행기능이다. 전체 체계요소들이 시간이나 자원을 낭비하지 않고 의도한 가치를 창조하기 위해 협력할 수 있어야 한다.

둘째, 시정기능이다. 실수나 기능상에서 발생한 문제점을 바로 수정할 수 있어야 한다.

셋째, 예외기능이다. 비표준적인 고객의 요구에 바로 적응할 수 있어야 한다.

넷째, 복원기능이다. 문제가 발생해서 고객과의 비즈니스 기회가 상실할 위기가 닥쳤을 때 이를 회복할 수 있어야 한다.

다섯째, 추가기능이다. 체계가 고객을 위해 전혀 예상하지 못한 방법으로 부가적인 가치를 제공할 수 있어야 한다.

이러한 기능 중 복원기능을 효과적으로 수행하기 위해서는 다음과 같은 5가지의 요소가 필요하다.

- 사과–서비스 잘못 직후 바로 실수를 인정하는 것
- 긴급복구–지체없이 상황을 균형상태로 되돌리고 있다고 고객이 믿도록 하는 것
- 공감–연민의 표현을 주는 것
- 상징적 보상–보상을 한다는 명확한 메시지를 제공하는 것
- 사후 확인–모든 것이 종결되었다는 느낌을 주는 것

3) 관광서비스 종사원

고객접점에 있는 종사원은 물론 고객과 마주치지 않는 후방에서 근무하는 구성원까지도 서비스하도록 해야 한다. 이를 위해서는 동기부여, 교육과 계발의 효과적인 이용, 적절한 직원선발, 성과측정 등이 필요하다.

특히 최고 경영자의 현장경영은 고객만족을 위한 필수요소이다. 실제 매리

어트 호텔의 CEO 빌 매리어트 2세는 현장경영을 실천하는 대표적인 인물이다. 그는 호텔복도와 지하를 항상 돌아다니며 고객과 만나 개선책에 대한 이야기를 나누고 이를 바로 실천에 옮김으로써 가시적인 모범을 통해 실천적 리더십의 중요성을 보여주고 있다.

4. 고객만족경영의 효과

제조업에서 만들어진 하나의 제품이 좋은 상품이면 그 단면의 품질로 소비자의 구매가능이 높을 수 있겠으나 관광서비스는 그러하지 못하다. 제1부에서 보았듯이 관광서비스 중 호텔서비스는 종업원의 친절, 외형적인 건물, 실내장식, 음식의 맛, 부대시설, 객실의 안락함, 호텔의 입지성 등 고객을 만족시키기 위해서는 많은 요인 모두를 만족시켜야 하는 어려움이 있다. 그러나 장기적으로 기업의 성장을 가져오기 위해서는 고객만족경영을 하지 않으면 안 된다.

[그림 7-3]은 관광서비스를 제공함에 있어 고객이 만족하는 경우와 그 반대 경우의 결과가 기업에 어떠한 영향을 미치는지를 잘 나타내어주고 있다.

[그림 7-3] 고객만족경영의 효과

제2절 관광서비스 회복관리

관광서비스 운영관리 분야의 중요한 한 가지는 관광서비스 회복관리(tourism service recovery management)이다. 관광서비스 회복은 서비스 실패(service failure)에 대한 조치로 개념화할 수 있다.

1. 관광서비스 실패의 개념 및 유형

1) 관광서비스 실패의 개념

관광서비스 실패는 고객들의 기대에 미치지 못하는 상황을 의미하고 있는데, 서비스 전달과정의 어떠한 영역에서도 발생가능성을 내포하고 있는 것이다.

관광서비스 실패에 대한 개념을 파악할 때 서비스 실패의 원인이 모두 서비스 제공자에게 있느냐 하는 문제가 대두되기도 하여 정확한 정의를 내리기 어려운 점이 있다. 그러나 존스톤(Johnston)은 서비스 실패란 '책임소재와 관계없이 서비스 과정이나 결과에서 무엇인가 잘못된 것(something wrong)'이라 하고 있다. 이와는 반대로 베리(Berry)는 '근본적으로 책임소재가 있는 대상으로부터의 서비스 과정이나 결과에 대한 과실'이라고 정의하고 있다.

결국 서비스 책임소재에 따라서 서비스과정이나 결과의 문제가 서비스 실패일수도 있고 그렇지 않을 수도 있다는 것을 의미한다. 즉 책임소재가 분명한 대상으로부터 기인한 서비스 문제가 실패라면 천재지변이나 외부적인 압력에 의한 서비스 문제는 서비스 제공자의 책임이 아니므로 관광서비스 실패라고 볼 수 없다는 입장이다.

파라슈라만(Parasuraman), 베리(Berry), 자이타믈(Zeithaml)은 불일치 이론을 이용하여 서비스 실패란 '서비스 성과(performance)가 고객의 인지된 허용영역(zone of tolerance) 이하로 떨어진 상태'라고 정의하고 있다. 이와 유사하게 벨(Bell)과 젬키(Zemke)는 서비스 실패를 '고객의 기대 정도 이하로 심각하게 떨어진 상태'라고 정의를 내리고 있다.

〈표 7-1〉 학자별 서비스 실패의 개념 정의

연구자	서비스 실패의 정의
Zemke & Bell	고객의 기대 이하로 심각하게 떨어지는 서비스 결과를 경험하는 것
Heskett et al.	서비스 과정이나 결과에서 서비스를 경험한 고객이 좋지 못한 감정을 갖는 것
Berry & Parasuraman	책임이 분명한 대상의 과실로 인하여 초래된 서비스 과정이나 결과에 대한 과실
Parasuraman et al.	고객의 인지된 허용영역 이하로 떨어진 서비스 성과
Johnston	서비스 과정이나 결과에 있어 무엇인가 잘못된 것
Weun	서비스 접점에서 고객 불만족을 야기하는 열악한 서비스 경험
Hay & Hill	불만족한 고객을 초래하는 서비스 접점
Maxham	고객이 기업과의 경험에서 발생하는 서비스와 관련된 실수 또는 문제
Palmer et al.	무엇인가 잘못되고 책임이 결여된 상태

자료: 김영화(2004)

즉 서비스 실패는 '서비스 접점과 지원활동을 포함하여 고객의 불만족을 초래하는 유쾌하지 못한 경험'으로 정의할 수 있다. 그러나 서비스 실패는 개인에 따라서 그리고 상황에 따라서 많은 차이를 보이므로 그에 따른 서비스 회복 전략도 차이가 날 수밖에 없다.

2) 관광서비스 실패의 유형

서비스 실패는 서비스의 종류에 따라 여러 가지 방법으로 분류되어 연구되고 있다. 혹자는 서비스 실패를 '서비스 전달 시스템 실패와 직원반응과 관련된 서비스 실패로 제품의 결함이나 서비스의 지연, 시설, 불명확한 정책, 잘못된 정보, 핵심 서비스의 실패 등이 해당된다'라고 하였다.

그리고 키브니(Keaveney)는 서비스 실패를 '핵심 서비스 실패'와 '접점 서비스 실패'로 유형을 구분하였다. 여기서 핵심 서비스 실패는 서비스 자체의 실수나 기술적 문제로 인한 실패이며, 서비스 접점 실패는 서비스 제공자와 소비자 사이의 상호작용 속에서 일어난 실패이다.

또한 하비(Harvey)는 서비스 실패를 분류하는데 서비스 품질 유형을 고려하여 과정품질과 결과품질로 구분하였다. 서비스 실패도 서비스 '과정 실패'와 '결과 실패'로 나누어진다.

그 밖에 파라슈라만(Parasuraman) 등과 그론루스(Grönroos)는 서비스의 결과적 차원은 고객이 어떠한 서비스를 받았는지, 서비스가 전달되는 과정, 방식과 관련된 것이라고 하였다. 결과적 실패는 서비스를 제공하는 조직이 서비스를 제공하는 과정에서 요구될 수 있는 기본적인 욕구를 충족시키지 못하거나 핵심서비스를 제대로 수행하지 못한 경우를 말한다. 과정적 실패는 핵심서비스를 전달하는 과정에서의 실수가 있는 경우를 말한다.

2. 관광서비스 회복의 개념

혹자는 서비스 회복을 '일반적으로 서비스 실패에 대한 반응으로써 서비스 제공자가 실패를 극복하기 위해 무엇을 했는가를 포함하는 것'으로 불만 관리와는 다른 개념으로 보고 있다. 불만관리는 서비스 실패에 의해 야기된 고객불만에 근거하지만 실제로 대부분의 불만고객은 불평을 하지 않는 경우가 많다. 때문에 서비스 회복은 고객이 불평하기 전 혹은 서비스 접점에 대해 불만족하기 전에 문제를 해결해 주어야 하는 것이다.

또한 벨(Bell)과 젬키(Zemke)는 서비스 회복을 '고객이 서비스나 제품을 구매한 뒤 기대에 못 미치기 때문에 실망하는 고객들을 정상적으로 되돌리려는 과정'으로 정의하고 있다.

그리고 파라슈라만(Parasuraman), 베리(Berry)와 자이타믈(Zeithaml)은 '고객이 처음 제공된 서비스가 고객의 허용영역 이하로 떨어지는 것을 인지하는 결과로써 취하는 제 행동'이라고 하였다.

결국 관광서비스 회복은 '기업이 관광서비스 실패로 인하여 잃어버린 고객의 신뢰를 최소한 서비스 실패가 일어나기 이전의 상태 또는 그 이상으로 복원하고자 하는 노력'이라 할 수 있다.

〈표 7-2〉 학자별 서비스 회복의 개념 정의

연구자	서비스 회복의 정의
Parasuraman et al.	고객이 처음 제공된 서비스가 고객의 허용영역 이하로 떨어지는 것을 인지하는 결과로써 취하는 제 행동
Bell & Zemke	고객이 서비스나 제품을 구매한 뒤 기대에 못 미치기 때문에 실망하는 고객들을 정상적으로 되돌리려는 과정
Grönroos	서비스 실패를 수정하기 위하여 서비스 제공자가 취하는 일련의 행동

3. 관광서비스 회복의 중요성 및 전략

1) 관광서비스 회복의 중요성

관광서비스 실패에 대한 회복은 서비스기업의 노력 여하에 따라 기업과 고객간의 관계를 더욱 돈독히 하기도 하고, 기존의 서비스문제를 더욱 악화시키기도 한다. 또한 서비스 회복이 효과적으로 사용되지 못하면 이미 관광서비스 실패에 대하여 불만족한 고객을 다시 한번 실망시키는 부정적인 결과를 가져오기도 한다.

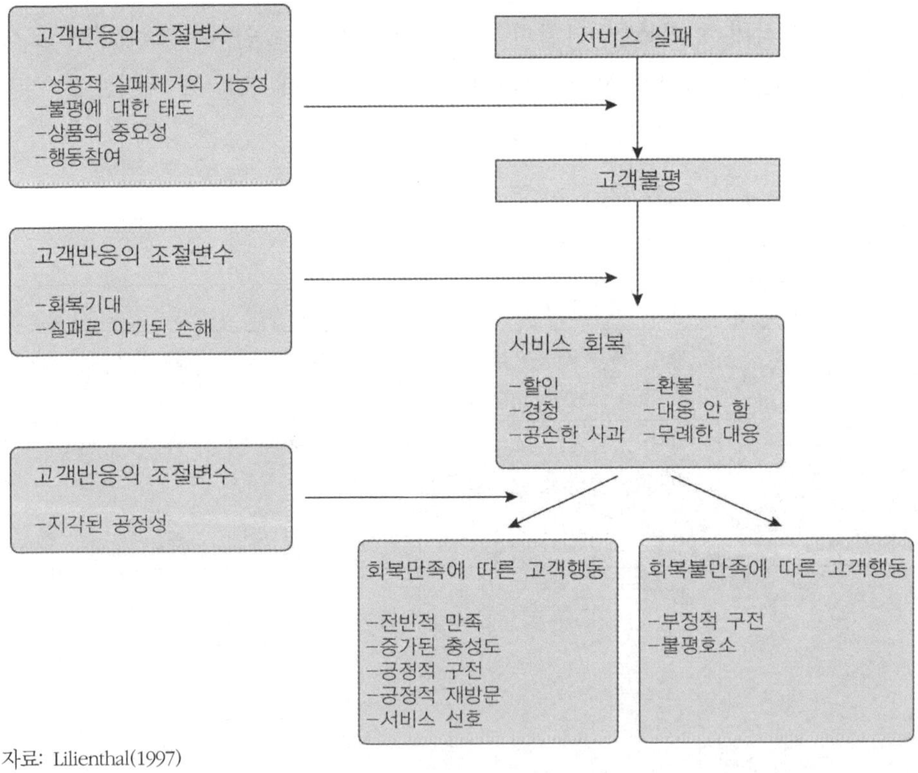

자료: Lilienthal(1997)

[그림 7-4] 일반적인 서비스 회복 모델

이와 같이 서비스 회복이 서비스 품질과 고객 충성도를 결정하는 중요한 요인 중의 하나이며, 기업의 수익률에 직접적인 영향을 미치고 있음에도 불구하고 많은 기업의 경영자들은 서비스 회복에 대하여 거의 관심을 두지 않거나 완전히 무시하고 있는 실정이다.

기업들은 예전보다 더욱더 고객서비스 압력에 직면하고 있다. 이것은 품질에서 차별화가 되지 않고 경쟁이 심화된 현재의 시장상황에서 신규고객을 창출하는 것보다 기존의 고객을 만족시킴으로써 지속적인 관계를 유지하고, 나아가 충성고객을 만들어 그 고객들로 하여금 더 자주 그리고 더 많은 서비스를 구매하게 함으로써 수익을 증대시키는 것이 성공적인 기업을 만드는 지름길이라고 할 수 있기 때문이다.

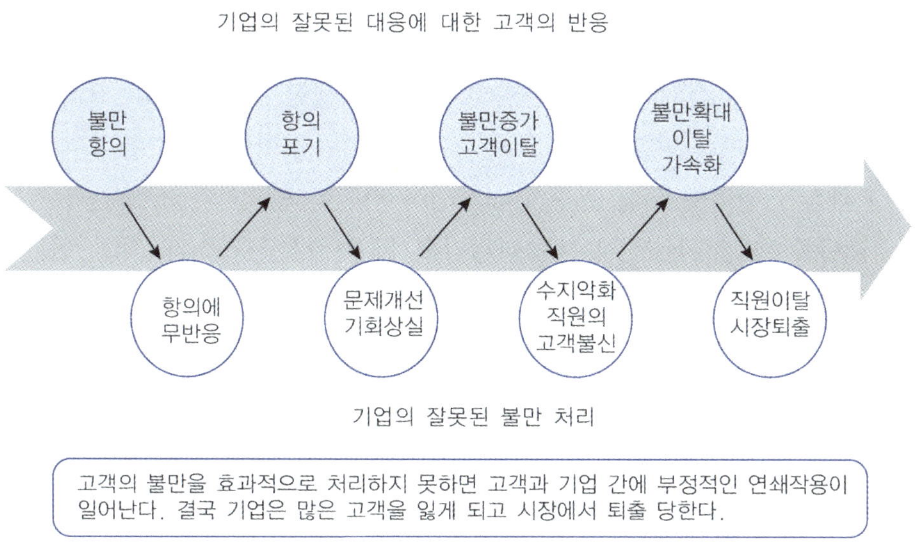

[그림 7-5] 고객 불만처리 잘못으로 인한 악순환의 고리

그러나 관광서비스의 특수성과 서비스전달과정에 있어 다양한 고객의 기대와 인간적인 감정 등이 개입되는 복잡한 상황에서 관광서비스 실패는 피할 수 없는 현실이다. 하지만 고객불만에 따른 서비스 실패를 회복시키지 않으면 [그림 7-5]에서 보듯이 기업으로서 매우 좋지 않은 결과를 초래할 수 있다.

2) 관광서비스 회복 전략

뛰어난 제품과 서비스를 제공하는 기업이라 할지라도 고객들의 불만이 없을 수는 없다. 높아지고 있는 고객들의 기대 수준, 정보 매체의 발달은 고객들의 불만을 확대, 재생산하고 있다.

최근 많은 기업들은 고객 확보를 위해 치열한 경쟁을 펼치고 있다. 높은 품질, 뛰어난 서비스를 제공하는 것을 뛰어 넘어 고객만족경영을 통해 고객의 총체적인 만족을 추구하는 것을 다양한 기업에서 관찰할 수 있다. 그러나 고객만족경영을 아무리 잘하더라도 고객들의 불만은 발생할 수밖에 없다. 그리고 이런 불만을 어떻게 관리할 것인가 하는 것은 큰 고민이 아닐 수 없다. 고객 불만의 효과적인 관리를 위한 관광서비스 회복 전략이 필요하다.

고객만족 경영체제를 잘 가동하더라도 제품이나 서비스의 최초 전달이 100% 만족스러울 수는 없다. 이는 두 가지 측면에서 기인하는데, 제품이나 서비스의 생산 과정이 100% 완벽할 수는 없기 때문이다. 다음으로는 고객 개개인의 특성이 상이하다는 점을 들 수 있다. 고객들의 니즈가 공통적인 부분이 있는 반면, 상이한 부분 또한 동시에 존재한다. CRM기법을 통한 고객맞춤 마케팅(customized marketing)을 활용하더라도 고객 개개인의 특유한 취향에 완벽히 맞추기란 사실상 불가능하다. 그리고 고객들의 태도도 상이한 것이 일반적이다. 그러므로 고객만족 경영체제를 아무리 잘 구축하더라도 만족하지 못하는 고객들은 발생하기 마련이다. 그러나 최초 단계에서 제품 및 서비스의 효과적인 전달에 실패했다고 너무 실망해서는 안 된다. 효과적인 제품이나 서비스 전달을 통해 처음부터 만족한 고객보다 처음에는 불만을 느끼던 고객이 사후 처리 과정에서 만족할 경우 전체적인 만족은 더욱 높은 경향이 있기 때문이다. 이것은 서비스 회복의 역설(service recovery paradox)이라고 불리는데, 사후 처리 과정을 잘 할 경우 고객 만족의 실패를 효과적으로 커버함은 물론 고객 로열티를 더욱 제고시켜 줄 수도 있다.

서비스 회복 전략을 감안하지 않은 혁신 활동이나 고객만족경영은 위험을 안고 있다. 그렇다면 서비스 회복 전략을 어떻게 하는 것이 효과적일까?

서비스 회복 전략의 성공 포인트를 살펴보도록 하자.

Point 서비스 회복 전략의 성공 포인트

• 고객들의 불만을 미리 알아내라

효과적인 제품이나 서비스의 전달이 실패할 것으로 예상되는 경우, 고객들이 직접 불만을 제기하기를 기다려서는 안 된다. 적극적으로 불만 요인을 발굴하고 체계화하는 것이 필요하다. 최근 국내 건설업체들이 아파트 고객들의 만족을 위해 펼치고 있는 주부 점검단 활동은 여기의 좋은 사례라고 할 수 있다. 고객 만족을 위해 노력하는 건설업체들은 아파트가 준공되어 고객들이 입주하기 이전에 전문 주부를 동원하여 입주자의 관점에서 아파트 내부를 꼼꼼히 점검하고, 보수를 하고 있다. 또한 많은 패스트 푸드 업체들은 고객들이 대기하는 시간이 길어지는 경우, 고객들이 주문했던 음식에 추가적인 서비스를 제공함과 동시에 정중한 사과를 하곤 한다. 이것은 지나친 대기로 인해 고객들의 불만이 이미 높아지고 있음을 파악하고 있기 때문에 가능한 것이다. 이렇게 능동적으로 고객들의 불만을 파악하고 대응하는 경우 고객들은 "아니 이게 도대체…"라는 생각에서 "아, 역시….."라는 생각을 바꾸게 되고, 고객들의 만족은 유지되거나 오히려 증가한다. 또한 기업들의 관점에서는 고객 불만 해소를 위해 투자할 자원을 사전에 투입함으로써, 적은 자원으로 고객 로열티를 유지할 수 있게 된다.

• 첫 대면은 신속하고도 감성적으로 해야 한다

서비스 회복은 초기 단계의 대응이 매우 중요하다. 실제 불만을 제기하는 고객들은 이미 인내의 단계를 지나고 있기 때문이다. 일반적으로 서비스에 불만을 품은 소비자의 90%는 불만이 있다고 구체적으로 의사 표시를 하지 않고 참는다고 한다. 그러나 불만을 참지 못하는 고객들은 구체적인 의사 표시를 하게 되고, 기업의 빠른 대응을 기다린다. 최근 아파트 입주민들을 대상으로 한 설문 조사에서는 기업들의 A/S 반응 시간 (response time) 1일이 걸린 경우가 31.8%로 비교적 신속함에도 불구하고 고객들은 이보다 더 빠른 1시간 이내에 방문을 원하고 있는 것으로 나타났다. 이처럼 불만을 제기하는 고객들에 대해 기업들은 신속한 반응을 보일 필요가 있다.

다음으로 감성적인 접근이 필요하다. 불만을 제기하는 고객들은 짜증 아니면 희생을 당했다는 느낌을 받는다. 짜증이 사소한 불편을 말한다면, 희생이란 느낌은 보다 심각한 상태로 분노, 좌절, 그리고 고통을 말한다.

그리고 자꾸 기다리다 보면 초기에 가졌던 부정적인 감정은 더욱 증폭되게 되기 마련이다. 한편 항의하는 고객들이 짜증, 희생이라는 느낌을 갖고 있더라도 처음 문제를 제기하는 단계에서는 대부분 선의를 가지고 있는 경우가 많다. 이는 제품이나 서비스의 구매 과정에서 다양한 대안들을 탐색하고 선택하는 과정에서 기업에 대한 일종의 믿음을 가지고 있기 때문이다. 그런데 이렇게 이중적인 감정을 느끼고 있는 고객들을 만나자마자 지나치게 논리적인 접근을 하게 되면 고객들의 마음은 순식간에 부정적인 감정이 지배하게 된다. 또한 서비스 실패 이후 첫 대면에서 실망한 고객들은 자신의 불만과 사후 처리 과정상의 불만을 주위 동료들에게 끊임없이 전파하여 확대, 재생산하게 되고 다른 고객들이 가지고 있던 선의마저 무너뜨리게 된다. 최근 인터넷을 중심으로 한 정보매체의 발달과 사이버 스페이스상의 커뮤니티 활동은 고객 불만의 확대, 재생산 과정을 더욱 촉진시키고 있다.

그러므로 서비스 실패 이후 처음으로 고객을 접하게 되는 진실의 순간 (moment of truth)에서는 고객의 입장을 이해하고 공감하는 감성적인 접근이 필요하다. 이를 통해 고객들을 선의를 자극하고 부정적인 느낌과 인식을 지워야만 한다. 『양말을 벗고 서비스 복원에 나서라』의 저자인 론 젬키는 이런 감성적인 접근을 강조하고 있는데 고객들의 감정 수준에 따라 사과와 공감을 적절히 배합할 것을 권고하고 있다. 이런 감성적인 접근은 진실로 고객들의 입장을 이해하고 공감할 때 그 위력을 발휘한다. 만약 이것이 가식적인 표현에 그칠 경우, 고객들은 오히려 분노하게 된다.

• 접수된 불만은 공정하게 처리하라

한편 첫 대면을 성공적으로 진행했다 하더라도 공정한 대응에 실패하게 되는 경우, 고객들의 불만은 다시 증폭된다. 우는 아이에게 떡 하나 더 주는 식으로

서비스 회복 활동이 진행되는 경우, 불만을 제기하고 있지 않던 고객들은 피해 의식에 사로잡히게 된다. 서비스 회복 이론의 대가인 스테펀(Stephen) 교수의 연구 결과에 따르면 서비스 회복의 공정성(fairness)은 고객들의 만족도에 직접적인 영향을 미친다고 한다. 고객들이 중요하게 여기는 공정성은 크게 3가지로 나뉜다. 첫 번째는 과정(process)의 공정성으로 고객들의 불만을 처리하는 과정에서 이용하는 방법이나 과정이 얼마나 공정한가에 대한 것이다. 두 번째는 결과에 대한 공정성을 들 수 있다. 이는 고객 자신이 구매한 제품이나 서비스를 다른 고객들과 비교했을 때 느끼는 공정성을 말한다. 마지막으로 대응상의 공정성을 들 수 있다.

공정한 서비스 회복을 위해서는 체계적인 기준과 윤리적인 태도가 필요하다. 상부에서 고객서비스를 담당하는 직원들에게 고객들의 불만을 공정하게 처리하라고 지시하더라도 실제 이것이 실행되기는 쉬운 일이 아니다. 왜냐하면 고객 불만의 해소 과정은 자원 투입을 수반하기 마련이며 많은 관리자들이 고객 불만 해소와 자원 투입을 별개의 것으로 많이 생각하고 있기 때문이다. 예를 들면 고객 불만을 해소하는 것은 좋으나 시간과 비용을 투입하는 것은 꺼려 한다는 식의 관행을 들 수 있겠다. 이런 경우 공정한 서비스 회복의 실행이란 기대하기 힘들며, 일선 직원들의 사기를 꺾는 하나의 구호에 그칠 가능성이 크다. 그러므로 고객들이 제기하는 불만을 체계적으로 정리하고 거기에 따른 회사 내부 방침, 자원 투입의 수준을 연계시켜 고객 서비스의 최전선에서 뛰고 있는 직원들에게 명확히 알려 줘야 한다. 그리고 서비스 회복을 담당하는 직원들은 고객들을 속이려 해서는 안 된다. 불만을 제기하는 고객들의 목소리를 경청하고 거기에 따른 회사의 방침과 수준을 자세히 설명해 주어야만 한다. 윤리적이지 못한 기업에 대해 고객들은 항상 벌(punishment)을 준비하고 있음을 명심해야 한다.

• 차별화된 불만 관리를 실시하라

앞서 말한 3가지 포인트를 기준으로 서비스 회복을 추진하더라도 모든 고객들의 불만이 완전히 없어지진 않는다. 이는 고객들의 성향이 상이하기 때문이다. 고객들은 만족도와 충성도에 따라 여러 그룹으로 나뉜다. 만족도와 충성도가 높은 신자(信者) 그룹은 다른 고객들에게도 적극적으로 이용을 권하는 반면, 만족도와 충성도가 낮은 테러리스트 그룹은 다른 고객들에게 나쁜 영향을 지속적으로 미친다. 용병 그룹은 가격과 같은 몇 가지 요소에 민감하게 반응하지만 인질 그룹은 조금만 더 나은 대안이 있다면 불만을 표출하며 바로 다른 기업으로 옮겨가게 된다. 이런 고객 집단들의 특성은 서비스 회복 과정에서도 그대로 적용된다. 어떤 고객들은 조그만 서비스 회복 노력에도 즉각적으로 반응하여 추가적인 서비스 회복을 정중히 거절하는 반면, 어떤 고객들은 막대한 서비스 회복 노력에도 불구하고 지속적으로 불만을 표출한다. 그러므로 서비스 회복 과정에서 고객들을 획일적으로 관리할 것이 아니라 전략적으로 차별화하여 관리할 필요가 있다.

신자 그룹에 속하는 고객들에게는 기대를 뛰어 넘는 서비스 회복을 추진하여 긍정적인 구전 효과를 높여야 한다. 1980년대 미국 소비자 문제청에서 연구한 결과에 따르면 서비스 회복이 만족스럽게 된 경우, 약 5~8명에게 그 사실을 말한다고 한다. 이것이 일반적인 통계량임을 감안할 때, 신자 그룹에 대한 전략적 서비스 회복이 실시될 경우 긍정적인 구전 효과는 더욱 클 것임을 예상할 수 있다. 다음으로 테러리스트 집단에 대해서는 무한정 자원을 투자할 것이 아니라 일정 수준의 자원을 투자하여 만족도가 제고되지 않을 시에는 공식적인 방법을 통해 악구전이 더 이상 퍼지지 않도록 기업 차원에서의 대응이 필요하다. 용병 그룹에 대해서는 가격 이외에도 더 중요한 요소들이 있다는 것을 꾸준히 학습시킬 필요가 있으며, 인질 그룹에 대해서는 선택적으로 기대를 뛰어 넘는 서비스 회복을 실시하여 반응을 보일 때, 적극적인 서비스 회복을 펼쳐 신자 그룹으로 유도하는 것이 바람직하다. 이상에서 언급한 바와 같이 집단별로 차별화하여 전략적인 서비스 회복 활동을 추구하는 것은 내부 자원의 효율적인 운용과 동시에 서비스 회복의 효과성을 높여 줄 수 있다.

한편 차별화된 고객 불만 관리는 정확한 고객 분류가 이루어졌을 때만 가능하다. 단지 불평을 자주 제기한다는 이유로 용병이나 테러리스트 그룹으로 분류하는 오류를 범해서는 안 된다. 고객들이 불만을 자주 제기하는 것은 주로 고객들의 기대 수준을 잘못 파악했거나, 제품 및 서비스 또는 서비스 회복 과정이 잘못되었기 때문이다. 그러므로 고객 분류를 하기에 앞서 고객 입장에서 자사의 문제점은 없었는지를 먼저 냉철하게 분석해 보아야 한다. 테러리스트로 분류되는 고객들은 만들어지는 것이 아니라 태어난다는 말이 있을 정도로 기업들의 많은 노력에도 불구하고 의식이나 태도 자체가 워낙 부정적인 고객들로서 실제는 소수에 불과하다.

- **고객불만을 혁신의 단초로 삼아라**

서비스 회복 활동의 실질적인 성공은 고객들의 불만을 체계적인 분석을 통해 제품이나 서비스의 기획, 설계, 생산과 같은 사업운영과정과 시스템상에서 혁신으로 연계될 때 비로소 완성된다. 고객들이 제기하는 불만은 기업에 있어 외면하고 싶은 숙제일 수도 있다. 하지만 동시에 그것은 기업이 고쳐야 할 부분을 적나라하게 지적한 것이기도 하다. 고객들이 지적하고 불평하는 사항들을 인정하기는 힘들지라도 그것을 과감하게 인정해서 혁신의 단초로 삼아야 한다.

지금까지 서비스 회복을 위한 5가지 성공 포인트를 살펴보았다. 서비스 회복 활동은 초기 단계에서 실패했던 고객만족 활동을 보완해 주고 기업 내부 혁신 활동의 단초로 작용할 수 있기 때문에 중요하다. 그러나 이런 활동들은 다른 경영혁신 활동과 마찬가지로 경영진의 강한 헌신과 내부 구성원들의 높은 직무 만족도를 수반하지 않고서는 성공하기 힘들다. 경영진은 서비스 회복을 고객 담당 부서에 일임하지 말고 직접 고객의 소리를 듣고 현장에서 고객들을 만나야 한다. 내부 구성원 특히 경영진이 고객의 생생한 목소리에 깨어 있고 경청하는 기업은 고객들이 스스로 찾아오고 싶어 하는 기업이 될 것이다.

(LG경제연구원)

4. 관광서비스 회복의 성과

효과적인 관광서비스 회복을 통하여 만족을 경험한 고객들은 오히려 처음부터 관광서비스 실패를 경험하지 않은 고객들보다 해당기업의 서비스에 대하여 더 높게 평가를 한다. 그러므로 효과적인 관광서비스 회복을 위해서는 미리 준비된 회복 프로그램이 필요하며, 관광서비스 실패에 대하여 부정적이고 수동적인 자세로 임하기보다는 긍정적이고 능동적인 관광서비스 회복 노력을 강구해야 된다.

또한 효과적인 관광서비스 회복 전략을 통하여 관광서비스 실패 초기에 고객이 가질 수 있는 기업에 대한 부정적인 이미지를 감소시키고 잠재고객에게 기업에 대한 긍정적인 구전을 전달하여 최소한 부정적인 구전을 전하는 것을 방지하여야 한다. 효과적인 관광서비스 실패 관리는 올바른 태도와 서비스 전략 프로그램의 조화인 것이다.

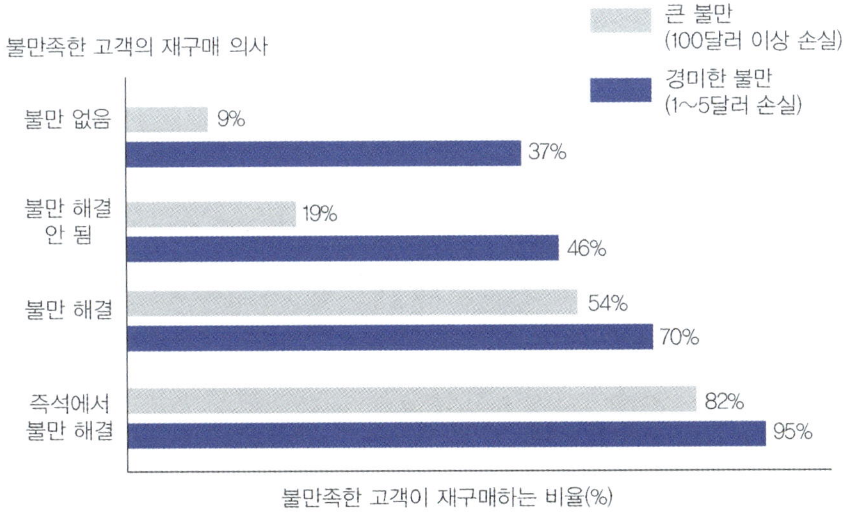

서비스 회복이 항상 쉬운 것은 아니지만 고객불만을 성공적으로 관리하는 것이 야말로 기업의 보고(寶庫)가 된다는 사실을 새롭게 깨닫게 한다.

그러나 실제로 효과적인 서비스 회복으로도 불만족한 고객을 만족한 수준으로 돌려놓지 못하는 경우가 많이 있다. 미국 거대기업 시어즈로벅(SearsRoebuck)의 한 임원은 고객의 불만에 대한 조치가 취해진 뒤에 고객이 느끼는 감정을 분석한 연구에서 이렇게 말했다. "고객의 불만이 해결되었더라도 대부분의 고객은 되돌아오지 않는다." 고객이 서비스 실패로 인하여 치명적인 손해를 보았다면 아무리 좋은 서비스 회복을 받았다고 할지라도 만족은 할 수 없을 것이다.

그러나 불만족한 고객이 완전히 해결되었을 경우에 50~80%는 다시 그 기업과 거래를 하며, 불만이 신속하게 해결되었다고 느끼는 경우에는 그 비율이 95%까지 올라간다. 또 그 불만이 잘 해결되면 자기가 받은 대접에 대해 5~10명에게 이야기한다.

불만족 고객의 고충실태

- 불만족을 가진 고객 중 고충을 말하는 사람은 4%에 불과하다. 나머지 96%는 다만 화를 내고 두 번 다시 오지 않을 뿐이다.
- 고충이 1건 있으면 같은 불만족을 가진 사람은 평균 26명이 있다. 그중 6명은 대단히 심각한 문제를 안고 있을 것으로 예상된다.
- 고충을 말한 사람 중 50~80%는 고충이 해결될 경우 그 기업과 다시 거래하고 싶어 한다. 그 비율은 해결이 신속하게 처리된 경우 95%까지 상승한다.
- 불만족을 가진 사람은 그것을 평균 9~10명에게 말한다. 그중 13%는 20명 이상에게 말하기도 한다.
- 고충이 해결된 고객은 그것을 5~10명에게 말한다.

단계별 고객불만 처리 과정
항상 고객은 항의할 권리가 있음을 기억하라!
1. 경청
– 고객의 항의에 경청하고 끝까지 듣는다.
– 선입관을 버리고 문제를 파악한다.
2. 감사와 공감표시
– 일부러 시간을 내서 해결의 기회를 준 것에 감사를 표시한다.
– 고객의 항의에 공감을 표시한다.
3. 사괴
– 고객의 이야기를 듣고 문제점에 대한 인정과 잘못된 부분에 대해 사과한다.
4. 해결약속
– 고객이 불만을 느낀 상황에 대해 관심과 공감을 보이며 문제의 빠른 해결을 약속한다.
5. 정보파악
– 문제해결을 위해 꼭 필요한 질문만 하여 정보를 얻는다.
– 최선의 해결방법을 찾기 어려우면 고객에게 어떻게 해주면 만족스러운지를 묻는다.
6. 신속처리
– 잘못된 부분을 신속하게 시정한다.
7. 처리확인과 사과
– 불만처리 후 고객에게 처리 결과에 만족하는지를 물어본다.
8. 피드백
– 고객불만 사례를 회사 및 전직원에게 알려 다시는 동일한 문제가 발생하지 않도록 한다.

훌륭한 고객서비스 습관
만족한 고객의 추천과 구전효과는 PR보다 파급효과가 크다.
시간준수
고객 혹은 동료와의 약속시간을 지키는 것은 상대에 대한 존경심의 표현이다.
약속엄수
고객은 담당자의 약속 불이행을 가장 불쾌하게 생각한다.
약속의 조기이행
약속은 최저선으로 하고 제공하는 것은 최대한 빠르게 이행한다.
특별한 성의 표시
공식적인 일정에서 벗어나 고객을 방문하는 성의를 보인다.
해결대안 제시
고객이 원하는 것을 제공할 수 없을 때 다른 대안을 제시하라.
감정이해의 표현
감정의 이해란 고객의 입장과 관점을 이해하는 것을 말한다.
고객 일을 우선 생각
업무를 수행하고 있는 이유의 초점을 고객에게 맞추어라.
동료를 고객처럼
동료는 당신과 서로 돕는 관계에 있다. 동료를 고객으로 대하는 것은 당신의 서비스 품질을 향상시킨다.
담당자 연락처 설명
고객이 다시 전화할 때 처음부터 설명해야 하는 불편을 줄일 수 있다.
미소 띤 전화응답
전화통화를 할 때 미소를 지으면 목소리의 느낌도 바뀌게 된다.

Point 호텔고객 불만족 처리

고객의 불평을 적절하게 잘 처리하면 직접 개인을 상대하여 마케팅 활동을 전개하는 것과 같다. 물론 만족스럽게 처리하여 고객의 마음을 기쁘게 해주면 오히려 대단한 마케팅 효과를 가져온다. 마케팅 촉진을 위하여 노력을 기울이는 지배인이 불평을 받았을 때 기꺼이 이를 감수하고 또한 이를 탐색해야 하는 이유가 바로 여기에 있다.

• 일련의 조치사항

호텔경영진이 접수된 불평을 원만하게 해결하고 이를 더욱 권장함으로써 고객과의 우의를 증진하고 신뢰감을 회복하기 위하여 취해야 될 몇 가지 특정 조치사항들이 있다.

이러한 것들은 주로 교육·훈련 담당지배인과 고객의 불평을 일선에서 처리하는 접객 종사원들에게 직접 관련되는 사항들로서, 불평이 원만하게 처리되지 않을 경우 대화채널을 확대개방하고 불평이 발생했을 때의 신속하게 대처하기 위한 방안 등이 포함된다.

• 교육 · 훈련

지배인들이나 종사원들은 고객의 불만요소를 정확하기 인지하고 여기에 필요한 조치를 취함으로써 문제를 즉석에서 해결할 수 있는 능력을 갖추도록 교육 · 훈련을 받아야 한다. 지배인들을 포함한 대부분의 종사원들은 고객으로부터 불평을 받았을 때 이를 회피하려는 경향이 있다. 그리고 그들이 도망칠 수 없는 난처한 지경에 빠졌을 경우 그들이 나타내는 행동은 고객의 불평을 더욱 악화시킨다. 비디오나 역할 기법 (role-playing method)을 이용하여, 지배인들이나 종사원들로 하여금 고객이 불만을 표시하는 여러 가지 유형에 대하여 익숙하게 끔 하고 이에 대처하는 가장 최상의 방책을 교육시킨다.

먼저 우선해야 될 과업은 불평이 발생하는 즉시 이를 시초에 다스려야 한다는 중요성을 종사원들에게 충분히 인식시켜주는 일이다. 이것은 선임 지배인들이 중시해야 될 최우선(top priority)의 과업으로서 당해 회사가 고객의 만족을 보장하기 위하여 시간과 노력, 그리고 금전적인 투자를 기꺼이 하고 있음을 자신의 행동으로 보여주어야 한다. 다음으로 해야 될 2차적인 조치는 당해 기업은 고객의 불평·불만을 진지하게 받아들이고 필요한 조치를 신속하게 취할 준비가 되어 있음을 고객들에게 공시하는 일이다. 고객들로부터 매일 동일한 불평을 받지만 이를 근본적으로 시정하는 아무런 조치가 없는 상황에서 불만을 품은 고객이 종사원에게 또 불평을 하게 되면 종사원 입장에서 어떻게 처리해야 될지, 고객의 마음을 해소시킬 방도가 없으므로 매우 난처하고 어려운 문제가 될 것이다. 그러므로 호텔경영진은 접객종사원들이 말하는 고충사항들에 귀를 기울이고 성의 있게 받아들여 영업개선과 발전에 기여하는 계기로 삼아야 할 것이다.

긴급 통신선(Hot lines). Hot line은 오늘날 마케팅에서 매우 새로운 개념으로 부각되고 있다. 그러나 그것들을 실제로 잘 활용하는 호텔은 많지 않다. 그들의 이유를 들어보면 우선 재정적으로 그것을 사용할 만한 여유가 없다는 것이다. 그러나 이것은 마케팅 전략에 있어서 매우 근시안적인 안목이라 할 수 없다. 조사한 바에 의하면 불필요한 소모품(예 : pillow mints, extra soaps, fancy shampoos)이나 오락시설에 소요된 경비를 절감하여 Hot line 설치에 투자하면 고객의 편의를 도모하고 소비자 고객 위주로 운영되어 고객의 만족도를 더욱 높일 수 있으므로 보다 많은 영업수익을 기대할 수 있을 것이다. 그리고 Hot line 운영 전담자에게 접수된 문제에 대하여 상황판단을 정확하게 하여 자기의 소신에 따라 신속하게 처리할 수 있도록 소정의 권한을 부여하는 것이 무엇보다도 긴요한 일이다. 불평에 관한 문제가 발생하였을 경우 이를 해결하는 책임의 소재가 분명하지 못하여 전화상으로 서로 책임을 전가하다가 지체되는 사례는 고객의 불평을 더욱 심화시키고 악화되도록 부채질하는 결과를 초래한다.

그리고 Hot-line 일지를 계속적으로 기록 · 유지하고 매일 정기적으로 당직 지배인과 집행 책임자가 점검하도록 한다. 그리하여 불평에 대한 미해 결점이 발견되어 당해 고객이 호텔을 아직 떠나지 않고 체재중이면 후속 조치를 취하여 만족스러운 기분으로 호텔을 떠나도록 한다.

• **고객불평카드(Comment card)**

"고객의견카드"는 고객들의 의견을 청취하기 위한 수단으로 가장 널리 사용된다. 호텔에서 사용하는 이러한 형식의 불평카드는 너무 시대에 뒤떨어진 방법으로 실질적인 면에서 고객으로부터 아무런 새로운 정보를 얻어 낼 수 없다.

카드를 사용할 때에는 우선 우편요금이 지불된 형식으로 하여 총지배인, 또는 고객불평처리 담당 책임자 앞으로 주소가 명시된 카드를 사용하도록 조치해야 한다. 무관심으로 인하여 분실될 우려가 있기 때문에 프론트 데스크(front desk) 혹은 관리 부서에 제출토록 해서도 안 된다. 이는 신속한 대응조치가 지연될 가능성이 있기 때문이다. 총지배인 또는 고객 불평 책임자에게 직접 송달될 수 있도록 조치해야 한다. 카드를 이용한 고객의 불평처리는 신속하고 즉각적으로 해결하여 그 결과를 고객에게 알려 주어야 한다. 처리결과가 소정의 시일을 요하는 경우 가능하면 전화로 또는 우편으로 즉시 응답하되 1주일 이내에 해결의 응답편지를 받게끔 조치하겠다고 알려준다. 불평처리 책임을 맡은 담당자는 우선 1차적으로 문제점을 심사 · 분석하기 위하여 관련자를 직접 만나서 또는 전화에 의하여 경위와 실태를 알아본다. 사무실 간에 또는 부서 간에 서면에 의한 질의 및 처리는 바람직하지 못하다. 불평처리 결과를 고객에게 최종적으로 알려주는 편지내용에는 구차한 말들(불평에 대한 지배인의 반응도, 처리과정 등)은 생략한다. 대신 간결한 말을 사용하여 호텔 측의 잘못된 점, 그에 대한 보상 또는 죄책감, 그리고 올바르게 시정했다는 내용과 다음에 당해 고객이 다시 찾아오시면 잘 모시겠다는 내용을 언급하면 된다. 편지의 내용에는 불평했던 고객이 다시 찾아오리라는 기대감 속에서 불평의 문제점을 해결하고 고객을 보살피는 데 호텔 측에서 온갖 노력과 배려를 아끼지 않고 있음을 보여주어야 한다.

만약 고객의 불평이 심각한 경우 호텔 측은 무언가에 의하여 그에 상응한 보상을 해 주도록 준비를 갖추고 있어야 한다. 고객이 불평을 해 올 때 그때 그들과 논쟁할 시기가 아니다. 항공사의 경우를 예로 들면 고객으로 부터 초과예약을 받아 두었다가 도중에 취소하는 손님이 없어 예약 고객에게 좌석을 줄 수 없으면 이에 대한 보상으로 고객이 원하는 곳에 여행을 보내주는 경우가 있다. 호텔이라고 해서 항공사처럼 이와 유사한 보상을 할 수 없다는 이유는 없을 것이다.

• **보상**

고객으로부터 불평을 받고 그리고 이를 시정토록 조치하는 부담은 당해 부서의 책임자 또는 총지배인이 감당해야 한다. 고객으로부터의 불평을 찾아내고 이를 해소시킬 뿐만 아니라 이러한 불평이 다시 재발되는 일이 없도록 근본적으로 문제를 해결하여 정착시키는 사람에게는 소정의 상여금을 지급하도록 방침을 세우는 것도 매우 창의력 있는 아이디어가 될 것이다. 이와 같이 고객의 불평을 소극적인 자세로 받아들일 것이 아니라 적극적으로 권장하는 풍토를 조성할 것이 필요하다. 총지배인이 업장마다 고객들을 찾아다니며 불만이나 불편스러운 일이 없나 알아보면서 인사를 드리면 고객들은 만족감을 느끼게 되고 또다시 당해 호텔을 즐거운 기분으로 찾아 올 것이다. 또한 같은 방식으로 각 업장마다 돌아다니며 책임자나 감독들을 상대로 알아보는 것도 좋은 방법일 것이다.

한편 총지배인은 불평의 문제점이 발생할 때마다 해결과정 및 치유방법 등을 기록하는 일지를 작성·비치하여 두었다가 동일 업장에서 동일 성격의 불평이 재발했을 때 업장 책임자를 평가하기 위한 확고한 기초자료로 사용할 수 있다.

• **고객관계전담 책임자**

호텔업에 있어서도 불평처리(handling complaints) 또는 고객관계전담책임자를 임명해야 한다. 고객 관련업무는 대단히 다양하여 개발하면 할수록 할 일이 많기 때문이다. 전담책임자 직무수행에 관련한 본질적인 요점만을 지적하자면 우선 비교적 높은 수준의 권한과 권위를 부여해야만 맡은 바 직책을 원활하게 수행할 수있다. 그러므로 대학을 졸업한 지 몇 년밖에 되지 않은 사회경력이 미숙한 사람은 이러한 자리에 적당하지 않고 실질적으로 경험이 노련한 사람이 적격이다. 이러한 직원은 냉철한 사고능력과 판단력을 가져야 하며 또한 고객 위주의 서비스를 제공하고 고객을 보호할 줄 알아야 한다.

무엇보다도 고객을 보호하는 후견인 입장에서 그들을 대리하여 결정할 수 있는 권한이 부여되어야 한다.

고객불평을 적극적인 자세로 원만하게 처리하기 위한 이러한 제도가 많은 경비를 요하는 것이라고 생각되는가? 그렇지 않다.

일별로 계산하여 보면 하룻밤 객실 하나 사용료 정도의 액수에 불과하다. 당해 호텔에서 현재 체재하고 있는 고객이 최상의 고객이란 관점에서 그들의 마음을 즐겁게 해주고 다시 찾아오게 만드는 일은 가장 중요한 과업으로서 객실의 하루 사용료와 비교가 되지 않을 정도로 값진 것이다.

(Lewis & Morris)

제3절 고객만족도 조사

관광기업은 고객만족경영을 위해 관광서비스 제공에 따른 만족고객 혹은 불만족고객의 가치를 수치로 분명하게 이해할 필요가 있다. 이와 같은 고객만족도 조사의 필요성과 그 방법을 알아보자.

1. 고객만족도 조사의 필요성

고객만족경영체제로 전환하기 위해서는 경영자와 종업원 모두가 고객만족이 실제 기업의 수익성 향상으로 연결되는 것을 구체적인 수치로 분명하게 확인할 필요가 있다. 한 예로서 고객만족지수가 매년 1점씩 증가할 때마다 미국의 상위 1,000대 기업의 경우 9,400만 달러의 수익증가 또는 투자 수익율이 11.4% 증가하는 결과와 같게 된다는 것을 보여주는 연구결과가 있다.

이처럼 기업이 고객만족을 위하여 들이는 노력은 결국 기업의 수익성 향상으로 돌아오게 되며, 고객만족을 위하여 노력하는 기업일수록 수익성이 향상되어 이익이 늘어나게 된다는 점을 경영자와 종업원 모두 인식해야 한다.

또한 어느 조사에 의하면 서비스에 대해 불만족을 가진 고객 중 고충을 말하는 고객은 4%에 불과하며, 나머지 96%는 불만을 이야기하지 않고 두 번 다시 방문하지 않는 것으로 나타났다. 그러므로 고객만족경영을 추구하는 기업은 단순히 불만족한 고객이 자발적으로 불평, 불만을 이야기할 때까지 기다려서는 안 된다. 기업은 고객이 불평을 토로할 기회를 극대화하기 위한 고객제안제도를 마련하거나 고객만족도 조사를 정기적으로 실행해야 한다.

이와 같은 제도를 마련함으로써 기업은 자사가 얼마나 잘 하고 있는지 알 수 있으며 또한 어떻게 하면 보다 잘할 수 있는지를 일깨우게 한다.

결국 고객만족은 기업의 장래 이익수준을 나타내는 가장 좋은 지표인 것이다.

2. 고객만족도 조사 방법

1) 고객만족도 조사 방법

고객만족도를 조사하는 방법은 다음과 같이 여러 가지 방법이 있을 수 있다.

첫째, 고객불평 및 제안시스템을 구축한다.

고객의 소리함과 같은 것을 비치하여 고객의 의견을 듣는 것으로 수집된 고객의 불만 및 불평과 같은 정보는 기업에게 많은 새로운 아이디어를 제공해 주는 동시에 기업으로 하여금 고객의 불만사항에 대해 신속하게 반응할 수 있도록 한다.

둘째, 미스터리 쇼핑(mystery shopping)을 통해 고객만족수준을 측정한다.

이 방법은 직원이 고객으로 가장하여 자사의 서비스 및 제품을 구매하는 과정에서 경험하는 강점과 약점을 파악하는 방법이다. 이를 위하여 기업은 일시적으로 미스터리 쇼핑의 고객으로 고용하거나 또는 경영자가 직접 자신이 알려져 있지 않은 자사의 서비스 현장을 방문하여 살펴보기도 한다.

셋째, 이탈고객을 조사하여 고객만족을 측정한다. 이탈고객이란 자사의 서비스를 구매하다가 구매를 중단했거나 타 경쟁업체로 구매선을 전환한 고객을 말한다. 고객의 이탈률이 높아진다는 것은 기업이 고객을 만족시키지 못하고 있다는 사실을 보여주는 것이기 때문에 이탈고객들에게 접촉하여 이탈원인이 무엇인지를 찾아냄으로써 보다 나은 고객만족을 제공할 수 있다.

넷째, 설문조사를 통해 측정한다. 앞에서도 언급했듯이 불만족한 고객의 4% 만이 적극적으로 불만을 토로하기 때문에 기업은 보다 직접적으로 고객 만족도를 조사하기 위해 주로 설문조사의 방법을 이용한다. 이러한 설문조사를 통해 고객만족을 측정하는 방법에는 여러 가지 기법이 있다. 예를 들어 고객에게 직접 묻는 방법으로 고객으로 하여금 이용한 서비스에 대해 얼마나 만족했는지를 자답식 설문지 기입법(self-administered questionnaire survey method)을 활용하여 리커트 5점 척도 등으로 측정할 수 있다.

2) 고객만족도 조사 과정

고객만족도를 조사하기 위해서는 다음과 같은 과정이 필요하다.

첫째, 자사의 업무 프로세스를 잘 정리하여 고객만족도 측정모델을 만들어야 한다. 모델을 만들 때 가장 중요한 것은 내부고객과 외부고객의 목소리를 직접 듣는 것이다.

둘째, 모델에 포함된 요인들간의 인과관계를 설정해야 한다. 고객만족을 결정짓는 품질요인과 조직의 성과를 반영하는 성과지표들 간의 인과관계를 서로 연결지을 수 있을 때 의미가 부여되는 것이다. 인과관계를 구체화할 계량화된 자료를 얻기 위해서는 설문지를 개발하는 것이 필요하다.

셋째, 만족지수와 중요도를 측정해야 한다. 만족지수는 각 요인들의 수준을 의미하는 것이므로 조사결과 그 측도를 당연히 구할 수 있다. 그리고 중요도는 우선순위(priority)를 결정짓는 중요한 수단이 된다.

1. 고객만족경영의 실현은 왜 필요한가?

2. 관광서비스 고객만족도 조사의 목적은 무엇인가?

3. 관광서비스 회복관리란 무엇인가?

참고문헌

김영화(2004), 『서비스 실패유형에 따른 회복 공정성 지각이 고객의 감정반응, 서비스 가치 및 충성도에 미치는 영향-외식업을 대상으로 CIT 활용』, 세종대학교 대학원박사학위 논문

김태량(2001), 『고객만족 그 경영과 측정』, 한국능률협회컨설팅.

문제옥(2007), 『고객만족 접점 만들기』, 한국경영혁신연구소.

윤세남 역(2004), 『서비스 전략의 7가지 비밀』, 한올출판사.

장정빈 옮김(2003), 『서비스 아메리카』, 풀무레.

전원재 옮김(1997), 『고객서비스의 신화』, 미래M&B.

한정인(2012), 『호텔레스토랑 서비스 회복 공정성과 고객만족, 고객행동 의도에 관한 연구』, 경기대학교 대학원 박사학위논문

Lilienthal(1997), 『Service Recovery in sports Service Cintexts: An lnvestigation of the veracity of the Recovery Paradox』, Doctorial Dissertation, Ohio State University.

http://www.knto.or.kr/Korean/index.html

LG 경제연구원, www.lgeri.com

CHAPTER

08

관광서비스 고객만족경영 사례연구

제8장 관광서비스 고객만족경영 사례연구

제1절 항공사 고객만족경영 사례연구

1. 사우스웨스트 항공사

제2절 호텔 고객만족경영 사례연구

1. W호텔
2. 리츠칼튼 호텔
3. 에버랜드

CHAPTER 08 관광서비스 고객만족경영 사례연구

관광서비스 고객만족경영을 실시하고 있는 대표적인 관광업체인 사우스웨스트 항공사와 W호텔 사례를 통하여 고객을 위한 차별화 전략과 경쟁력 강화 요인을 살펴본다.

제1절 항공사 고객만족경영 사례연구

1. 사우스웨스트 항공사(Southwest Airlines; LUV)[1)]

버핏도 고개를 내저었던 항공산업, 그 유일한 스타 플레이어

사우스웨스트 항공은 거의 모든 경영대학원에서 케이스 스터디의 대상으로 활용되고 있을 만큼 탁월한 비즈니스의 모범과 같은 회사이다. 수많은 회사가 파산했고 또 적자에 허덕이고 있는 전망이 어두운 항공산업에서 수십 년간 계속 고속 성장을 거듭해 온 회사이며 자기만의 세그먼트를 명확하게 규정하고 있으며 어떤 경쟁사도 넘보기 힘든 전략적 위치(strategic position)를 확고하게 구축하고 있는 회사가 바로 사우스웨스트 항공이다.

항공산업은 심지어 워렌 버핏까지도 투자 실패로 이끌었던 산업이다. 버핏

1) 이명헌 경영스쿨

의 찬란한 투자 역사에서 US Airs에 투자한 것이 거의 유일한 대형 실패로 기록되어 있다. 그처럼 치열한 경쟁이 벌어지고 있는 암담한 산업에서 어떻게 강력한 Moat를 갖춘 훌륭한 비즈니스를 구축해 올 수 있었을까?

사우스웨스트 항공의 CEO Herbert D. Kelleher는 1995년 사업보고서의 "Letter to shareholders"를 통해 사우스웨스트 항공의 성공 비결을 간결하게 정리해서 밝히고 있다.

"Six Secrets of Success"

Secret Number 1 : Stick to what you're good at.(잘 하는 것만 하라)

"Our focus is, and has always been, short haul, point-to-point travel. That's why 80 percent of our Customers fly nonstop."
-Gary C. Kelly, Vice President-Finance, Chief Financial Officer

사우스웨스트 항공은 처음 출발할 때부터 단거리(shorthaul) 노선과 높은 이용빈도(high frequency), 낮은 요금(low-fare), 포인트 투 포인트(point-to-point) 노선이라는 틈새시장만을 대상으로 했고 지금도 그렇다. 다른 많은 항공사들이 바퀴살 모양의 hub-and-spoke 노선 속에서 출혈경쟁을 하고 있을 때, 사우스웨스트 항공은 그런 관행을 완전히 무시했다. 다만 많은 이용객이 있어서 높은 이용 빈도가 보장되는 지역만을 대상으로 이들을 직접 이어주는 포인트 투 포인트 노선을 도입했고 이를 싼 가격에 제공한다는 확실한 포커스를 갖고 있다.

사우스웨스트 항공은 단거리만 포인트 투 포인트 방식으로 연결하기 때문에 거의 대부분의 승객이 논스톱 승객이다. 또한 hub-and-spoke 시스템을 피함으로써 연착을 줄이고 여행 시간을 획기적으로 단축했다. 노선을 구축하는 공항을 선택할 때도 교통은 편리하지만 'hub'에 해당하지는 않는 곳을 택함으로써 정확한 운항시간과 정확한 여행시간을 보장할 수 있었다. 이렇게 해서 단 46개의 공항만을 이용하면서도 하루에 2000회 이상 운항하는 경이적인 결과를 만들어 내었다. 사우스웨스트 항공 노선이 있는 공항 중 규모가 큰 곳의 경우는 일평균 168회의 운항 횟수를 기록하고 있다.

이렇게 낮은 요금, 편리함, 뛰어난 고객서비스를 바탕으로 단거리 시장의 약 80~90%를 지배하며 독점적 니치마켓을 구축했고, 놀랍게도 전체 시장규모를 대상으로 했을 때도 60~70%의 시장점유율을 차지하게 되었다(Source: 2003 Annual Report).

가장 잘 하는 핵심에만 집중하며 핵심 영역이 아닌 곳으로는 전혀 눈을 돌리지 않은 결과가 오늘날의 사우스웨스트 항공을 만들었다.

Secret Number 2 : Keep it simple.(단순함을 유지하라)

"We believe simpler is always better. Most people's lives are complicated enough. Why add to their problems?"
– Gary A. Barron, Executive Vice President, Chief Operations Officer

사우스웨스트 항공은 "no"를 좋아한다. 사우스웨스트 항공에는 예약 좌석이 없다. 기내식도, 복잡한 절차도 없다.

사우스웨스트 항공의 기본적인 철학은 단순함이다. 낮은 요금, 높은 이용률, 단거리 승객이라는 포커스에만 집중한다. 단거리만 운항하므로 비행기 기종도 오직 하나 보잉 737뿐이다. 단거리, 논스톱, 붐비지 않는 공항 이것이 모두 어우러져서 정확하고 믿을 수 있는 스케줄을 가능케 한다. 기종이 하나이기 때문에 유지관리도 단순하고 쉽다. 운항 방식 승무원 교육도 단순해진다.

단거리를 자주 여행하는 승객이 원하는 것은 낮은 요금으로 빠른 시간 내에 목적지에 도착하는 것이다. 그러므로 사우스웨스트 항공은 기내식 같은 번잡스러운 절차를 없애고 티켓팅 시스템과 탑승 절차를 대폭 간소화하였다. 1995년에는 인터넷을 이용한 "ticketless travel" 방식을 도입해서 티켓팅 과정을 더욱 간편하게 했다. 인터넷 등의 테크놀로지를 채택할 때도 철저하게 목표시장에 부가적 가치를 가져다줄 수 있는 방식으로 활용하는 것이다.

뭐가 새로 나왔다고 하면 자신의 기본전략과의 관련성은 생각하지 않은 채 무작정 대규모 자본을 투하하곤 하는 회사와는 확실하게 다른 점이다. 핵심 역량을 더욱 강화해 주고 전략적 위치를 더욱 공고히 해 줄 수 있는 한에서의 신기술 도입이다.

새로운 시스템을 도입함으로써 프로세스가 더욱 단순해질 수 있었고 단순함은 곧 낮은 비용으로 이어진다. 사우스웨스트 항공은 전략도 단순하고 비즈니스모델도 단순하고 프로세스도 단순하다. 단순하기 때문에 파워풀한 것이다.

Secret Number 3 : Keeps fares low, costs lower.(요금은 낮게 유지하고 코스트는 더욱 낮게 유지하라)

"Southwest is THE Low Fare Airline because we are THE Low Cost Airline. You can't have one without the other."
– John G. Denison, Executive Vice President–Corporate Services

승객에게 낮은 요금을 제시하면서도 큰 이익을 창출하려면 최소한의 비용만을 사용해야 한다. 코스트를 낮추는 것은 거의 숨쉬기와 같이 자연스러운 일이어야 한다. 사우스웨스트 항공은 업계 최저의 비용구조를 갖추는 것에 강하게 집착하고 있다.

비용을 낮추기 위한 핵심은 생산성을 높이는 것이다. 직원 생산성 향상뿐만 아니라 자산 활용 역시 가장 효율적으로 해내야만 업계 최고의 저비용구조를 구축할 수 있다. 예를 들어 사우스웨스트 항공은 항공기가 공항 입구에 머무는 시간이 20분 정도에 불과하도록 스케줄을 하고 있기 때문에 직원 1인당 연간 2,500명의 고객을 서비스할 수 있다. 직원 생산성이 높으므로 임금 수준을 높게 가져가도 원가 경쟁력이 생기는 것이다. 비행기가 단일 기종이라는 점은 운영 효율성을 더욱 높이고 비용을 더욱 낮추게 된다. 단순함이 저비용구조를 이끌어 내는 섯이다.

Secret number 4 : Treat customers like quests.(대접받고 싶은 식으로 고객을 대접하라)

"The secret is so simple, most companies overlook it. Treat your Customers like you'd like to be treated."
– Colleen C. Barrett, Executive Vice President – Customers

사우스웨스트 항공은 고객만족 대상을 지속적으로 석권해 온 회사이다.

총괄적인 고객 만족뿐만 아니라 운항시간의 정확성, 화물처리 등 특별한 항목에서도 계속 수위를 달리고 있다. 왜 'no'가 많은, 안 하는 것이 많은 사우스웨스트 항공이 여러 부문에서 최고의 만족도를 기록하고 있는 것일까?

CEO이야기

In short, we treat our Customers like guests. Southwest was built with the short haul Customers' needs in mind, and our unique marketing and operating strategy facilitates this exceptional service.

'단거리를 여행하는' 승객의 니즈를 중심에 두고 독특한 마케팅과 운영 전략을 펼치고 있기 때문에 아주 특별한 서비스가 가능한 것이다. 분명한 목표시장을 갖고 있고 바로 그 고객층이 원하는 니즈를 만족시키도록 특화되어 있기 때문에 최고의 만족도를 줄 수 있는 서비스를 제공할 수 있는 것이다.

단거리를 자주 이동하는 승객 특히 비즈니스 목적으로 자주 이용하는 승객이 원하는 것이 무엇인가? 낮은 요금, 정확히 시간을 지켜주는 것, 빠른 티켓팅, 짧은 운항간격 등이다. 고객만족을 올린다는 것이 모든 것을 다 잘 하겠다는 것과 같은 뜻이 아니다. 자신의 고객층만이 갖고 있는 니즈의 우선순위를 알고 중요한 부분을 훨씬 탁월하게 만족시키는 게 핵심 포인트이다.

Secret Number 5 : Never stand still.(결코 정체되어 있지 마라)

"One thing is for certain: Things will change. How well you anticipate and how quickly you deal with change determines your success."
– Herbert D. Kelleher, Chairman, President, & Chief Executive Officer

사우스웨스트 항공은 업계 최초로 "Ticketless Travel"을 도입했다. 무엇을 최초로 했다는 게 중요한 것이 아니다. 핵심역량을 강화할 수 있는 것이라면 도전적으로 도입한다는 점에 주목해야 한다. 왜 티켓리스 방식을 도입했을까? 승객이 예약하고 티켓팅하는 과정을 더욱 간편하게 하기 위해서이다.

사우스웨스트 항공의 주된 고객층은 단거리를 낮은 요금에 빨리 이동하고자 하는 사람들이다. 발권 등에서 낭비될 시간을 줄여 주는 것이 아주 큰 도움이 될 수 있는 고객층인 것이다. 또한 업계 최고의 저비용구조를 갖겠다는 회사의 전략과도 아주 잘 어울리는 행보이다. 이처럼 항상 경쟁상황을 주시하고 새로운 테크놀로지 경영 방식에 관심을 갖되 철저하게 자신의 전략적 위치를 강화해 줄 수 있는 것만을 선별해서 창조적으로 활용해야 한다.

CEO이야기

In January 1995, we were the first major airline to fully implement Ticketless Travel. Consequently, we are even less dependent on our competitors' computer reservations systems to distribute Southwest travel. In addition, our People are also in the process of developing our own internal reservations system which will further improve our productivity.

These accomplishments, along with our entry into Basic SABRE, resulted in permanent reductions in our distribution costs and demonstrate how our Employees never lose sight of Southwest's number one competitive advantage–the lowest cost structure in the airline industry.

Secret Number 6 : Hire great people.(훌륭한 인재를 고용하라)

"We hire People who color outside the lines- creative, caring People who provide Positively Outrageous Service."
- Elizabeth P. Sartain Vice President-People

회사의 인재상이 명확하다. 사우스웨스트 항공은 "Outrageously positive"한 사람을 찾는다. 기존 직원과 유사점이 많은 사람보다는 가급적 다양한 백그라운드를 가진 사람을 채용해서 회사의 조직문화를 더욱 다양한 방식으로 확장할 수 있는 사람을 원한다. 또한 가급적 일선직원들에게 권한을 위임하고자 하는데 이것은 단순히 직원들의 사기를 높이기 위해서가 아니라 익숙해진 것에 안주하며 혁신과 창조에 둔감해지는 것을 방지하기 위해서이다. 그리고 일선직원들에게 큰 힘을 실어 줌으로써 단순히 급여나 이익 분배 프로그램 등의 금전적인 보상을 넘어 회사의 성공이 곧 개인의 성공과 직결되도록 한다. 이런 과정을 통해 이직률을 낮추고 높은 직무만족도를 도모한다.

제2절 호텔 고객만족경영 사례연구

1. W호텔2)

W호텔 '7感 마케팅'

호텔은 자는 곳이 아니라 경험하는 곳, 직원 말 · 몸짓까지 W스타일로 디자인 "자고 가는 곳 아닌 새로운 경험 하는 곳 '무엇이든 언제나' 고객의 感性을 채운다"

보통 고급 호텔 하면 정중하면서도 위엄있는 분위기가 떠오른다. 하지만 이 호텔은 다르다. 전 세계 트렌드 리더들에게 열광적인 찬사를 받고 있는 'W호텔' 말이다. 이 호텔의 '거실(W호텔은 로비를 이렇게 부른다)'에는 'DJ 부스'가 있어 파티에서나 들을 법한 댄스 음악을 내보낸다. 직원들은 캐주얼 차림에 명찰도 없다. 대신 자기 이름을 먼저 밝히면서 고객과 인사를 나눈다. 이 호텔의 세계 34개 체인 중 하나인 'W호텔 서울'에 가보면 빨간색의 타원형 문을 미닫이로 열고 들어가는 화장실 디자인에서부터 달걀 모양의 의자로 꾸며진 바에 이르기까지 곳곳에서 감탄을 자아낸다.

「빅 싱크 전략」으로 유명한 번트 슈미트(Schmitt) 교수는 이렇게 말했다. "호텔 리츠칼튼은 식스 시그마와 비슷한 TQM(Total Quality Managem ent)으로 상을 받았다. 그런데 이 호텔 직원들은 나에게 말을 할 때면 모든 문장에 '슈미트씨'(Mr. Schmitt)를 넣는다. '체크인 하시겠습니까? 슈미트씨!', '주문하시겠습니까? 슈미트씨!' 나는 그게 정말 거슬린다. 반대로 W호텔을 보자. 이곳에선 훨씬 자유로움을 느낄 수 있다. 직원이 지나가면서 '안녕하세요. 난 빌입니다. 기분은

---

2) 조선일보&Chosun.com

어떠세요? 어느 나라에서 오셨지요?'라고 하는데 더 자연스럽다. 이런 것이 바로 식스 시그마와 창조성이 높은 '큰 생각'의 차이다."

또 세계적인 광고회사 사치앤사치(Saatchi & Saatchi)의 케빈 로버츠(Roberts) CEO는 "W호텔은 오감(五感)을 활용하고 완벽하게 조화시켰다"고 평가했다. CJ오쇼핑의 이해선 대표는 "W호텔엔 '고객의 요구(needs)를 만족시키는 휴식처는 여기밖에 없다'는 'Only one'의 정신이 깃들어 있다"고 의미를 부여했다.

전 세계 W호텔의 총책임자이자 글로벌 브랜드 리더인 이바 지글러(Eva Ziegler)는 W호텔의 특징을 "고객이 머무는 게 아니라 새로운 경험을 하는 곳"이라고 말했다. "W호텔의 목적은 그 지역에서 가장 매력적인 장소(the coolest place)가 되는 것입니다. 단지 숙박만을 하는 게 아니라 식사하고 음료를 마시고 함께 놀 수 있는 공간을 제공하는 것이죠. 그러기 위해 W호텔은 늘 트렌드 위에 있어야 합니다. 트렌드를 좇는 '트렌드 시커(seeker)'가 아니라 트렌드를 이끌고 전파하는 '트렌드 세터(setter)'가 돼야 합니다."

W호텔이 고객들에게 주고 싶은 것이 무엇이냐는 질문에는 "한마디로 감탄사 '와우!(Wow!)'"라고 말한다. "고객의 오감(五感)을 자극하는 것만으로는 고객들을 만족시켜줄 수가 없어요. 정말 독특하고 모든 게 살아 있다는 경험을 해야 고객의 입에서 "와우!"하고 감탄사가 터져 나옵니다. 여기에 위트가 있는 '윙크(wink)'라는 센스까지 곁들이면 더욱 매혹적이지요. 그래서 우리는 오감에다 '와우'와 '윙크'를 가미한 '7감 마케팅'을 추구합니다."

고객에게 '와우'와 '윙크'를 주기 위해 W호텔이 가장 중시하는 것은 디자인이다. 그러나 그 디자인은 물리적 디자인에 머물지 않는다. 이 호텔은 직원들의 행동 일거수일투족을 모두 디자인의 관점으로 보고 있다. 예를 들어 이 호텔에선 객실 청소 담당을 '룸 스타일리스트'라고 부른다. 소파의 쿠션이 흐트러져 있다면 그 위치를 바로 잡는 것도 스타일링이기 때문이다. 호텔의 총지배인은 '스타일 폴리스'라고 부른다. 비주얼 디자인 전시물에서부터 고객을 응대하는 직원들의 태도에 이르기까지 W호텔답지 않을 경우 그것을 바로잡는 사람이란 의미다.

W호텔스러운 서비스를 제공하기 위해 이 호텔은 직원들에게 'W 언어-W 라이프스타일 훈련'을 시킨다. 이를테면 2시간짜리 'W-웁스!(W-OOPS!)' 과정은 직원들이 실수를 저질렀을 때 어떻게 하면 혁신적인 'W 스타일'로 대처할 수 있는지를 가르친다. 또 '신체 언어(Body talk)' 과정은 몸짓이나 표정 등 비언어적 요소에서도 W 스타일로 정보를 주고받을 수 있는 노하우를 공유하도록 한다. 지글러 리더는 "고객과의 접점인 직원들의 말과 행동을 디자인함으로써 소비자에게 신선한 경험을 전달하는 것"이라고 말했다.

'W호텔 타임스퀘어' 현관문을 들어서자마자 상하좌우가 모두 유리벽으로 된 통로가 나타난다. 유리벽으로는 물줄기가 사방으로 시원하게 흐르고 있다. 'W호텔 유니온스퀘어'의 프런트 데스크 앞쪽에는 파릇파릇한 잔디가 시원하게 심어져 있다. 객실은 보라색 천으로 예쁘게 포장된 이어폰 앞에 'Use me'라는 쪽지가 앙증맞게 놓여 있다. 이 호텔은 고객을 맞는 프런트 데스크를 '웰컴 데스크'라고 부른다.

'W호텔 유니온스퀘어'의 스위트룸도 웅장하거나 초호화판으로 꾸며졌을 것이란 기대와는 거리가 멀다. 금(金)으로 도금한 문고리나 월풀 욕조는 찾아볼 수 없다. 벨벳으로 만들어진 소파는 차라리 '검소'해 보인다.

"디자인이나 스타일은 단지 시각적인 것만 의미하는 게 아니다"라고 강조한다. "우리는 인간이 느끼는 오감(五感)은 말할 것도 없고, '와우'와 '윙크'라는 두 센스를 더 곁들여 고객들에게 만족감을 주려고 노력합니다."

W 호텔의 언어 및 라이프스타일 훈련 프로그램

프로그램	교육내용
The Woo of W	'W 스타일'의 서비스를 지속적으로 제공하는 방법 'Whatever/Whenever' 서비스를 소비자에게 효율적으로 전달할 방법
W-OOPS!	실수를 저질러도 'W스타일'로 대처하는 방법
Welcome	고객을 'W스타일'로 따뜻하고 매력적으로 맞이하는 방법
Leadership	W의 기대 수준에 도달할 만큼 서비스를 제공할 수 있도록 직원들을 가르치고 동기부여하는 방법
Body Talk	몸짓 표정 등도 'W스타일'로 의사를 전달하는 방법
Art of Conversation	고객들과 'W스타일'로 얘기하고 대화에 참여시키는 방법
Making Memory	작은 것이라도 고객에게 의미있는 기억들을 남길 수 있는 방법

W 호텔만의 독특한 고유 언어

단어	의미
ROOM STYLIST	객실청소 담당
DOOR AMBASSADOR	도어맨
WELCOME DESK	프런트 데스크
LIVING ROOM	로비
STYLE POLICE	호텔 총지배인

호텔경영 출신이 아닌 마케팅 전문가가 호텔 브랜드를 총괄하는 것은 이례적인 일이다. 이처럼 고객에게 브랜드란 무엇인가를 잘 알고 있는 전문가들에 의해 브랜딩이 이뤄지고 있기 때문에 W호텔이 특별할 수 있을지 모른다.

이바 지글러는 "호텔은 그저 여행객이 하룻밤을 묵고 가는 곳이 아닙니다. 디자인과 스타일을 통해 얼마든지 창의적이고 새로운 경험을 만들어낼 수 있는 곳이지요. 우리가 개발하는 요소 중 가장 중요한 부분이 디자인입니다. 호텔을 어떻게 설계하고 배치하느냐 뿐 아니라 조명이나 음악 같은 데도 신경을 써야 합니다. 활발하고 역동적인 에너지가 매우 중요하지요. W호텔이 'W해프닝스'라는 이름으로 예술, 음악, 패션, 요리 등 다양한 분야를 느낄 수 있는 이벤트를 지속적으로 기획하는 것도 고객들의 감각을 새롭게 하는 '엔진' 역할을 하기 위해서입니다."

"고급 호텔이라고 화려할 필요는 없습니다. 핵심은 세련되면서도 독특하고 젊은 감성을 보여주는 것입니다. 예를 들어 W호텔의 리빙룸(로비)에는 'W 더 스토어'가 있습니다. 여기서는 감기약이나 기념품 같은 일상용품은 팔지 않습니다. 대신 옷과 스카프, 팔찌, 음악CD 등 패션용품을 구비해 놓았지요. 파리에 가서 에펠탑 기념품을 사는 건 너무 평범하고 지루한 일이 잖아요. 심지어 객실에서도 티셔츠나 화장품, 오락기기를 살 수 있습니다. 음료나 간단한 먹을거리가 준비된 미니바와 함께 말이죠. 만약 감기약이나 일상 생활용품이 필요하다면, W호텔이 제공하는 '무엇이든, 언제나(Whatever/ Whenever)' 서비스를 이용하면 얼마든지 구할 수 있습니다."

실제로 W호텔 타임스퀘어 7층에 마련된 'W 더 스토어'는 투숙객들을 위한 편의점이라기보다 패션 전문점에 가깝다. 매장 입구에 놓인 마네킹에 멋진 원피스가 걸려 있고, 패션잡지에서부터 시계, 아이팟(iPod)까지 각종 패션 용품이 진열장을 가득 채우고 있다. 애나이스 로사(Rosa) W호텔 영업담당코치는 "멋쟁이 뉴요커들이 많이 찾는다"고 전한다.

"W호텔이 새로운 콘셉트를 선보이기까지는 아주 긴 시간이 걸립니다. 하지만 상당히 혁신적이어서 2~3년 후에 호텔 문을 열어도 크게 걱정하지 않습니다. 2004년 서울에 오픈한 W호텔도 5년이 지났지만 여전히 현대적이지 않은가요? 우리는 이런 성과를 얻기 위해 5~10년 뒤에도 통할 수 있는 디자인을 찾으려고 여러 분야를 관찰합니다. 특히 패션업계에 주목합니다. 패션은 계절마다 끊임없이 새로운 트렌드를 내놓기 때문에 흐름을 빨리 읽을 수 있어요. 우리가 패션 디렉터를 고용한 것도 패션 분야에 어떤 일들이 일어나는지를 업데이트 하기 위해서입니다."

"모든 사람을 만족시키는 브랜드는 없습니다. 우리처럼 격식 없고 스타일을 중시하는 호텔에 거북함을 느끼는 고객이라면, 스타우드 호텔&리조트(W호텔의 모기업)의 다른 브랜드를 이용하면 되지요. 가령 가족들과 함께 파티를 갖고 싶을 땐 쉐라톤 호텔에 가고, 조용한 것을 원한다면 웨스틴 호텔을 찾으면 됩니다. 그래야 다른 브랜드들도 살아남을 수 있지 않을까요."

"1990년 W호텔의 모기업인 스타우드 호텔&리조트 그룹의 배리 스턴리히트(Sternlicht) 전 최고경영자(CEO)가 아이디어를 냈습니다. 기존의 호텔이 소비자의 새로운 감성(感性) 욕구를 채워주지 못한 것을 발견한 것이지요. 필요 이상으로 권위적이고 딱딱한 호텔 분위기는 젊은 감성과는 동떨어져 있잖아요. 그 갭(gap)을 메우기 위해 새롭고 차별화된 경험을 중심으로 하는 '와우' 요소를 만들어 냈어요. 우리 집 거실에서처럼 편히 쉴 수 있고, 현대적이며, 언제든 친구들과 어울릴 수 있는 분위기 말입니다. 여기에 내가 원하는 모든 것을 언제든지 서비스받을 수 있다는 아이디어를 접목시켰지요."

W호텔의 대표적 서비스의 하나가 '무엇이든, 언제나(Whatever/Whenever)' 서비스이다. 객실의 전화기만 들면 시간에 구애받지 않고 고객이 원하는 모든 서비스를 제공받을 수 있다.

가령 작년 연말 자정이 다 돼 갈 때쯤 'W호텔 서울'에 묵고 있던 외국인 투숙객이 "서울 강남에서 택시가 도무지 잡히지 않는다"고 전화를 걸어왔다. 콜택시를 알아봐도 택시를 구할 수 없었던 직원들은 결국 손님이 있는 곳까지 차를 몰고 가 그 손님을 모시고 돌아왔다. 올해 4월의 어느 날 새벽에는 스웨덴에서 온 투숙객이 "인천공항에서 여행 가방을 잃어버렸다"며 당장 내일 입을 옷을 살 수 있는 곳을 물어봤다. 직원들은 곧바로 그 손님을 모시고 동대문시장 쇼핑을 나갔다.

지글러는 "W라는 브랜드를 공유하긴 하지만, 각 도시의 호텔들은 사실 독립된 개별 호텔이라고 볼 수 있습니다. 호텔마다 지역적 특성이 있고, 나름의 '디자인 스토리'가 있어요. 우선 각 지역의 특징적 요소를 뽑아낸 다음, 거기에 현대적이고 재미를 곁들인 W만의 방식으로 재해석해냅니다.

서로 다른 문화적 차이는 존중해야 할 부분이지요. 뉴욕에서는 자연스러운 것이 서울이나 홍콩에서는 그렇지 않을 수도 있어요. 가령 "Well, hello there!(음, 거기 잘 있지!)" 같은 표현은 뉴욕의 W호텔에서는 거의 인사처럼 자주 씁니다. 그런데 아시아권에서는 이런 표현을 쓰면 어색하거나 너무 과장되어 보일 수도 있지요."

"직원 한 사람 한 사람이 스스로 이해하고 몸으로 익혀야 비로소 모든 행동에서 'W스타일'이 묻어나올 수 있습니다. 결국 우리는 '사람 경영(human business)'을 하는 셈입니다. 무언가를 완벽하게 디자인할 수는 있습니다. 하지만 진짜는 그 다음입니다. 그것을 어떻게 전달하느냐 하는 '실행'의 문제입니다. 그래서 결국 모든 것은 사람으로 귀착되지요. 모든 직원에게 브랜드의 세부 방침을 제대로 전달하는 것이야말로 우리가 가장 신경을 쓰고 있고, 또 가장 어려운 점입니다."

번트 슈미트 교수는 "기존 호텔이 직원들이 틀리지 않고 실수하지 않는 데만 치중한 나머지 너무 정형화되어버렸다. 그러나 W호텔은 이런 '식스 시그마'의 틀을 뛰어넘었다"고 평가했다.

지글러는 "일을 효율적으로, 그리고 효과적으로 하는 것은 매우 중요하지요. 하지만 업무를 효율적으로 처리하는 것과 창의적인 회사가 되는 것은 전혀 다른 문제입니다. 많은 경쟁업체가 W호텔만의 독특한 방식을 따라 하려고 하지만, 이런 매력을 만들어내지 못하고 있어요. 편안하고 격식을 차리지 않는 것만으로 고객들에게 감동을 주는 서비스가 되는 것은 아니기 때문이죠."라고 말한다.

2. 리츠칼튼(Ritz-Carlton)호텔[3)]

1992년 가을 리츠칼튼호텔 그룹사는 미국의 최고품질 우수상(Malcom Baldrige National Quality Award)을 처음으로 획득한 호텔회사가 되었다. 자사의 서비스 품질수준을 높이고 명예로운 품질 우수상을 받기 위한 수단으로 사내 전체 부서들을 총괄하여 총체적 품질관리(Total Quality Management : TQM)를 실시하였다.

1) 품질관리 프로그램

리츠칼튼호텔의 품질경영 프로그램은 사장, 그리고 13명의 이사로 구성된 운영위원회와 품질관리 팀(team)으로 조직되어 있다. 그들은 매주 1회 모임을 갖고 제품 및 서비스 품질 측정, 고객만족, 시장성장률 개발, 그리고 현재의 경쟁력 상태 및 지위 등을 검토한다. 집행임원들은 각자 근무시간의 약 1/4에 해당하는 시간을 품질관리 관련 업무에 투입한다.

2) 고객서비스 업무표준

리츠칼튼호텔의 고객서비스 업무표준은 크게 4가지 항목으로 구성되어 있는데 (1) 신조(credo) (2) 모토(moto), (3) 서비스 업무의 3단계 (4) 접객종사원의 근무자세(basics)이다. 종사원 각자는 서비스 업무표준을 충분히 이해하고 준수해야 하며, 이 표준은 고객들에게 발생할 수 있는 문제해결을 위한 처리, 종사원들의 단정한 용모, 객실관리, 고객의 안전 그리고 업무의 효율화 등이 포함되어 있다. 그 내용을 보면 다음과 같다.

---

3) Partlow, Charles G.

(1) 신조(信條)

- 리츠칼튼호텔이 추구하는 최대의 신조는 고객의 안전을 보살피고 안락한 숙박체재를 보장해 주는 것이다.
- 우리는 고객들을 위해 최상의 인적 서비스와 물적 서비스를 제공해 줄 것을 서약하며 따뜻하고 편안하며 그리고 쾌적한 분위기를 즐길 수 있도록 한다.
- 리츠칼튼호텔은 그동안 축적된 경험을 밑바탕으로 하여 생기 넘치는 유쾌한 분위기 조성, 고객의 복지 및 안녕, 그리고 아직 표현되지 못한 고객의 소망 및 기대욕구까지도 미리 알아차려 충족시켜 드리도록 최선의 노력을 다한다.

(2) 모토(Moto)

- 우리는 신사 숙녀 고객들을 모시는 신사 숙녀이다. 동료 종사원들과 서로 협조하고 팀워크(teamwork) 구축을 위해 노력함으로써 활기찬 직장 분위기를 조성한다.

(3) 서비스업무 3단계

① 고객이 들어오면 성실하고 다정하게 인사와 함께 맞아들이며 가능한 한 이름을 불러 친밀감을 느끼게 한다.
② 고객의 필요와 욕구가 무엇인가를 미리 알아차리고 충족시켜 드린다.
③ 떠나실 때도 다정하게 "안녕히 가십시오" 인사드리고 가능한 한 이름을 불러 드린다.

(4) 접객종사원의 근무자세

① 회사의 신조를 종사원 모두에게 주지시키고 자기의 것이 되도록 하며 정

열적으로 활동하게 한다.

② 서비스 업무처리 3단계를 모든 종사원들이 실천하도록 한다.

③ 사내 모든 종사원은 회사에서 실시하는 소정의 교육·훈련과정을 의무적으로 마치고 수료증을 수령토록 함으로써 자기가 맡은 직책에서 회사의 업무 표준을 준수하여 직무를 수행하는 방법을 충분히 숙지하도록 한다.

④ 종사원 각자는 직장의 업무를 전반적으로 이해하고 회사의 경영전략 방안에 따라 이미 확정된 목표 달성을 위해 주력한다.

⑤ 종사원 모두는 내부고객(동료 종사원)과 외부고객(고객)의 필요·욕구가 무엇인가를 알고 있어야 하며 그들이 기대하는 물적 상품과 인적 서비스를 제공한다. 고객별 기록카드를 작성하여 특히 선호하는 음료, 식사, 그리고 기타 취향 등을 기록·보존한다.

⑥ 종사원 각자는 호텔 전반에 걸쳐 업무상의 결정[실수, 개정(rework), 고장, 비효율, 편차(variations) 등을 지속적으로 찾아내어 시정토록 노력해야 한다.

⑦ 종사원 각자는 고객으로부터 불평을 받을 경우 고객의 입장에서 자신의 문제인 것처럼 잘 보살펴 드린다.

⑧ 고객에게 문제가 생겼을 때는 즉각적으로 대응하여 문제를 해결하고 시정토록 한다. 문제발생 20분 이내에 고객에게 전화를 드려 문제해결의 처리상황 또는 결과를 보고하고 고객이 진정으로 만족할 때까지 보살펴 드린다. 결코 불만족한 상태로 고객이 호텔을 떠나는 일이 없도록 모든 능력과 수단을 동원하여 해결해 드린다.

⑨ 고객에 대한 문제해결 조치사항은 기록으로 보존하여 관련 종사원 모두에게 알려주고, 불만고객을 발견한 모든 종사원은 즉시 처리할 수있는 권한이 부여되어 있음을 강조하고 똑같은 사례가 반복적으로 발생하지 않도록 한다.

⑩ 타협을 불허할 정도의 높은 수준의 청결성 유지는 종사원 각자 모두에게

부과된 책임이다.

⑪ "우리는 무대 위의 연기자임을 명심하여 항상 미소를 잃지 말 것." 항상 적극적인 자세와 시선으로 고객을 접대하며, 언어에 있어서도 다음과 같이 정중한 표현들을 주로 사용한다("안녕하십니까?", "알겠습니다.", "~해서 매우 기쁩니다." 등).

⑫ 호텔의 사내 또는 사외에서 활동할 때는 외교적인 태도로 말하고 행동한다. 소극적인 발언보다는 항상 적극적인 자세를 견지한다.

⑬ 호텔 내부에서 고객을 안내할 때는 직접 모셔 드려야 하며 손으로 방향만을 가리키지 않는다.

⑭ 호텔의 사내 정보들을 숙지하여 고객이 문의하면 무엇이든 답변할 수 있는 준비태세를 갖추고 있어야 한다. 고객이 식사나 음료 또는 기타 물건들을 구입하려 할 때도 호텔 외부에 안내하기 이전에 반드시 호텔 사내의 식음료 판매업소 또는 소매점을 이용하도록 권유한다.

⑮ 전화를 주고받을 때는 기본예의를 갖춘다. 전화벨이 울리면 3번 울리기 이전에 명랑한 목소리로 받는다. 필요할 때는 "잠깐 전화를 대기시켜 놓아도 되겠습니까?" 하고 물어보아야 한다. 전화를 받고 상대방을 심문하는 어조로 물어보지 말아야 한다. 가능하면 전화를 돌려주는 통신 시스템을 줄이고 제거하는 방향으로 추진한다.

⑯ 제복은 항상 깨끗하게 입고, 신발은 안정감 있고 깨끗할 뿐만 아니라 구두의 경우 광을 내야 하고 명찰을 부착한다. 자부심을 가지고 직무에 임하며 일정 수준에 도달하도록 용모와 복장을 단정히 한다.

⑰ 비상시에 대비하여 자신의 역할을 분명히 알고 숙달토록 하며, 화재 발생 시 생명의 안전을 지키기 위한 수칙과 절차를 평소에 훈련한다.

⑱ 사용하고 있는 기물, 설비, 장비 등의 손상, 고장 등 위험상황을 발견하는 즉시 상사에 보고하여 도움을 요청한다.

⑲ 리츠칼튼호텔의 자산을 보호하는 것은 종사원 각자 모두의 책임이다.

타 회사의 추종을 불허하는 탁월한 서비스를 제공하기 위해, 리츠칼튼호텔은 신입종사원 선발 기준을 새롭게 창안하여 호텔맨으로서 적성에 맞고 잠재능력을 갖춘 우수한 인재들을 뽑는다. 2일 동안 회사를 소개하는 오리엔테이션과 사내 현장교육을 실시하여 업무의 흐름과 회사 근무 분위기를 전반적으로 이해하도록 한다.

신입사원들을 일정기간 동안 매일 정렬시켜 모임을 갖고 회사가 추구하는 문화적 가치와 목표를 정신교육을 통하여 지속적으로 주입하고 특히 업무실적 능력이 우수한 자를 인정해 주는 시스템을 제도적으로 확립한다.

고객의 문제를 신속하게 처리하도록 보장하기 위한, 고객의 불평이나 문제의 유형이 어떤 것이든 상관없이 문제를 처음 발견한 사람이 조치를 취하도록 한다. 고객의 문제에 관련되는 한 신속하면서도 조용하게 해결하는 것이 최고이므로 여기에 초점을 맞추어, 반드시 담당자가 아니더라도 고객의 불평이나 요망사항을 처음 접한 사람이 지체 없이 가능한 모든 조치를 취하도록 권한을 부여하고 있다.

고객이 호텔의 객실에 편안한 마음으로 숙박하고 양질의 고객서비스를 보장하는 책임은 주로 종사원들에게 있다. 서비스 품질표준(quality standards)에 대한 종사원들의 만족도와 이해도가 어느 정도인가를 측정 · 확인하기 위해 매년 조사를 실시해 왔는데, 그 결과 종사원들의 최고 관심사는 훌륭한 고객서비스 제공을 제1순위(top priority)로 중시했다.

(5) 세부계획

회사의 각 계층에서, 즉 본사의 집행간부로부터 단위 영업장 지배인 및 종사원에 이르기까지 품질관리 목표설정과 실천계획을 세우도록 과제를 부여한다.

그리하여 본사의 '품질관리 운영위원회'에서 전체적으로 검토한 후 각 호텔에 품질관리 팀장(quality leader)을 임명하여 확정된 품질관리 계획을 추진 · 실천토록 한다. 종사원들이 신나게 일할 수 있도록 하기 위하여 영업장마다 3개팀을 조직하여 문제해결(problem solving), 전략적 계획서 작성(strategic planning), 그리고 품질을 증명할 수 있는 표준설정 작업을 각기 분담토록 한다.

리츠칼튼호텔은 현관문을 열어 첫 손님을 맞이하면서부터 관련되는 모든 일들이 제대로 처리될 것을 목표로 한다. 신입종사원들을 선발하여 2일 동안 오리엔테이션을 하는 기간에 호텔 사장과 선임 간부는 업무수행 표준(gold standards)과 품질관리(quality management)에 관한 중요성을 교육한다.

(6) 품질관리 자료

리츠칼튼호텔의 720여 영업장에서 제출된 자료들을 근거로 하여 본사에서 품질관리에 관한 일일보고서를 작성한다. 이는 고객만족과 고품질 수준에 도달하기 위한 목표달성에 장애요인이 되는 문제점들을 확인하여 사전에 경고하기 위한 시스템이다. 3개월에 한 번씩 고객들로부터, 그리고 회의 기획자(meeting planner)들로부터 앙케트 조사를 실시하여 그들의 반응을 결합시키고 요약하여 고객들의 기대사항들이 무엇인가를 알아내고 종전에 실시했던 결과와 비교해 봄으로써 고객서비스 증진 노력을 꾸준히 계속한다.

객실 설비의 작동 · 기능 상태를 정기적으로 또는 필요할 때는 수시로 점검하며 체크인 절차를 간소화하여 고객이 기다리는 시간을 최소화하며, 객실의 청결상태를 최대한으로 깨끗이 유지하며 투숙한 고객의 요청이 있을 때 신속하게 룸서비스(room-service)를 제공해 드리도록 체제를 완비한다.

건물 시설 · 설비 및 안전관리 시스템의 자동화로부터 시작하여 예약 시스템의 전산화에 이르기까지 리츠칼튼호텔은 고도로 발달한 공학기술의 이점을 최대한 활용한다. 예를 들면 고객별로 그들이 좋아하는 것과 싫어하는 것을 기재하도록 모든 종사원들에게 교육시켜 수집된 자료들을 전산화된 고객개인기록카드(guest history profile)에 입력시켜 두었다가 24만 단골고객들에 대한 정보를 필요에 따라 제공하면 고객 개인의 취향에 따라 보다 친밀감 있는 양질의 서비스를 제공하게 되어 고객들이 다시 찾아오게 만든다.

(7) 품질관리 결과

이런 방식으로 고객에게 초점을 맞추어 일하고자 하는 목적은 고객들의 기대욕구를 충족시켜줄 뿐만 아니라 추억에 남는 인상 깊은 방문이 되도록 하여 그들이 다시 찾아오게 만들기 위한 것이다. 연구 · 조사 전문회사에 의뢰하여 나온 결과에 의하면 리츠칼튼의 전체 고객 중 92~97%가 좋은 추억을 간직한 채 호텔을 떠난다고 응답했다. 품질관리 프로그램을 실시한 결과 1991년 한 해 동안에 여행업계로부터 받은 수상만 해도 121개가 된다.

3) TQM의 5원칙

다음에 열거한 5원칙들은 TQM 신조의 모든 것은 아니다. 다음의 원칙들을 중시함으로써 TQM은 결코 일시적으로 실시했다가 그만두는 성질의 것이 아님을 종사원들이 깨닫게 하기 위함이다. TQM의 요지는 기법과 훈련을 통합한 시스템이다.

(1) 품질향상에 전념한다

품질 최우선주의를 실현하기 위해서는 이를 적극적으로 지원하는 조직 문화와 풍토를 조성해야 한다. 그리고 TQM 여건조성은 전적으로 최고경영진에서 단호한 의지를 가지고 리더십을 발휘해야 가능하다.

(2) 고객만족에 초점을 두어야 한다

고객은 품질 여하에 대하여 관심을 많이 가지고 있다. TQM을 실시하는 회사들은 고객 시장조사를 통하여 그들이 진실로 원하는 것이 무엇인가를 통찰력 있게 판단하여 이에 부응하도록 노력하고 한 걸음 더 나아가 고객들의 기대 이상의 것을 충족시키기 위해 노력한다.

(3) 조직문화를 평가해 본다

사내 각 부서에서 선발된 종사원들과 최고관리자 그룹이 주체가 되어 조직 내의 직장 분위기에 대해 의견을 교환하고 TQM 원칙과 비교하여 그 적합성 여부를 평가한다. 평가기간은 수개월이 소요되는데, 조직의 힘을 집결하고 취약점을 찾아내며 가장 급히게 해결해야 될 문제부터 우선순위를 결정한다.

(4) 종사원들에 권한을 이양한다

TQM 실시는 상의하달식으로 상부에서 지시하지만 실제 일을 하는 것은 하위직원들이므로 그들에게 직권을 부여하여 자기 책임하에 자율적으로 신속하게 결정 · 처리하도록 해야 한다.

(5) 품질관리 노력을 측정한다

종사원들의 뛰어난 근무실적, 합리적인 의사결정, 납품업자들의 민감한 반응도, 그리고 고객만족 증대를 위하여 어느 정도의 실적을 올렸는가를 측정할 수 있는 능력은 TQM 고유의 것으로 실시과정에서 반드시 측정할 필요가 있다. 정보수집 및 분석기법은 TQM 실시과정에서 발생하는 문제의 원인을 쉽게 찾아낼 수 있게 해준다. 결국 TQM은 복잡한 통계자료나 측정 기법보다는 합리적인 사고 능력과 문제해결 능력에 기초하고 있다.

4) 권한위임

TQM 원칙들 중의 하나인 권한위임(empowerment)은 리츠칼튼호텔로서는 실천하기 쉬운 조치였다고 한다. TQM총괄이사에 의하면 권한위임은 종사원들에게 고객의 문제를 해결하도록 권한과 책임을 부여하는 것을 의미한다고 했다. 고객의 불평이나 문제에 접한 종사원은 통상의 업무체제에서 벗어나 비록 자기 소관사항이 아니더라도 신속하게 조치를 취하고 무엇이 잘못되었는가 알아보아 문제를 해결하는 방향으로 추진할 수 있는 권한과 책임을 부여한다는 뜻이다. 통상적인 업무체제에서 벗어난다는 표현이 적절하지 못할지도 모른다. 왜냐하면 고객서비스를 담당한 접객 종사원은 고객의 문제를 해결하는 것이 중요한 주 업무가 되기 때문이다. 즉 객실에서 일어난 고객문제를 즉시 처리하기 위해서는 마케팅 담당이사보다는 객실에 자주 들어가 고객을 모시는 룸서비스나 객실 청소 · 점검을 담당하는 룸메이드(room maid)가 좀더 효율적으로 처리할 수 있다는 의미이다. 우리가 믿고 있는 이른바 1 - 10 - 100의 원칙이 있는데, 이것은 오늘 당장 처리하면 1달러의 경비가 소요되고 내일 처리하면 10달러가 들고 시일이 지연되어 문제가 악화되어 버리면 100달러 소요되어도 해결은 더욱 어려워진다는 것이다.

5) 팀워크(Teamwork)

팀워크를 구축하는 접근방식은 처음 경험한 일이기 때문에 지배인들로부터 저항을 받는 사례가 있었다. 원래 팀워크의 취지는 종사원들이 고객 문제의 유형을 찾아내고, 긴급을 요하는 문제의 순위를 결정하며, 문제의 재발을 예방하는 대응책을 개발하는 데 팀워크를 발휘하여 공동으로 대처하자는 것이었다. 그러나 이러한 접근방식은 당시에는 너무나 새롭고 처음 경험한 것이었다. 그리하여 관련되는 문제들을 검토하는 데 지배인들을 적극적으로 참여시켜 그들의 걱정을 덜게 하였다.

나중에는 전략기획팀(strategic planning team)을 만들어 조직의 각 계층마다 목표를 설정하고 계획 사항을 실현하도록 책임을 부담시켰다. 우리는 지배인들을 재심위원회(review board)에 참관시켜 각 팀에서 설정한 목표와 계획을 심의토록 하였다. 결국 지배인들은 전략기획팀으로서의 접근방식이 더욱 좋다는 데 동의하고 실제로 실시해본 결과 일부 지배인들은 특히 일을 추진하는 촉진자(facilitator)로서 또는 코치로서 자기가 맡은 역할을 훌륭하게 잘 해내었다고 TQM 총괄이사는 덧붙였다.

또한 그는 회사조직의 각 팀과 팀 사이의 관계를 구축하는 데 상당히 많은 시일이 소요되었다고 한다. 이 호텔의 종사원들은 비교직 수준 낮은 요원들을 제외하고는 회사가 지향하는 측면서비스(lateral service)의 개념을 이해하기 시작하였으므로 부서 간의 상호기능을 감당할 수 있는 사람들(crossfunctional people)을 한데 모아 그룹을 형성하여 팀과 팀 사이의 관계를 더욱 견고하게 구축할 계획을 세웠다. 그러나 그룹을 형성한 구성요원들이 서로 상대방을 알고 이해하는 데 오랜 시일이 걸렸으므로 회사가 얻고자 했던 팀(team) 사이의 관계 개선의 목적을 충분히 이해시키고 그들로부터 협조 · 지원을 받는 수준에 도달하기까지는 역시 많은 시일이 소요되었다.

6) 피드백(feedback)

말콤 볼드리지(Malcom Baldrige) 상을 받는 것은 좋은 소식이면서도 동시에 나쁜 소식이 될 수도 있다는 양면성을 지니고 있었다. 수상한 지 1~2개월 후에 리츠칼튼호텔은 75개의 개선해야 될 미비점을 지적해 주는 제안서를 송달받았던 것이다. 그래서 그러한 미비점을 추적하여 늦어도 1996년까지 시정하도록 종사원들에게 공고했다. 그리하여 고객의 욕구와 고객불만과의 갭(gap)이 최소한 50% 이상 단축되도록 목표를 세웠다.

이 호텔은 전통적 방식인 객실점유율(occupancy rate)의 제고보다는 최고 수준의 품질 향상에 초점을 두어 목표를 설정했다. 다시 바꾸어 말하면 고객 만족을 위한 가장 효율적인 체제를 갖추는 것이었다.

3. 에버랜드(Everland)[4]

에버랜드는 서비스왕국이다. 각종 서비스의 결집체라고 할 수 있는 놀이 공원을 운영하고 있다. 입장객 기준으로 세계 6위 업체이다. 1~5위까지가 도쿄 디즈니랜드, 미국 디즈니랜드, 파리 디즈니랜드 등 디즈니 관련회사인 점을 감안하면 에버랜드는 디즈니 일색의 놀이공원에 도전하는 토종 브랜드다. 놀이기구가 있는 페스티벌 월드를 비롯, 세계적인 워터파크인 캐리비안베이, 사자와 호랑이가 함께 있는 사파리 등은 에버랜드가 자랑하는 시설들이다. 장미축제를 비롯한 계절별 꽃축제는 서양의 테마파크에서는 볼 수 없는 한국만의 서비스다.

하지만 에버랜드의 경쟁력이 이런 하드웨어에서만 오는 것은 아니다. 5년째 고객만족경영대상을 수상해 명예의 전당에 헌정될 정도로 직원들의 서비스가 뛰어나다. 에버랜드에는 사원에서 과장으로 승진할 때 선물이 하나 있다. 흰 장갑과 집게, 언제라도 휴지가 떨어진 것이 보이면 솔선해서 치우라는 의미다. 이외에도 드롭커튼(drop curtain)제, 오프스테이지(off stage)제, 달콤주-쓸개주 파티를 위해 에버랜드는 끊임없이 노력하고 있다. 뿐만 아니라 직원들의 재교육을 위해 서비스 아카데미도 별도로 설립하였다. 자체 건물과 인력을 가지고 내부 직원들은 물론 이제는 외부교육도 시행하고 있다.

4) Economist, 전국 경제인연합회.

1) 에버랜드는 서비스 사관학교

에버랜드는 우선 직원들에 대한 서비스가 남다르다. “직원들이 자신의 근무 환경에 만족을 못 느끼면서 고객들에게 친절하기를 바라는 것은 있을 수 없다”라고 주장하고 있다. 국내 최초로 1인 1실 기숙사를 비롯, 장기 휴가제도, 외국어 사내교육, 데이투어(day tour), 직원가족 초청, 작은 음악회 등 직원들을 위한 다양한 제도가 있다.

또한 서비스를 단순히 인사 잘하기, 잘 웃기 등 보여주는 것에서 탈피한 서비스 아카데미의 설립도 회사가 자랑하는 시설이다. 에버랜드 현장요원을 위한 자체 교육기관으로 출발한 서비스 아카데미는 이제 외부에 더 유명한 서비스 전문 교육기관이다. 10개의 교육프로그램과 60여 개의 교과목, 3년간의 자체교육으로 양성한 강사가 교육을 전담한다. 직원 22명 중 15명이 강사다. 교육이 없는 날이 하루도 없다. 내부교육 2만 명을 포함 연간 9만 명이 이곳에서 교육을 받는다. 이로 인한 매출도 상당한 수준이다.

그런 회사 방침이 적중한 것일까? 회사에는 직원들이 직접 고안한 다양한 서비스 제도가 있다.

(1) 드롭커튼(drop curtain)

손님에게 클레임을 받거나 시설의 문제점이 발견된 업장은 곧바로 커튼을 내린다. 즉 영업정지에 들어간다. 불량품이 나올 경우 생산라인을 멈추는 공장의 ‘라인스톱제(line stop)’와 비슷하다.

(2) 오프스테이지(off stage)

기량이 떨어지는 배우. 즉 서비스가 미비한 직원을 퇴장(off)시켜 재교육을 받게 하는 제도. ‘전화 응대 불량’, ‘퉁명스러운 말투’, ‘손님과의 언쟁’ 등으로 재교육 대상이 된 사람은 서비스 아카데미에 입소해 재교육을 받는다.

(3) 고객불만예보제

1년 전 고객들로부터 나왔던 불만과 제안을 데이터화해 그 실례들을 현장 운영자들에게 미리 알려 똑같은 불만을 사전에 방지하는 제도이다. 만약 이번 주 일요일에 비가 온다는 일기예보가 나오면 손님 만족실에서 작년 이맘 때 비온 일요일의 컴플레인(complaint) 자료를 뽑아 현장에 전달해 같은 불만을 사전에 막는 제도다.

또한 에버랜드는 경쟁력 강화를 통한 차별화 전략과 미래경영기반 구축의 일환으로 6시그마 혁신활동에 들어갔다. 고객중심 경영철학의 체질화, 경영성과와 혁신활동의 강력한 연계 전략적 접근, 과학경영의 실천을 위해 직접 선진기업의 사례를 스터디(study)하고, 실천방법을 찾아나갔다. 철저한 톱다운(Top-Down)의 리더십, 6시그마 교육과 프로젝트 수행을 병행한 전문인력, 전사적 프로젝트 활동 전개, 인프라 구축을 지원하였다. 이를 통해 50여억 원의 성과를 냈고 서비스업에서의 성공 가능성을 확인, 임직원의 공감대를 형성하였다.

그리고 고객만족경영은 이에 대한 확고한 철학이 전제되어야 하므로 조직의 철학, 문화, 신념이 될 수 있도록 전임직원에게 알리고 지속적으로 훈련해 나갔다. 1년에 반드시 1회씩은 아카데미에 들어가 교육을 받도록 한 것이다.

"리더는 늘 현장에 있어야 하며, 하위직원보다 더 열심히 일할 수 있어야 한다.", "지금 우리의 리더들은 어떻게 하고 있는가?"라는 의문을 제기토록 하였다. 그 밖에 에버랜드는 인센티브 시스템을 개발하여 성과를 많이 창출한 사람에게 많은 인센티브를 주는 시스템이 마련되어 있다. 단순한 공평만으로는 고객을 만족시킬 수 없기 때문이다. 즉 성과별 보상시스템 만이 '공평'일 수 있다는 논리이다.

이런 노력 때문일까? 지난 1999년 3월, 대만의 창이(長億)그룹은 리조트 단지 '디스커버리 월드(Discovery World)'의 건설 및 운영 전반에 걸친 컨설팅을 에버랜드로부터 받았다. 놀이공원과 관련해 200만 달러의 컨설팅 수입을 올린 것은 우리나라 최초이자 유일한 성과이다. 당시 창이그룹의 책임자는 도쿄의 디즈니랜드와 에버랜드를 3번에 걸쳐 비교한 끝에 에버랜드를 선택하였다. 세계 최대 놀이공원인 도쿄 디즈니랜드와의 경쟁에서 이긴 셈이다.

이상의 사례에서 볼 수 있듯이 기업과 고객, 고객과 종업원 간의 윈-윈 전략은 고객만족경영의 경영학적 명분이라 할 수 있다. 고객만족경영은 해당 기업의 이념, 철학, 정책이어야만 성공할 수 있다. 고객만족경영을 위해선 초기투자가 많이 필요하다. 그러나 일단 일정 수준에 이르면 이는 곧 성과, 경쟁력으로 나타난다. 고객만족경영이 일과성에 그치거나, 전시성일 경우 성공하기 어렵다. 단기 업적보다는 중장기 업적을 평가하는 내부 평가시스템의 변화가 필요하다. 전 구성원들에게 본질에 대한 이해를 숙지시켜야 하는데, 이에는 CEO가 앞장서야 한다. 제일 중요한 것은 채용이다. 우리 회사에 맞는 직원을 판단하고 채용해야 한다. 모든 직원의 채용에 CEO가 직접 나서야 한다. 기업의 환경은 지속적으로 변화되고 있으며, 고객의 요구 역시 지속적으로 향상되고 있다. 이런 환경 변화에 적응하기 위해서는 지속적으로 새로운 공식을 만들어가야 한다.

Q

1. 사우스웨스트 항공사, W호텔, 리츠칼튼(Ritz-Carlton)호텔, 삼성 에버랜드의 서비스 품질관리의 장점은 무엇인가?

참고문헌

이명헌 경영스쿨(2005), 『사우스웨스트 항공 성공의 비밀』, http://www.emh.co.kr/content.

이수광(1999), 『월간마케팅(6월호)』, 한국마케팅연구회.

전국경제인연합회(FKI), 『Monthly(2001), (8월호)』.

『조선일보&Chosun.com』(2009.11.21), [Weekly BIZ] 묵는 손님마다 "WOW!" 이 호텔의 비밀은.

Partlow, Charles G.(1993), The Cornell Quarterly, August, pp.16~24. 한국관광공사(경주관광교육원).

Economist(2001), 8. 8.

Southwest_airline_success_secrets

CHAPTER

09

관광서비스 고객불만족처리

제9장 관광서비스 고객불만족처리

제1절 문제해결 방법

1. 문제해결 기법
2. 브레인스토밍
3. 피시본 다이어그램

제2절 관광서비스 불만족 해결방안

1. 관광서비스 고객불만족 사례

CHAPTER 09 관광서비스 고객불만족처리

관광서비스를 수행하는 동안 발생된 다양한 고객불만족을 해결하는 데 있어 그 해결 방법을 찾아 처리하는 능력을 배양토록 한다. 고객불만족 사례를 통해 브레인스토밍(brainstorming)과 피시본 다이어그램(fishbone diagram) 기법을 사용하여 문제해결 능력을 키운다.

제1절 문제해결 방법

문제해결을 위한 방법 가운데 주로 사용되는 브레인스토밍(brainstorming)과 피시본 다이어그램(fishbone diagram) 기법을 살펴본다.

1. 문제해결 기법

체계적인 문제해결 모델에는 단계별로 다양하고 그에 적합한 문제해결 기법(도구)들이 사용된다. 문제 발견, 계획수립, 분석, 해석단계에서 주로 사용되는 브레인스토밍, 관계도표, 매트릭스 도표, 인과도표, 체크시트 등과 개선의 노력단계에서 주로 사용되는 계통도표, 파레토 차트, 연속흐름도, 프로세스 흐름도,

산포도, 진행도, 관리도, 히스토그램 등이 있다.

초기 단계에서 쓰이는 문제해결 기법들은 매우 다양해 보이나 문제점의 발견을 토론을 통해 얻어낸다는 공통점이 있다. 브레인스토밍, 인과도표, 매트릭스 등은 토론을 통해 유용한 결과를 얻기 위한 기술적인 방법들이다.

인과도표 또는 피시본 다이어그램은 토론에서 나온 의견을 원인과 결과로 분류해 가기 때문에 토론의 효과를 높일 수 있는 방법이다. 매트릭스법이나 체크시트 또한 그렇다. 토론에서 나온 의견들에서 유용한 결과를 이끌어내는 방법들이다. 토론이 서로 의견을 교환하고 끝난다면 귀중한 시간을 들여 다시 토론을 하지 않으려 할 것이다. 문제의 개선은 토론으로부터 시작하나 토론은 반드시 결과를 얻어야 성과를 달성하는 것이다.

2. 브레인스토밍(brainstorming)

사전에 의하면 브레인스토밍이란 일정한 테마에 관하여 회의형식을 채택하고, 구성원의 자유발언을 통한 아이디어의 제시를 요구하여 발상을 찾아 내려는 방법이다. 그 원리는 다음과 같다.

첫째, 한 사람보다 다수인 쪽이 제기되는 아이디어가 많다.

둘째, 아이디어 수가 많을수록 질적으로 우수한 아이디어가 나올 가능성이 많다.

셋째, 일반적으로 아이디어는 비판이 가해지지 않으면 많아진다.

그러므로 브레인스토밍에서는 어떠한 내용의 발언이라도 그에 대한 비판을 해서는 안 되며 오히려 자유분방하고 엉뚱하기까지 한 의견을 출발점으로 해서 아이디어를 전개시켜 나가도록 하고 있다. 이를테면 일종의 자유연상법이라고도 할 수 있다.

넷째, 조별 회의에는 리더를 두고 구성원수는 가능한 10명 내외로 하는 것이 좋다.

결국 브레인스토밍은 회의 참석자들이 토론에 자유롭게 참여하고 창의성이 발휘될 수 있도록 그리고 최대한으로 많은 의견을 얻도록 브레인스토밍 원칙을 제시하고 있다. 즉 토론을 위한 토론, 무의미한 토론이 되지 않게 하기 위해서는 토론의 목적이 있어야 하고 토론 과정에서 올바른 결과가 나와야 한다. 이를 위해서는 반드시 조별 구성원 모두가 참여하도록 해야 하며 결과가 나왔을 때는 리더로 하여금 발표를 하도록 한다.

3. 피시본 다이어그램(fishbone diagram)

피시본 다이어그램은 문제점 혹은 결과에 대한 잠재원인들을 하나의 뼈대 아래 시각적으로 표현하여 발생 가능한 잠재 원인이 무엇인가를 찾아내고자 할 때 주로 사용하는 도표이다. 또한 발생된 원인들을 가지처럼 나열하기 때문에 생선뼈와 비슷하다 하여 피시본 다이어그램 혹은 원인-결과 도표(cause and effect diagram)라고도 한다.

피시본 다이어그램은 어떤 요인이 어떤 관계로 영향을 미치고 있는지 명확히 하여 원인규명을 쉽게 할 수 있도록 하는 기법이며 문제점을 정리하거나 개선하고자 할 때 팀원 간 상이한 의견을 한 장의 도표로 정리하여 의견을 공유할 수 있다는 점에서 매우 좋다. 따라서 이 기법은 전형적인 팀 브레인스토밍 도구로써 해결할 문제를 결과(effect)로 보고 물고기 모양의 머리에 위치에 둔다. 그리고 원인(cause)은 물고기뼈 모양에 적어 두는데 원인에 따라 크고 작음을 분류하여 작성한다. 대원인 중에서도 가장 중요한 대원인을 물고기 모양 쪽에 위치해 놓는다. 또한 대원인 A, B, C, D…, 중원인 A, B, C, D…, 소원인

A, B, C, D…, 세원인 A, B, C, D… 등으로 표시하여 작성한다.

주의할 점은 팀 구성원들의 의견이 종합되었을 경우에는 리더 혼자 피시본 다이어그램을 그리는 것은 적합하지 않다. 리더 혼자서 대원인, 중원인, 소원인, 세원인 등으로 표시한다면 리더 주관에 의해 한 쪽으로 치우칠 우려가 있기 때문이다. 따라서 피시본 다이어그램은 팀 전체가 참여하는 브레인스토밍으로 완성단계까지 함께 그려 나아가야 한다. 이것은 도표가 한 쪽으로 치우치는 것을 방지할 수 있고 누락된 원인이 없는지 확인해야 하며, 또한 원인과의 인과관계가 명확한지 특정 원인이 다른 원인에 잘못 들어갔는지를 파악할 수 있기 때문이다. 그리고 각 원인들을 역순으로 검토하여 근본적인 원인이 무엇인가를 찾는 데 수월하다는 점에서 팀 전체 구성원의 참여는 반드시 필요하다.

[그림 9-1]은 피시본 다이어그램의 구조를 나타낸 것이다.

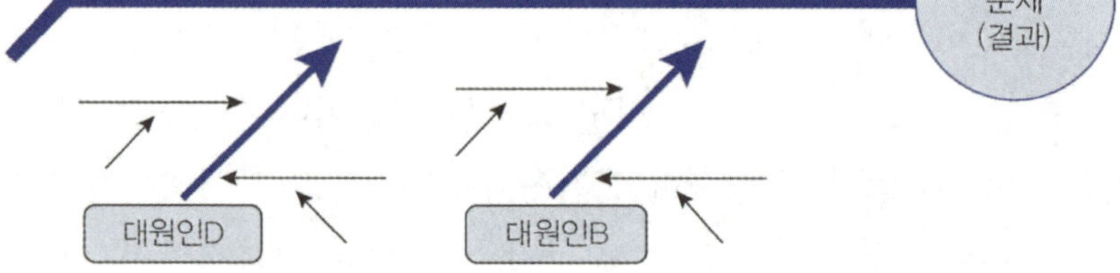

[그림 9-1] 피시본 다이어그램 구조

제2절 관광서비스 불만족 해결방안

브레인스토밍과 피시본 다이어그램 기법으로 아래의 고객불만족 사례에 대한 문제해결 방안을 마련하여 본다.

1. 관광서비스 고객불만족 사례

1) 고객 불평편지[5)]

이와 같은 불평편지를 쓰는 것도 이번에 처음 있는 일입니다만, 본인이 아내와 귀 업체를 찾아갔을 때 그곳에 일하는 직원이 우리에게 보여준 불친절 때문에 우리는 너무 분개하여 당시에 발생했던 상황을 이야기하지 않을 수 없어 이 서신을 드립니다.

우리는 저녁식사 파티를 위하여 본인 아내의 이름으로 귀 레스토랑에 예약을 했었습니다. 참석인원은 4명에 파티일자는 10월 11일 토요일 저녁이었습니다. 조지아(Georgia)주 애틀랜타(Atlanta)시에 살고 있는 본인의 처남과 그의 아내를 저녁식사에 초대한 것이었습니다.

프런트데스크 왼편에 위치한 다이닝 룸(Dining room)에 도착하여 우리 일행이 자리에 앉았을 때가 저녁 7시였습니다. 우리가 좌석에 앉았을 때 적어도 그 식당에는 비어있는 테이블이 4개 있었습니다. 착석하자마자 곧 메뉴판과 와인리스트, 얼음물, 빵 그리고 버터를 가져왔었지요. 우리가 약 15분 동안 기다리고 있을 무렵, 그때 웨이트리스(waitress)가 다가와서 술 주문을 요청했습니다.

5) The cornell HRA Quarterly(1987).

"무엇을 드시겠습니까?"라는 요청을 받고 처남의 아내가, "나는 올리브를 곁들인 보드카 마티니를 스트레이트로 들겠습니다"라고 답변하자 웨이트리스가 즉시 답변하기를, "나는 속기사가 아니에요"라고 응답하므로, 다시 반복해서 주문을 했답니다. 조금 후, 웨이터(waiter)가 와서 당일 저녁의 특별메뉴를 알려주었습니다. 웨이터의 이름은 기억하고 있지 못하지만 검은 머리에 안경을 쓰고 작은 키에 팔소매를 걷어 올리고 있었습니다. 10분 후에 그가 다시 테이블에 돌아왔습니다. 그런데도 우리가 주문한 술은 그때까지 갖다주지 않았습니다. 앙트레를 무엇으로 할 것인지 우리는 마음의 결정을 하지 못했으므로 우선 식욕을 돋우기 위한 요리를 주문하자, 앙트레와 동시에 주문해야 한다고 그가 말해서 우리는 그 요리를 주문하지 않기로 결정했 습니다. 우리가 주문한 술이 도착하자 웨이터가 테이블에 돌아왔습니다. 7시 30분에 우리는 앙트레를 주문했지요. 웨이터가 본인의 아내에게 주문을 받을 때 "Young lady"라고 호칭하더니 식사를 제공하면서는 "Dear"라고 호칭했습니다. 우리가 급히 샐러드를 주문했을 때가 8시 10분 전이었습니다. 나는 웨이터 보조원에게 롤빵을 가져오도록 추가로 주문했습니다. 뜻밖에도, "누가 주문했습니까?"라고 그녀가 묻기에, 주문한 롤빵의 수량을 정확하게 가르쳐 주기 위하여 손님마다 개별적으로 확인해야 했습니다. 8시 5분 전에 우리가 주문한 샐러드가 서브되었고 8시 25분에 우리는 앙트레를 주문했습니다. 8시 30분에 우리가 주문한 앙트레는 제공받았지만 이것은 우리가 레스토랑에 들어가 착석한 이후 1시간 30분이 소요되었던 것이며, 그것도 전체 좌석의 1/3이 비어 있는 만큼 손님이 별로 없었습니다. 그뿐만 아니라 물 잔을 비울 때마다 그리고 버터가 모자랄 때마다 계속 요청해야 갖다 주곤 했습니다.

정확히 말하자면 요리장의 음식 솜씨는 훌륭하였습니다. 그리고 이미 아시다시피 식당의 분위기도 쾌적하였습니다. 그럼에도 불구하고 우리의 저녁식사 분위기는 엉망이 되어 버렸습니다. 이 일을 당하고 우리는 몹시 기분이 언짢았고 모욕감을 느꼈습니다. 귀사의 종사원들은 훈련이 잘 되어 있지 않았습니다. 그들은 공공연하게 무례를 범하고 예의를 지키지 않았습니다. 이는 귀 업체의 우아한 분위기와 높은 가격의 식사비를 생각할 때 어처구니없는 상황이었습니다. 당시에 우리의 불쾌한 감정을 알려줄 수도 있었겠지만 우리는 가능한 한 빨리 떠나고 싶은 생각밖에 없었습니다. 사실 우리는 뉴햄프셔에서 주말 휴가의 일부로서 귀 업체에서 꽤 오랜 시간 여유있게 식사를 하면서 즐길 것을 기대했었습니다.

이제는 우리가 귀 업체에 다시 찾아가기 힘들 것 같습니다. 귀 레스토랑에서 우리가 겪었던 불쾌했던 경험을 가족과 친구들 그리고 사업 동료들에게 이야기하지 않을 수 없다는 사실을 명심하시기 바랍니다.

2) 레스토랑 업체의 회신

저희 레스토랑에 대하여 매우 부정적인 반응을 보이신 ○○님의 서신을 받고 저희는 매우 유감스럽고 걱정하지 않을 수 없게 되었습니다. 그러나 손님께서 일부러 시간을 내어 편지로 저희한테 이런 사실을 알려주신 데 대하여 진심으로 감사를 드립니다. 손님의 기분을 충분히 이해하고 전적으로 동감하는 바입니다. 그리고 당시의 상황에 관련한 여건들을 몇 가지 말씀드리고자 합니다.

지난 4~5년 동안 이 지역의 실업률이 매우 낮고 노동력이 부족하다는 소문이 널리 퍼지게 되었습니다. 그 결과 일손을 구하기가 통탄할 정도로 힘든 상황이었습니다. 더구나 올해에는 이 지역의 경기가 극도로 악화되어 밑바닥에서 허덕이는 위기를 맞이하게 되었답니다. 자격을 갖춘 능력 있는 종사원을 구하기란 현실적으로 불가능했습니다. 시즌(season) 초기에는 이러한 문제발생을 예상하여 채용인원을 초과하여 선발해 보았지만 성공하지 못했습니다. 이 지역의 종사원들은 자기들이 무능력하다는 이유로 해고를 당해도 이를 대체할 사람이 없다는 것, 그래서 해고당할 가능성이 없고, 설령 해고당한다 해도 신원보증인도 필요없이 언제나 취업 가능하다는 상황을 너무 잘 알고 있기 때문에 그들에게 유리한 방향으로 최대한 이용하려 하고 있습니다. 종사원들 간에 이러한 근무태도가 만연되는 여건에서, 특히 표준화된 서비스의 질적수준을 높이 유지하려는 고용주에게 심한 좌절감을 안겨주고 있다는 사실을 ○○님께서는 충분히 이해하실 수 있을 것입니다. 말씀드리기 죄송하지만, 본 업체의 이직률이 점점 증가되고 있어서 우리가 원하는 종사원을 선발하기란 거의 불가능한 실정입니다. 이러한 시기에 교육 · 훈련을 시킨다는 것은 사치스러운 일일뿐만 아니라 불가능한 것입니다.

불행하게도 손님께서 본 레스토랑에서 식사를 하셨던 저녁(10월 11일)은 1년 중 가장 바쁜 시기입니다. 손님께서 착석했을 당시 비어 있는 테이블이 있었지만, 그날 저녁 우리는 150명의 고객을 접대했답니다. 당시에 레스토랑에 근무하는 4명의 종사원들이 사전 예고없이 결근을 했었습니다. 결근자들이 사전에 예고전화를 하고 결근했다면 고객의 예약을 전부 받지 않고 제한했을 것입니다. 그리하여 고객들이 입을 손상 · 피해를 경감시킬 수 있었을 것입니다. 그러나 결근자들이 출근시간 마지막까지 예고도 없이 갑자기 결근하였으므로 결원이 된 상태에서 많은 고객을 접대하다 보니, 경영진, 종사원, 고객 모두가 이를 감수해야 했고 결국 서비스가 지체되어 수준 이하로 떨어지게 되었습니다.

○○님의 테이블 서비스를 담당했던 웨이터와 웨이트리스는 이미 우리 업소에 근무하고 있지 않습니다. 당시에 종사원 구하기가 그렇게 어렵지 않았더라면 그러한 일은 결코 발생하지 않았을 것입니다. 손님께서 불쾌했던 점을 그때 바로 우리에게 이야기했더라면 많은 도움을 받았을 것입니다. 사건 이후 주인인 제가 관련 종사원들에게 이야기하는 것보다 사건 당시 직접 손님께서 지적하여 주셨더라면 그들에게 보다 강력한 경고가 되어 자기들의 잘못을 뉘우치게 함으로써 보다 많은 효과를 기대할 수 있을 것입니다. 이제는 비교적 한가

한 시기이므로 시간을 내어 적절한 종사원 교육·훈련을 실시하여 새롭고 보다 나은 접객요원이 되도록 하겠습니다.

손님께서 그날 밤 받았던 서비스는 보통 수준에도 미치지 못하고 도저히 용납할 수 없음을 업체 책임자로서 통감하고 있습니다. 그와 같은 문제가 앞으로 다시 재발하지 않도록 사전예방에 최선의 노력을 다할 것입니다.

그러나 현실적으로 아무리 훌륭한 레스토랑의 경우에도 운이 없어 불쾌감을 느끼게 되는 날이 있음을 인정하셔야 하겠습니다. 우리가 보살펴 주지 않고 주의를 기울이지 않아 그러한 일이 발생한 것이 아닙니다.

가격에 대해서 언급하셨는데, 다른 업소와 비교하여 조사를 실시해 보시면 아시겠지만, −대부분의 도시나 휴양지역에서− 본 레스토랑의 요리, 그리고 분위기와 같은 수준의 다른 업소의 가격에 비하면 가격은 절반 값밖에 되지 않습니다. 우리는 이 지역의 다른 레스토랑 업체와 비교하여 결코 비싸지 않은 경쟁가격으로 설정하여 음식을 제공하고 있습니다. 대부분의 다른 업소들은 음식의 질과 식당의 분위기 면에서 그리고 운영에 따른 소요 총 경비 측면에서 우리 업체의 수준에 미치지 못하고 있습니다.

지금까지 말씀드린 모든 것들을 변명하기 위한 것이라고 오해하지 않기를 바라며 우리의 해명에 대하여 다소나마 이해하여 주시길 바랍니다. 그리고 본 업체에 찾아 오셨다가 불쾌감을 얻고 가신 ○○님과 일행 여러분에게 심심한 유감과 사과말씀을 드리오니 받아 주시기 바랍니다. 다음 기회에 한 번 더 왕림해 주시면 즐겁고 유쾌한 저녁식사 기회를 약속드립니다. 다른 많은 손님들이 본 업체에 다시 찾아와 고맙다는 인사를 많이 하므로 보람있게 생각하고 있습니다.

1. 관광서비스 고객불만족 사례의 경우 고객불만족의 원인과 대처 방안은 무엇인가?

참고문헌

The Cornell HRA Quarterly(1987), Answering the Customer's Complaint : A Case Study, 한국관광공사 경주관광교육원 May, pp.10-15. (한국관광공사 경주).

부록

01 관광서비스 품질지수

1. 한국서비스 품질지수

한국서비스 품질지수란 무엇이며, 이러한 서비스를 측정하기 위한 모델은 어떻게 개발되었는지를 살펴본다.

1) 한국서비스 품질지수의 의의

한국서비스 품질지수(Korean Standard Service Quality Index: KS-SQI)는 한국표준협회에서 주관하여 국내 서비스산업과 고객특성을 반영하여 공동 개발한 서비스산업 전반의 품질에 대한 고객의 만족 정도를 나타내는 종합 지표이다. 이것은 구매 가능한 모든 서비스산업의 품질수준을 매년 정기적으로 조사 · 발표하는 국가 및 전 산업의 통일된 지표로서 서비스 품질향상을 이룩하고자 함을 목적으로 하고 있다.

2) 서비스 품질측정의 모델

한국서비스 품질지수를 나타내기 위해 서비스 품질측정 · 평가에 대한 모형은 파라슈라만(Parasuraman) 등이 개발한 서브퀄(SERVQUAL) 모형을 중심으로 다단계 연구를 수행하여 서비스 품질에 대한 개념적 모델을 개발하고, 서비스 품질을 측정하는 방식으로 갭 모델(gap model)을 개발하여 측정하고 있다.

또한 서비스 품질의 개념 차원을 밝히기 위해 특정산업에 국한되지 않은 공통적인 서비스 품질 속성을 실증 연구한 결과 서비스 품질의 8가지 구성 차원을 파악하고, 이후 실증적인 타당성의 척도 개발을 통하여 유형성, 신뢰성, 반응성, 보장성, 공감성의 5가지 차원으로 정리하고 있다.

(1) 서비스 품질지수 모델

서비스 품질지수 모델은 그림과 같이 기업성과를 제외한 고객평가, 서비스 품질영역, 서비스 품질 결정요인을 고려하고 있다.

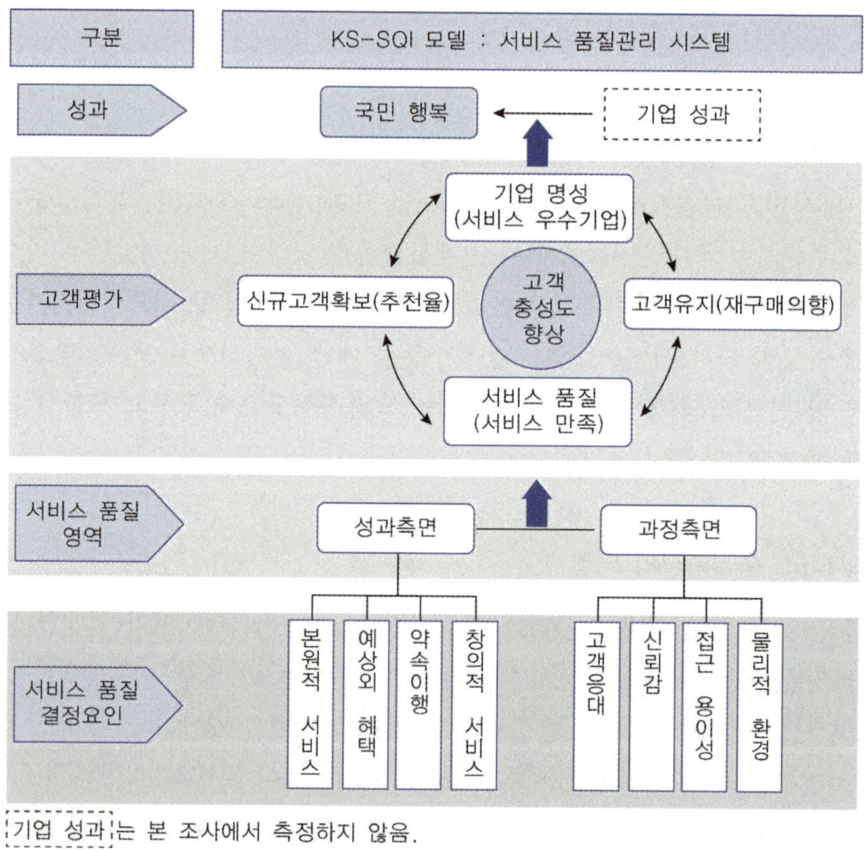

[그림 1] 서비스 품질지수 구성요인

(2) 서비스 품질지수 구성요인

한국서비스 품질지수(KS-SQI)는 기업의 서비스 활동과정에서 발생하는 갭이 서비스 품질수준을 결정할 수 있다는 서비스 품질의 선행변수를 포괄하여 개발되었으며, 서브퀄(SERVQUAL) 모델의 5개 차원 22개 항목을 기초로 하여 성과측면을 보강하고, 모호한 항목을 제거하고 일부 항목을 통합하는 방식으로 세부 측정항목을 재조정하였다. 서비스 품질지수 구성요인을 보면 성과부문에 본원적 서비스, 예상외 혜택, 약속이행, 창의적 서비스로 구분되며, 과정측면에는 고객응대, 신뢰감, 접근 용이성, 물리적 환경과 같은 요인으로 되어 있다.

〈표 1〉 서비스 품질지수 구성요인

영역	구성요인	내용
성과	본원적 서비스	고객이 서비스를 통하여 얻고자 하는 기본적인 욕구의 충족
	예상외 혜택	고객이 예상치 못했던 혜택으로 고객을 감동시키는 부가적 서비스
	약속 이행	약속된 서비스를 정확하게 수행
	창의적 서비스	차별적이고 진부화되지 않은 서비스
과정	고객응대	고객에게 개별적인 주의를 기울여 고객을 돕고 고객에게 즉각적인 서비스를 제공하려는 의지
	신뢰감	서비스 제공자의 진실성, 정직성과 서비스를 수행하는 데 필요한 기술과 지식의 보유
	접근 용이성	서비스 제공 시간 및 장소의 편리성
	물리적 환경	서비스 평가를 위한 외형적인 단서

(3) 서비스 품질지수의 측정 및 지수산출

서비스 품질지수의 측정과 지수산출은 가중치, 구성요인, 측정항목 등의 과정을 통하여 이루어지고 있음을 알 수 있다. 업종별 서비스 품질지수(KS-SQI)는

8가지 구성요인의 측정값을 가중 평균하여 도출하며, 국내서비스산업의 서비스 품질지수(KS-SQI)는 조사대상 42개 업종의 서비스 품질지수를 평균하여 도출한다. 8가지 요인의 상대적인 중요도(가중치)는 계층분석법(Analytic Hierarchy Process : AHP)을 이용하여 도출하였다. 계층분석법은 복수기준 의사결정문제를 계층화하고 체계적으로 단순화하여 합리적 의사결정을 지원하는 도구로서, 이때 각 기준 간의 중요성은 이원비교행렬(pairwise comparison matrix)을 통해 일관성 있게 유도하였다.

〈표 2〉 서비스 품질지수의 측정 및지수산출

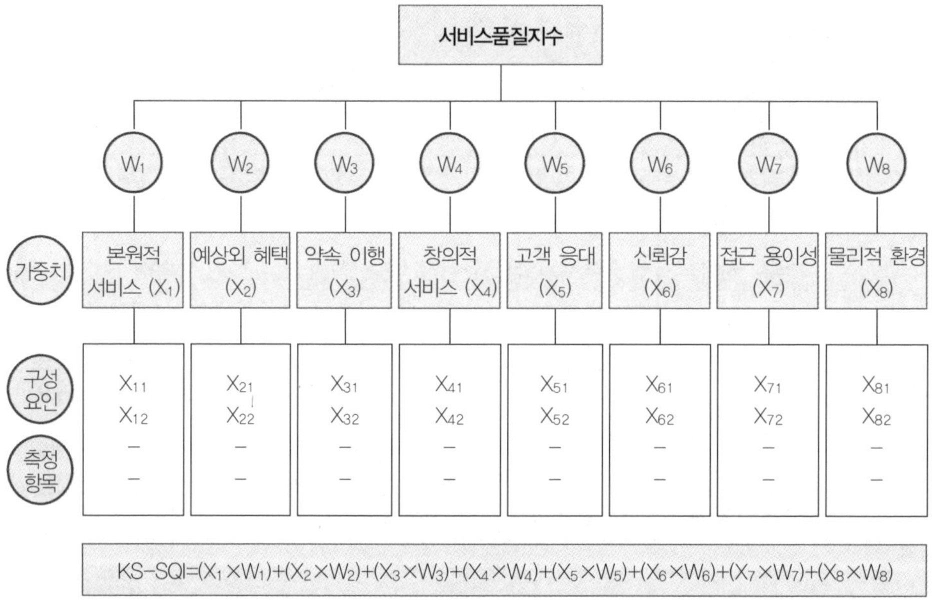

지수로 변환

Step 1) 변환된 지수값을 합상 평균하여 구성요인 점수 산출

Step 2) 전문가, 소비자로부터 구성요인의 상대적 중요도를 직접 평가하게 한 후 계층분석법(AHP)를 이용하여 가중치를 도출

Step 3) 구성요인 점수에 구성요인 가중치를 곱하여 가중평균값을 산출 → 서비스 품질지수

(4) 서비스 경영관리지표

서비스 경영관리지표로는 10가지의 측정변수에 의해 고객만족도, 고객 사후관리지수, 고객충성도, 기업명성지수, 국민행복지수로 설정하고 있다.

〈표 3〉 서비스 경영 관리지표

관리지표	측정 변수	내용
고객만족도	전반적 만족도	전반적인 서비스의 만족도
고객사후관리지수	모니터링	서비스 제공 후 만족/불만족 여부 확인
	신속한 A/S	사후 고객 요구 사항 및 불만사항의 신속한 처리
고객사후관리지수	재이용 의향	서비스를 다시 이용할 의향
	추천 의향	서비스를 타인에게 추천할 의향
	가격 적정성	가격에 상응하는 서비스의 제공
기업명성지구 (서비스 우수기업)	명성	서비스의 명성
	서비스 경쟁우위	경쟁사 대비 우수한 서비스의 제공
국민행복지수	여가생활 향상	서비스 이용을 통한 여가생활의 향상 정도
	삶의 질 향상	서비스 이용을 통한 삶의 질 향상 정도

(5) 서비스 경영관리지표의 측정 및 지수산출

10가지의 측정변수에 의한 서비스 경영관리지표의 측정과 산출과정은 〈표 4〉에서 보는 바와 같다.

〈표 4〉 서비스 경영 관리지표의 측정및 지수산출

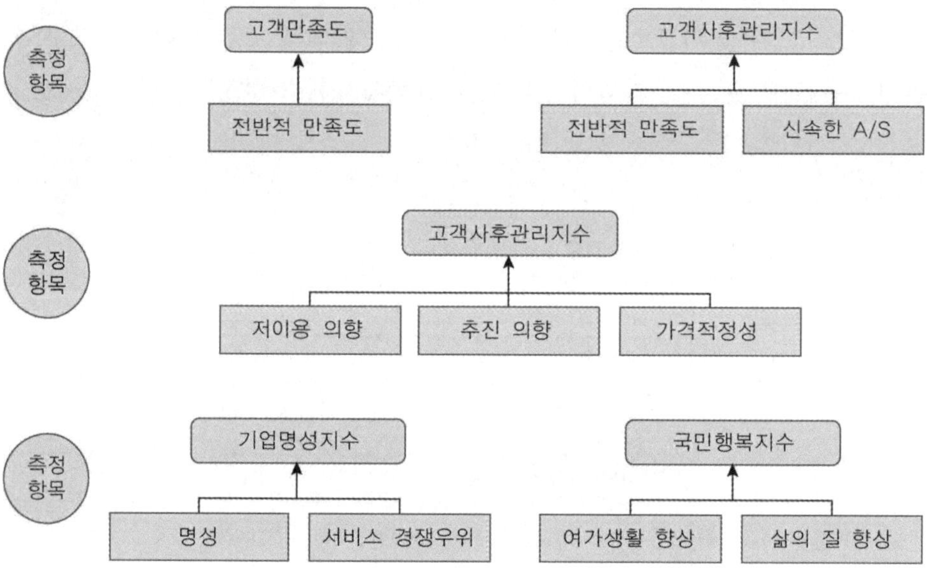

Step 1) 각각의 측정항목에 대해 9점 척도로 측정값을 산출하고 이를 100점 만점의 지수로 변환
Step 2) 변환된 지수값을 합산 평균

2. 관광서비스 품질지수

1) 관광서비스 업종별 품질지수

관광서비스 업종별 각각의 서비스 품질지수와 고객으로부터 서비스 품질을 가장 좋게 받은 상위업체를 대상으로 서비스 품질지수, 연도별 서비스 품질지수, 서비스 품질지수 구성요인별 평가경과를 비교하여 살펴보면 다음과 같다.

3. 호텔 업종 결과

1) 기업별 & 연도별 호텔 업종 결과

- 2016년 호텔 업종의 KS-SQI 지수는 86.5점으로 2015년(81.9점) 대비 4.6점 상승함.
- 기업별로는 롯데호텔이 87.8점으로 가장 높았으며, 그 다음으로 웨스틴조선호텔(87.6점), 신라호텔(87.5점), 인터컨티넨탈호텔(86.5점), 리츠칼튼서울호텔(86.5점), 밀레니엄서울힐튼호텔(86.3점), 그랜드하얏트서울호텔(85.5점), 쉐라톤그랜드워커힐호텔(84.1점) 순으로 나타남.

(1) 기업별 KS-SQI

(점)

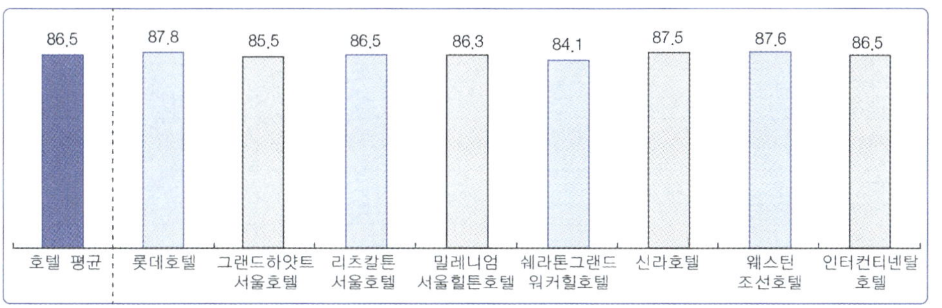

	롯데호텔	그랜드하얏트 서울호텔	리츠칼튼 서울호텔	밀레니엄 서울힐튼호텔	쉐라톤그랜드 워커힐호텔	신라호텔	웨스틴 조선호텔	인터컨티넨탈 호텔
ASQ대비	1.3	-1.0	-	-0.2	-2.4	1.0	1.1	-
RSQ대비	-	-2.3	-1.3	-1.5	-3.7	-0.3	-0.2	-1.3

주) ASQ는 Absolute Service Quality로 해당 업종의 평균으로 해당 업종에서 고객이 불만 없이 받아들일 수 있는 서비스 품질 수준
RSQ는 Relative Service Quality 해당 업종 내 1위 기업의 KS-SQI로 해당 업종에서의 1차적인 목표 서비스 품질 수준

(2) 연도별 KS-SQI

(점)

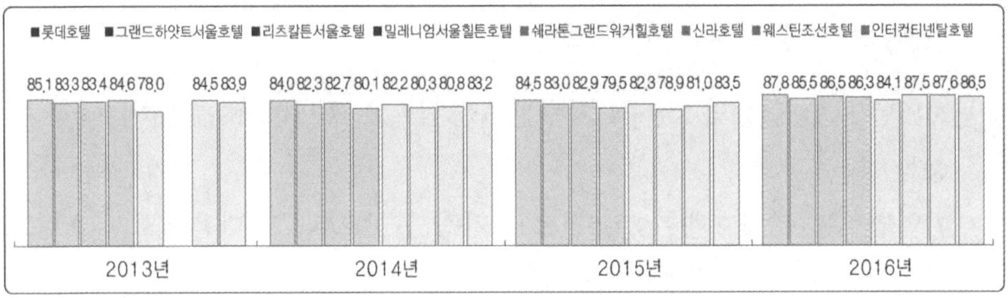

구분	2007년	2008년	2009년	2010년	2011년	2012년	2013년	2014년	2015년	2016년
롯데호텔	74.2	75.8	76.8	81.0	84.0	84.4	85.1	84.0	84.5	87.8
그랜드하얏트 서울호텔	78.7	77.7	83.7	81.2	78.8	83.5	83.3	82.3	83.0	85.5
리츠칼튼 서울호텔	76.7	80.5	81.4	80.8	81.1	84.2	83.4	82.7	82.9	86.5
밀레니엄 서울힐튼호텔	80.4	79.2	82.3	80.1	76.0	83.3	84.6	80.1	79.5	86.3
쉐라톤그랜드 워커힐호텔	81.9	80.8	83.5	81.9	80.9	82.9	78.0	82.2	82.3	84.1
신라호텔	-	-	-	-	-	-	-	80.3	78.9	87.5
웨스틴 조선호텔	80.3	79.3	82.5	81.3	78.6	79.5	84.5	80.8	81.0	87.6
인터컨티넨탈 호텔	80.3	81.1	83.9	83.2	84.6	87.3	83.9	83.2	83.5	86.5
호텔 평균	78.7	79.4	81.7	81.5	80.2	83.3	83.3	81.9	81.9	86.5

주) 최근 10년간 조사 결과

2) 구성 차원별 결과

- 호텔은 물리적환경이 가장 높고, 접근용이성, 신뢰성, 친절성, 본원적 서비스, 적극지원성 순이며, 예상외 부가서비스는 가장 낮게 나타남.
- KS-SQI 1위인 롯데호텔은 예상의 부가서비스, 친절성, 접근용이성 차원에서 경쟁사 대비 높은 평가를 받음.

(점)

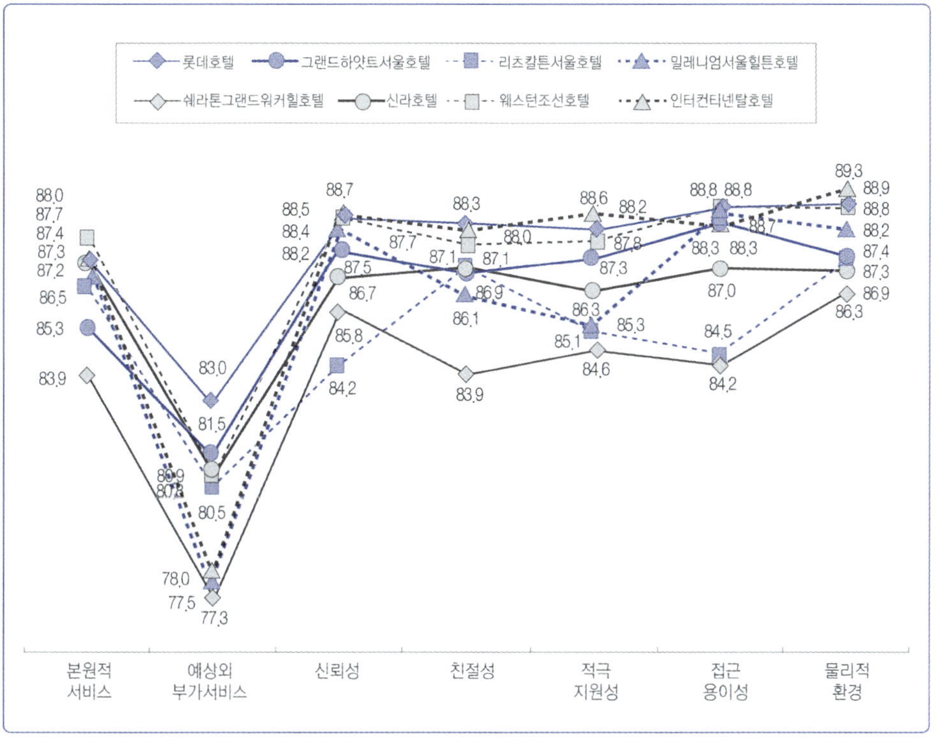

구분		본원적 서비스	예상외 부가서비스	신뢰성	친절성	적극 지원성	접근 용이성	물리적 환경
평균		86.7	79.9	87.3	86.9	86.6	87.3	87.9
롯데호텔	2016년 점수	87.4	83.0	88.4	88.3	88.2	88.8	88.9
	ASQ대비	0.7	3.1	1.1	1.4	1.6	1.5	1.0
	RSQ대비	-0.6	-	-0.3	-	-0.4	-	-0.4
그랜드 하얏트 서울호텔	2016년 점수	86.5	80.5	84.2	87.1	85.1	84.5	87.3
	ASQ대비	-0.2	0.6	-3.1	0.2	-1.5	-2.8	-0.6
	RSQ대비	-1.5	-2.5	-4.5	-1.2	-3.5	-4.3	-2.0

리츠칼튼 서울호텔	2016년 점수	87.3	77.5	88.2	86.1	85.3	88.7	88.2
	ASQ대비	0.6	-2.4	0.9	-0.8	-1.3	1.4	0.3
	RSQ대비	-0.7	-5.5	-0.5	-2.2	-3.3	-0.1	-1.1
밀레니엄 서울힐튼 호텔	2016년 점수	85.3	81.5	87.5	86.9	87.3	88.3	87.4
	ASQ대비	-1.4	1.6	0.2	0.0	0.7	1.0	-0.5
	RSQ대비	-2.7	-1.5	-1.2	-1.4	-1.3	-0.5	-1.9
쉐라톤 그랜드 워커힐호텔	2016년 점수	83.9	77.3	85.8	83.9	84.6	84.2	86.3
	ASQ대비	-2.8	-2.6	-1.5	-3.0	-2.0	-3.1	-1.6
	RSQ대비	-4.1	-5.7	-2.9	-4.4	-4.0	-4.6	-3.0
신라호텔	2016년 점수	87.7	78.0	88.7	88.0	88.6	88.3	89.3
	ASQ대비	1.0	-1.9	1.4	1.1	2.0	1.0	1.4
	RSQ대비	-0.3	-5.0	-	-0.3	-	-0.5	-
웨스틴 조선호텔	2016년 점수	88.0	80.8	88.5	87.7	87.8	88.8	88.8
	ASQ대비	1.3	0.9	1.2	0.8	1.2	1.5	0.9
	RSQ대비	-	-2.2	-0.2	-0.6	-0.8	-	-0.5
인터컨티넨탈호텔	2016년 점수	87.2	80.9	86.7	87.1	86.3	87.0	86.9
	ASQ대비	0.5	1.0	-0.6	0.2	-0.3	-0.3	-1.0
	RSQ대비	-0.8	-2.1	-2.0	-1.2	-2.3	-1.8	-2.4

주) ASQ는 Absolute Service Quality로 해당 업종의 평균으로 해당 업종에서 고객이 불만 없이 받아들일 수 있는 서비스 품질 수준
RSQ는 Relative Service Quality 해당 업종 내 차원(요인)별 1위 기업의 KS-SQI로 해당 업종에서의 차원(요인)별 1차적인 목표 서비스 품질 수준

3) 전체 충성고객 비율

- 호텔 업종의 NPS는 +66.2이며, 웨스틴조선호텔이 +76.0으로 가장 높고, 쉐라톤그랜드워커힐호텔이 +46.3으로 가장 낮게 나타남.

- 호텔별 충성고객 비율은 웨스틴조선호텔(78.7%), 신라호텔(77.3%), 리츠칼튼 서울호텔(74.3%), 롯데호텔(74.0%), 인터컨티넨탈호텔(70.7%), 밀레니엄서울힐튼호텔(69.0%), 그랜드하얏트서울호텔(63.0%), 쉐라톤그랜드워커힐 호텔(49.0%) 순으로 나타남.

(%)

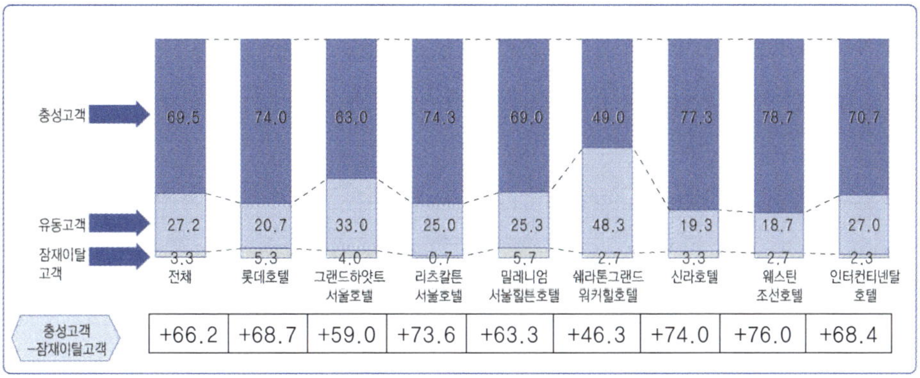

충성고객, NPS(Net Promotor Score : 순추천고객지수) 산정 기준 : (충성고객 -잠재이탈고객)

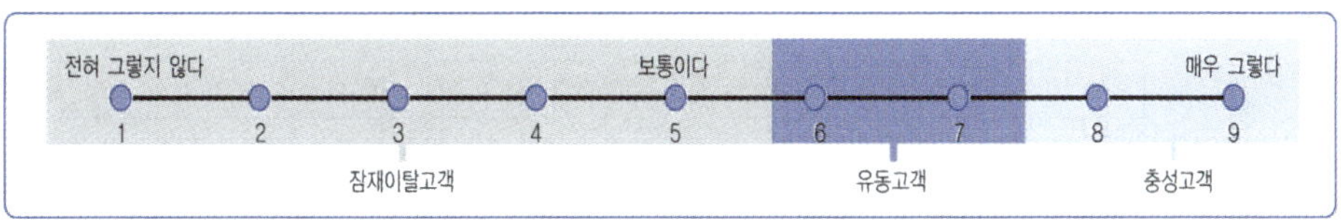

NPS : 추천의향에 대한 질문으로 고객 충성도가 높은 고객을 얼마나 많이 보유하고 있는지 나타내는 지표로 베인 & 컴퍼니가 2004년 하버드비즈니스 리뷰지에 발표.
추천 의향은 반복구매(Repeat Purchase) 또는 추천(Referral) 행동과 높은 연관성을 가지고 있음이 입증됨.

4) 고객 충성도별 KS-SQI 점수

- 충성고객과 잠재이탈고객 간의 KS-SQI 차이는 호텔 업종 전체에서 31.9점으로 나타났으며, 신라호텔(70.8점), 웨스틴조선호텔(53.1점), 밀레니엄서울힐튼호텔(30.6점), 롯데호텔(24.0점), 인터컨티넨탈호텔(21.4점), 리츠칼튼서울호텔(19.1점), 그랜드하얏트서울호텔(18.5점), 쉐라톤그랜드워커힐호텔(13.4점) 순임.
- 충성고객의 KS-SQI는 신라호텔이 91.1점으로 가장 높고, 잠재이탈고객의 KS-SQI는 신라호텔이 20.3점으로 가장 낮은 것으로 나타남.

(점)

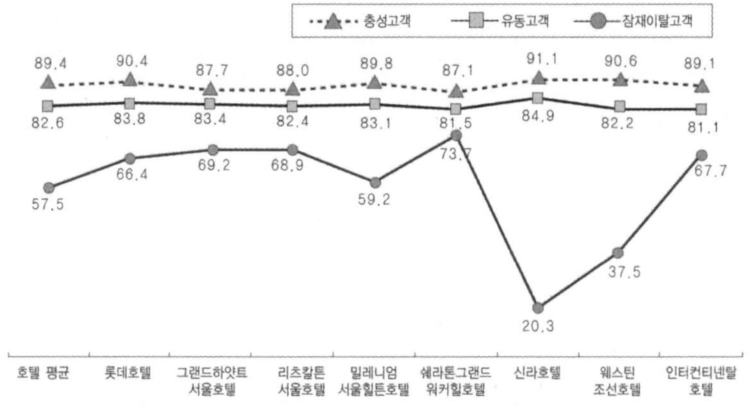

충성고객 −잠재이탈고객	+31.9	+24.0	+18.5	+19.1	+30.6	+13.4	+70.8	+53.1	+21.4

4. 테마파크 업종 결과

1) 기업별 & 연도별 테마파크 업종 결과

- 2016년 테마파크 업종의 KS-SQI 지수는 72.6점으로 2015년(72.2점) 대비 0.4점 상승함.
- 기업별로는 에버랜드가 74.4점으로 가장 높았으며, 그 다음으로 롯데월드 어드벤처(73.1점), 서울랜드(70.4점) 순으로 나타남.

(1) 기업별 KS-SQI

(점)

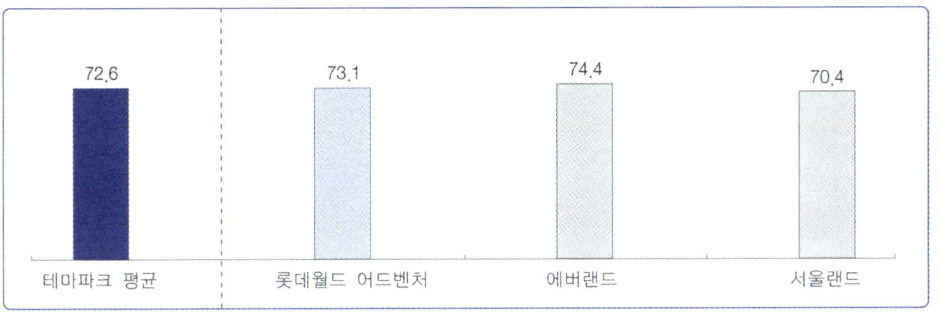

	롯데월드 어드벤처	에버랜드	서울랜드
ASQ대비	0.5	1.8	-2.2
RSQ대비	-1.3	-	-4.0

주) ASQ는 Absolute Service Quality로 해당 업종의 평균으로 해당 업종에서 고객이 불만 없이 받아들일 수 있는 서비스 품질 수준
RSQ는 Relative Service Quality 해당 업종 내 1위 기업의 KS-SQI로 해당 업종에서의 1차적인 목표 서비스 품질 수준

(2) 연도별 KS-SQI

(점)

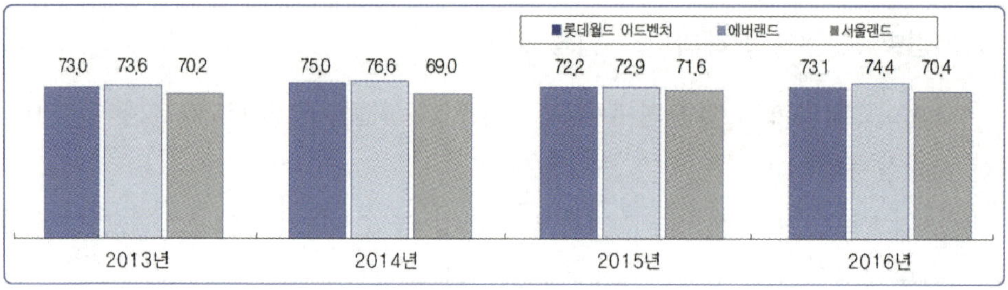

구분	2007년	2008년	2009년	2010년	2011년	2012년	2013년	2014년	2015년	2016년
롯데월드 어드벤처	-	66.3	67.4	69.6	74.5	72.6	73.0	75.0	72.2	73.1
에버랜드	72.0	73.2	70.9	73.4	76.0	73.7	73.6	76.6	72.9	74.4
서울랜드	66.0	67.5	67.0	68.6	67.1	66.9	70.2	69.0	71.6	70.4
테마파크 평균	69.0	69.0	68.4	70.5	72.6	71.1	72.3	73.5	72.2	72.6

주) 최근 10년간 조사 결과

2) 구성 차원별 결과

- 테마파크는 본원적 서비스가 가장 높고, 물리적환경, 친절성, 적극지원성, 신뢰성, 접근용이성 순이며, 예상외 부가서비스는 가장 낮게 나타남.
- KS-SQI 1위인 에버랜드는 신뢰성과 접근용이성을 제외한 모든 차원에서 경쟁사 대비 높은 평가를 받음.

(점)

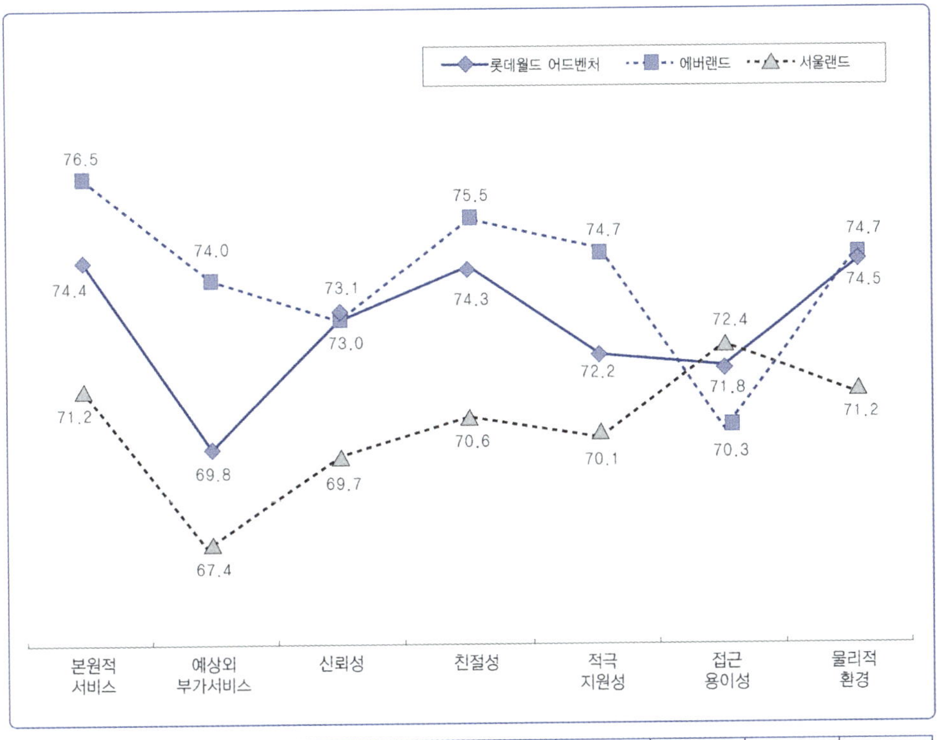

구분		본원적 서비스	예상외 부가 서비스	신뢰성	친절성	적극 지원성	접근 용이성	물리적 환경
평균		74.0	70.4	71.9	73.5	72.3	71.5	73.5
롯데월드 어드벤처	2016년 점수	74.4	69.8	73.1	74.3	72.2	71.8	74.5
	ASQ대비	0.4	−0.6	1.2	0.8	−0.1	0.3	1.0
	RSQ대비	−2.1	−4.2	−	−1.2	−2.5	−0.6	−0.2
에버랜드	2016년 점수	76.5	74.0	73.0	75.5	74.7	70.3	74.7
	ASQ대비	2.5	3.6	1.1	2.0	2.4	−1.2	1.2
	RSQ대비	−	−	−0.1	−	−	−2.1	−

서울랜드	2016년 점수	71.2	67.4	69.7	70.6	70.1	72.4	71.2
	ASQ대비	-2.8	-3.0	-2.2	-2.9	-2.2	0.9	-2.3
	RSQ대비	-5.3	-6.6	-3.4	-4.9	-4.6	-	-3.5

주) ASQ는 Absolute Service Quality로 해당 업종의 평균으로 해당 업종에서 고객이 불만 없이 받아들일 수 있는 서비스 품질 수준
RSQ는 Relative Service Quality 해당 업종 내 차원(요인)별 1위 기업의 KS-SQI로 해당 업종에서의 차원(요인)별 1차적인 목표 서비스 품질 수준

3) 전체 충성고객 비율

- 테마파크 업종의 NPS는 +28.7이며, 에버랜드가 +39.7으로 가장 높고, 서울랜드가 +18.3으로 가장 낮게 나타남.
- 테마파크별 충성고객 비율은 에버랜드(52.7%), 롯데월드 어드벤처(42.3%), 서울랜드(34.0%) 순으로 나타남.

(%)

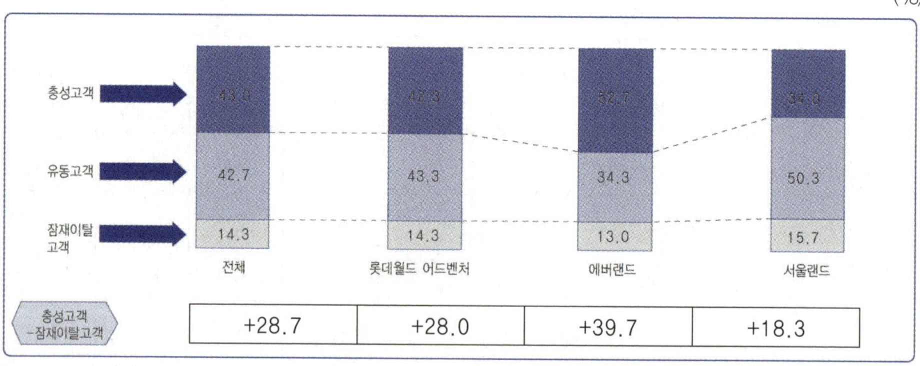

충성고객, NPS(Net Promotor Score : 순추천고객지수)
산정 기준 : (충성고객 -잠재이탈고객)

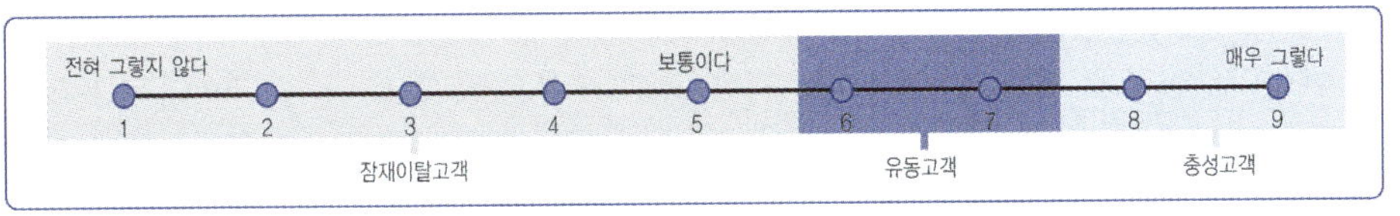

NPS : 추천의향에 대한 질문으로 고객 충성도가 높은 고객을 얼마나 많이 보유하고 있는지 나타내는 지표로 베인&컴퍼니가 2004년 하버드비즈니스 리뷰지에 발표.
추천 의향은 반복구매(Repeat Purchase) 또는 추천(Referral) 행동과 높은 연관성을 가지고 있음이 입증됨.

4) 고객 충성도별 KS-SQI 점수

- 충성고객과 잠재이탈고객 간의 KS-SQI 차이는 테마파크 업종 전체에서 34.3점으로 나타났으며, 에버랜드(43.9점), 서울랜드(30.1점), 롯데월드 어드벤처(29.4점) 순으로 나타남.
- 충성고객의 KS-SQI는 롯데월드 어드벤처가 83.8점으로 가장 높고, 잠재이탈고객의 KS-SQI는 에버랜드가 38.5점으로 가장 낮은 것으로 나타남.

(점)

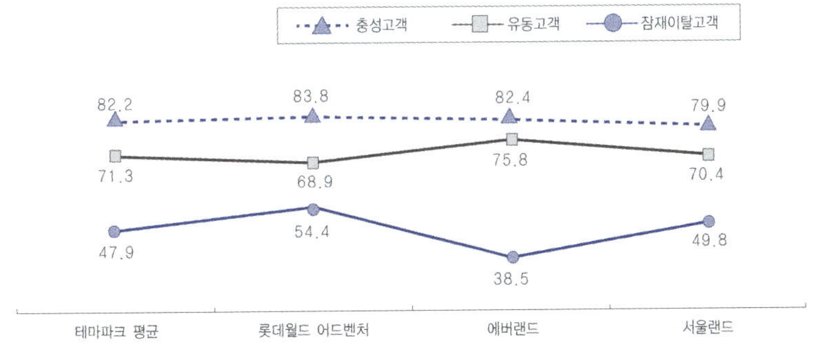

충성고객 -잠재이탈고객	+34.3	+29.4	+43.9	+30.1

5. 리조트 업종 결과

1) 기업별 & 연도별 리조트 업종 결과

- 2016년 리조트 업종의 KS-SQI 지수는 76.1점으로 2015년(76.7점) 대비 0.6점 하락함.
- 기업별로는 금호리조트와 대명리조트가 76.1점으로 가장 높았으며, 그 다음으로 한화리조트(75.9점)로 나타남.

(1) 기업별 KS-SQI

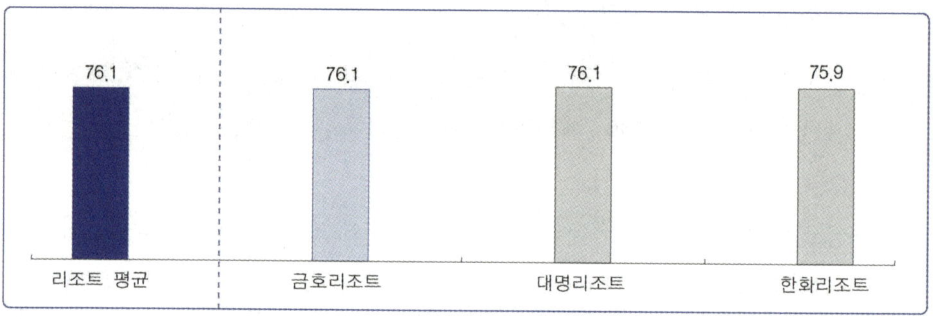

	금호리조트	대명리조트	한화리조트
ASQ대비	0.0	0.0	-0.2
RSQ대비	-	-	-0.2

주) ASQ는 Absolute Service Quality로 해당 업종의 평균으로 해당 업종에서 고객이 불만 없이 받아들일 수 있는 서비스 품질 수준
RSQ는 Relative Service Quality 해당 업종 내 1위 기업의 KS-SQI로 해당 업종에서의 1차적인 목표 서비스 품질 수준

(2) 연도별 KS-SQI

(점)

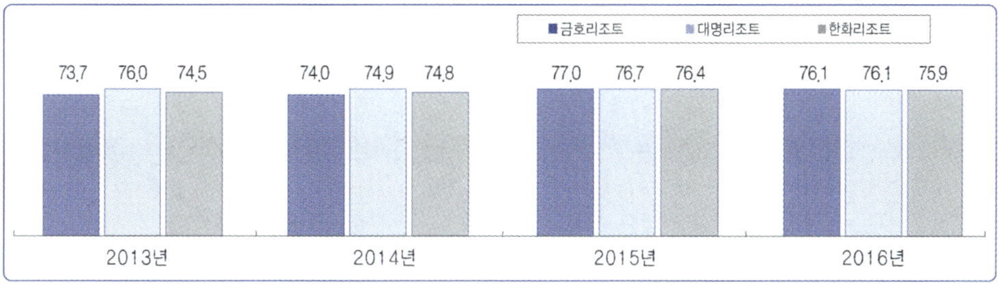

구분	2003년	2004년	2005년	2006년	2007년	2008년	2009년	2010년	2011년	2012년	2013년	2014년	2015년	2016년
금호 리조트	58.8	65.4	66.7	69.9	67.5	70.3	71.9	69.2	72.9	71.2	73.7	74.0	77.0	76.1
대명 리조트	59.4	65.3	67.3	72.5	69.3	71.8	72.6	71.7	74.3	76.7	76.0	74.9	76.7	76.1
한화 리조트	58.3	65.3	66.1	71.7	67.7	69.0	72.7	70.2	72.9	72.2	74.5	74.8	76.4	75.9
리조트 평균	59.2	65.7	66.9	70.6	68.3	70.0	72.6	70.4	73.4	73.3	74.7	74.6	76.7	76.1

2) 구성 차원별 결과

- 리조트는 물리적환경이 가장 높고, 본원적 서비스, 친절성, 접근용이성, 신뢰성, 적극지원성, 예상외 부가서비스 순으로 나타남.
- KS-SQI 1위인 금호리조트는 예상외 부가서비스, 신뢰성, 적극지원성 차원에서 경쟁사 대비 높은 평가를 받고, KS-SQI 1위인 대명리조트는 본원적서비스, 접근용이성 차원에서 경쟁사 대비 높은 평가를 받음.

(점)

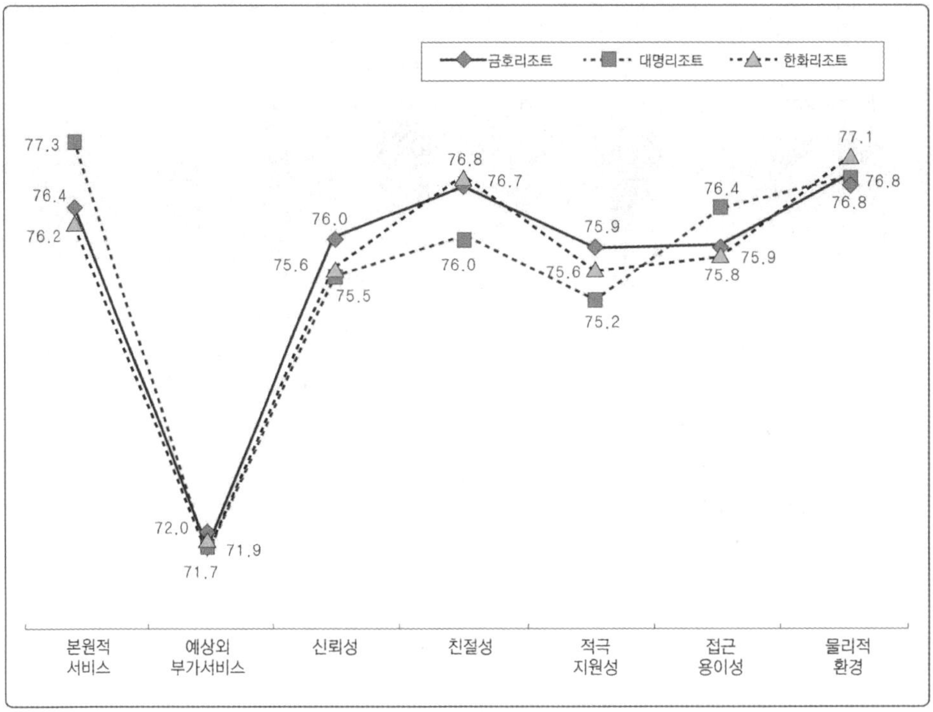

구분		본원적 서비스	예상외 부가 서비스	신뢰성	친절성	적극 지원성	접근 용이성	물리적 환경
평균		76.6	71.9	75.7	76.5	75.6	76.0	76.9
금호 리조트	2016년 점수	76.4	72.0	76.0	76.7	75.9	75.9	76.8
	ASQ대비	-0.2	0.1	0.3	0.2	0.3	-0.1	-0.1
	RSQ대비	-0.9	-	-	-0.1	-	-0.5	-0.3
대명 리조트	2016년 점수	77.3	71.7	75.5	76.0	75.2	76.4	76.8
	ASQ대비	0.7	-0.2	-0.2	-0.5	-0.4	0.4	-0.1
	RSQ대비	-	-0.3	-0.5	-0.8	-0.7	-	-0.3
한화 리조트	2016년 점수	76.2	71.9	75.6	76.8	75.6	75.8	77.1
	ASQ대비	-0.4	0.0	-0.1	0.3	0.0	-0.2	0.2
	RSQ대비	-1.1	-0.1	-0.4	-	-0.3	-0.6	-

주) ASQ는 Absolute Service Quality로 해당 업종의 평균으로 해당 업종에서 고객이 불만 없이 받아들일 수 있는 서비스 품질 수준
RSQ는 Relative Service Quality 해당 업종 내 차원(요인)별 1위 기업의 KS-SQI로 해당 업종에서의 차원(요인)별 1차적인 목표 서비스 품질 수준

3) 전체 충성고객 비율

- 리조트 업종의 NPS는 +28.6이며, 대명리조트가 +35.0으로 가장 높고, 금호리조트가 +22.6으로 가장 낮음.
- 리조트별 충성고객 비율은 대명리조트(48.3%), 한화리조트(40.0%), 금호리조트(38.3%) 순으로 나타남.

(%)

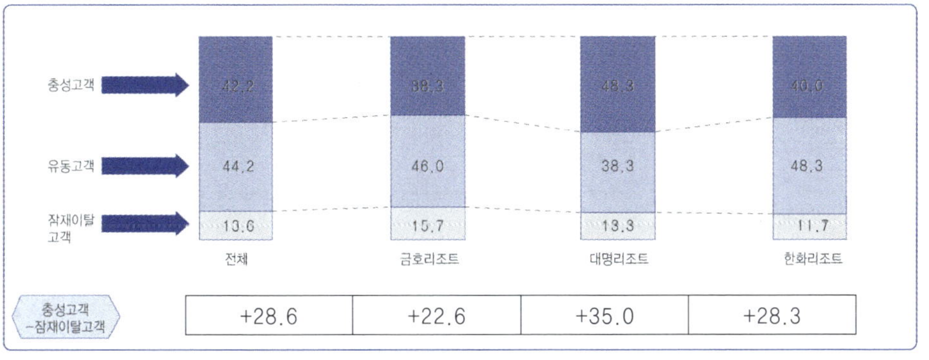

충성고객, NPS(Net Promotor Score : 순추천고객지수)

산정 기준 : (충성고객 -잠재이탈고객)

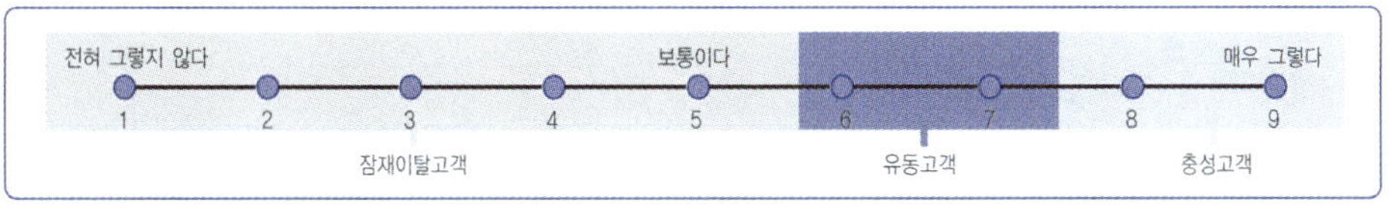

NPS : 추천의향에 대한 질문으로 고객 충성도가 높은 고객을 얼마나 많이 보유하고 있는지 나타내는 지표로 베인&컴퍼니가 2004년 하버드비즈니스 리뷰지에 발표.
추천 의향은 반복구매(Repeat Purchase) 또는 추천(Referral) 행동과 높은 연관성을 가지고 있음이 입증됨.

4) 고객 충성도별 KS-SQI 점수

- 충성고객과 잠재이탈고객 간의 KS-SQI 차이는 리조트 업종 전체에서 29.3점으로 나타났으며, 한화리조트(34.9점), 금호리조트(28.1점), 대명리조트(25.9점) 순으로 나타남.
- 충성고객의 KS-SQI는 한화리조트가 85.1점으로 가장 높고, 잠재이탈고객의 KS-SQI는 한화리조트가 50.2점으로 가장 낮은 것으로 나타남.

(점)

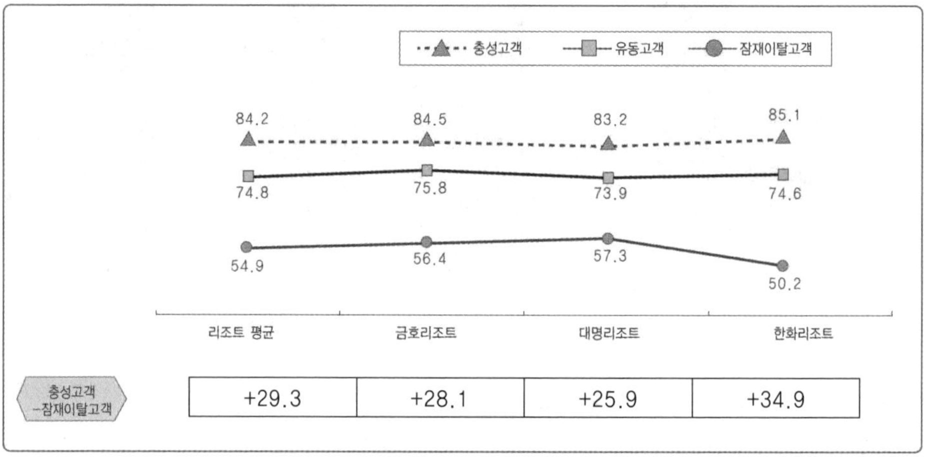

6. 패스트푸드 업종 결과

1) 기업별 & 연도별 패스트푸드 업종 결과

- 2016년 패스트푸드 업종의 KS-SQI 지수는 73.6점으로 2015년(74.5점) 대비 -0.9점 하락함.
- 기업별로는 버거킹이 74.1점으로 가장 높았으며, 그 다음으로 KFC(73.9점), 맥도날드(73.4점), 롯데리아(72.9점) 순으로 나타남.

(1) 기업별 KS-SQI

(점)

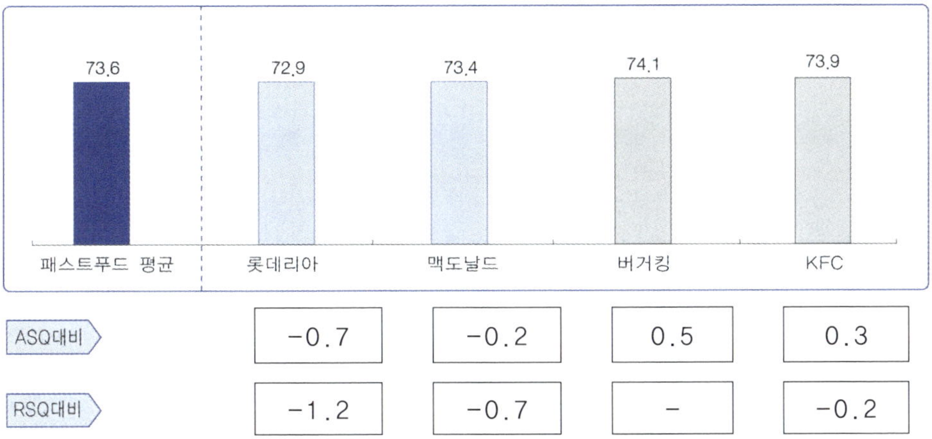

주) ASQ는 Absolute Service Quality로 해당 업종의 평균으로 해당 업종에서 고객이 불만 없이 받아들일 수 있는 서비스 품질 수준

RSQ는 Relative Service Quality 해당 업종 내 1위 기업의 KS-SQI로 해당 업종에서의 1차적인 목표 서비스 품질 수준

(2) 연도별 KS-SQI

(점)

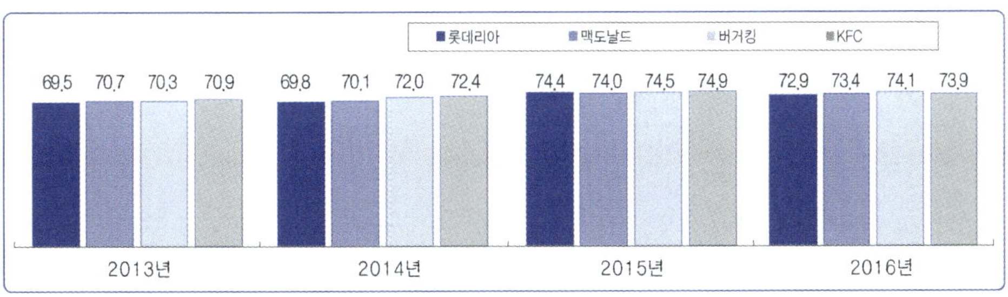

구분	2007년	2008년	2009년	2010년	2011년	2012년	2013년	2014년	2015년	2016년
롯데리아	68.3	66.2	68.9	68.4	68.9	67.8	69.5	69.8	74.4	72.9
맥도날드	67.1	64.0	66.9	68.4	69.9	66.1	70.7	70.1	74.0	73.4
버거킹	64.8	65.8	70.4	69.8	71.0	67.9	70.3	72.0	74.5	74.1
KFC	65.6	65.0	69.5	70.3	70.5	68.7	70.9	72.4	74.9	73.9
패스트푸드 평균	66.5	65.3	68.9	69.2	70.1	67.6	70.3	71.1	74.5	73.6

주) 최근 10년간 조사 결과

2) 구성 차원별 결과

- 패스트푸드는 접근용이성이 가장 높고, 본원적 서비스, 물리적환경, 신뢰성, 적극지원성, 친절성 순이며, 예상외 부가서비스는 가장 낮게 나타남.
- KS-SQI 1위인 버거킹은 본원적 서비스, 예상외 부가서비스, 신뢰성, 친절성 차원에서 경쟁사 대비 높은 평가를 받음.

(점)

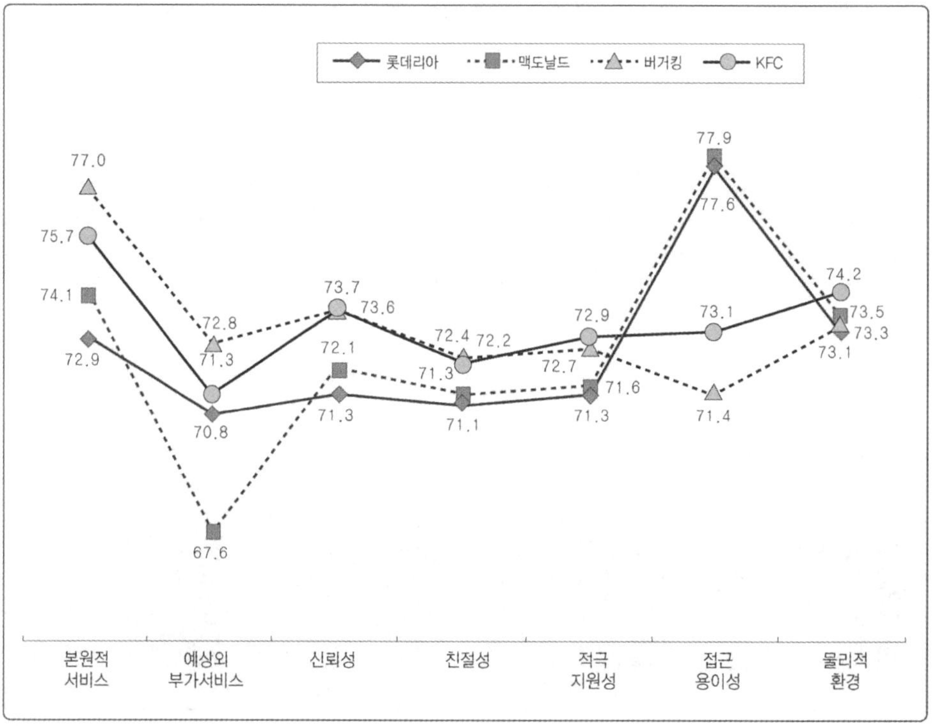

구분		본원적 서비스	예상외 부가 서비스	신뢰성	친절성	적극 지원성	접근 용이성	물리적 환경
평균		74.9	70.6	72.7	71.7	72.1	75.0	73.5
롯데리아	2016년 점수	72.9	70.8	71.3	71.1	71.3	77.6	73.1
	ASQ대비	-2.0	0.2	-1.4	-0.6	-0.8	2.6	-0.4
	RSQ대비	-4.1	-2.0	-2.4	-1.3	-1.6	-0.3	-1.1
맥도날드	2016년 점수	74.1	67.6	72.1	71.3	71.6	77.9	73.5
	ASQ대비	-0.8	-3.0	-0.6	-0.4	-0.5	2.9	0.0
	RSQ대비	-2.9	-5.2	-1.6	-1.1	-1.3	-	-0.7
버거킹	2016년 점수	77.0	72.8	73.7	72.4	72.7	71.4	73.3
	ASQ대비	2.1	2.2	1.0	0.7	0.6	-3.6	-0.2
	RSQ대비	-	-	-	-	-0.2	-6.5	-0.9
KFC	2016년 점수	75.7	71.3	73.6	72.2	72.9	73.1	74.2
	ASQ대비	0.8	0.7	0.9	0.5	0.8	-1.9	0.7
	RSQ대비	-1.3	-1.5	-0.1	-0.2	-	-4.8	-

주) ASQ는 Absolute Service Quality로 해당 업종의 평균으로 해당 업종에서 고객이 불만 없이 받아들일 수 있는 서비스 품질 수준
RSQ는 Relative Service Quality 해당 업종 내 차원(요인)별 1위 기업의 KS-SQI로 해당 업종에서의 차원(요인)별 1차적인 목표 서비스 품질 수준

3) 전체 충성고객 비율

- 패스트푸드 업종의 NPS는 +26.6이며, 버거킹이 +41.3으로 가장 높고, 롯데리아가 +17.0으로 가장 낮게 나타남.
- 패스트푸드별 충성고객 비율은 버거킹(51.3%), 맥도날드(42.3%), KFC(39.7%), 롯데리아(38.3%) 순으로 나타남.

(%)

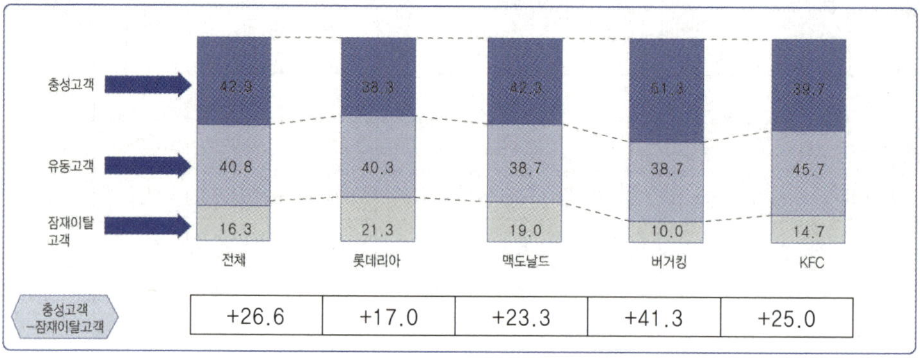

충성고객, NPS(Net Promotor Score : 순추천고객지수)
산정 기준 : (충성고객 -잠재이탈고객)

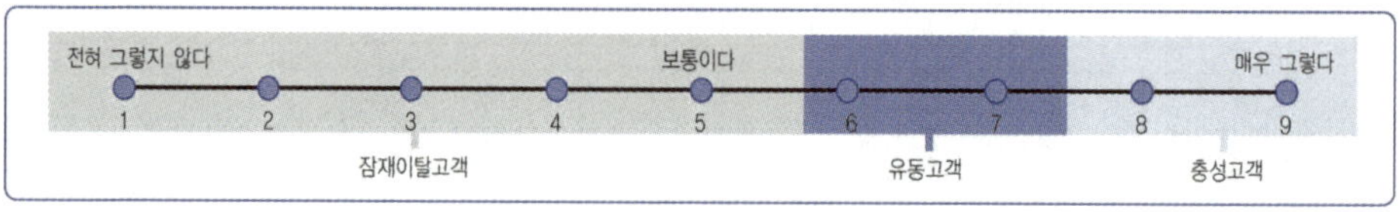

NPS : 추천의향에 대한 질문으로 고객 충성도가 높은 고객을 얼마나 많이 보유하고 있는지 나타내는 지표로 베인&컴퍼니가 2004년 하버드비즈니스 리뷰지에 발표.
추천 의향은 반복구매(Repeat Purchase) 또는 추천(Referral)행동과 높은 연관성을 가지고 있음이 입증됨.

4) 고객 충성도별 KS-SQI 점수

- 충성고객과 잠재이탈고객 간의 KS-SQI 차이는 패스트푸드 업종 전체에서 28.4점으로 나타났으며, 버거킹(30.5점), 롯데리아(29.7점), 맥도날드(27.7점), KFC(26.8점) 순으로 나타남.
- 충성고객의 KS-SQI는 롯데리아가 83.1점으로 가장 높고, 잠재이탈고객의 KS-SQI는 버거킹이 50.5점으로 가장 낮은 것으로 나타남.

(점)

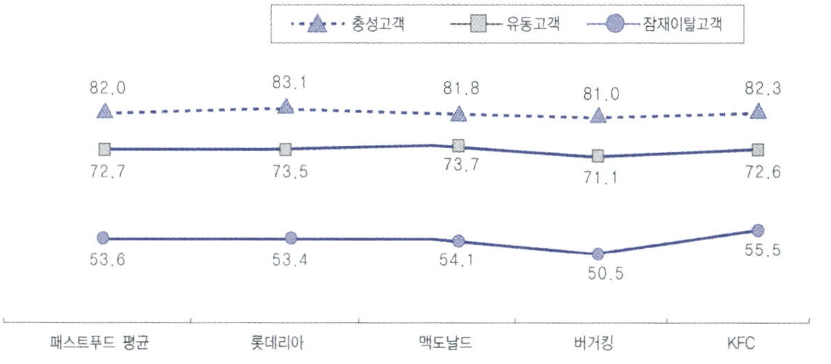

충성고객 -잠재이탈고객	패스트푸드 평균	롯데리아	맥도날드	버거킹	KFC
	+28.4	+29.7	+27.7	+30.5	+26.8

7. 패밀리레스토랑 업종 결과

1) 기업별 & 연도별 패밀리레스토랑 업종 결과

- 2016년 패밀리레스토랑 업종의 KS-SQI 지수는 75.8점으로 2015년(75.7점) 대비 0.1점 상승함.
- 기업별로는 아웃백스테이크하우스가 76.8점으로 가장 높았으며, 그 다음으로 TGI프라이데이스(75.7점), 빕스(75.0점) 순으로 나타남.

(1) 기업별 KS-SQI

(점)

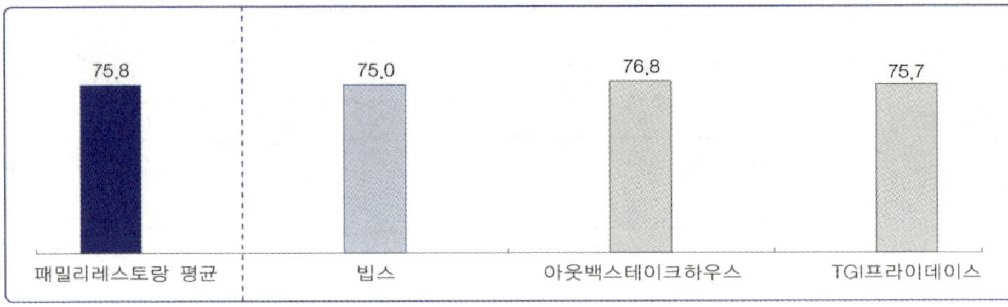

	빕스	아웃백스테이크하우스	TGI프라이데이스
ASQ대비	-0.8	1.0	-0.1
RSQ대비	-1.8	-	-1.1

주) ASQ는 Absolute Service Quality로 해당 업종의 평균으로 해당 업종에서 고객이 불만 없이 받아들일 수 있는 서비스 품질 수준
RSQ는 Relative Service Quality 해당 업종 내 1위 기업의 KS-SQI로 해당 업종에서의 1차적인 목표 서비스 품질 수준

(2) 연도별 KS-SQI

(점)

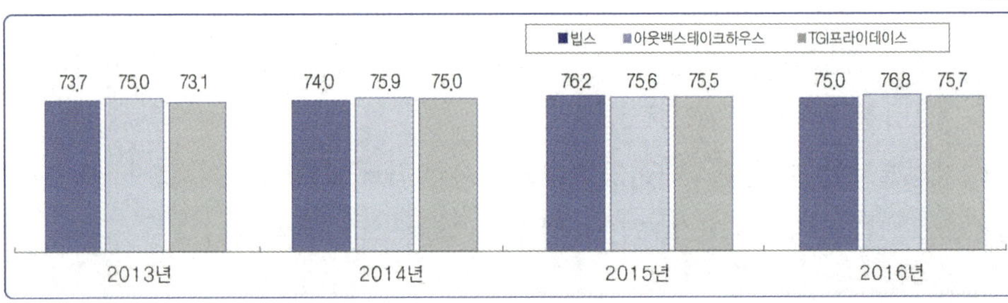

구분	2007년	2008년	2009년	2010년	2011년	2012년	2013년	2014년	2015년	2016년
빕스	70.1	71.2	73.2	68.8	71.3	72.6	73.7	74.0	76.2	75.0
아웃백스테이크하우스	71.6	70.7	74.7	69.5	72.3	71.6	75.0	75.9	75.6	76.8
TGI프라이데이스	71.4	70.7	73.1	69.5	72.3	71.3	73.1	75.0	75.5	75.7
패밀리레스토랑 평균	71.0	70.8	73.3	69.0	71.6	71.9	73.9	75.0	75.7	75.8

주) 최근 10년간 조사 결과

2) 구성 차원별 결과

- 패밀리레스토랑은 물리적 환경이 가장 높고, 친절성, 접근용이성, 적극지원성, 신뢰성, 본원적 서비스 순이며, 예상외 부가서비스는 가장 낮게 나타남.
- KS-SQI 1위인 아웃백스테이크하우스는 접근용이성과 물리적 환경을 제외한 모든 차원에서 경쟁사 대비 높은 평가를 받음.

(점)

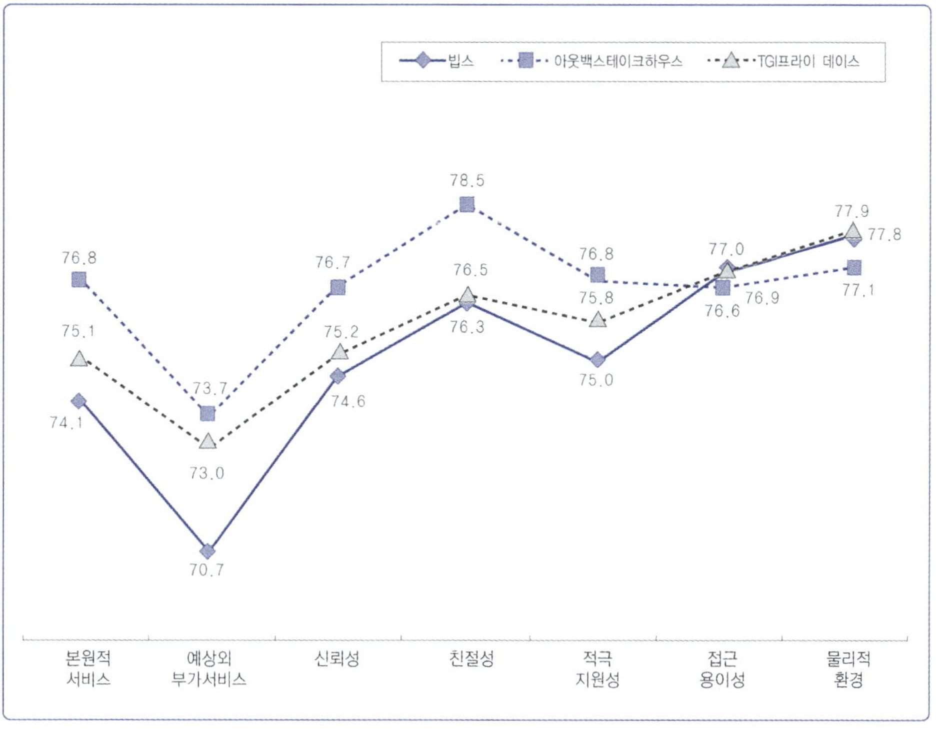

(%)

구분		본원적 서비스	예상외 부가 서비스	신뢰성	친절성	적극 지원성	접근 용이성	물리적 환경
평균		75.3	72.4	75.5	77.1	75.9	76.8	77.6
빕스	2016년 점수	74.1	70.7	74.6	76.3	75.0	77.0	77.8
	ASQ대비	-1.2	-1.7	-0.9	-0.8	-0.9	0.2	0.2
	RSQ대비	-2.7	-3.0	-2.1	-2.2	-1.8	-	-0.1
아웃백 스테이크 하우스	2016년 점수	76.8	73.7	76.7	78.5	76.8	76.6	77.1
	ASQ대비	1.5	1.3	1.2	1.4	0.9	-0.2	-0.5
	RSQ대비	-	-	-	-	-	-0.4	-0.8
TGI 프라이 데이스	2016년 점수	75.1	73.0	75.2	76.5	75.8	76.9	77.9
	ASQ대비	-0.2	0.6	-0.3	-0.6	-0.1	0.1	0.3
	RSQ대비	-1.7	-0.7	-1.5	-2.0	-1.0	-0.1	-

주) ASQ는 Absolute Service Quality로 해당 업종의 평균으로 해당 업종에서 고객이 불만 없이 받아들일 수 있는 서비스 품질 수준
RSQ는 Relative Service Quality 해당 업종 내 차원(요인)별 1위 기업의 KS-SQI로 해당 업종에서의 차원(요인)별 1차적인 목표 서비스 품질 수준

3) 전체 충성고객 비율

- 패밀리레스토랑 업종의 NPS는 +19.9이며, 아웃백스테이크하우스가 +22.5으로 가장 높고, 빕스가 +17.5으로 가장 낮게 나타남.
- 패밀리레스토랑별 충성고객 비율은 아웃백스테이크하우스(42.5%), 빕스(39.0%), TGI프라이데이스(39.0%) 순으로 나타남.

(%)

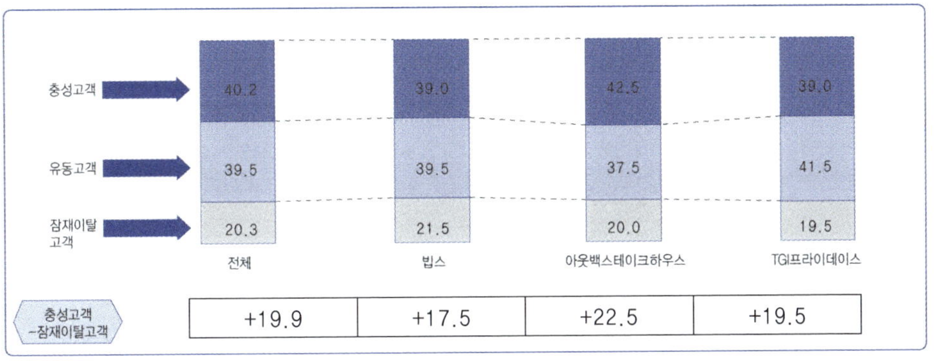

충성고객, NPS(Net Promotor Score : 순추천고객지수)
산정 기준 : (충성고객 -잠재이탈고객)

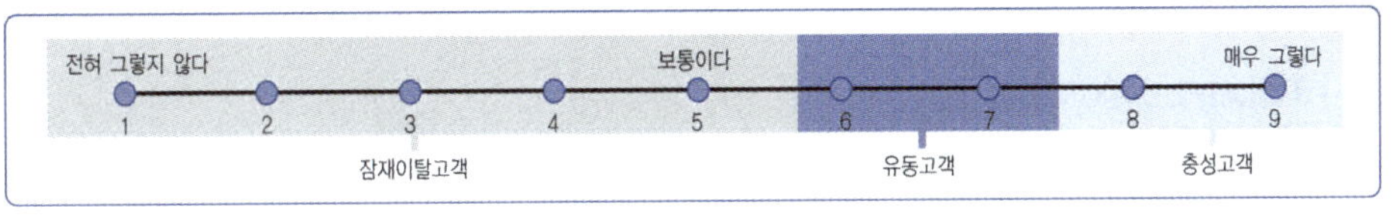

NPS : 추천의향에 대한 질문으로 고객 충성도가 높은 고객을 얼마나 많이 보유하고 있는지 나타내는 지표로 베인&컴퍼니가 2004년 하버드비즈니스 리뷰지에 발표.
추천 의향은 반복구매(Repeat Purchase) 또는 추천(Referral) 행동과 높은 연관성을 가지고 있음이 입증됨.

4) 고객 충성도별 KS-SQI 점수

- 충성고객과 잠재이탈고객 간의 KS-SQI 차이는 패밀리레스토랑 업종 전체에서 28.1점으로 나타났으며, TGI프라이데이스(30.7점), 빕스(27.0점), 아웃백스테이크하우스(26.7점) 순으로 나타남.
- 충성고객의 KS-SQI는 아웃백스테이크하우스가 85.2점으로 가장 높고, 잠재이탈고객의 KS-SQI는 TGI프라이데이스가 53.5점으로 가장 낮은 것으로

나타남.

(점)

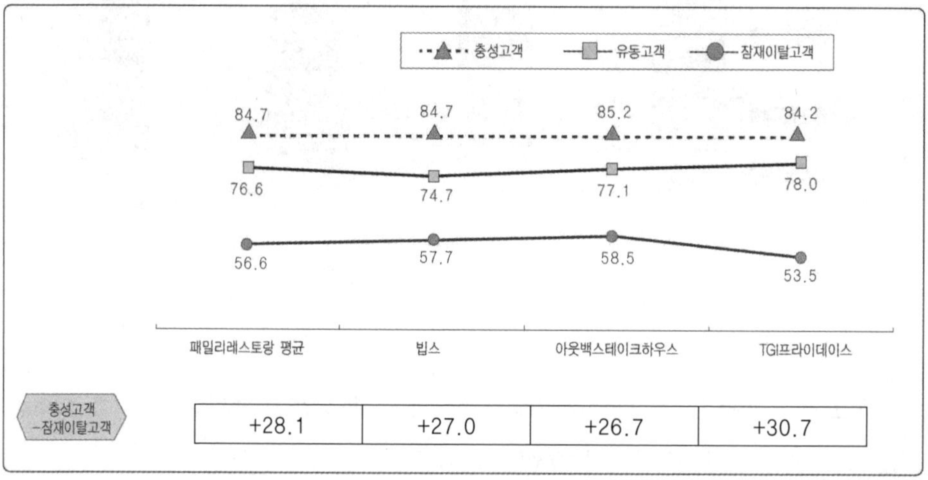

8. 여행사 업종 결과

1) 기업별 & 연도별 여행사 업종 결과

- 2016년 여행사 업종의 KS-SQI 지수는 75.7점으로 2015년(76.1점) 대비 0.4점 하락함.
- 기업별로는 레드캡투어가 76.1점으로 가장 높았으며, 그 다음으로 롯데관광(75.9점), 모두투어(75.8점), 하나투어(75.0점) 순으로 나타남.

(1) 기업별 KS-SQI

(점)

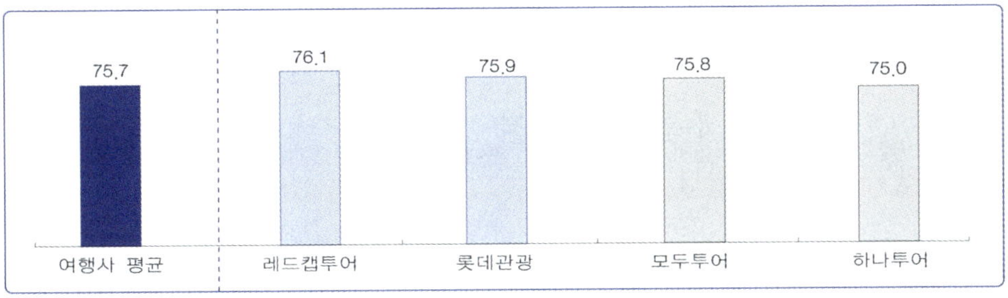

구분	레드캡투어	롯데관광	모두투어	하나투어
ASQ대비	0.4	0.2	0.1	-0.7
RSQ대비	-	-0.2	-0.3	-1.1

주) ASQ는 Absolute Service Quality로 해당 업종의 평균으로 해당 업종에서 고객이 불만 없이 받아들일 수 있는 서비스 품질 수준
RSQ는 Relative Service Quality 해당 업종 내 1위 기업의 KS-SQI로 해당 업종에서의 1차적인 목표 서비스 품질 수준

(2) 연도별 KS-SQI

(점)

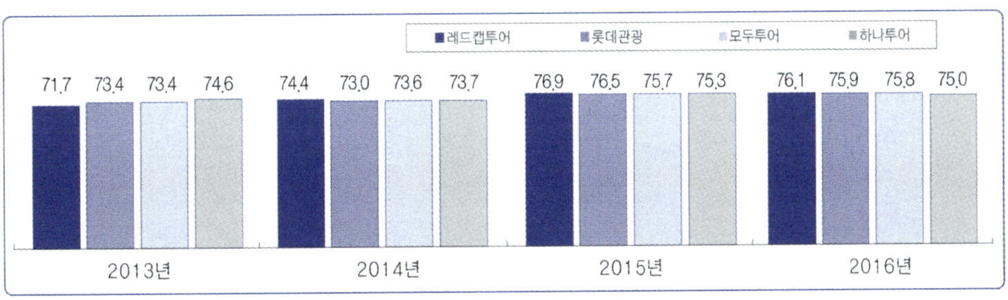

구분	2003년	2004년	2005년	2006년	2007년	2008년	2009년	2010년	2011년	2012년	2013년	2014년	2015년	2016년
레드캡투어	-	-	-	-	-	-	-	-	-	-	71.7	74.4	76.9	76.1
롯데관광	58.2	62.9	71.5	74.3	70.0	68.9	72.8	70.9	73.3	73.9	73.4	73.0	76.5	75.9
모두투어	-	-	-	-	68.0	68.3	72.4	72.2	74.1	74.0	73.4	73.6	75.7	75.8
하나투어	56.3	66.0	68.4	73.2	71.2	70.6	72.6	72.2	73.5	73.9	74.6	73.7	75.3	75.0
여행사 평균	57.0	63.7	69.8	73.1	69.0	68.8	72.2	71.5	73.1	73.7	73.2	73.7	76.1	75.7

2) 구성 차원별 결과

- 여행사는 신뢰성이 가장 높고, 친절성, 물리적환경, 본원적 서비스, 접근용이성, 적극지원성 순이며, 예상외 부가서비스는 가장 낮게 나타남.
- KS-SQI 1위인 레드캡투어는 본원적 서비스, 신뢰성, 적극지원성 차원에서 경쟁사 대비 높은 평가를 받음.

(점)

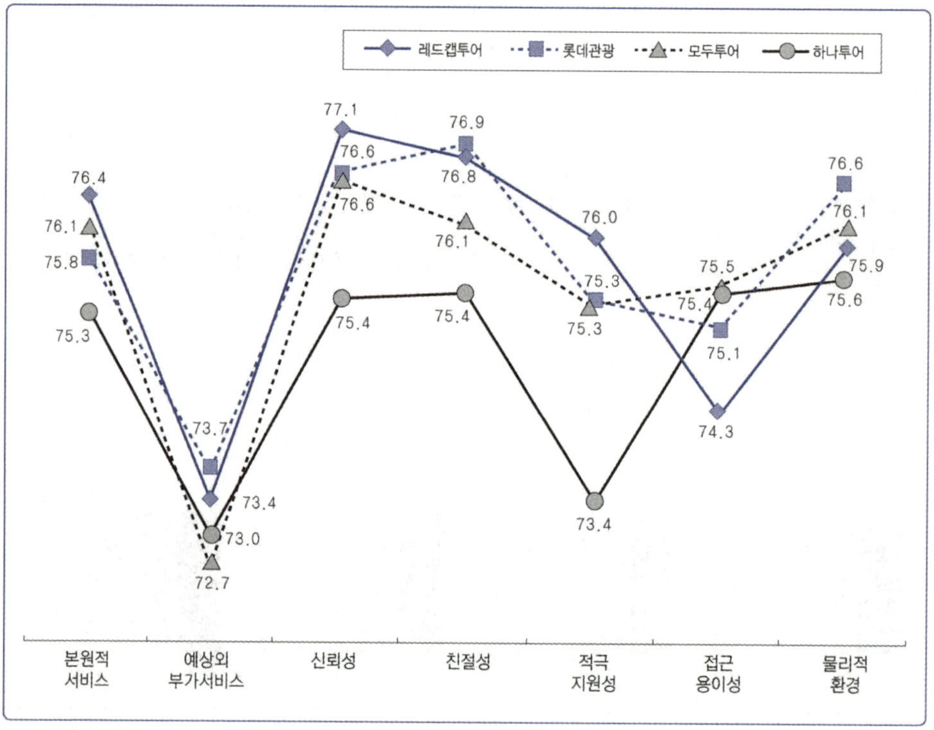

구분		본원적 서비스	예상외 부가 서비스	신뢰성	친절성	적극 지원성	접근 용이성	물리적 환경
평균		75.9	73.2	76.4	76.3	75.0	75.1	76.0
레드캡 투어	2016년 점수	76.4	73.4	77.1	76.8	76.0	74.3	75.9
	ASQ대비	0.5	0.2	0.7	0.5	1.0	-0.8	-0.1
	RSQ대비	-	-0.3	-	-0.1	-	-1.2	-0.7
롯데관광	2016년 점수	75.8	73.7	76.6	76.9	75.3	75.1	76.6
	ASQ대비	-0.1	0.5	0.2	0.6	0.3	0.0	0.6
	RSQ대비	-0.6	-	-0.5	-	-0.7	-0.4	-
모두투어	2016년 점수	76.1	72.7	76.6	76.1	75.3	75.5	76.1
	ASQ대비	0.2	-0.5	0.2	-0.2	0.3	0.4	0.1
	RSQ대비	-0.3	-1.0	-0.5	-0.8	-0.7	0.0	-0.5
하나투어	2016년 점수	75.3	73.0	75.4	75.4	73.4	75.4	75.6
	ASQ대비	-0.6	-0.2	-1.0	-0.9	-1.6	0.3	-0.4
	RSQ대비	-1.1	-0.7	-1.7	-1.5	-2.6	-0.1	-1.0

주) ASQ는 Absolute Service Quality로 해당 업종의 평균으로 해당 업종에서 고객이 불만 없이 받아들일 수 있는 서비스 품질 수준
RSQ는 Relative Service Quality 해당 업종 내 차원(요인)별 1위 기업의 KS-SQI로 해당 업종에서의 차원(요인)별 1차적인 목표 서비스 품질 수준

3) 전체 충성고객 비율

- 여행사 업종의 NPS는 +25.4이며, 모두투어가 +27.0으로 가장 높고, 롯데관광이 +23.0으로 가장 낮게 나타남.
- 여행사별 충성고객 비율은 하나투어(40.7%), 레드캡투어와 모두투어(38.3%), 롯데관광(38.0%) 순으로 나타남.

(%)

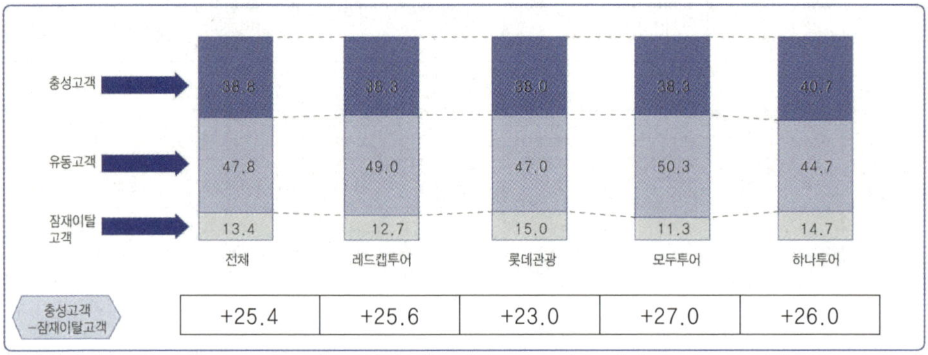

충성고객, NPS(Net Promotor Score : 순추천고객지수)
산정 기준 : (충성고객 - 잠재이탈고객)

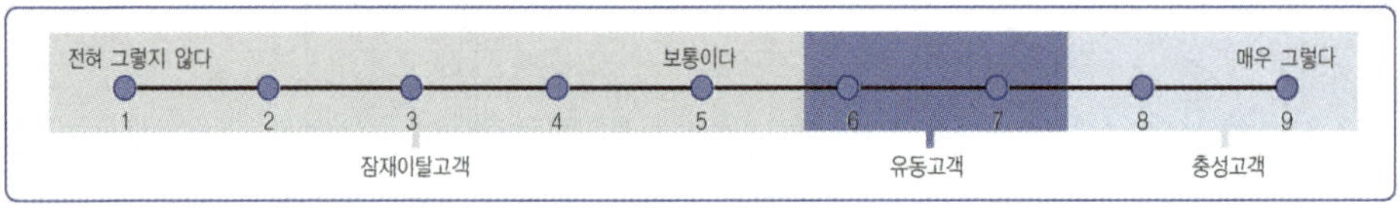

NPS : 추천의향에 대한 질문으로 고객 충성도가 높은 고객을 얼마나 많이 보유하고 있는지 나타내는 지표로 베인&컴퍼니가 2004년 하버드비즈니스 리뷰지에 발표.
추천 의향은 반복구매(Repeat Purchase) 또는 추천(Referral) 행동과 높은 연관성을 가지고 있음이 입증됨.

4) 고객 충성도별 KS-SQI 점수

- 충성고객과 잠재이탈고객 간의 KS-SQI 차이는 여행사 업종 전체에서 31.3점으로 나타났으며, 하나투어(33.5점), 모두투어(32.8점), 레드캡투어(30.4점), 롯데관광(29.0점) 순임.
- 충성고객의 KS-SQI는 레드캡투어가 84.2점으로 가장 높고, 잠재이탈고객의 KS-SQI는 하나투어가 50.3점으로 가장 낮은 것으로 나타남.

(점)

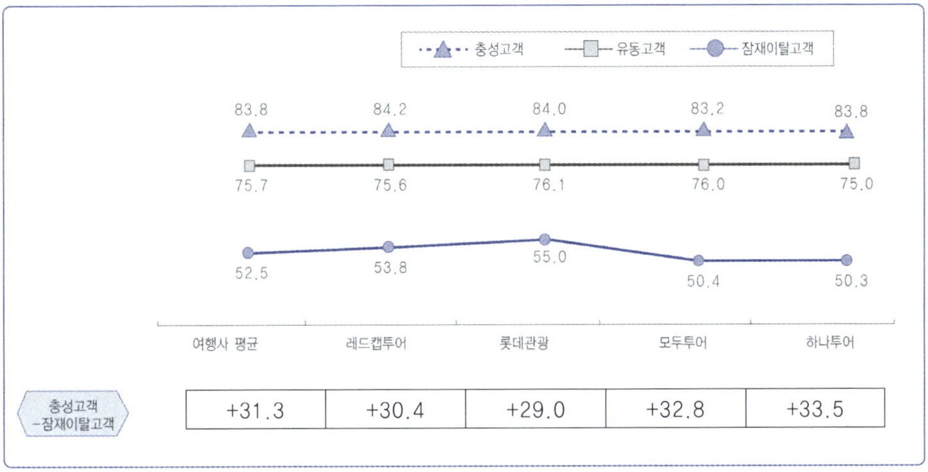

9. 항공사 업종 결과

1) 기업별 & 연도별 항공사 업종 결과

- 2016년 항공사 업종의 KS-SQI 지수는 77.2점으로 2015년(76.9점) 대비 0.3점 상승함.
- 기업별로는 아시아나항공이 77.5점으로 가장 높았으며, 그 다음으로 대한항공(77.3점), 델타항공(76.8점) 순으로 나타남.

(1) 기업별 KS-SQI

(점)

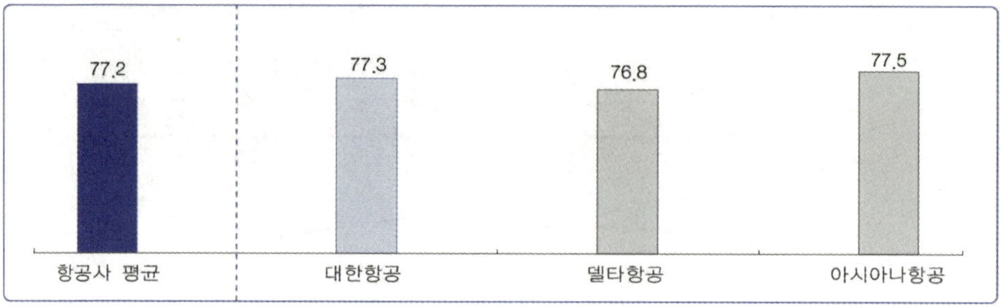

	대한항공	델타항공	아시아나항공
ASQ대비	0.1	-0.4	0.3
RSQ대비	-0.2	-0.7	-

주) ASQ는 Absolute Service Quality로 해당 업종의 평균으로 해당 업종에서 고객이 불만 없이 받아들일 수 있는 서비스 품질 수준
RSQ는 Relative Service Quality 해당 업종 내 1위 기업의 KS-SQI로 해당 업종에서의 1차적인 목표 서비스 품질 수준

(2) 연도별 KS-SQI

(점)

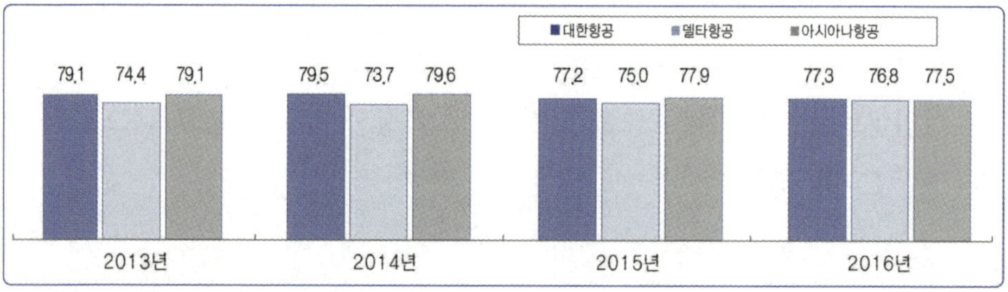

구분	2003년	2004년	2005년	2006년	2007년	2008년	2009년	2010년	2011년	2012년	2013년	2014년	2015년	2016년
대한항공	60.8	67.3	72.6	72.3	73.9	73.5	77.8	77.0	77.5	77.5	79.1	79.5	77.2	77.3
델타항공	-	-	-	-	-	-	-	-	-	-	74.4	73.7	75.0	76.8
아시아나항공	62.8	67.9	72.8	72.7	73.7	74.5	77.2	77.0	78.1	77.5	79.1	79.6	77.9	77.5
항공사 평균	61.8	66.7	72.7	72.5	73.8	74.0	77.5	77.0	77.8	77.5	78.0	78.1	76.9	77.2

2) 구성 차원별 결과

- 항공사는 본원적 서비스가 가장 높고, 친절성, 물리적환경, 신뢰성, 적극지원성, 접근용이성, 예상외 부가서비스 순으로 나타남.
- KS-SQI 1위인 아시아나항공은 본원적 서비스, 신뢰성, 친절성, 적극지원성, 접근용이성 차원에서 경쟁사 대비 높은 평가를 받음.

(점)

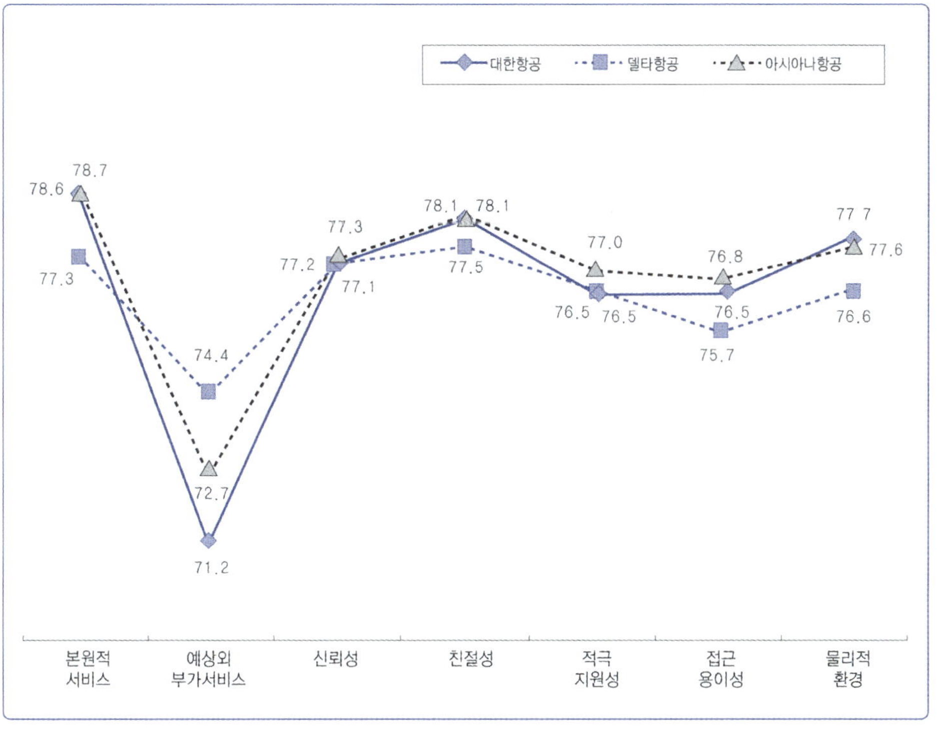

(%)

구분		본원적 서비스	예상외 부가 서비스	신뢰성	친절성	적극 지원성	접근 용이성	물리적 환경
평균		78.3	72.6	77.2	77.9	76.7	76.4	77.4
대한항공	2016년 점수	78.6	71.2	77.1	78.1	76.5	76.5	77.7
	ASQ대비	0.3	-1.4	-0.1	0.2	-0.2	0.1	0.3
	RSQ대비	-0.1	-3.2	-0.2	-	-0.5	-0.3	-
델타항공	2016년 점수	77.3	74.4	77.2	77.5	76.5	75.7	76.6
	ASQ대비	-1.0	1.8	0.0	-0.4	-0.2	-0.7	-0.8
	RSQ대비	-1.4	-	-0.1	-0.6	-0.5	-1.1	-1.1
아시아나 항공	2016년 점수	78.7	72.7	77.3	78.1	77.0	76.8	77.6
	ASQ대비	0.4	0.1	0.1	0.2	0.3	0.4	0.2
	RSQ대비	-	-1.7	-	-	-	-	-0.1

주) ASQ는 Absolute Service Quality로 해당 업종의 평균으로 해당 업종에서 고객이 불만 없이 받아들일 수 있는 서비스 품질 수준
RSQ는 Relative Service Quality 해당 업종 내 차원(요인)별 1위 기업의 KS-SQI로 해당 업종에서의 차원(요인)별 1차적인 목표 서비스 품질 수준

3) 전체 충성고객 비율

- 항공사 업종의 NPS는 +29.0이며, 델타항공이 +34.0으로 가장 높고, 대한항공이 +22.7로 가장 낮음.
- 항공사별 충성고객 비율은 델타항공과 아시아나항공(45.0%), 대한항공(39.7%) 순으로 나타남.

(%)

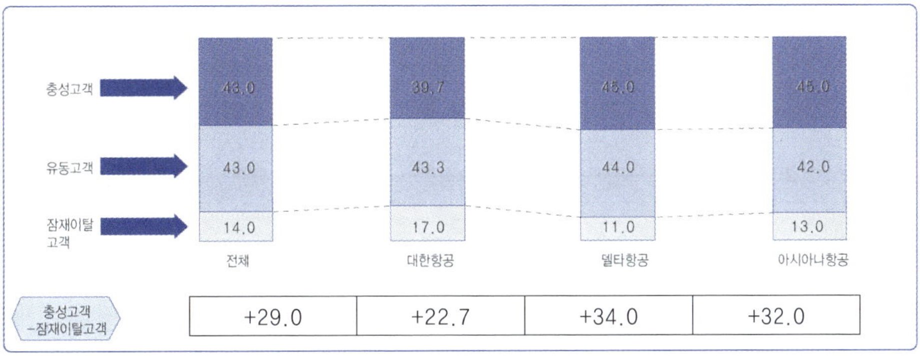

충성고객, NPS(Net Promotor Score : 순추천고객지수)

산정 기준 : (충성고객 - 잠재이탈고객)

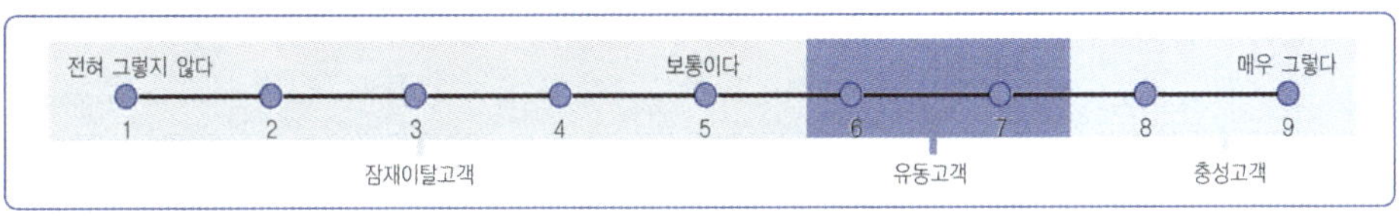

NPS : 추천의향에 대한 질문으로 고객 충성도가 높은 고객을 얼마나 많이 보유하고 있는지 나타내는 지표로 베인&컴퍼니가 2004년 하버드비즈니스 리뷰지에 발표.
추천 의향은 반복구매(Repeat Purchase) 또는 추천(Referral) 행동과 높은 연관성을 가지고 있음이 입증됨.

4) 고객 충성도별 KS-SQI 점수

- 충성고객과 잠재이탈고객 간의 KS-SQI 차이는 항공사 업종 전체에서 29.0점으로 나타났으며, 델타항공(35.3점), 아시아나항공(28.2점), 대한항공(27.1점) 순으로 나타남.
- 충성고객의 KS-SQI는 대한항공이 85.6점으로 가장 높고, 잠재이탈고객의 KS-SQI는 델타항공이 48.4점으로 가장 낮은 것으로 나타남.

(점)

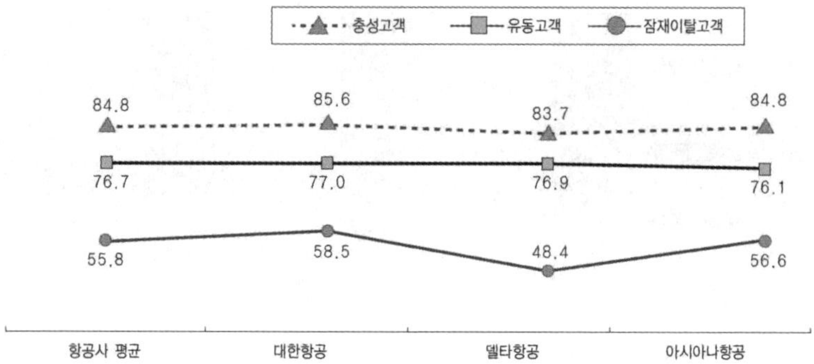

	항공사 평균	대한항공	델타항공	아시아나항공
충성고객 −잠재이탈고객	+29.0	+27.1	+35.3	+28.2

02 CRM & SERQUAL

1. CRM(Customer Relationship Management)

1) 기업의 고객관리 변화

아래 표에서 볼 수 있듯이 기업을 경영하는 데 있어 고객관리에 따른 그 중요성은 시대에 따라 변화하고 있음을 알 수 있다. 즉 고객관리는 고객만족을 위한 단순한 만족도 조사에서 고객의 요구를 DB화하는 단계로, 그리고 개별 고객과의 관리 차원으로서 전사적으로 시스템화하는 시대에 도래하였다(CS → DBM → CRM).

〈표 1〉 고객관리의 시대적 변천

구분	판매 (1970년대)	CS (1980년대)	DBM (1990년대)	CRM (1990년대 후반)
대고객 점검	수동적 구매자	선택적 구매자	개성화, 다양화된 구매자	능동적 파트너
고객과의 관계	전체 시장에 일방적 공급 (배급)	고객만족도 (CSI) 측정, 일방적 관계	그룹화된 고객과의 일방적 관계	개별 고객과 쌍방향 의사소통
고객관리	단순 영업 위주	영업과 판매 위주 서비스	IT 기술팀 위주	전사적 관리

*CS = Customer Satisfaction, DBM = Database Marketing

2) CRM의 개념

CRM(고객관계관리)이란 자사의 고객이 누구인지, 고객이 무엇을 원하는지를 파악하여 고객이 원하는 제품과 서비스를 지속적으로 제공함으로써 고객을 오래 유지시키고 이를 통해 고객의 평생가치를 극대화하여 수익성을 높이는 통합된 고객관계관리 프로세스를 말한다. 즉 고객데이터와 정보를 분석 · 통합하여 개별고객의 특성에 기초한 마케팅 활동을 계획 · 지원 · 평가하는 과정으로 데이터베이스 마케팅을 포함하는 좀 더 넓은 의미의 개념이다. 따라서 CRM은 기업 내 조직 및 프로세스를 바꾸는 BPR(Business Process Reengineering)적인 성격이 강하다. 또한 CRM은 마케팅, 세일즈, 서비스, 고객접점 등의 통합을 통해 고객정보를 보다 다양하고 적극적으로 활용한다. 즉 다양한 방법으로 고객의 데이터와 정보를 얻고 이를 전사적 차원에서 활용한다는 차이점이 있다.

CRM은 보다 전략적인 패러다임이다. CRM은 고객세분화를 통해 신규고객을 얻고, 기존고객을 유지하고, 평생고객화하는 등의 지속적인 순환과정을 통해 고객의 가치를 극대화시키는 전략적인 경영 패러다임이다.

3) CRM의 핵심효과

다음과 같은 그림에서 볼 수 있듯이 CRM을 구축함으로 인해 주요고객을 파악하고 고객이탈을 방지하며 우수한 고객을 유지할 수 있을 뿐만 아니라, 잠재고객 및 신규고객을 획득함에 따라 기업의 수익을 창출시키는 효과를 가져온다.

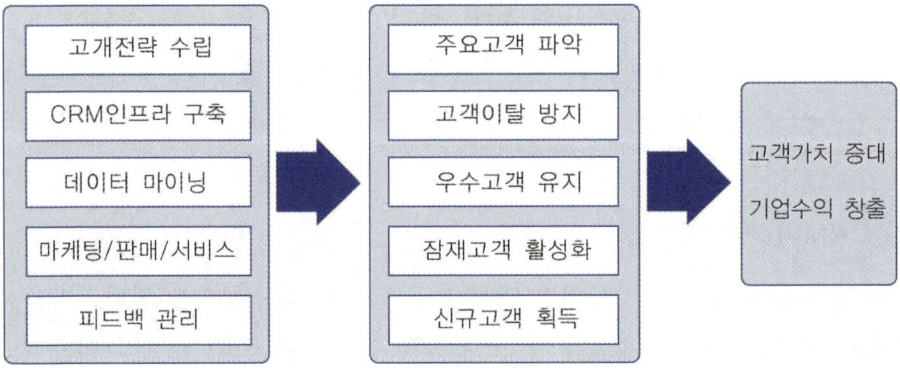

4) CRM 프로세스

고객관계관리 프로세스는 고객선별, 고객획득, 고객개발, 고객유지의 단계를 거치게 된다.

(1) 고객선별의 단계

현재의 시장환경에서는 모든 사람을 기업의 고객으로 획득하고 유지할 수가 없다. 자사에 도움을 주는 고객을 유지하는 것이 기업의 입장에서는 훨씬 이득이 되는 것이다. 따라서 기업은 고객을 세밀히 분류해 내야 한다.

"자사의 제품과 서비스를 통해 최고의 수익성을 얻을 수 있는가?", "우리 기업과 지속적인 관계를 원하고 있는가?", "기업에 최고의 평생가치(lifetime value)를 제공할 수 있는가?"라는 질문에 대한 해답을 통해 가치 있는 고객 정보를 획득한다.

(2) 고객획득의 단계

고객관계에서 최고의 잠재적 수익성과 영향력을 지닌 고객군에 기업자원을 할당한다. 예를 들면 판매 및 서비스에 대한 정확한 채널을 설정한다.

또 신규고객 유치, 고객 재유치, 교차판매, 고객유지 등을 위한 캠페인을 창출한다.

(3) 고객개발의 단계

기업은 고객이 원하는 것을 원하는 방법으로 그리고 원하는 때에 제공할 수 있어야 한다. 이를 위해서는 고객의 요구사항 및 기대수준에 대해 정확히 알고 있어야 한다. 또한 자신의 제품, 서비스, 기업에 대한 고객의 접촉 경험에 대해서도 정확히 이해해야 한다.

(4) 고객유지의 단계

고객은 자신이 원하는 제품과 서비스를 지속적으로 제공받을 수 있어야 그 기업의 고객으로 계속 남아 있게 된다. 이를 위해서는 고객에 대한 피드백 관리(feedback management)가 필수적이다. 기업은 매일 고객과 다양한 채널을 통해 계속적으로 대화를 해야 하며, 최신의 고객 및 시장정보를 획득하여야 한다. 고객의 기호, 가치, 요구사항, 문제점에 적절하고도 차별화된 서비스를 지속적으로 제공받은 고객은 고객만족(customer satisfaction)을 넘어 기업의 충성고객(loyal customer)이 되고, 이 고객은 시간이 지남에 많은 이익을 기업에 제공한다.

5) CRM 구축

CRM의 구축은 크게 4가지 측면을 고려하여 접근할 수 있다. 고객접점에 대한 고찰의 측면, 세일즈 및 마케팅 활동을 관리하고 성과를 측정할 수 있어야 하는 것, 고객데이터를 유용한 정보로 바꾸는 일, 그리고 복잡한 기간 시스템을 서로 통합하고 다양한 고객접촉 채널이 이를 효율적으로 이용할 수 있도록 해야 하는 것 등이다.

(1) 고객접점에 대한 고찰

최근의 정보통신의 발달은 기존의 고객접촉 채널 이외에도, 인터넷을 비롯한 다양한 접촉 채널을 통하여 고객이 기업에 접근할 수 있게 되었다. 고객접점은 고객과 기업이 만나는 중요한 곳으로 다양한 고객접점의 활용으로 다양한 계층의 고객과 만날 수 있는 준비가 되어 있어야 하며, 새로운 접촉 채널이 요구하는 기술수준에 대한 투자가 필수적이다. 고객은 전화, 인터넷, 대면접촉, 이메일(E-Mail) 등의 다양한 접촉수단으로 서비스를 요청한다.

이때 서비스의 질과 내용은 항상 동일한 수준으로 관리되어야 하며 기업 전체에 걸쳐 고객접촉 이력이 하나로 관리되어야 한다. 기술적으로 보면 콜센터 시스템, 자동응답 시스템, 웹 서버 등에 대한 통합관리가 필요하다. 이렇게 되면 고객은 다양한 채널에 대해 일관된 서비스를 제공받을 수 있고 이는 또한 기업의 대고객업무의 효율성을 향상시킨다.

(2) 세일즈 및 마케팅 활동관리와 성과 측정

수익성 있는 대상고객을 선별하여 매출증대를 위한 효과적인 마케팅 전략을 수립하고, 이를 세일즈 및 마케팅 전문가가 고객이 원하는 곳에서, 원하는 시간에, 원하는 방법으로 제공할 수 있어야 한다. 또한 고객서비스와 지원활동을 효과적으로 수행하고 관리하여야 한다. 고객이 계좌확인을 원하거나, 기술적인 질문을 했을 경우 이를 신속히 처리해야 한다. 이러한 서비스는 상담원의 업무지식 수준과 관계없이 서비스 프로세스를 표준화하고, 고객의 유형, 선호도에 따라 개별화된 서비스가 제공되어야 한다.

(3) 고객데이터를 유용한 정보의 전환

캠페인 수행을 위해 시장 및 고객성향을 분석하고 반응예측모델을 만들고 수익성을 예측 · 분석한다. 또한 각종 데이터의 분석을 통해 기업의 업무 관련 의사결정 및 경영정책을 수립할 수 있도록 해야 한다. 이를 효과적으로 수행하기 위해서는 데이터 웨어하우스 및 데이터 마이닝, 캠페인 관리 기술이 필수적이다.

(4) 시스템 통합과 고객접촉 채널의 효율성

마지막으로 복잡한 기간 시스템을 서로 통합하고, 다양한 고객접촉 채널이 이를 효율적으로 이용할 수 있도록 해야 한다. 또한 기간 시스템과 고객 채널을 분리시켜 기존의 시스템 투자를 보호하고 신규고객 채널의 도입 시 이를 쉽게 수용할 수 있도록 해야 한다.

호텔업계의 CRM시스템 구축 열풍

'고객의 잠버릇까지 기억하라(?)' 마케팅 및 서비스 경쟁이 치열해지면서 호텔업계에 'CRM' 시스템 구축 바람이 불고 있다. 'CRM(Customer Relationship Management, 고객관계관리)'이란 최근 업계에서 차세대 마케팅 수단으로 각광 받고 있는 시스템으로 영업활동, 마케팅, 인사관리 등 고객관리와 관련된 업무들을 하나로 통합한 것. 특히 고객의 각종 신상정보와 취향, 기호까지도 하나의 데이터베이스(DB)로 통합, 관리함으로써 기존처럼 불특정 다수가 아닌 특정계층 및 고객을 위한 차별화된 마케팅이 가능한 시스템이다.

2001년 10월 4일 호텔업계에 따르면 쉐라톤워커힐호텔은 지난 5월 국내 호텔업계 최초로 전사적인 운영시스템 통합, 고객 이용실적에 따른 마케팅 지원, 고객에 대한 원투원(one to one) 서비스 등 3단계로 구성된 CRM 시스템을 구축했다. 이에 따라 그동안 각 영업장, 사무실마다 따로 흩어져 있던 고객DB를 하나로 통합 · 관리하는 한편 방문고객들의 기호나 취향에 맞춰 각각 다른 종류의 서비스를 제공하고 있다. 예를 들어 고객이 객실 베개를 딱딱한 것으로 교체해줄 것을 요구했을 경우 이에 대한 정보를 저장, 재방문시 미리 딱딱한 베개를 객실에 비치해 놓는다거나 '복숭아' 알레르기가 있는 고객 에게는 복숭아가 첨가된 메뉴를 '알아서' 제외하는 식. 이 호텔 관계자는 "이 시스템을 도입함으로써 고객에 대해 보다 꼼꼼하고 세심한 서비스를 제공할 수 있게 됐다"며 "특히 고객DB를 각 업장이 공유하기 때문에 고객들은 어떤 직원에게라도 동일한 내용의 서비스를 받을 수 있다"고 설명했다.

웨스틴조선호텔은 2000년 10월부터 여러 가지 종류의 자사 회원카드를 'VIP카드' 하나로 통합하는 CRM 시스템을 도입, 현재 약 6만 5,000명의 회원을 관리하고 있다. 특히 호텔을 이용할 때마다 포인트를 적립한 후 포인트 실적과 나이, 성별, 취미, 기호별로 회원들을 분류, 각기 다른 마케팅 행사를 진행하고 있으며, 지난 1일부터 는 VIP카드를 이용한 신용카드 서비스도 새롭게 시작 했다.

한편, 소피텔 앰배서더호텔 역시 최근 사내에 CRM 프로젝트팀을 구성, 이달부터 외부전문가 접촉에 나서는 등 본격적인 시스템 구축작업에 들어갔으며, 호텔신라도 지난 3월에 구성된 정보전략팀을 중심으로 CRM 도입을 추진 중이다.

소피텔 앰배서더 CRM 팀장은 "갈수록 정보의 통로가 다양해지고 고객들의 수준도 높아지는 상황에서 단지 시장점유율을 높이기 위한 무차별 마케팅은 한계가 있다"며 "CRM 마케팅은 서서히 전 업계로 확산되는 추세"라고 말하였다.

2. 서비스 품질 측정척도(SERVQUAL)

서비스 마케터는 서비스를 고객의 입장에서 평가하고 개선해 나가야 하는데, 이 경우 유용하게 쓰일 수 있는 도구가 파라슈라만(Parasuraman) 등이 개발한 서비스품질 측정척도, 즉 서브퀄 척도(Service Quality Measures)이다.

이것은 소비자가 서비스의 품질을 평가할 때 기준으로 하는 5가지 차원을 중심으로 하여 22개의 질문항목으로 개발된 것이다. 처음에는 서비스품질을 측정하는 변수를 10가지 차원으로 나타냈으나, 서로 중복되는 차원을 수정하여 5가지 차원으로 바뀌었다. 그 5가지 서비스 차원이란 서비스 제공자의 유형성(tangibles), 신뢰성(reliability), 대응성(responsiveness), 확신성(assurance), 공감성(empathy) 등을 말한다. 서브퀄(SERVQUAL)의 5가지 차원에 대한 구체적인 질문항목은 다음과 같다.

첫 번째 단락의 질문은 고객의 기대에 관한 것이며 두 번째 단락의 질문은 고객의 인지에 관한 것으로 각각 22개 항목의 질문으로 되어있다.

본 설문지는 _______서비스에 대한 귀하의 의견을 조사하기 위한 것입니다. 아래 각 문항에 대해 귀하께서 _______서비스를 제공하는 기업에 대한 느낌의 정도를 다음과 같이 표기해 주시기 바랍니다. 전적으로 동의하 시면 숫자 7, 전적으로 동의하지 않으시면 숫자 1을 나타내시고, 그 밖의 경우에는 귀하의 느낌에 따라 1과 7 사이의 숫자를 표기하시기 바랍니다.

각 문항의 정답은 없으며 다만 귀하께서 _______서비스를 제공하는 기업에 대한 기대를 알고자 하는 것입니다.

1. 최신설비를 갖추어야 한다.
2. 물적 시설이 시각적으로 마음에 들어야 한다.
3. 직원의 복장이 단정해야 한다.
4. 물적 시설 외관이 제공된 서비스 형태와 일치하여야 한다.
5. 정해진 기간에 하기로 한 일을 하여야 한다.
6. 고객이 문제를 제기할 때 그 심정으로 동조하여야 한다.
7. 기업을 신뢰할 수 있어야 한다.
8. 약속한 시간에 서비스를 제공하여야 한다.
9. 기록을 정확하게 유지하여야 한다.
10. 서비스가 언제 제공되는지 고객에게 정확하게 알려주지 않는다.(–)*
11. 직원으로부터 신속한 서비스를 기대할 수 없다.(–)
12. 직원은 항상 고객을 기꺼이 도와줄 필요는 없다.(–)
13. 직원이 너무 바빠서 고객의 요청에 신속하게 응대를 못하여도 괜찮다.(–)
14. 직원을 신뢰할 수 있어야 한다.
15. 직원과의 거래에서 안도감을 느낄 수 있어야 한다.
16. 직원은 정중하여야 한다.
17. 직원은 그들의 임무를 수행하는 데 기업으로부터 적절한 지원을 받아야 한다.
18. 기업으로부터 개별적인 관심을 기대할 수 없다.(–)
19. 직원으로부터 개인적인 관심을 기대할 수 없다.(–)
20. 고객이 무엇을 원하는지를 직원이 알지 못하는 것 같다.(–)
21. 고객의 최대관심이 무엇인지 기업이 진심으로 아는지를 기대할 수 없다.(–)
22. 모든 고객이 편리하도록 운영시간을 조정하는 것을 기대할 수 없다.(–)

다음은 X Y Z에 대한 귀하의 인식과 관련된 것입니다. X Y Z에 대해 귀하께서 전적으로 동의하시면 숫자 7, 전적으로 부정하시면 숫자 1을 표기하여 주시기 바랍니다. 그 밖의 경우에는 귀하의 느낌에 따라 1과 7 사이의 숫자를 표기하시기 바랍니다. 각 문항의 정답은 없으며 다만 X Y Z에 대해 귀하의 인지도를 알아보고자 하는 것입니다.

1. X Y Z는 최신 설비를 갖추고 있다.
2. X Y Z의 물적 시설은 시각적으로 마음에 든다.
3. X Y Z의 직원은 복장이 단정하다.
4. X Y Z의 물적 시설 외관은 제공된 서비스 형태와 일치한다.
5. X Y Z는 정해진 기간에 하기로 한 일은 그대로 한다.
6. 고객이 문제를 제기할 때 X Y Z는 심정적으로 동조한다.
7. X Y Z는 신뢰할 수 있다.
8. X Y Z는 약속한 시간에 서비스를 제공한다.
9. X Y Z는 기록을 정확하게 유지한다.
10. X Y Z는 서비스가 언제 제공되는지 고객에게 정확하게 알려주지 않는 다.(-)
11. X Y Z직원으로부터 신속한 서비스를 제공받지 못한다.(-)
12. X Y Z직원은 항상 고객을 기꺼이 도와줄 태세를 갖추고 있지 않다.(-)
13. X Y Z직원은 고객의 요청에 신속하게 응대하지 못한다.(-)
14. X Y Z직원은 신뢰할 수 있다.
15. X Y Z직원과의 거래에서 안도감을 느낀다.
16. X Y Z직원은 정중하다.
17. X Y Z직원은 X Y Z로부터 그들 직무의 원활한 수행을 위한 적절한 지원을 받는다.
18. X Y Z는 고객에게 개별적인 관심을 기울이지 않는다.(-)
19. X Y Z의 직원은 고객에게 개인적인 관심을 기울이지 않는다.(-)
20. X Y Z의 직원은 고객의 요구가 무엇인지 진심으로 알고자 하지 않는다.(-)
21. X Y Z는 고객의 최대관심이 무엇인지 잘 알지 못한다.(-)
22. X Y Z는 모든 고객이 편리하게 운영시간을 조정하지 않는다.(-)

• (-) 표시가 있는 문항의 점수는 자료 분석 전에 반대로 수정할 것.

(Parasuraman, Zeithaml, and Berry 1988)

03 스트레스(stress)와 종사원

고객이 호텔에 투숙하거나 식당에서 식사할 때, 그들이 받는 서비스의 수준(질)이 그들로 하여금 다시 올 것인가 아닌가를 결정하게 한다. 퉁명스러운 웨이터 부주의한 벨 보이의 존재가 훌륭하게 준비된 식사 또는 안락한 객실의 가치를 상살(相殺)할 수 있다. 이런 이유 때문에 "종사원들은 우리의 가장 귀중한 자산 중의 하나다."라는 말이 환대산업에서는 격언인 것이다.

생계를 위하여 두 손의 기술에 의존하는 피아니스트가 두 손을 다치지 않도록 주의하는 것과 같이, 숙박업 또는 식당업에서는 그들의 사업(일)을 방해할지도 모를 어떠한 것에 대해서도 종사원 보호책을 강구해야만 한다.

종사원의 생산성에 영향을 미칠 수 있는 하나의 요소는 업무와 관계된 스트레스이다. 스트레스는 종사원의 다른 사람과 상황들을 향한 지각작용과 태도에 영향을 미치는 내부적 또는 외부적 스트레스 요인에 대한 육체적, 정신적 혹은 일(업무)에 관련된 반응이라고 정의될 수 있다. 스트레스는 일의 생산성에 부정적 영향은 물론 긍정적인 면도 가질 수 있음을 또한 주의하여야 한다. 어떤 종사원들은 긴장된 업무상황에서 움츠러드는가 하면 반면에 바쁜 일에 압박받는 상황하에서 신명이 나서 일하는 종사원들도 있다.

업무상 스트레스가 생산성을 높이는 촉매체 역할을 할 수 있다 하더라도 종사원들이 잘 하던 업무를 중지하게 될 시점이 있는 것이다. 경영층의 과업은 개개의 종사원이 어느 정도의 스트레스하에서 가장 업무수행을 잘 하며 어떤 시점에서 가장 업무수행에 불리하게 영향을 미치기 시작하는지를 결정하는 것이다.

환대산업체 내의 업무들은 기타의 많은 산업체에서의 업무들과 비교하면 스트레스가 훨씬 더하다. 따라서 환대업 운영상의 작업환경이 어떻게 종사원들의 스트레스의 원인이 될 수 있는가를 살펴보고자 한다. 즉 종사원 스트레스의 약간의 원인(스트레스 요인이라 함)을 분리시켜 냄으로써, 스트레스를 감소시키기 위한 몇 가지의 지침을 제공함으로써 경영진으로 하여금 종사원의 생산성 향상에 필요한 도구로 활용할 수 있도록 한다.

종사원들이 설명하는 스트레스의 근원들을 다음 4가지 부류로 나타낼 수 있다.

첫째, 경영자로부터의 스트레스, 둘째, 동료 종사원들로부터의 스트레스, 셋째, 고객들로부터의 스트레스, 넷째, 입장의 다른 근원들로부터의 스트레스

개개의 부류에서 스트레스의 원인이 될 수 있는 요소들이 확인될 것이며, 각 분야에서 스트레스를 감소시키기 위한 방법들이 소개될 것이다.

1) 경영자로부터의 스트레스

(1) 스트레스 요인 : 지배인의 태도

종사원들에 의하여 인식되는 한 지배인의 태도는 스트레스를 유발할 수 있으며 업무수행에 영향을 미친다. 가끔 종사원들은 그들이 조직체 내에서 별로 중요하지 않은 것처럼 느끼기 때문에 비생산적이 된다. 지배인은 여러 가지 습관으로 그들의 느낌을 증대시키기도 된다.

- 종사원들에게 이야기할 때, 지배인의 목소리로 압도하는 수도 있을 것이고 또는 그들을 인간으로서 전혀 존중하지 않는 말을 한다.
- 어떤 때는 지배인이 종사원들에게 전혀 솔직하지 않게 말하기도 하고, 또는 업무에 변화가 생겼을 경우, 지배인은 종사원에게 시간이 걸리더라도 변화가 왜 생겼는지를 상세히 설명하지 않고, 오히려 본질적으로 “이건 이렇게 하는 거야.”라고만 말한다.
- 한 종사원이 건의를 하면 지배인이 이를 거부하든가 잊어버리고 만다. 그

와 같은 태도는 종사원에게 "너의 의견은 그다지 중요하지 않다"는 것을 암암리에 전하는 것이다.

- 아주 복잡한 일이 생겼을 경우, 그의 부하직원을 돕기 위하여 발벗고 나서지 않는 지배인은 그와 같은 노력을 할 가치조차 없다는 것을 전하는 것이다.

이들 모든 내용들은 종사원들에 대한 관심이 없음을 반영하는 것이다. 이러한 태도는 지배인이 이를 알지 못하고 있거나 숨기려고 시도한다 할지라도 교활한 수법으로 간주될 수 있다. 종사원들이 그와 같은 태도를 인식할 때, 그 결과로 생기는 심리적인 거리는 경영층에서는 이미 미칠 수 없게 된다. 이 격리는 종사원들과 경영층 사이에 "우리 대 그들"이란 개념을 조성하 여, 대개의 지배인들이 이루고자 애쓰는 긍정적인 팀 노력의 반대노력이 된다. 더 나아가서 종사원들이 운영상 단지 그들이 할 수 있는 일만을 위하여 있는(존재) 것으로 취급당한다고 느끼고, 인간으로서 존중되지 못한다고 느낄 때, 그들은 착취당했다고 생각한다. 대개의 종사자들은 대인접촉에서 받는 만족감 때문에 환대산업 분야에서 일하기를 결정하지만, 고용주들은 그들 자신과 종사원들 사이의 긍정적 대인접촉이 바로 종사원들과 고객들 사이의 유사한 접촉만큼이나 성공적인 운영을 위하여 중용하고 본질적인 것임을 잊고 있다.

▣ 스트레스 감소 방법

종사원들에게 그들은 아주 중요한(역할을 맡은) 존재라는 것, 다시 말하면 당신이 그들을 우선 인간으로서 대하고, 그런 후에 종사원으로 보고 있다는 것을 전달한다. 이 뜻은 여러 가지 방법으로 전달될 수 있다.

- 당신의 종사원에 관심을 가지고 응대하고, 화냄을 피하라. 그들과 말할때 조급하게 또는 무뚝뚝한 태도로 하는 것보다 오히려 충분히 시간을 가지고 하라.

- 종사원들과는 가능한 한 솔직하고 정직하라. 잠재적 변화에 관한 것을 그들에게 알리되, 그와 같은 변화는 충분히 설명하고, 점진적으로 시행하라. 종사원 생산성 향상을 위한 어떤 최선의 의견들은 종사원 자신들로부터 나온다. 종사원들의 말을 귀담아 듣고 그들의 의견들이 가치있다고 안심시켜라. 당신 자신이 종사원들로부터 격리되지 않도록 노력하고, 그들을 인간적으로 알도록 하라. 영업이 고되게 되면 일에 뛰어 들어라. 도움이 필요할 때 지배인이 기꺼이 돕고 있는 것을 보고 있는 종사원은 그들 자신의 공헌이 더욱 중요한 것으로 보이고, 그렇게 되면 당신과 종사원들 사이에 있을지도 모를 약간의 심리적 간격이 결국 사라져버릴 것이다.

(2) 스트레스 요인 : 부적절한 업무기술서

지배인들은 통산 종업원에게 직책에 따른 책임과 임무를 설명하는 업무 기술서를 제공하고 있지만, 종사원들은 정식기술서에 명확히 해놓은 업무들과 관련이 없는 많은 다른 일들을 지시받을 수 있다. 이런 일이 생겼을 때, 종사원들은 실제로 부과된 그들의 업무에 관해서 혼동하게 된다. 다른 지배인들이 종사원들의 업무에, 다른 임무가 포함된 것으로 볼 수 있다는 것이다.

일치하지 않는 지시를 받은 종사원은 시정되지 않으면 이리저리 끌려다니는 느낌을 갖게 된다. 이와 같은 상황은 고도의 스트레스를 받을 수 있다. 정식 업무기술서를 받지 못한 종사원들은 그들에게 부과된 특정 업무가 무엇인지 전혀 알지 못한 채 고용당시부터 방황하게 된다. 약간의 종사원들은 기대를 바꾸고, 새로운 문제들은 자극적이고 도전이 될 수 있지만 기타의 많은 종사원들은 스트레스가 덜한 익숙한 일상업무를 찾는다.

▣ 스트레스 감소 방법

- 종사원에게 책임과 임무가 완전히 명기된 업무기술서를 제공한다.
  이 기술서를 그들과 함께 다시 보고 어떤 변경사항을 알고 있는지 분명히 한다. 당신에게 할당된 직무에 일치되게 하고, 다른 지배인들도 동일한 지침에 따르는가를 본다. 가능하면 종사원들로 하여금 한 사람의 책임자에게 보고토록 한다. 이는 혼돈을 없애는 데 도움이 될 수 있고 따라서 스트레스를 감소시킨다. 마지막에 종사원들이 매주 계속해서 그렇게 하도록 노력하라. 그렇게 함으로써 그들은 당신이 무엇을 기대하고 있는지를 알게 된다.

(3) 스트레스 요인 : 부족한 대화

종사원들은 모든 경영결정에 의견을 말할 수 없음을 알고 있다. 그렇지만 그들의 업무에 영향을 미치는 결정이 이루어졌을 때, 그들의 의사가 고려되었다고 느끼도록 하는 것이 중요하다.

▣ 스트레스 감소 방법

- 종사원들과 솔직하고 정직하게 대화하라. 어떤 일이 일어나고 있는가 하는 것을 다른 사람들을 통해서 듣기 이전에 알리도록 하라.
  특히 그들 업무에 직접 영향을 미치는 변화가 생겼을 때는 더욱 그렇다.
  의견마다 그대로 따라할 필요는 없다(지배인들은 모든 최종결정을 할 권한을 유보해 두어야 한다). 그러나 종사원들은 그들의 의견을 설명할 기회를 갖지 않으면 안되며, 그들의 아이디어가 진지하게 고려되었다는 확신을 가지도록 해야 한다.

(4) 스트레스 요인 : 해결되지 않은 조직상의 문제들

어떤 지배인들은 곤란한 조직상의 문제들이 없어질 것이라고 희망하면서 무시해 버린다. 종사원들이 문제들에 관해서 간접적으로나, 지배인들(사용자들)로부터 슬쩍 지나쳐 버리는 설명을 통하여 들었을 때, 불투명한 분위기가 조성된다. 즉 종사원들은 무엇을 해야 하는지를 몰라한다. 업무와 관련된 곤란한 문제에 직접 맞설 수 없는 지배인은 가끔 종사원에게 그 문제에 관하여 이야기하는 일을 그만둬 버린다.

▣ 스트레스 감소 방법

- 즉시 대화가 필요하다.
  종사원들에 관련된 문제가 생겼을 경우, 그들과 함께 문제를 검토할 시간을 가진다. 그들로 하여금 각 문제가 해결될 수 있으려면 그들이 해야할 일은 무엇이며, 당신이 어떻게 생각하고 있는지를 알도록 해야 한다. 이것을 하는 데는 재치있게, 명확하게, 그리고 종사원들의 생각들과 각 문제들에 대한 그들의 관점에 민감하라. 가능한 한 속히 조치를 취하라(오래 끌면 그만큼 문제는 더 곤란해진다).

(5) 스트레스 요인 : 빈번한 종사원 교체(재조직)

환대업체에서 종사원 교체율이 높을 경우, 지배인들은 신입종사원 교육에 많은 시간을 보내지 않으면 안 되고 다른 종사원들과 함께 일할 시간이 적어진다. 더 나아가서, 신입종사원들은 경험이 부족하기 때문에, 오래 근무한 종사원들에게 더 많은 일을 하게 한다. 어떤 경우에는 지배인들이 신입 종사원 교육에 시간을 내지 못하며, 그것 때문에 오래 근무한 종사원에게 더 큰 부담이 가고, 혼돈과 실수를 조장하고, 잘못 교육된 종사원에 대한 재교육에 더 많은 시간을 바치게 된다.

▣ 스트레스 감소 방법

- 모든 분야에 있을 법한 스트레스를 해소시키고, 신입종사원에게 적절한 교육을 시킴으로써 종사원 교체를 최소한으로 하도록 노력하라.

(6) 스트레스 요인 : 빈번한 지배인 교체

일종의 교육형식처럼 지배인을 일상과정으로 교대시키는 업체들은 종사원에 대하여 끊임없이 변화하는 상태를 만들어서, 그들로 하여금 계속해서 새로운 성격, 변경되는 기대사항(업무의 처리과정 또는 결과에 대한 지배인의 기대) 및 새로운 업무처리 행태 등을 받아들이지 않을 수 없게 한다. 새지배인이 들어왔을 경우, 어떤 종사원들은 미움을 받지나 않을까, 또는 그들의 업무수행을 보게 되는 새 주인이 좋지 않게 평가하지나 않을까 하고 심히 걱정하게 된다. 이 같은 불안한 생각들은 어려운 경제 시대에는 과장될 수 있다. 즉 종사원들은 직장을 잃게 될지도 모르고 다른 직장을 구할 수 없을지도 모른다고 두려워하게 된다.

▣ 스트레스 감소 방법

- 지배인의 교체는 최소한으로 하도록 노력하라.
  특히 종사원과의 접촉이 많은 직책에 있는 경우는 더욱 그렇다. 견습지배인들은 경험있고 오래 근무한 지배인에 의하여 옆에서 도움을 받을 수 있는 위치(직)에 있도록 한다. 예를 들면, 만일 당신이 견습지배인을 식당의 서비스 분야에 두고자 계획한다면 그 분야의 감독자 또는 근무중인 지배인이 있도록 해야 한다. 종사원을 위하여 경영의 연속성을 마련하라. 종사원들이 업무에 관한 보고를 할 때, 누가 그들을 다룰 것이며, 그들이 무엇을 하기를 기대하는가를 명확히 하도록 하라.

(7) 스트레스 요인 : 종사원 근무표 작성

타당하지 못한 예정계획, 불충분한 계획, 뜻밖의 사건 등은 긴장상태를 조성할 수 있는, 인원부족 현상 또는 인원과잉 현상을 빚게 된다. 특히 종사원 상호간에 팁으로 경쟁하는 서비스업장에서는 더욱 그렇다. 근무교대를 갑자기 변경시키면, 종사원이 벼르고 짠 비번 시 계획을 망쳐 버리게 됨으로써 스트레스를 더할 수 있다.

▣ 스트레스 감소 방법

- 단지 비용절감만을 위한 인원 감소 계획을 작성하지 말라.
  장기적으로 보면 결과적으로 종사원의 스트레스를 증가시키고 종사원의 교체율이 높아질 것이다. 종사원으로 하여금, 주마다 교대근무 계획을 바꾸는 것보다는 계속적인(변경 없는) 계획하에서 일할 수 있도록 하라.

(8) 스트레스 요인 : 지배인들 간의 언쟁

지배인들 사이의 긴장상태는 종사원들을 불안하고 혼란케하는 분위기를 조성한다. 높은 사람들의 언쟁 속에 말려든 종사원들은 흔히(본의 아니게) 언쟁자의 노여움을 정면에서 받게 되기도 한다.

▣ 스트레스 감소 방법

- 교대근무 시간이 다르고 운영상 별도 분야에서 일하는 지배인들 간의 대화를 증진시킨다. 만일 문제가 생기면 바로 그 문제를 해결하도록 시도하라.

(9) 스트레스 요인 : 저장품이 부족한 업장

대개의 환대업장에서 혼잡한 기간, 종사원들의 업무를 차질없이 수행할 수 있게 하는 것은 모든 것이 충분히 저장된 업장이다. 조직의 불합리 또는 미흡한 계획들로 말미암아 보급품이 부족할 때는 화나게 된다.

▣ 스트레스 감소 방법

- 감독자와 지배인으로 하여금 그들의 일과의 일부로서 필요하면 여러 번 저장품 점검을 하도록 훈련해라. 또한 그들에게 기준저장법 사용을 가르쳐 주고, 모든 종사원들에게 보급품이 부족할 때, 감독자에게 이를 알리도록 교육시켜야 한다.

(10) 스트레스 요인 : 낮은 봉급(급료)

많은 종사원들은 그들이 하는 일에 합당한 급료를 받지 못하고 있다고 생각한다. 특히 환대산업에 있어서는, 아주 짧은 시간에 해야 할 많은 일을 가지고 있는 주요직위에 있는 요원들은 흔히 그들의 업무에 가해지는 심리적 압박에 대해 금전적인 보상을 받아야 한다고 생각한다.

▣ 스트레스 감소 방법

신입종사원에 대한 업무수행 절차 설명 시, 그들이 해야 할 일들은 어떤 것이고, 임금은 어느 정도가 될 것이라는 것을 분명히 알려라. 그들의 업무에 관련된 이해(利害)관계는 물론, 업무수행 정도에서 경험하게 될 압박(정신적인)도 알게 하라. 기타의 선택 가능한 사항들은 다음과 같다.

- 가능하면 최저임금 이상을 지급하고, 그들의 능력이 인정받을 수 있다고 생각되면 그 가치(혹은 임금)을 올려 주어라.
- 업무 압박을 최소한으로 줄여라.
- 종사원의 불만을 받아들이고 개인적인 문제가 발생한 것처럼 이를 처리하라.
- 종사원에게 제공하는 이익들을 증진시켜라.

(11) 스트레스 요인 : 긴 근무시간

많은 종사원들은 일하기를 지시받은 시간보다 더 짧은 시간에 부여된 업무를 충분히 수행할 수 있다고 생각한다. 지배인은 그 시간을 활동범위의 한 부분으로 생각할지도 모르나, 종사원들은 그렇게 많은 시간을 근무하기를 피하려 한다. 만일 그들이 부적절한 인원편성 때문에 장시간 근무를 불가피하게 하고 있음을 눈치챈다면 분개할 것이다. 다른 종사원들, 감독자들 및 고객들과의 장시간에 걸친 업무상 접촉은 꽤 많은 종사원들을 감정적으로 마르게 할 수 있다. 대개의 종사원들은 눈코뜰새 없이 바쁜 일에 대한 것뿐만이 아니고 개인적이거나 가족 문제에 대한 것까지도 장시간 근무와 업무에 관련된 압박 탓으로 돌려버린다.

▣ 스트레스 감소 방법

사람들은 업무에 임했을 때 더 잘하기 위하여 업무에서 벗어나는 시간이 필요하다는 것을 일깨우는 것이 중요하다. 충분한 비번시간과 오락활동으로 즐길 자유로움이 없다면, 종사원들은 생산적일 수 없을 것이다.

- 장시간 근무가 환대산업에서는 풍토적인 것이라 할지라도 알맞은 근무시간을 유지하도록 노력하라.

2) 동료 종사원들로부터의 스트레스

(1) 스트레스 요인 : 비협조적인 동료들

종사원들은 흔히 그들의 일을 완수하기 위하여 서로 의지한다. 그 결과로서 비협조적인 종사원은 전반적인 업무과정에 부정적으로 영향을 미친다.

▣ 스트레스 감소 방법

종사원들로 하여금 그들은 호텔발전을 위하여 노력하는 팀(team)의 한 부분임을 느끼게 하라. 팀의 구성요원으로서 착실히 일하고, 그 팀에 대한 책임감을 가지고 있는 종사원을 찾아라. 교육을 통하여 종사원 간의 협조를 증진시키고, 운영을 위하여 일체감을 증대시켜라.

(2) 스트레스 요인 : 결근자

몇몇 종사원들이 일하러 나오지 않을 경우에는 다른 종업원이 그들의 업무를 떠맡지 않으면 안 된다. 비어 있는 자리를 메우게 되는 종사원이 그들 자신의 일과 결근자가 하던 일, 양쪽 다 수행하도록 지시받았을 경우에는, 결과적으로 업무수행에 차질이 생겨난다.

▣ 스트레스 감소 방법

종사원들 사이에 협조하는 마음을 갖도록 교육하는 것에 더하여, 결근자들이 하던 업무를 수행할 수 있도록 적절한 인원으로 편성하여 운영하도록 한다. 이미 그들의 교대시간까지 일을 마친 종사원에게 결근자의 일을 맡도록 지시하지 않으면 안 될 정도로 빡빡한 계획을 작성하지 말아야 한다.

성실한 종사원들은 약간 신뢰할 수 없는 행동을 했다고 해서 처벌 받도록 해서는 안 된다.

(3) 스트레스 요인 : 대항의식

종사원 상호 간의 경쟁은 때때로 긍정적인 영향력이 될 수 있다. 그러나 어떤 경우에는 하찮은 시기심을 품을 수 있으며, 의심하는 풍토를 조성할 수있다. 그와 같은 분위기 속에서는 종사원의 사기, 생산성 및 협조심 등이 감소(저하) 된다.

▣ 스트레스 감소 방법

직장 내에서의 악의담긴 잡담, 하찮은 말다툼, 정략적인 책동행위 등을 저지하라. 그러한 일들이 생기면, 모든 관련 관계자들이 모여 허심탄회하고 솔직한 대화를 하게 함으로써 조정하도록 한다. 어떤 종사원이라 도다른 종사원을 희생시키게 하지 말아야 한다. 함께 합심해서 일을 잘하는 종사원들을 고용하고 유지하라.

(4) 스트레스 요인 : 분열시키는 종사원

지배인들은 가끔 이유야 어떻든지 자기 생각에 잠겨 있거나, 불행해 보이는 종사원을 만나게 된다. 이들 불안스러운 종사원들은 다른 사람을 분열시킬 수 있다.

▣ 스트레스 감소 방법

- 마음이 괴롭거나 불행하게 보이는 종사원을 귀찮게 하는 것이 있는지를 찾아내도록 노력하라. 그들의 문제들을 주의깊게 듣고, 관심을 가지고 있음을 보여주라. 만일 그들의 어려움이 해결되지 않은 채로 있다거나, 그들의 거동이 다른 종사원의 업무를 방해한다면, 그들은 업장 운영에 전혀 적합하지 않은 것이다.

3) 고객들로부터의 스트레스

(1) 스트레스 요인 : 힐문조(詰問調)의 고객들

서비스업에서 필요로 하는 기술을 잘 이해하지 못하고 평가능력이 없는 힐문조의 고객들이 종사원의 스트레스를 가중케 할 수 있다. 어떤 고객들은 자동적으로 서비스업에 대하여 품고 있는 편견을 반영하는 비인격적 태도로(우월감을 의식하면서) 짐짓 친철하게 굴면서 환대산업 종사원들을 대한다.

▣ 스트레스 감소 방법

종사원을 고용할 때 심리적 압박을 받으면서는 일을 잘 할 수 없을 것임이 분명한 사람은 가려낸다.

- 종사원에게 힐문조의 고객을 다루는 기술을 교육시켜라. 그들에게 어려운 상황에서도 침착함을 유지하는 방법을 알려주어라. 그들이 업무를 아주 잘해냈을 때에는 칭찬해 주고, 특별히 어려운 상황을 견디어 낸 후에는 동정해주고 이해한다고 말해주어라.

(2) 스트레스 요인 : 간접적인 압력

고객으로부터의 압력이 종사원들에게 간접적으로 영향을 미칠 수 있다. 예를 들면 요리사에게 신속한 서비스를 요구하는 성격 급한 고객으로부터 압력을 받은 식당종사원은 스트레를 받게 된다.

▣ 스트레스 감소 방법

스트레스의 근원에 대하여 경계하고, 종사원들이 과중한 압박을 받고 있을 경우에는 이를 덜어주고 조정하라.

4) 업장의 다른 근원들로부터의 스트레스

(1) 스트레스 요인 : 위험한 장비

식당주방에 있는 얇게 베는 기계 등 사용하기에 어렵거나 위험한 장비는 종사원의 스트레스를 더할 수 있다.

▣ 스트레스 감소 방법

종사원들은 모든 장비를 잘 사용할 수 있게 훈련되어야 하며, 유경험자만이 위험한 장비를 사용하도록 허용하여야 한다. 그와 같은 장비를 사용하는 종사원들의 피로를 덜고 따라서 사고를 예방할 수 있게 하기 위하여 자체 교대근무를 하게 한다.

(2) 스트레스 요인 : 작업(업장) 환경

업장 내의 불충분한 환기, 심한 열기 또는 냉기, 빈번한 왕래, 그리고 졸렬하게 계획된 시설물의 배치 등은 모두가 낮은 생산성의 원인이 될 수 있다.

▣ 스트레스 감소 방법

업장의 시설물 배치는 업무의 흐름을 개선하기 위하여 어디든지 가능한 곳에 계획한다.

- 업장 내의 환기가 잘 되도록 노력하고 시설이 지나치게 뜨겁지도, 차갑지도 않게 해야 되며, 업장의 혼잡을 감소시키기 위한 어떠한 조치라도 하라.

(3) 스트레스 요인 : 막다른 직책

현재의 직책으로부터 승진할 기회가 없음을 알고 있는 종사원은 업무 성적을 증진시킬 동기를 갖지 못한다. 더욱이, 가지고 있는 기술(능력)을 충분히 활용(발휘)하지 못한 종사원은 직책에 대안 욕구불만을 경험하게 되며, 결국 생산성이 떨어진다.

▣ 스트레스 감소 방법

- 어느 종사원이 추가적인 책임을 맡겨도 처리할 수 있는지를 알아라.
  한 종사원이 현 직급에서 승진하면, 다른 종사원들에게는 똑같이 승진된다는 희망이 있으므로 직무성적을 증진시킬 동기가 부여되는 것이다. 능력 있는 종사원을 더 큰 책임을 맡을 직책으로 승진시키기가 불가능할 경우에 는 바로 이동을 고려한다. 때로는 새로운 분위기와 기회들은 잘해 보려고 애쓰는 종사원을 격려하는 데 도움을 줄 수 있다.

(4) 스트레스 요인 : 재난 등

비참한 사고(화재 등)로 업체 운영이 와해되었다가 다시 활기를 되찾아서 업무에 복귀한 종사원들은 특히 스트레스에 취약하다. 그들은 또다시 발생하지 않을까 두려워하며 사고 기억에 사로잡히든가, 또는 사고와 관련된 죄책감에 번민하게 된다.

▣ 스트레스 감소 방법

긴급 시의 대처방법들을 토의하고, 대처계획이 포함된 교육계획을 마련한 다. 그 방면의 교육을 더 잘 받은 종사원일수록 위급사태 후에 경험하게 될 스트레스를 견디어내기가 훨씬 더 쉬울 것이다. 화재와 같은 외상적 사고가 실제로 발행하면 종사원들로 하여금 업장환경에 다시 적응할 수 있도록 하기 위하여 훈련된 전문가의 지도를 받을 수 있게 하여야 한다.

결론적으로 환대산업체 내에서 종사원들이 체험하는 업무와 관련된 스트레스는 저생산성과 높은 이직률의 원인이 될 수 있다. 종사원들에게 영향을 미치게 되는 스트레스의 모든 근원을 단속하도록 하는 것은 비현실적이지만, 종사원 생산성에 가장 유해한 스트레스를 제거하기 위하여 지금까지 언급한 여러 방법을 이행할 수는 있을 것이다. 그렇게 함으로써 가장 중용한 자산(종사원)을 보호할 것이며, 또한 그들 자신과 그들의 조직체에 이익이 됨을 깨닫게 될 것이다.

참고문헌

한재홍, 전용준(2002) 『전략적 고객관리가 비즈니스 승패좌우』, 맥그로우컨설팅.

Parasuraman, A., Zeithaml, V. A., and Berry, L. L.(1988), "SERVQAL: A Multiple-Item Scale for Measuring Consumer Perceptions of Service Quality," Journal of Retailing, Vol. 64, No. 1, Spring, pp.38-40.

『조선일보』, 2001년 10월 4일.

http://www.jcsworld.com

04 관광산업 특수분류 및 정의[1)]

1. 핵심 관광산업

관광산업 특수분류

분류코드	분류명	분류 정의 및 품목
101	관광 쇼핑업(도매업 제외)	개인 및 소비용 상품을 변형하지 않고 관광객에게 재판매하는 산업 활동
10101	면세점	
1010100	면세점	외국인 관광객(출국예정 사실이 확인되는 내국인 포함)의 편의 도모를 위해 공항 대합실이나 시중에 설치된 비과세 상점
10102	외국인전용 관광기념품 판매업[a]	
1010200	외국인전용 관광기념품 판매업[a]	외국인 관광객(출국예정 사실이 확인되는 내국인 포함)에게 물품을 판매하기에 적합한 시설을 갖추어 국내에서 생산되는 주원료를 이용하여 제조하거나 가공된 물품을 판매하는 업 ※ 국내에서 생산되는 재료를 주원료로 하여 제조하거나 가공한 물품일 것 ※ 주차시설을 갖추고 있을 것 ※ 외국어 구사 능력이 있는 종사원을 고용할 것 〈제외〉 면세점
10103	관광 인증 쇼핑업	
1010300	관광 인증 쇼핑업	단일 경영 주체가 일반 대중을 대상으로 직접 판매할 수 있는 매장을 개설하고 각종 상품을 종합적으로 소매하는

1) 출처: 통계청(2020) 저자에 의해 재작성

		산업 활동 중 중앙정부 또는 지방정부에서 관광목적에 부합하다고 인정한 종합소매업 〈예시〉 1st(퍼스트) 인증상점 〈제외〉 면세점, 외국인전용 관광기념품 판매업

102	관광 운수업	노선 또는 정기 운송 여부를 불문하고 운송설비로 관광객을 운송하는 산업 활동
10201	관광 철도운송업	
1020100	관광 철도운송업	철도차량을 이용하여 관광객을 운송하는 산업 활동 〈예시〉 관광열차, 주제 열차
10202	관광 도로운송업	
1020201	시내순환 관광업[a]	「여객자동차 운수사업법」에 따른 여객자동차운송사업의 면허를 받거나 등록을 한 자가 버스를 이용하여 관광객에게 시내와 그 주변 관광지를 정기적으로 순회하면서 관광할 수 있도록 하는 업 〈예시〉 시티투어
1020202	전세버스 운송업	노선과 일정을 정하지 않고 고객의 요구에 따라 승객을 버스로 운송하는 산업 활동 〈예시〉 관광버스운영, 버스임대(운전자 딸린), 비노선 버스 운영
1020203	관광궤도업[a]	「궤도운송법」에 따른 궤도사업의 허가를 받은 자가 주변 관람과 운송에 적합한 시설을 갖추어 관광객에게 이용하게 하는 업 〈예시〉 케이블카운송, 동물견인 차량 운영(마차운송업 등)

10203	관광 수상운송업	노선 또는 정기 운송 여부를 불문하고 수상운송설비로 관광객을 운송하는 산업 활동
1020301	관광 유람선업[a]	「해운법」에 따른 해상여객 운송사업의 면허를 받은 자나 「유선 및 도선사업법」에 따른 유선 사업의 면허를 받거나 신고한 자가 선박을 이용하여 관광객에게 관광을 할 수 있도록 하는 업 ※ 「선박안전법」에 따른 구조 및 설비를 갖춘 선박일 것 ※ 이용객의 숙박 또는 휴식에 적합한 시설을 갖추고 있을 것 ※ 수세식 화장실과 냉·난방 설비를 갖추고 있을 것 ※ 식당·매점·휴게실을 갖추고 있을 것 ※ 수질오염을 방지하기 위한 오수저장·처리시설과 폐기물처리시설을 갖추고 있을 것 〈예시〉 유람선 운영(내륙수상) 〈제외〉 화물 운송
1020302	크루즈업[a]	「해운법」에 따른 순항 여객 운송사업이나 복합 해상여객 운송사업의 면허를 받은 자가 해당 선박 안에 숙박시설, 위락시설 등 편의시설을 갖춘 선박을 이용하여 관광객에게 관광할 수 있도록 하는 업 ※ 일반 관광유람선업에서 규정하고 있는 관광사업의 등록기준을 충족할 것 ※ 욕실이나 샤워시설을 갖춘 객실을 20실 이상 갖추고 있을 것 ※ 체육시설, 미용시설, 오락시설, 쇼핑시설 중 2종류 이상의 시설을 갖추고 있을 것 〈예시〉 외항 여객 정기운송, 외항 여객부 정기운송, 유람선운영(외국항로), 외항 여객선박 임대(승무원 딸린)

		〈제외〉 화물 운송
10204	관광 항공운송업	항공기에 의하여 정기 또는 부정기로 관광객을 운송하는 산업 활동
1020401	관광 항공 정기운송업	일정 노선을 정기적으로 운행하면서 국내외항공 여객을 운송하는 산업 활동 〈예시〉 항공 여객운송(정기) 〈제외〉 항공화물 운송(정기)
1020402	관광 항공 부정기운송업	부정기적으로 항공 여객을 운송하는 산업 활동(운전자가 딸린 항공기 임대 활동 포함) 〈예시〉 항공 여객운송(부정기), 경비행기, 운송 항공기 임대(조종사 딸린) 〈제외〉 항공화물 운송(부정기) 항공기를 이용하여 직접특정용업사업을 수행할 경우에는 그 용역사용 내용에 따라 각각 분류

103	관광숙박업	관광객의 숙박 또는 취사에 적합한 시설을 갖추어 이를 관광객 또는 그 시설의 회원이나 공유자에게 제공하거나 숙박에 딸리는 음식·운동·오락·휴양·공연 또는 연수에 적합한 시설 등을 함께 갖추어 이를 이용하게 하는 업 〈제외〉 철도 운수사업체에서 철도 침대칸을 직접 운영하는 경우(4910) 장기간 숙박시설(아파트식 호텔 등) 임대(6811)

10301	호텔업[a]	룸서비스, 데스크 서비스, 개별봉사 서비스, 라운지 설비, 연회, 집회 설비 등의 관련 서비스를 종합적으로 제공하는 숙박시설을 운영하는 산업 활동
1030101	관광호텔업[a]	관광에 적합한 숙박시설과 부대시설(음식 · 운동 · 오락 · 휴양 · 공연 또는 연수에 적합한 시설 등)을 함께 갖추어 관광객에게 이용하게 하는 업 ※ 욕실이나 샤워시설을 갖춘 객실을 30실 이상 갖추고 있을 것 ※ 외국인에게 서비스를 제공할 수 있는 체제를 갖추고 있을 것 ※ 대지 및 건물의 소유권 또는 사용권을 확보하고 있을 것 〈예시〉 관광호텔
1030102	수상관광 호텔업[a]	수상에 구조물 또는 선박을 고정하거나 계류시켜 놓고 관광객 숙박에 접합한 시설을 갖추거나 부대시설을 함께 갖추어 이를 방문객에게 이용하게 하는 업 ※ 수상관광호텔이 위치하는 수면은 「공유수면관리법」 또는 「하천법」에 따라 관리청으로부터 점용허가를 받을 것 ※ 욕실이나 샤워시설을 갖춘 객실이 30실 이상일 것 ※ 외국인에게 서비스를 제공할 수 있는 체제를 갖추고 있을 것 ※ 수상 오염을 방지하기 위한 오수저장 · 처리시설과 폐기물처리시설을 갖추고 있을 것 ※ 구조물 및 선박의 소유권 또는 사용권을 확보하고 있을 것 〈예시〉 수상관광호텔
1030103	한국전통 호텔업[a]	한국전통의 건축물에 관광객의 숙박에 접합한 시설을 갖추거나 부대시설을 함께 갖추어 이를 관광객에게 이용하게 하는 업

		※ 건축물의 외관은 전통가옥의 형태를 갖추고 있을 것 ※ 이용자의 불편이 없도록 욕실이나 샤워시설을 갖추고 있을 것 ※ 외국인에게 서비스를 제공할 수 있는 체제를 갖추고 있을 것 ※ 대지 및 건물의 소유권 또는 사용권을 확보하고 있을 것 〈예시〉 한국전통호텔
1030104	가족호텔업[a]	가족 단위 관광객의 숙박에 적합한 시설 및 취사도구를 갖추고 숙박에 딸린 음식 · 운동 · 휴양 또는 연수에 적합한 시설을 함께 갖추어 관광객에게 이용하게 하는 업 ※ 가족 단위 관광객이 이용할 수 있는 취사시설이 객실별로 분리되어 있거나 층별로 공동취사장이 설치되어 있을 것 ※ 욕실이나 샤워시설을 갖춘 객실이 30실 이상일 것 ※ 객실별 면적이 19제곱미터 이상일 것 ※ 외국인에게 체제를 제공할 수 있는 체제를 갖추고 있을 것 ※ 대지 및 건물의 소유권 또는 사용권을 확보하고 있을 것 〈예시〉 가족호텔
1030105	호스텔업[a]	배낭여행객 등 개별관광객의 숙박에 적합한 시설로서 샤워장, 취사장 등의 편의시설과 관광객을 위한 문화 · 정보 교류시설 등을 함께 갖추어 이용하게 하는 업 ※ 배낭여행객 등 개별관광객의 숙박에 적합한 객실을 갖추고 있을 것 ※ 이용자의 불편이 없도록 화장실, 샤워장, 취사장 등의 편의시설을 갖추고 있을 것 ※ 외국인 및 내국인 관광객에게 서비스를 제공할 수 있는 문화 · 정보 교류시설을 갖추고 있을 것 ※ 대지 및 건물의 소유권 또는 사용권을 확보하고 있을 것

		〈예시〉 유스호스텔(관광진흥법령에 제시된 호스텔업) 〈제외〉 청소년수련 숙박시설 운영
10302	휴양콘도미니엄업[a]	숙박과 취사에 적합한 시설을 갖추어 이를 그 시설의 회원이나 공유자, 그 밖의 방문객을 대상으로 시설을 제공하거나 숙박에 딸리는 음식 · 운동 · 오락 · 휴양 · 공연에 적합한 시설 등을 함께 갖추어 이를 이용하게 하는 업. 스키장이나 골프장 등의 레저시설을 함께 운영하는 경우도 여기에 포함 ※ 같은 단지 안에 객실이 50실 이상일 것 ※ 관광객의 취사 · 체류 및 숙박에 필요한 설비를 갖추고 있을 것 ※ 매장이나 간이매장이 있을 것 ※ 관광객이 이용하기 적합한 문화체육 공간을 1개소 이상 갖출 것 〈예시〉 회원제 숙박시설 운영, 회원용 콘도미니엄운영, 콘도와 결합된 골프장운영
1030200	휴양콘도미니엄업[a]	
10303	관광펜션업[a]	숙박시설을 운영하고 있는 자가 자연 · 문화체험 관광에 적합한 시설을 갖추어 관광객에게 이용하게 하는 업 ※ 자연 및 주변환경과 조화되는 3층 이하의 건축물일 것 ※ 객실이 30실 이하일 것 ※ 취사 및 숙박에 필요한 설비를 갖출 것 〈예시〉 숙박용 펜션 운영, 휴양펜션업(「제주특별자치도설치 및 국제자유도시 조성을 위한 특별법」 및 제주도 조례에 의한 별도의 숙박업종)

1030300	관광펜션업[a]	
10304	일반 관광숙박업	
1030401	산림휴양림업	전국에서 수림이 빼어난 곳에서 삼림욕을 즐길 수 있도록 산림청이 조성한 국민휴식공간에서 숙박시설을 갖추어 관광객에게 이용하게 하는 업 〈예시〉 숲속의 집, 휴양관, 연립동 〈제외〉 오토캠프장
1030402	게스트하우스	외국인 여행자에게 침실을 제공하고 호텔에서 제공되는 서비스가 없거나 제한된 서비스를 제공하는 숙박시설 ※ 부엌, 샤워룸, 화장실을 공동으로 사용 〈예시〉 게스트하우스, 외국인전용숙박
1030403	레지던스 호텔	호텔급 서비스에 다양한 편의시설, 취사시설, 주거공간을 함께 제공하는 중장기 체류형 숙박시설을 말함. 한두달 정도 머물 외국인, 외지직장인, 유학생 등이 주로 이용하며 숙박료는 호텔보다 저렴해야 함 ※ 공중위생관리법시행령 제4조(2012년1월10일 개정)에 따르면 숙박업을 숙박업(일반), 숙박업(생활)로 세분화함. 레지던스호텔은 숙박업(생활)으로 영업이 허가됨
1030404	관광 인증 모텔업	관광객들에게 숙박시설과 주차시설을 제공하는 숙박업 중 중앙정부 또는 지방정부에서 관광목적에 부합하다고 인정한 모텔업 〈예시〉 굿스테이모텔
1030405	민박업	일반가정집에서 관광객을 위한 숙박시설 및 편의 서비스를 제공하는 업

		〈예시〉 민박시설 운영
1030406	외국인 관광 도시민박업(홈스테이)[a]	도시지역의 주민이 거주하고 있는 주택(단독주택, 다가구주택, 아파트, 연립주택, 다세대 주택)을 이용하여 외국인 관광객들에게 한국의 가정문화를 체험할 수 있도록 숙식 등을 제공하는 업 ※ 230m^2이하의 단독주택, 아파트 등에 거주하는 자가 외국인 관광객을 대상으로 한국 가정문화를 체험할 수 있도록 숙식 등을 제공하는 경우, 해당 시·군·구 또는 특별자치도지사로부터 지정 가능 ※ 해당 주택에 직접 거주하여야 하며, 외국인에게 서비스를 제공할 수 있는 체제를 갖추어야 함 ※ 대상은 외국인 관광객에 한정됨 〈제외〉 한옥체험업
1030407	자동차야영장업[a]	자동차를 이용하는 여행자의 야영·취사 및 주차에 적합한 시설을 갖추어 방문객에게 이용하게 하는 업 ※ 차량 1대당 80제곱미터 이상의 주차 및 휴식공간을 확보할 것 ※ 주차·야영에 불편이 없도록 수용인원에 적합한 상·하수도 시설, 전기시설, 통신시설, 공중화장실, 공동취사 시설을 갖추고 있을 것 ※ 진입로는 2차선 이상으로 할 것
1030408	한옥체험업[a]	한옥(주요 구조부가 목조구조로서 한 식기와 등을 사용한 건축물 중 고유의 전통미를 간직하고 있는 건축물과 그 부속시설)에 숙박체험에 적합한 시설을 갖추어 관광객에게 이용하게 하는 업 〈예시〉 북촌한옥마을
1030499	기타 관광 숙박시설 운영업	분류되지 않는 기타 관광숙박시설로 단기간(1달 이내)의 숙박시설을 운영함

		〈예시〉 온천랜드, 관광농원, 농장, 템플스테이, 처치스테이

104	관광 음식점 및 주점업	접객시설을 갖추고 구내에서 직접 소비할 수 있도록 즉석식 음식을 조리하여 제공하는 음식점을 운영하는 산업 활동과 접객시설을 갖추고 주류, 다과류 및 비알콜 음료를 판매하는 산업 활동
10401	관광 식당업	
1040100	관광 식당업[a]	접객시설을 갖추고 구내에서 직접 소비할 수 있도록 주문한 음식을 조리하여 제공하는 일반음식점업 중 중앙정부 또는 지방정부에서 관광목적에 부합하다고 인정한 음식점업 〈예시〉 외래관광객 전문식당(한국관광공사지정) 〈제외〉 기관 구내식당을 운영하는 경우
10402	관광 주점업	접객시설을 갖추고 관광객에게 주류 및 비알콜 음료를 판매하는 산업 활동
1040201	관광 유흥음식점업[a]	한국전통분위기의 시설을 갖추어 그 시설을 이용하는 자에게 노래와 춤을 감상하게 하거나 춤을 추게 하면서 음식을 제공할 수 있는 산업 활동 〈예시〉 한국식 접객주점, 바(접객서비스 딸린), 비어홀(접객서비스 딸린)
1040202	관광 극장유흥업[a]	무도시설을 갖추어 그 시설을 이용하는 관광객에게 노래와 춤을 감상하게 하거나 춤을 추게 하면서 음식을 제공할 수 있는 산업 활동 〈예시〉 극장식 주점(식당)클럽, 나이트클럽, 무도유흥주점

		〈제외〉 무도장 및 콜라텍 운영(91291)
1040203	관광 공연장업 (식사 · 주류포함)[a]	적합한 공연시설을 갖추고 공연물을 공연하면서 관광객에게 식사와 주류를 판매하는 산업 활동 〈예시〉 실내관광 공연장(100제곱미터 이상의 무대, 방음시설 갖추어야함), 실외관광 공연장(70제곱미터 이상의 무대)
1040204	외국인전용 유흥 음식점업[a]	식품위생법령에 따른 유흥주점 영업의 허가를 받은 자가 외국인이 이용하기에 적합한 시설을 갖추어 그 시설을 이용하는 자에게 주류나 그 밖의 음식을 제공하고 노래와 춤을 감상하게 하거나 춤을 추게 하는 업 〈예시〉 서양식 접객주점

105	여행사 및 여행보조 서비스업	여행자 또는 운송시설 · 숙박시설, 그 밖에 여행에 딸리는 시설의 경영자 등을 위하여 그 시설 이용알선이나 계약체결의 대리, 여행에 관한 안내, 그 밖의 여행 편의를 제공하는 업
10501	여행업	국내 · 외 여행자를 위하여 각종 여행 관련 서비스를 제공하는 산업 활동
1050101	일반여행업[a]	국내 · 외를 여행하는 내국인 및 외국인을 대상으로 여행 관련 시설이용의 알선, 여행에 관한 안내, 계약체결의 대리 및 기타 여행의 편의를 제공하는 산업 활동 ※ 자본금(개인의 경우에는 자산평가액)이 2억 원 이상일 것 〈예시〉 일반여행사, 국내 · 외 여행사 〈제외〉 국내여행 서비스만 제공하는 경우

		내국인만을 대상으로 여행서비스를 제공하는 경우
1050102	국외여행업[a]	국외를 여행하는 내국인을 대상으로 여행 관련 시설이용의 알선, 여행에 관한 안내, 계약체결의 대리 및 기타 여행의 편의를 제공하는 산업 활동 ※ 자본금(개인의 경우에는 자산평가액)이 6천만 원 이상일 것 〈예시〉 국외여행사
1050103	국내여행업[a]	국내를 여행하는 내국인을 대상으로 여행 관련 시설이용의 알선, 여행에 관한 안내, 계약체결의 대리 및 기타 여행의 편의를 제공하는 산업 활동 ※ 자본금(개인의 경우에는 자산평가액)이 3천만 원 이상일 것 〈예시〉 국내여행사
10502	여행보조 및 예약 서비스업	여행 지원 서비스업을 수행하는 산업 활동 〈예시〉 관광안내소, 카풀체계운영, 숙식알선, 여행자 안내서비스, 숙박예약 대리 〈제외〉 매표대리
1050200	여행보조 및 예약 서비스업	

106	국제회의업[a]	대규모 관광수요를 유발하는 국제회의(세미나·토론회·전시회 등을 포함)를 개최할 수 있는 시설을 설치·운영하거나 국제회의의 계획·준비·진행 등의 업무를 위탁받아 대행하는 업

10601	국제회의기획업[a]	대규모 관광수요를 유발하는 국제회의(세미나 · 토론회 · 전시회 등을 포함)의 계획 · 준비 · 진행 등의 업무를 위탁받아 대행하는 업 ※ 자본금이 5천만 원 이상일 것 ※ 사무실 소유권이나 사용권이 있을 것 〈예시〉 국제회의 기획서비스, 전시회 기획서비스
1060100	국제회의기획업[a]	
10602	국제회의시설업[a]	대규모 관광수요를 유발하는 국제회의(세미나 · 토론회 · 전시회 등을 포함)를 개최할 수 있는 시설을 설치 · 운영하는 업 ※ 「국제회의 산업육성에 관한 법률 시행령」 제3조에 따른 회의시설 및 전시시설의 요건을 갖추고 있을 것 ※ 국제회의 개최 및 전시의 편의를 위하여 부대시설로 주차시설과 쇼핑 · 휴식 시설을 갖추고 있을 것 〈예시〉 국제회의 진행서비스 전시대행, 박람회 대행 서비스
1060200	국제회의시설업[a]	

107	문화, 오락 및 레저 스포츠산업	
10701	박물관 및 사적지 관리 운영업	
1070101	박물관 운영업 (미술관 포함)	일반 대중에게 순수과학물, 응용과학물, 문화재 등을 진열하여 관람시키는 일반 또는 전문박물관시설을 운영하는 산업 활동 〈예시〉 역사박물관, 미술관, 예술품전시관, 과학관, 천문관

		〈제외〉 미술품을 소매하는 화랑(47841)
1070102	사적지 관리 운영업	역사적인 유적지, 전적지, 사적지, 고궁 등 사적명소를 보존·전시하는 산업 활동
10702	식물원, 동물원 및 자연공원 운영업	
1070201	식물원, 동물원 운영업	일반 대중이 관람할 수 있도록 산식물 및 동물을 일정시설에서 보존, 관리하는 산업 활동을 말하며, 관람 목적의 수족관 운영이 포함됨 〈예시〉 식물원, 동물원 〈제외〉 관상어를 소매하는 수족관 운영(47852)
1070202	자연공원 운영업	자연 지역의 보존 및 전시에 종사하는 산업 활동 〈예시〉 자연공원(휴양용), 휴양림 운영
1070299	기타 관광지 운영업	달리 분류되지 않은 사적지 및 유사여가 관련 산업 활동 〈예시〉 천연동굴 관리 운영
10703	유원시설업[a]	유기시설이나 유기기구를 갖추어 이를 관광객에게 이용하게 하는 업(다른 영업을 경영하면서 관광객의 유치 또는 광고 등을 목적으로 유기시설이나 유기기구를 설치하여 이를 이용하게 하는 경우를 포함)
1070301	종합유원시설업[a]	유기시설이나 유기기구를 갖추어 관광객에게 이용하게 하는 업으로서 대규모의 대지 또는 실내에서 안전성 검사 대상 유기시설 또는 유기기구 여섯 종류 이상을 설치하여 운영하는 업 〈예시〉 유원지운영, 테마파크운영, 워터파크운영

1070302	일반유원시설업[a]	유기시설이나 유기기구를 갖추어 관광객에게 이용하게 하는 업으로서 안전성 검사 대상 유기시설 또는 유기기구 한 종류 이상을 설치하여 운영하는 업 〈예시〉 소규모유원지
1070399	기타 유원시설업[a]	유기시설이나 유기기구를 갖추어 관광객에게 이용하게 하는 업으로서 안전성 검사대상이 아닌 유기시설 또는 유기기구를 설치하여 운영하는 업 〈예시〉 유령의 집, 오락사격장, 모형관람시설, 목마임대
10704	농어촌 체험 및 생태 관광업	
1070400	농어촌 체험 및 생태 관광업	농어촌 마을에서 2차 산업의 일환으로 관광객에게 체험학습 및 생태학습을 제공하는 산업 활동
10705	관광공연장업[a]	
1070501	관광 공연시설 운영업	중앙정부 또는 지방정부에서 인정하는 관광지, 관광단지 또는 관광특구에서 관광객을 위하여 적합한 공연시설을 갖추고 공연물을 공연하는 업 〈예시〉 극장운영, 음악당운영, 연극장 운영
10706	관광 레저 스포츠시설 운영업	
1070601	경주장 운영업	경마, 자동차, 사이클, 동물 등이 경기할 수 있는 관람석이 있는 경주장을 운영하는 산업 활동 〈예시〉 자동차 경주장(F1), 투우장(소싸움), 경륜장, 경마장, 경정장 〈제외〉 경기장과 독립된 마권발행소(91249)

1070602	골프장 운영업	골프코스 및 기타 관련 설비를 운영하는 산업 활동. 이 사업체는 본질적인 산업활동을 수행하면서 부수적으로 관련 장비임대 및 강습을 수행할 수 있음 〈예시〉 골프장, 골프강습 〈제외〉 골프연습장(91136)
1070603	스키장 운영업	숙박시설과 독립된 스키장 및 스키리프트를 운영하는 산업 활동. 이 사업체는 본질적인 산업 활동을 수행하면서 부수적으로 스키강습 및 장비임대 등을 할 수 있음 〈예시〉 스키장, 스키강습, 스키장비 임대 〈제외〉 눈썰매장(91139), 숙박시설과 결합된 스키장(55)
1070604	낚시장 운영업	관광 활동의 일환으로 실외낚시장을 운영하는 산업 활동 〈예시〉 유료낚시터 운영 〈제외〉 실내낚시장 운영
1070605	수상 오락 서비스업 (유원시설 제외)	수상오락 서비스를 제공하는 산업 활동(보트 대여) 〈예시〉 레저보트용 정박시설 운영, 오락용 보트임대, 해수욕장 운영, 요트장
10799	기타 분류 안 된 오락 관련 서비스업	
1079901	오락 및 관광체험시설 운영	레크리에이션용 궤도시설 및 유사오락설비(독립된), 전망탑 등을 운영하는 산업 활동

		〈예시〉 전망탑 운영, 궤도운영(레크리에이션용), 도자기체험 학습장, 산악오토바이 체험장 〈제외〉 케이블카운행

108	카지노업[a]	전문 영업장을 갖추고 주사위 · 트럼프 · 슬롯머신 등 특정한 기구 등을 이용하여 우연의 결과에 따라 특정인에게 재산상의 이익을 주고 다른 참가자에게 손실을 주는 행위 등을 하는 업
10801	외국인전용 카지노업	외국인을 대상으로 전문 영업장을 갖추고 주사위 · 트럼프 · 슬롯머신 등 특정한 기구 등을 이용하여 우연의 결과에 따라 특정인에게 재산상의 이익을 주고 다른 참가자에게 손실을 주는 행위 등을 하는 업
1080100	외국인전용 카지노업	
10802	내국인 출입 카지노업	내 · 외국인을 대상으로 전문 영업장을 갖추고 주사위 · 트럼프 · 슬롯머신 등 특정한 기구 등을 이용하여 우연의 결과에 따라 특정인에게 재산상의 이익을 주고 다른 참가자에게 손실을 주는 행위 등을 하는 업 〈예시〉 강원랜드카지노
1080200	내국인 출입 카지노업	

2. 상호의존 관광산업

분류코드	분류명	분류 정의 및 품목
201	관광 건설업	
20101	관광 건물종합건설업	
2010101	상업 및 휴양 건물 건설업	관광 관련 사무 및 상업용 건물을 건설하는 산업 활동 〈예시〉 상업 건물 건설업: 상가 · 백화점 · 쇼핑센터 등 관광객이 찾는 시설건설업 휴양건물건설업: 호텔 · 숙박시설(별장, 콘도, 산장)건설업
2010102	수송시설물 건설업 (터미널)	비거주용 수송시설물을 건설하는 산업 활동 〈예시〉 주차시설, 터미널 관광토목건설업
20102	관광 토목건설업	
2010201	관광용지 개발조성공사	관광 택지 조성공사 등의 용지를 개발, 조성하는 산업 활동
2010202	관광지, 관광단지 또는 관광특구 조경 건설업	계약 및 수수료에 의하여 건물 주위, 공원, 운동장 등의 외부 환경을 조성하는 토목공사를 수행하는 산업 활동으로 조경수, 잔디, 화초 등 각종 조경용 식물을 식재 또는 파종하거나 조경시설물을 설치하는 공사가 결합 수행됨
2010299	관광 관련 기타 토목 시설물 건설업	용지를 제외한 스타디움 또는 경기장 같은 레저시설물 등을 건설하는 산업 활동 〈예시〉 공연 · 집회 장소건설업, 경기장 · 운동장 건설업

202	관광 및 레저용품 소매업	
20201	레저용 의복 소매업	남녀용 운동복, 수영복, 골프의류 등을 소매하는 산업 활동 〈예시〉 골프의류, 등산복, 수영복, 스키복

2020100	레저용 의복 소매업	
20202	레저 및 스포츠용품 소매업	레저 및 스포츠용품을 소매하는 산업 활동 〈예시〉 등산장비(텐트포함) 소매, 골프장비 소매, 스킨다이빙 및 스쿠바장비, 스키장비, 캠핑 및 하이킹장비, 수렵 및 낚시용 장비 소매
2020200	레저 및 스포츠용품 소매업	
20203	자전거 및 기타 운송장비 소매업	자전거 등 기타 개인용 운송장비를 소매하는 산업 활동. 자전거 소매와 수리를 병행하는 경우 〈예시〉 자전거 유통 및 소매, 개인용 운송장비유통 및 소매(비동력식)
2020300	자전거 및 기타 운송장비 소매업	
20204	관광용 가방 및 기타 가죽제품 소매업	관광을 목적으로 가방 및 기타 가죽제품을 전문적으로 소매하는 산업 활동 〈예시〉 여행용 액세서리 소매, 여행용 가방 소매, 트렁크 소매
2020400	관광용 가방 및 기타 가죽제품 소매업	

203	관광보험 및 금융서비스업	
20301	여행자 보험업	
2030100	여행자 보험업	여행자에게 일어날 수 있는 철도, 자동차, 선박, 항공기, 화재, 도난 및 사고에 따른 여객, 화물 및 기타 재산손해에 대한 보험업무를 수행하는 산업 활동 〈예시〉 여행자 보험

20302	금융서비스업	
2030201	여행자 수표 발행	은행을 위해 수표의 현금화, 여행자 수표의 발행 등과 같이 은행과 밀접히 관련된 서비스를 제공하는 산업 활동 〈예시〉 여행자수표발행
2030202	환전소	은행을 위해 외환 교환서비스와 같은 은행과 밀접히 관련된 서비스를 제공하는 산업 활동 〈예시〉 환전서비스, 외국환 서비스

204	레저장비업	
20401	사진기 및 사진용품 소매업	사진기 및 사진용품을 소매하는 산업 활동 〈예시〉 카메라 소매, 디지털카메라 소매, 소진 필름 소매, 사진장비 소매
2040100	사진기 및 사진용품 소매업	
20402	레저 및 운송장비 임대업	
2040201	레저장비 임대업	각종 운동, 여가 및 유희 용품을 임대하는 산업 활동 〈예시〉 스키(장비)임대, 자전거임대, 물놀이 기구임대, 카누 임대 〈제외〉 자동차 임대업
2040202	운송장비 임대업	자동차를 제외한 기타 운송장비를 운전자 없이 리스 또는 임대하는 산업 활동 〈예시〉 상업용 보트, 모터사이클, 경비행기, 오락용 선박임대, 유람선 대여(운전자 없이)

		〈제외〉 캠핑카, 내륙여객선임대(승무원 딸린)
20403	자동차 임대업	
2040301	캠핑카임대업	운전자 없이 캠핑카를 리스 또는 임대하는 산업 활동
2040302	관광용 자동차 임대업	중앙정부 또는 지방정부에서 인정하는 관광지, 관광단지 또는 관광특구에서 운전자 없이 승용차를 리스 또는 임대하는 산업 활동 〈예시〉 관광용 승용차(렌트카) 임대, 리무진 임대
2040303	일반 자동차 임대업	중앙정부 또는 지방정부에서 인정하는 관광지, 관광단지 또는 관광특구 이외의 지역에서 관광을 목적으로 운전자 없이 승용차를 리스 또는 임대하는 산업 활동 〈제외〉 캠핑카임대업, 관광용 자동차 임대업

3. 부분적용 관광산업

분류코드	분류명	분류 정의 및 품목
301	관광 비인증 쇼핑업	
30100	관광 비인증 쇼핑업	
3010000	관광 비인증 쇼핑업	중앙정부 또는 지방정부에서 관광목적에 부합하다고 인정한 소매업은 아니지만 관광지, 관광단지 또는 관광특구에서 개인 및 소비용 상품을 변형하지 않고 일반 대중 및 관광객에게 재판매하는 산업 활동 ※ 외국인 관광객 주요 쇼핑품목: 향수/화장품, 식료품, 의류, 인삼/한약재, 김치, 신발류, 보석/액세서리, 피혁제품 등

		〈제외〉 면세점, 외국인전용 관광기념품 판매업, 인증된 관광쇼핑업

302	부분관광 운송업	
30201	부분관광 육상운송업	
3020101	도시간 철도 운송업	철도차량을 이용하여 승객을 운송하는 산업 활동 〈예시〉 여객 철도운송(도시 간), 일반여객운송(철도) 〈제외〉 관광열차, 테마열차
3020102	도시내 철도 운송업	도시 및 근교 내에서 노선을 정하고 정기적으로 승객을 도시철도로 운송하는 산업 활동 〈예시〉 지하철운송, 모노레일 운송(도시 및 근교 내)
3020103	관광보조 버스 운송업	도시 및 근교 내에서 정기적으로 관광 여객을 버스로 운송하는 기타 산업 활동 〈예시〉 공항버스운영(정기노선), 리무진 버스, 셔틀버스
3020104	시내외버스 운송업	도시 및 군의 일정 행정 구간 안, 또는 도시 간에 노선을 정하고 정기적으로 승객을 버스로 운송하는 산업 활동 〈예시〉 고속버스, 시내 노선
3020105	택시 운송업	중앙정부 또는 지방정부에서 인정하는 관광지, 관광단지 또는 관광특구에서 택시를 이용하여 관광객을 운송하는 산업 활동을 말함. 운전자 딸린 승용차임대도 포함됨 〈예시〉 택시운송, 승용차임대(운전자 딸린), 개인택시운송

30202	부분관광 수상운송업	
3020201	수상운송업	낚시 선박임대, 잠수선 임대 등 관광을 목적으로 하는 수상 운송업 〈예시〉 낚시 선박임대, 잠수선운영, 범선운영
3020202	내항·내륙 여객선 운송업	강, 호수, 항만 내에서 선박을 취항하여 여객을 운송하는 산업 활동 〈예시〉 내륙여객선 임대(승무원 딸린), 내륙수상 택시, 여객운송 〈제외〉 외항 여객운송, 외항 여객선박 임대, 유람선 운영(내륙수상)

303	부분관광 숙박업	
30301	청소년수련원	청소년의 심신 수련을 위하여 체육, 문화, 오락, 레크리에이션 및 자연체험시설 등을 함께 갖춘 숙박시설을 운영하는 산업 활동 〈예시〉 청소년수련원(숙박시설 갖춘), 자연학습원(숙박시설 갖춘) 〈제외〉 유스호스텔(55119) 숙박시설을 갖추지 않은 오락 및 레크리에이션 위주의 수련시설(91229) 교육 위주의 수련시설(856)
3030100	청소년수련원	
30302	관광 비인증 모텔업	중앙정부 또는 지방정부에서 관광목적에 부합하다고 인정한 모텔업은 아니지만 관광객들에게 숙박시설과 주차시설을 제공하는 숙박업

		〈제외〉 관광인증모텔업
3030200	관광 비인증 모텔업	

304	부분관광 음식점 및 주점업	
30401	부분관광 음식점업	
3040101	관광 일반음식점업	중앙정부 또는 지방정부에서 인정하는 관광지, 관광단지 또는 관광특구에서 접객시설을 갖추고 구내에서 직접 소비할 수 있도록 주문한 음식을 조리하여 관광객에게 제공하는 일반음식점업 〈제외〉 기관 구내식당을 운영하는 경우, 중앙정부 또는 지방정부에서 관광목적에 부합하다고 인정한 음식점업
30402	부분관광 주점업	
3040201	비알콜 관광 음료점업	중앙정부 또는 지방정부에서 인정하는 관광지, 관광단지 또는 관광특구에서 접객시설을 갖추고 비알콜음료 등을 만들어 제공하는 관광산업 활동 〈예시〉 관광지, 관광단지 또는 관광특구 내의 커피전문점, 제과점
3040299	기타 관광 주점업	중앙정부 또는 지방정부에서 인정하는 관광지, 관광단지 또는 관광특구에서 접객시설을 갖추고 관광객에게 주류를 판매하는 산업 활동 〈제외〉 관광공연장업, 관광 유흥음식점업, 관광극장유흥업, 외국인전용 유흥음식점업

305	부분관광 공연장업	
30500	부분관광 공연장업	

3050001	일반 공연시설 운영업	극장, 음악당 및 기타 실연극을 공연하는 시설을 운영하는 산업 활동 〈예시〉 극장운영, 음악당운영, 연극장 운영 〈제외〉 연예활동이 보조적으로 결합 수행되는 나이트클럽 및 캬바레(5621) 영화상영관(5914)

306	부분관광 기타 서비스업	
30601	관광 정보 서비스업	
3060101	온라인상 여행 정부제공	1차 자료를 수집 및 조합하여 일정 포맷에 따라 가공된 정보를 컴퓨터에 수록하여 주문에 따라 자동응답 전화, 온라인, CD/DVD 등의 전자매체로 제공하는 산업활동. 여행 정보작성을 주로 수행하는 사업체가 관련 정보를 온라인으로 서비스할 경우에는 그 본질적인 활동에 따라 분류됨.
3060102	관광지도 및 여행 서적 출판업	학습 서적, 만화 및 정기간행물을 제외한 각종 서적이나 서적 성격의 팜플렛을 출판하는 산업 활동 〈예시〉 지도, 가이드북
30602	전문기술 서비스업	
3060201	관광사진업[a]	외국인 관광객과 동행하며 기념사진을 촬영하여 판매하거나 사진관 또는 고객의 사무실 및 가정과 같은 장소에서 인물을 촬영하는 산업 활동 〈예시〉 여권 사진 촬영, 행사 비디오 촬영, 관광 사진 제작(가두사진업) 〈제외〉

		상업용 사진 촬영(광고 관련 등)
3060202	통역 서비스업	통역서비스를 제공하는 산업 활동 〈예시〉 통역서비스
30699	기타 관광서비스업	
3069901	온천탕	실내외를 불문하고, 대중탕, 가족탕, 한증막, 사우나탕, 증기탕 및 온탕 등을 운영하는 산업 활동 〈예시〉 온천탕, 온천사우나 운영, 찜질방(황토방 포함)
3069999	그 외 기타 관광 서비스업	달리 분류되지 않은 관광서비스를 하는 산업 활동 〈예시〉 도어맨, 독립적인 포터, 발렛주차 서비스

4. 관광 지원산업

분류코드	분류명	분류정의 및 품목
401	관광 연구 개발업	관광연구개발을 수행하는 산업 활동 〈예시〉 관광현상 연구 연구소 또는 연구원
40100	관광 연구 개발업	
4010000	관광 연구 개발업	

402	관광 공공기관	
40201	문화 및 관광행정	문화 및 관광관리 행정 등을 수행하는 기관 〈예시〉 문화 및 오락시설관리, 관광 시설의 허가, 규제, 검사, 여

		행자 안내사무소, 문화체육관광부, 관광공사
4020100	문화 및 관광 행정	
40202	관세 행정	금융, 재정, 과세 및 경제정책을 수립·관리하는 기관 〈예시〉 면세, 관세청 등 관광여객들의 관세업무 관련
4020200	관세 행정	
40203	외무 행정(비자발급 및 영사업무)	외교정책과 대외통상정책을 수립 및 집행하는 기관 〈예시〉 비자발급, 관광 관련 영사업무
4020300	외무 행정(비자발급 및 영사업무)	
40204	특수경찰 및 공항경비	시민의 안전과 교통안전을 담당하는 각급 기관 〈예시〉 국가보안담당
4020400	특수경찰 및 공항경비	

403	관광 교육 서비스업	
40301	교육기관	
4030101	관광 전문 교육기관 (대학교 이상)	중앙정부 또는 지방정부에서 인정받은 관광 특화된 전문적인 교육기관 〈예시〉 호텔조리학과, 관광학과, 호텔경영학과, 스튜어디스전문교육학과
4030102	관광 전문 교육기관 (고등학교)	인문교육프로그램에 의하여 설립된 교육기관 중 중앙정부 또는 지방정부에서 관광 전문교육기관으로 인정한 고등학교 〈예시〉

		관광고등학교, 조리과학고등학교
40399	기타 관광 레저 및 레크레이션 교육기관	
4039901	기타 관광 레저 스포츠 교육기관	스포츠교육기관 〈예시〉 스포츠센터, 골프연습장
4039902	기타 관광 레크레이션 교육기관	레크레이션에 관한 교육을 하는 산업 활동 〈예시〉 바둑 교실

404	관광 단체	
40401	회원단체	
4040101	관광산업 및 전문가단체	관광 분야에 종사하는 기업 및 회원 간의 이익 향상을 위하여 조직된 단체 〈예시〉 관광사협동조합, 관광관련학회, 관광 관련 협회
4040102	여행클럽	여행을 좋아하는 사람들의 단체 〈예시〉 여행클럽, 관광자원봉사단체, 여행동호회, 레저활동동호회
40402	관광 관련 국·내외 기관	관광 관련 공무를 수행하는 국내 및 외국기관 〈예시〉 주한 외국대사관, 주한 외국관광청
4040200	관광 관련 국·내외 기관	

주1) 「*」 표시는 한국표준산업분류의 세세분류가 하나 이상으로 분할되거나 포괄범위가 완전 일치하지 않는 경우를 나타냄

주2) a : 관광진흥법상의 관광산업을 표기함

05 리더십 그리고 리더십이론2)

리더십은 다른 사람들에 영향을 미쳐서 목표 성취를 위해 나아가게 할 수 있는 능력이다. 리더십을 이야기할 때 자주 등장하는 것이 리더와 매니저의 차이이다. 일상적인 업무를 효율적으로 효과적으로 해낼 수 있도록 조정하며 조율하는 사람을 매니저라고는 하지만 리더라고 하지는 않는다. 리더는 단순히 조직을 관리하고 일상적 의사결정을 하는 사람을 뜻하지 않는다. '목표'(goal)를 향해 조직을 이끌어 갈 수 있는 사람, 조직의 목표를 명확히 해주며 구체적 동기유발을 이끌어낼 수 있는 사람, 미래의 비전을 향해 방향을 잡아줄 수 있는 사람을 리더라고 한다.

리더십에 관해서는 많은 이론이 있다. 이들은 크게 세 가지 정도로 대별되며, 덧붙여 최근에 나온 몇 가지 이론들이 있다. 먼저 리더십은 개인적 특성(trait)에서 비롯된다는 의견이 있었다. 이 의견을 주장한 측에서는 여러 리더들을 조사해서 어떤 공통적인 성격적, 사회적, 신체적 특성이 있는지를 알아보고자 했다. 심리학에도 "Trait Theory"가 있다. 리더십의 특성 이론도 거기에 근거한다. 심리학의 특성 이론은 인간에게 존재하는 기본적인 특성을 (능동적, 수동적, 낙관적, 쾌활, 우울, 반응적, 사교적, 사려깊음, 경직적, 공격적..) 규명한 다음 각 개인이 특성 디멘션 중 어디에 해당하는가 모색하는 접근법이다. 이 이론은 한 개인의 일생을 통해 상당히 안정적인 성격적 특성이 존재하고 동일한 자극에 대해서 성격적 특성에 따라 다르게 반응한다고 가정하고 있다. 리더십의 특성 이론은 리더에 존재하는 어떤 공통적인 특성이 있지 않을까를 조사했다. 연구 결과, 일관된 특성을 찾아내지는 못했다.

---

2) 출처: 이명헌 경영스쿨 http://www.emh.co.kr/content.pl?leadership

몇 가지 특성은 리더십과 항상 관계된 것처럼 보이기도 하지만 개별 연구마다 특성이 다르게 조사되고 있어서 이 이론은 큰 지지를 받지는 못했다.

뒤이어 나온 이론은, 심리학의 행동주의에 영향을 받은 행동주의이다. 심리학의 행동주의 이론은 학습에 관해 심층적으로 연구했다.(행동주의: 학습 이론) 리더십의 행동주의적 접근은 리더십이 학습할 수 있는 것이라고 보고 어떻게 리더십을 배울 수 있는지 탐색했다. 이들은 특성 이론에서 주장한 것처럼 리더가 타고난다는 것을 인정하지 않았다. 좋은 리더는 특별히 어떤 행동 양식이 있고 그것을 배움으로써 누구나 좋은 리더가 될 수 있을 것이라고 보았다.

행동주의적 접근법을 연구한 사람들은 리더의 행동을 크게 두 방향으로 나누었다. 그리고 어떤 리더가 좋은 생산성, 높은 직업 만족도 등을 나타내는지 조사했다. 미시간 대학의 연구는 리더를 "조직구성원 지향적", "생산 지향적"으로 나누어서 조사를 했다. 오하이오 주립대 연구에서는 "구조주도성(initiating structure)"과 "배려성(consideration)"으로 나누어서 조사했다. 이렇게 리더의 행동을 두 방향으로 나누어서 어떤 리더가 어느 지점에 위치하고 있는가를 판단하는 방식은 "Managerial grid"라는 격자 구조의 그래프로 도식화가 되기도 했다.

하지만 연구 결과들 사이에 큰 일관성이 없었다. 특히 정반대의 경향을 나타내는 리더가 둘 다 자기 조직을 훌륭하게 이끌고 있는 사례들을 전혀 설명하지 못하며 한계에 부딪혔다. 미시건 스터디에서는 생산 지향적 리더보다 조직구성원 지향적인 리더쪽이 더 높은 생산성과 더 높은 직업만족도를 나타낸다고 조사보고 되었는데 기업에 따라서는 정반대의 경우도 있었다.

리더십 연구자들은 위와 같은 난점들을 해결하기 위해 '상황'이라는 변수를 끌어들인다. a 상황에서는 x 유형의 리더가 b 상황에서는 y 유형의 리더가 더 적합하다는 식의 접근법인 "Contingency Theory"가 도입되었다.

상황 리더십 이론(Contingency Leadership Theories)

이러한 상황 리더십 이론에는 몇 가지가 있으며 이들은 리더 스타일과 상황을 어떻게 구분하느냐에 따라 약간 다르지만 기본적으로 리더와 상황을 특성별로 구분해서 어떤 경우에는 어떤 리더가 적합한가를 제시하고 있다는 공통점을 갖고 있다. 먼저 상황 리더십 이론의 개척자 피들러 이론이다.

피들러의 상황 리더십 이론(Fiedler's contingency theory of leadership)

이 이론은 어떤 그룹이 효과적으로 활동할 수 있느냐의 여부는 리더의 스타일과 조직이 처한 상황이 잘 맞느냐 아니냐에 달려있다고 주장한다. 피들러 모델은 다음과 같은 세 단계를 거쳐서 바람직한 리더십을 정의한다.

1. 리더의 리더십 스타일이 어디에 속하는가: '관계 지향형'인가, '업무 지향형'인가.
2. 상황 분석
   a. 리더-멤버 간의 관계
   b. 업무가 얼마나 체계화되어 있는가(task structure)
   c. 리더에게 주어진 권한은 어느 정도인가(position power: hiring, firing, promotion, salary.)
3. 리더 스타일 - 상황 짝짓기(1번-2번의 매칭)

1단계는 리더십 스타일을 파악하는 단계이다. 피들러는 리더십 스타일이 고정적인 것으로 보았다. 바뀔 수가 없다고 생각했다. 그런 고정적인 리더십 스타일을 파악하기 위해 피들러가 고안한 것이 LPC(Least Preferred Coworker) 설문이다. 리더에게 16개의 질문이 담긴 설문서를 주어서 그 리더가 관계-지향형(relationship-oriented)인지, 업무-지향형(task-orented)인지를 파악한다. 설문에는 우호적인 형용사(활달, 능률적, 개방적, 협조적..)와 비우호적인 형용사(침울, 비능률적, 방어적,

적대적..)가 각 형용사마다 8점 척도로 나열되어 있다. 우호적인 형용사는 높은 점수, 비우호적인 것은 낮은 점수가 책정되어 있다. 리더는 가장 같이 일하고 싶지 않은 동료(least preferred coworker)에 해당하는 형용사별로 점수를 준다. 설문 결과 높은 점수가 나왔다면, 즉 같이 일하고 싶지 않은 동료에 대해서도 활달, 개방적 같은 것을 상대적으로 많이 선택했다면 그 리더는 관계-지향적 리더에 가깝다. 반대로 같이 일하고 싶지 않은 동료로 방어적, 적대적 등의 비우호적인 항목을 압도적으로 택한 사람은 냉정한 과업-지향형 리더로 생각할 수 있다. 이렇게 해서 리더의 스타일을 파악하는 것이 1단계이다. 피들러는 리더 스타일을 고정적인 것으로 보았다는 것이 중요하다.

다음 단계는 상황 분석이다. 그는 세 가지 상황변수(contingency variables)를 통해 상황을 8가지로 나누었다. 세가지 변수는 (1)리더-멤버 관계, (2)업무 체계화 정도, (3)리더에게 주어진 권한이다. 리더-멤버 관계가 좋다-나쁘다, 업무가 체계화되어 있다-아니다, 주어진 권한이 많다-적다에 따라 상황을 구분한다. 따라서 2 x 2 x 2 = 8가지 경우의 수가 나온다.

그 다음 단계는, 1단계에서 분석한 리더십 스타일과 2단계에서 분석한 상황을 짝짓기이다. 각 상황에 어떤 스타일의 리더가 더 적합한가는 그래프를 통해 입체적으로 제시하고 있다.

그래프의 결론은 이렇다. 피들러의 상황리더십 이론에 따르면: 상황이 아주 좋거나 아주 나쁜 경우에는 업무-지향형 리더가 더 좋은 성과를 낸다. 반대로 일반적인 상황에서는 관계-지향형 리더가 좋은 성과를 낸다. 상황에 리더십 스타일이 적합하지 않은 경우에는, 리더를 바꾸거나(리더십 스타일은 고정불변) 상황을 바꾸어서 해결해야 한다고 제안하고 있다.

피들러의 상황 리더십 이론은 리더십 스타일이 과연 고정적일까라는 점이 논란이 되고는 있지만 리더십 이론에 상황을 선구적으로 도입했다는 점과 상황을 상황변수를 이용해서 세분할 수 있다는 것을 제시한 측면에서 높은 평가를 받고 있다. 피들러식 상황변수 분석은 이후 다른 상황 리더십 이론에서그 내용만 바뀌었을 뿐 큰 틀은 거의 유사했다. 그만큼 선구적인 이론이었다.

Hersey와 Blanchard의 상황적 리더십 이론(Situational Leadership Theory)

Hersey와 Blanchard씨가 주장한 이론으로 리더가 이끌 멤버들의 자발적 참여 의지(readiness)가 어느 정도냐에 리더십 스타일을 맞춰가야 좋은 성과를 얻는다는 이론이다. 역시 "Contingency theory of leadership" 중의 하나이고, 리더가 이끌 멤버들이 얼마나 동기유발이 되어 있느냐와 멤버들의 작업 수행능력에 리더의 성패가 좌우된다고 주장한 점이 특징적이다.

이 이론은 피들러 이론을 한 단계 더 확장시킨 것이다. 리더십 스타일을 업무-지향형인지 관계-지향형인지 파악할 때 단순히 어느 한쪽에 속하는 것이 아니라 "task-oriented", "relationship-oriented" 정도에 따라 4가지로 세분할 수 있다고 생각했다. 상황 구분 역시 멤버들의 자발성(readiness)에 따라 성숙한 상황 - 중등도 상황 - 미성숙한 상황으로 세분해서 이들 각 상황에 적합한 리더십 스타일을 짝짓기를 했다.

먼저 1단계, 리더십 스타일은 다음과 같은 네 가지로 나눠볼 수 있다.

- 지시형(Telling; high task-low relationship)
  리더가 업무 시간, 방법, 내용을 일일히 지시하고 규정하는 스타일
- 판매형(Selling; high task-high relationship)
  지시하는 면과 구성원들을 정서적으로 뒷받침하는 역할을 동시에 수행하는 스타일
- 참여형(Participating;low task-high relationship)
  의사결정 과정에 멤버들을 참여시키는 스타일. 작업을 원할하게 수행할 수 있는 여건을 조성하는 역할에 치중하는 스타일

- 위임형(Delegating; low task-low relationship)

  지시도 하지 않고, 정서적 뒷받침도 하지 않는 스타일. 멤버들에게 다 위임하는 스타일 상황은 다음과 같이 네 가지로 나눈다.

- R1

  직원들이 별로 자발적이지 않고, 책임을 떠맡는 것에 대해 부담스러워하고 있는 상황. 업무 수행 능력도 별로 없고, 자신감도 부족한 상황

- R2

  업무 능력은 좀 부족하지만 의욕은 넘치고 있는 경우. 열심히 하려는 마음은 있지만 적절한 기술을 갖고 있지 못한 상황

- R3

  업무 수행 능력은 있지만 리더가 바라는 것를 수행하고자 하는 의욕이 별로 없는 경우

- R4

  업무 수행 능력도 갖추고 있고, 사기 또한 충천한 경우

R1에서 R4로 갈수록 성숙한 상황(mature situation)이다.

다음 단계로 리더십 스타일과 상황을 짝짓기를 한다.

R1단계는 구성원들에게 목표를 명확히 알려주고, 각각의 작업을 자세히 지시해 줄 수 있는 "Telling"형의 리더가 적합하다. R2는 정서적 뒷받침과 업무 추진력을 동시에 발휘할 수 있는 "Selling"형의 리더가 적합하다. R3에서는 지시하는 것보다 멤버들을 참여시키면서 일을 추진해 나가는 "Participating"형 리더가 적합하다. R4에서는 "Delegating"형처럼 특별하게 간섭하지 않는 유형이 적합하다.

상황을 멤버들의 동기부여 정도와 능력에 따라 세분해 놓았다는 점에서 피들러의 상황변수와 대비된다.

LMX 이론(Leader-Member Exchange Theory)

이 이론은 기존의 이론에서 전제로 삼았던 '리더는 모든 멤버들을 동일한 태도로 대한다'를 의심한 데서 출발한다. LMX 이론 이전에는 단순하게 리더의 스타일상의 특징에만 주목했으며 리더가 멤버들과 맺는 관계 역시 차별화되어 있지 않다는 것을 전제했다. 하지만 LMX 이론은 리더와 특정 멤버 사이의 관계는 일종의 쌍(dyad)을 형성하며 이 다이애드는 멤버에 따라 전혀 다른 성격을 갖는다는 점을 밝혀냈다.

리더가 처음 조직 구성원과 관계를 맺을 때 개개인별로 역할형성 과정(rolemaking process)을 거치며 어떤 구성원과는 공식적인 관계만 맺는 데 반해 어떤 구성원과는 매우 긴밀한, 때로는 개인적인 신뢰가 형성된 관계를 맺는다.

리더와 멤버는 서로 교류하며 LMX를 이루고 이러한 다이애드들은 크게 두 가지로 대별된다. 첫 번째는 인그룹(ingroup)이다. 이들은 리더와 퍼스낼리티 및 신상특징에서 유사한 점을 갖고 있거나 업무 성과가 특별히 탁월한 구성원들이다. 리더와 높은 수준의 관계를 맺으며 리더로부터 많은 권한을 위임받는다. 아웃그룹(outgroup)은 인그룹에 속하지 못한 멤버들로 이루어져 있으며 주로 공식적으로 규정된 권한과 의무만을 이행하는 상태에 머문다.

인그룹 멤버는 리더와 공적인 관계만을 맺게 되는 아웃그룹 멤버들보다 훨씬 더 높은 성과를 기록하고, 이직율도 낮고, 높은 직업만족도를 나타내는 것으로 보고 되었다. 이렇게 운용되는 그룹이 실제 많이 관찰되고 있고 많은 후속 연구에서도 그 유효성이 검증되었다. LMX 이론은 리더에만 집중하던 종래의 리더십 이론에서 탈피, 리더-멤버, 그리고 양자가 맺는 관계를 통합함으로써 종합적인 시각을 제공했다. 여러 리더십 이론 중에 오직 LMX 이론만이 리더와 멤버 한명 사이의 관계(다이애드; dyad)에 집중하고 있으며 커뮤니케이션이 왜 리더십 발휘에 있어 중요한지 잘 설명해주는 독창적이며 강력한 이론이다.

경로-목표 이론(Path-Goal Theory)

Robert House 교수에 의해 주창된 이론으로 여러 후속 연구를 통해 모델의 실증적인 효과가 증명된 이론이다. 이 이론은 [리더의 스타일 분류 + 조직 구성원의 특성에 따른 상황 요소 + 환경적 상황 요소]를 함께 고려해서 어떤 경우에 구성원들의 만족도가 올라가고 성과가 늘어나는지 밝히고 있다. 피들러의 상황 리더십 이론이 리더의 특성에 더 주안점을 둔 것과 달리 상황 쪽에 더 무게를 둔다.

경로-목표 이론은 동기부여 이론 중 기대이론(Expectancy Theory)과 높은 관련성을 갖는다. 기대이론에서 살펴본 대로 멤버들은 자신이 투입할 노력이 분명한 성과로 이어질 것으로 믿을 때, 그 성과가 자신의 목표와 잘 부합될 때 높은 동기유발이 된다. 그러므로 리더가 조직이 처한 상황 변수를 고려해서 노력-성과(Expectancy), 성과-개인적목표(Valency) 사이의 관계를 얼마나 명확히 해줄 수 있느냐에 따라 조직 구성원의 직업만족도와 조직의 성과가 달라진다고 보았다. 이론의 이름처럼 조직 구성원들에게 목표(goal)로 가는 경로(path = expectancy, valency)를 명확히 해줄 수 있는 리더십이 좋은 리더십이고 이는 상황에 따라 달라져야 한다고 생각했다.

리더의 스타일은 크게 네 가지로 분류하고 있는데, 피들러의 상황 리더십 이론과 다르게 경로-목표 이론에서는 리더십 스타일이 고정적이지 않고 유연하게 바뀔 수 있다고 생각한다.

1. 지시적 리더(directive leader): 추진하는 일의 목표가 무엇인지, 목표 달성의 스케줄은 어떻게 되는지, 특정 업무를 어떤 방식으로 시행해야 하는지를 명확히 해주는 리더이다.
2. 지원적 리더(supportive leader): 조직 구성원 개개인에 관심을 쏟으며 이들의 욕구를 충족시키는 데 집중하는 리더십이다.

3. 참여적 리더(participative leader): 의사결정 과정에 조직 구성원들의 의견을 적극적으로 반영하는 리더십을 의미한다.
4. 성취 지향적 리더(achievement-oriented leader): 도전적인 목표를 설정하고 직원들이 능력의 최대값을 발휘할 수 있도록 독려하는 스타일의 리더이다.

상황 변수는 크게 두 가지가 있다. 구성원의 영향력이 미치지 않는 환경적 상황요소(Environmental contingency factors)와 조직 구성원 개개인의 성격적인 특성에서 비롯되는 조직 구성원 상황요소(Subordinate contingency factors)이다.

1. 환경적 상황요소: 업무 구조(task structure), 공식적인 권한(formal authority system), 작업그룹(work group) 등이 있다.
2. 조직 구성원 상황요소: 조절 중심(locus of control), 경험, 지각된 능력(perceived ability) 등이다.

이처럼 리더의 스타일과 두 층의 상황요소를 조합해서 어떤 경우에 어떤 리더가 더 좋은 성과와 더 높은 직업만족도를 가져오는가를 설명한다. 그러면 어떤 경우에 어떤 리더가 더 적합할까? 다음과 같은 가설이 제안되었고 이들의 유효성은 계속 테스트되고 있는데 결과는 상당히 긍정적이다.

1. 업무가 불분명하고 불확실한 경우에는 지시적 리더십이 더 큰 직업만족도를 이끌어 낼 수 있다.
2. 잘 체계화된 업무를 수행할 때는 지원적 리더십이 높은 작업 성과와 높은 직업만족도로 이어진다.
3. 직원들이 스스로의 능력을 우수하게 생각하고 있고 관련되는 경험을 많이 갖고 있는 경우 지시적 리더십은 직원들에게 불필요한 말을 반복하고 있다는 인식을 주게 된다.
4. 공식적인 권한 관계가 명확할수록 리더는 가급적 지시적 행동보다 지원

적인 행동을 하도록 노력해야 한다.

5. 조절중심이 내부형(internal locus of control)인 직원들은 참여적 리더와 함께 일을 할 때보다 더 직업만족도가 높을 것이다.
6. 조절중심이 외부형(external locus of control)인 경우 지시적 리더가 더 높은 직업만족도를 줄 것이다.
7. 업무가 불분명한 경우 성취-지향적인 리더십은 직원들의 기대를 높여 보다 더 높은 성과를 기록하게 할 것이다.

종합해 보면, 환경적 변수와 직원 성격적인 변수 측면에서 부족한 면을 채워줄 수 있는 리더십이 가장 좋은 성과와 높은 직업만족도를 기록할 것이라는 가정들이다. 후속 연구 결과는 위 가설이 상당히 긍정적이라는 쪽으로 결론지어지고 있다. 피들러의 이론과 달리 경로-목표 이론은 리더십 스타일은 얼마든지 유연하게 바꿀 수 있다는 전제를 했다. 상황 변수 분석만 정확하게 할 수 있다면 가장 좋은 효과를 거둘 수 있는 리더십 스타일을 제안할 수 있다고 생각한다. 이 이론은 기존의 리더 스타일 구분 방법에 환경적 요소와 구성원들의 동기 부여 정도까지를 포괄해서 정갈하게 만든 이론으로 이해하기가 쉽고 또 현장에서 쉽게 적용 가능하며 강력한 실증적 연구로 뒷받침되어 있다는 강점이 있다.

리더 참여 모형(Leader-Participation Model)

Victor Vroom과 Phillip Yetton에 의해 1973년에 제안된 모형으로 이후 다시 더욱 복잡한 형태로 리비전되었다. 이 이론은 업무구조에 따라 리더가 의사 결정에 참여하는 정도가 달라져야 한다는 점에 집중한다. 12가지 상황변수를 이용해서 상황을 구분한 다음 각 상황에 맞는 5가지의 리더 행동 양식을 제안한다. 이때 상황변수는 리더가 어느 정도 의사 결정에 참여해야 하는지를 결정하기 위해 5구간으로 나눠진 질문으로 파악한다. 리더 참여 모형에서 상황변수를 파악하기 위한 질문은 이런 것이 있다.

1. QR(Quality Requirement) : 이 의사결정의 기술적인 질은 얼마나 중요한가
2. CR(Commitment Requirement) : 직원들의 몰입이 이 의사결정에 얼마나 중요한가
3. LI(Leader Information) : 좋은 의사결정을 내릴 수 있을 정도의 정보를 리더가 갖고 있는가
4. ST(Structure of Problem) : 문제점이 제대로 구조가 갖춰진 것인가
5. CP(Commitment Probability) : 리더가 혼자서 의사결정을 한 경우에도 직원들이 그 결정에 잘 따라올 것 같은가
6. GC(Goal Congruence) : 이 문제를 해결함으로써 얻을 수 있는 조직 목표를 직원들이 공유하고 있는가
7. CO(Subordinate Conflict) : 해결책이 직원들 사이의 충돌을 불러 올 가능성이 있는가
8. SI(Subordinate Information) : 좋은 의사결정을 내릴 수 있는 충분한 정보를 직원들이 갖고 있는가
9. TC(Time Constraint) : 직원들을 의사결정 과정에 참여시킬 정도의 시간적 여유가 있는가
10. GD(Geographical Dispersion) : 직원들을 모이게 하는 데 지리적으로 거리가 멀어서 비용이 소요되는가
11. MT(Motivation-Time) : 의사결정을 내리는 데 소요되는 시간을 줄이는 것이 리더에게 얼마나 중요한가
12. MD(Motivation-Development) : 직원들을 발전시킬 기회가 될 수도 있다는 점이 얼마나 중요한가

각각에 대해 [중요하지 않다-약간 중요하다-보통-매우 중요하다-절대적으로 중요하다]의 5가지로 대답을 해서 어떤 항목이 어떤 값을 갖는지 종합한다. 그 결과에 따라 리더의 행동양식을 5가지로 제안을 한다. 리더의 행동양식은 이렇다.

1. AI : 리더가 갖고 있는 정보를 바탕으로 리더가 의사결정을 함
2. AII : 직원들로부터 필요한 정보를 얻어서 리더가 문제해결을 함. 직원들에게는 필요한 정보만 얻는 것이고, 문제점의 성격에 관해서 그들의 조언을 들어보는 것은 아님
3. CI : 문제점에 대해서 직원 한 명 한 명으로부터 아이디어와 조언을 구함. 하지만 최종결정은 리더가 함
4. CII : 직원들을 모아놓고 전체적으로 그들의 의견과 조언을 구함. 의사 결정은 리더가 함
5. GII : 문제점에 관해서 직원들을 모아놓고 의논. 모인 직원들이 전체적으로 합치된 의사결정을 내릴 수 있게 리더는 돕는다. 리더의 의견은 특별히 더 큰 비중이 없음

보는 바와 같이 대단히 복잡하다. 예컨대 상황변수 분석에서 QR은 3점, CR은 2점, …이면 리더십 스타일 중 AI 유형의 리더십 권고한다는 식으로 점수에 따라 달라지는데 계산 과정이 간단하지 않다. 그래서 보다 쉽게 계산하기 위해 소프트웨어를 사용하기도 한다. 또는 간소한 간단한 형태의 Yes/No 의사 결정 트리(Decision making tree)를 이용하기도 한다. Yes/No 식의 의사결정트리는 상황변수를 단순히 높다, 낮다로 파악해서 리더십 스타일을 제안한다.

QR이 높다 → CR은 낮다 → LI는 높다 → CP는 낮다 → … → GII 유형의 행동 필요

이 이론 역시 경로-목표 이론처럼 리더의 스타일이 유연하게 바뀔 수 있다고

보았다. 상황에 집중해서 상황이 어떤 것인가에 따라 리더가 어떤 행동을 취해야 한다는 것을 제안했다. 다른 상황 이론과 차이점이라면 업무구조에 따라 의사결정 양식이 달라져야 한다는 점을 중시해서 리더가 어떤 식으로 의사결정을 해야 하는지에 관한 틀을 제공했다는 점이다. 이 이론 역시 후속 연구들에 의해 유효성이 높게 인정되었다. 여기서 제안한 대로 리더 행동을 취한 경우 더 높은 업무 성과와 직무만족도를 기록한 것이 보고되었다.

이상 상황 리더십 이론을 여러 가지 살펴보았다. LMX 이론을 제외하면 리더의 스타일과 상황 변수를 세분화해서 어떤 경우에 어떤 리더가 적합한가를 얘기한다는 공통점이 있다. 각론은 복잡하지만 결론은 이렇다. 대체로 상황이 혼란스럽고 체계화가 덜 되어 있을수록 보다 직접적이고 주도적인 리더가 적합하다. 상황이 잘 정돈되어 있고 멤버들의 동기부여가 잘 되어 있는 경우에는 뒷받침하는 유형의 리더가 더 높은 직업만족도와 더 높은 성과를 가져온다.

최근의 리더십 이론

최근의 리더십 이론은 기존 이론의 복잡성-복잡한 상황변수 분석, 리더 스타일 분석-에 대한 일종의 반작용으로 리더의 모습 그 자체를 관조적으로 묘사한 것들이 주류를 이루고 있다. 대표적인 것으로는 리더십 귀인 이론(Attribution theory of leadership), 카리스마적 리더십 이론(Charismatic leadership theory), 거래적-변혁적 리더십 이론(Transactional-Transitional Leadership Theory), 비저너리 리더십 이론(Visionary leadership theory) 등이 있다.

리더십 귀인 이론(Attribution theory of leadership)

이 이론은 인식과 의사결정: 귀인이론(Attribution Theory)에서 얘기한 귀인이론을 리더십의 영역으로 확장한 것이다. 무척 재미있는 이론이다.

이 이론은 리더십이란 단지 다른 사람에 대한 탓에 불과하다고 주장한다. 조직이 큰 성공을 기록하거나 큰 어려움을 겪으면 사람들은 그 원인을 리더 십에서 찾는다. 조직의 성과나 직업만족도의 원인(탓)을 리더십으로 돌린다. 상황에 대한 고려는 거의 하지 않고 리더의 어떤 특성(traits)이 그런 결과를 만들었다고 믿는다. 일반적으로 '좋은 리더'는 머리가 좋고, 쾌활하며, 외향적이고, 말도 잘하고, 사려깊고, 근면할 것이라는 생각을 갖고 있다. 그것이 실제 작업 성과나 직업만족도와 관련이 있는지 없는지는 특성이론 부분에서 밝힌 것처럼 정확히 알 수 없다. 그런데도 일반적으로 그런 특성을 바람직한 리더의 특성이라고 생각을 하고 있으며 일이 잘 되거나 잘 안 되는 경우 리더가 그런 특성을 갖고 있어서 그렇다고 생각한다.

예컨대, 어떤 회사가 유동성 위기에 처했다. 그 위기가 실제로는 외부 환경 변화가 심해서 일어난 것인데도 직원들은 그것이 리더 탓이라고, 리더의 어떤 특성 때문에 이런 일이 벌어졌다고 생각하려 한다. 어떤 회사가 큰 실적을 내며 성장을 지속하는 경우 사람들은 원인을 리더에게서 찾으려 하며, 리더의 어떤 특성 때문에 그런 결과가 나타났다고 생각하려 한다. 실제 리더의 어떤 점이 그런 결과들을 낳았을 수도 있다. 하지만 상황에 관계없이 사람들은, 특히 어떤 큰 변화가 일어난 경우, 리더에게 원인을 돌리려 한다는 것이고 이때 일반적으로 생각하는 바람직한 리더십의 특성에서 그 원인을 찾으려 한다.

또 하나 재미있는 점은 리더십 귀인 이론의 연구 결과에 따르면, 일반적으로 일관성(consistent) 있는 리더를 훌륭한 리더로 받아들이는 경향이 있다는 사실이다. 일관성의 방향이 어떤 쪽이 되었든 자주 의사결정을 바꾸거나 성향을 바꾸는 리더를 사람들은 높게 평가하지 않는다. 한 가지 입장을 일관적으로 견지해 나가는 리더를 일반적으로 좋게 받아들이는 경향이 있다.

리더십 귀인 이론은 리더십이 하나의 환상일 수 있음을 지적한 이론으로 재미있는 시사점을 주는 이론이다.

카리스마적 리더십 이론(Charismatic leadership theory)

카리스마적 리더십 이론은 리더십 귀인이론을 리더의 영웅적인 면모, 특출한 점으로 이어나간 것이다. 리더십 귀인이론처럼 조직의 높은 성과와 직업만족도를 리더의 카리스마적인 특징 때문이라고 생각한다.

'카리스마'란 무엇일까? 목표-경로 이론으로 널리 알려진 Robert House 교수는 1) 극히 높은 신뢰 2) 압도적인 면모(dominance) 3) 강한 확신이 극단적으로 높은 것을 카리스마라고 했다. 자기 자신과 자신이 이끄는 조직 구성원에 대한 극단적인 신뢰, 이들을 완전히 장악하는 거대한 존재감, 그리고 일단 결정된 사항에 관해서는 절대로 흔들리지 않는 확신이 있는 사람을 카리스마적인 리더라고 한다.

카리스마적 리더가 실제로 높은 성과와 직업만족도를 가져오는지 조사한 결과, 카리스마적 리더십과 높은 성과, 직업만족도는 강하게 관련된 것으로 보고되었다. 특히 조직이 위기상황에 처했거나 큰 변혁이 일어날 때 카리스마적 리더의 존재가 더욱 빛을 낸다. 부도 위기에 몰린 애플 컴퓨터에 창립자인 스티브 잡스가 CEO로 부임한 뒤 애플컴퓨터 조직 전체가 새로운 활력을 되찾았다. 압도적 면모와 강한 확신, 이상적인 비전을 제시하는 '전설적인' 스티브 잡스를 직접 대면한 애플 직원들은 무엇인가 될 것 같다는 자신감을 얻으며 회사를 쓰러지기 일보 직전에서 디지틀 미디어 시대의 새로운 강자로 바꾸어 낸다. 이처럼 카리스마적인 존재는 격변기에 존재감이 부각되며, 위기로 흔들리는 구성원들의 정서적 위안을 제공하고 혼란한 상황에서 방향타의 역할을 하며 조직을 높은 수준으로 끌어올린다.

레벨 5 하지만 조직이 일단 안정권에 들어서면 카리스마적 리더는 오히려 부담이 될 수 있다. 이들의 통치적 스타일이나 자기 판단에의 확신 등은 위기상황을 헤쳐 나아가는 데 도움이 되지만 일상적 상황에서는 역효과를 낼 수 있다.

특히 짐 콜린스(Jim Collins)가 "Good to Great"에서 밝힌 것처럼, 예상과 다르게 위대한 기업에는 카리스마적인 리더가 거의 없다. 위대한 기업은 대부분 개인적으로는 수줍음이 많고 다른 사람 앞에 잘 나서지 않는, 하지만 회사의 장기적 성공에 관계되는 일이라면 절대로 포기하지 않는 레벨 5 리더가 존재한다는 공통점이 있다. 이들은 철저히 결과 위주로 사고하며 성공은 자기가 아닌 외부로 돌리는 유형으로 언론의 집중 조명을 받는 강한 개성의 카리스마적 리더와 대비된다. 레벨 5 리더는 자신의 자아를 확대하는 것에는 관심이 적고 자신이 속한 조직 전체를 통해서 자신의 철학이 구현되어 지속적인 생명력을 갖는 데 주력한다. 그러므로 레벨 5 리더가 존재하는 기업은 그가 은퇴를 하더라도 조직이 거의 흔들리지 않는다. 반면 화려하고 널리 알려진 카리스마적 리더가 이끈 조직은 비록 그 성과가 찬란하더라도 그가 떠나는 즉시 조직이 몰락의 길을 걷게 되는 경우가 많다.

5 Level 5 Executive
Builds enduring grestness through a paradoxical blend of personal humility and professional will.

4 Effective Leader
Catalyzes commitment to and vigorous pursuit of a clear and compelling vision, stimulating higher performance standards.

3 Competent Manager
Organizes people and resources toward the effective and efficient pursuit of predetermined objectives.

2 Contributing Team Member
Contributes individual capabilities to the achievement of group objectives and works effectively with others in a group setting.

1 Highly Capable Individual
Makes productive contributions through talent, knowledge, skills, and good work habits.

Level 5 Hierarchy

그러므로 카리스마적 리더십이 큰 성과와 직업만족도와 직결된다고 해서 반드시 바람직한 것이냐에 대해서는 한 번쯤 생각을 해 봐야 한다. 우리가 원하는 것은 지속가능한 성과와 직업만족도를 갖는 위대한 기업이지 한 개인의 위인전이 아니기 때문이다.

카리스마적 리더십의 특징과 레벨 5 리더십의 특징을 비교해 보자.

카리스마적 리더십[1]

1. 자신감: 자신의 판단과 능력에 완전한 자신감을 가짐
2. 비전: 현 상태보다 훨씬 나은 이상적인 목표를 설정함
3. 비전을 제시하는 능력: 비전을 다른 사람들이 쉽게 이해할 수 있는 용어로 명확하게 정의해서 제시함. 구성원들의 욕구와 욕망을 정확히 반영한 용어를 사용해서 제시하므로 강한 동기유발로 이어짐
4. 비전에의 강한 확신: 비전을 달성하기 위해서는 큰 개인적인 위험을 무릅쓰고 많은 대가를 치루는 등 자기 희생을 할 것으로 받아들여짐
5. 평범하지 않은 행동: 일반적인 규범과 다른 독특한 행동과 사고방식을 하려 함. 성공하는 경우 추종자들에게 놀라움과 경탄을 일으킴
6. 변화 주도자로 인식됨: 현 상태를 돌보는 사람이 아닌 새로운 변화를 몰고 올 주체로 인식됨
7. 환경 민감성: 변화를 가져오는 데 필요한 환경적 제한점이나 리소스의 제한점을 현실성 있게 평가해내는 능력을 갖고 있음

"레벨 5" 리더십("Level 5" leadership)[2]

1. "레벨 5" 리더는 개인적인 겸손함(personal humility)과 직업적인 의지(professional will)가 역설적으로 섞여있는 리더를 의미. 이들 역시 야심적이고 야망을

갖고 있지만, 그 야망은 우선적으로 회사를 위한 것에 맞춰져 있지, 자기 자신에게 맞춰져 있지 않음

2. "레벨 5" 리더는 자신이 물러난 뒤에 더욱 큰 성공이 가능하도록 후계자를 양성함. 이와 달리 "레벨 4 리더"는 종종 후계자 양성에 실패함
3. "레벨 5" 리더는 지나칠 정도로 겸손하며, 자기 자신을 감추고 낮게 평가함
4. "레벨 5" 리더는 지속가능한 '결과'에 거의 광적으로 몰입함. 회사를 위대하게 만들 수만 있다면 무슨 일이든 하겠다는 흔들림 없는 결심을 갖고 있음
5. "레벨 5" 리더는 황소처럼 근면하고 우직함. 성공은 다른 사람에게 돌리며, 실패는 자신의 탓으로 여김

[1] J.A. Conger and R.N. Kanungo. "Behavioral Dimensions of Charismatic Leadership." Charismatic Leadership, Jossey-Bass, 1988, p.91.

[2] Jim Collins. "Level 5 Leadership." Good to Great, HarperCollins Publishers Inc., 2001, p.39.

거래적-변혁적 리더십 이론(Transactional-Transformational Leadership Theory)

리더십에 관한 최근 이론 중 하나이다. 거래적-변혁적 리더십 이론은 리더십 스타일을 크게 두 가지 유형으로 나눠서 파악하고 있다. 하나는 거래적 리더(Transactional Leader), 다른 하나는 변혁적 리더(Transformational Leader)이다. 전자는 기존의 리더십 이론(Fiedler, path-goal theory,..)에서 제시했던 일반적인 리더의 특징을 갖고 있는 것이다. 목표와 일의 방향을 명확히 하고 각 멤버가 맡아줄 업무를 적절히 분장함으로써 멤버들을 동기를 유발하고 일을 추진해 나가는 유형

이다. 이와 달리 변혁적 리더(Transformational Leader)는 직원 한 명 한 명의 개인적인 관심사나 원하는 것에 큰 관심을 기울이고 기존의 문제점에 대한 새로운 시각을 제시하면서 조직 구성원의 변화와 변혁을 일으키는 리더이다. 변혁적 리더는 멤버들의 영감을 불러일으키고, 신명나게 일을 할 수 있게 만들어서 목표를 향해 능력 이상의 열정을 발휘하도록 만든다. 이들 두 유형의 특징을 요약해 보자.

- 거래적 리더십(Transactional leadership)
  - 절절한 보상(Contigent Reward): 좋은 성과를 내거나 어떤 특정 업무를 수행하는 데 따른 보상을 약속한다.
  - 능동적 예외에 의한 관리(Active Mangement by Exception): 규칙에 위반되는 행위를 적극적으로 찾아내 시정 조치를 한다.
  - 수동적 예외에 의한 관리(Passive Mangement by Exception): 특별히 어떤 기준이 충족되지 못할 때 관여한다.
  - 자유방임(Laissez-Faire): 의사결정을 피하고 책임을 지지 않는다.
- 변혁적 리더십(Transformational leadership)
  - 카리스마(Charisma): 비전을 제시하고, 사명감을 심어준다. 자부심을 불어넣는다. 리더는 존경과 신뢰의 대상이다.
  - 영감(Inspiration): 높은 기대를 하고 있음을 느끼게 하고, 조직의 목적을 보다 단순하면서도 상징적인 형태로 압축, 표현해서 영감을 불러일으킨다.
  - 지적자극(Intellectual Stimulation): 구성원들의 합리성과 신중한 문제 해결 능력을 늘려주고 지적으로 발전할 수 있게 한다.
  - 개인별 고려(Individual Consideration): 개개인에게 관심을 기울이고 개인적 충고도 곁들이며 방향을 제시한다.

두 유형은 서로 상반된 것이라기보다는 거래적 리더십을 갖춘 다음 단계에 변혁적인 리더십을 발휘할 수 있다. 그리고 변혁적 리더가 거래적 리더보다 훨씬 더 높은 성과를 내고 구성원들 역시 높은 직업만족도를 느끼고 이직율도 낮아지는 등 탁월한 결과를 보여주었다. 각 멤버들의 직업만족도를 올리고, 작업성과를 높이고자 하는 리더에게 기존의 거래적 리더십에서 탈피, 보다 더 고차원적인 변혁적 리더십을 발휘할 것을 권고할 수 있다.

06 동기화(motivation), 동기유발, 동기부여[3)]

동기유발은 개인의 욕구(필요; needs)를 만족시키는 조건하에 조직의 목표(organizational goal)를 위해 노력(effort)하는 자발적 의지를 이끌어 내는 것이다. 사람은 다양한 욕구를 갖고 있다. 충족되지 못한 욕구는 긴장(tension)을 야기하고 긴장 해소를 위한 노력을 하게 만든다. 조직행동론에서 동기화란 개인적 욕구 충족을 위한 노력을 어떻게 조직의 목표로 이어나갈 것인가를 뜻한다. needs → effort → organizational goals이다.

인간의 동기유발과 관련해서 가장 널리 알려지고 큰 영향을 미친 이론은 심리학자 에이브러함 매슬로(Abraham Maslow)의 욕구단계 이론(Hierarchy of Needs theory; 욕구계층 이론)이다. 매슬로의 이론과 더불어 몇 가지 초기 동기유발 이론은, 이후 보다 실증적으로 유효한 다른 이론에 의해 대체되지만 혁신적으로 동기화를 탐색했다는 측면에서 여전히 다양한 분야에서 인용되고 있다.

초기 동기유발 이론 : 욕구 이론

매슬로의 인간욕구 단계설(Hierarchy of human needs)

동기 이론의 개척자인 매슬로는 인간의 욕구(needs)에 다섯 단계의 계층이 있다고 주장했다.

1. 생리적 욕구(physiological): 배고픔, 갈증, 성욕
2. 안전의 욕구(safety): 육체적, 심리적으로 상처받지 않기를 바라는 욕구
3. 사회적 욕구(social): 애정, 소속감, 우정, 수용되기를 바라는 욕구

---

3) 출처: 이명헌 경영스쿨 http://www.emh.co.kr/content.pl?motivation_theory

4. 존경(esteem): 자기존중, 자율성(autonomy), 성취감 같은 내적인(상위의) 존경과 사회적 지위, 타인의 인정과 관심에 대한 욕구 등의 외적인(하위의) 존경
5. 자아실현의 욕구(self-actualization): 존재의 가능성을 완전히 구현하고자 하는 욕구. 잠재력의 완전한 활용, 자기충족적 상태에 이르고자 하는 욕구

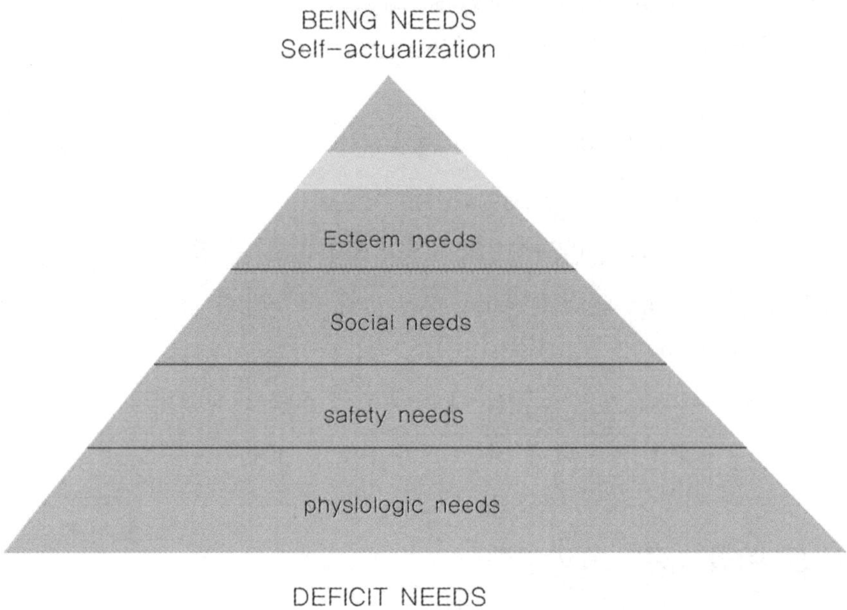

physiologic, safety는 외부적 요인에 따라 욕구 충족이 이뤄진다는 측면에서 하위욕구(low-order needs)라 했고 social, esteem, self-actualization은 개인 내부적으로 욕구 충족이 이뤄지는 것으로 상위욕구(high-order needs)라 했다. "hierarchy"라는 표현처럼, 위의 다섯 단계는 전 단계가 충족되고 나서 다음 단계에 대한 욕구가 생긴다. 이미 만족된 욕구는 동기유발에 아무런 영향을 주지 않는다는 것이다.

아래의 네 단계는 Deficit Needs(D-Needs)이다. 결핍되면 이를 해소하고자 하는 동기유발이 되고 일단 충족되면 더 이상 동기유발이 되지 않는 욕구이다. 이와 달리 자아실현욕구는 Being Needs(B-Needs)로 지속적이다. 위 그림에서 자아실현 단계가 아래쪽 욕구와 분리되게 그려진 것은, 아래의 네 단계는 계층적으로 충족되며 연속적으로 진행될 수 있지만 자아실현욕구는 일부만이 도약할 수 있다는 것을 나타내기 위해서이다.

참고로, 네 번째 단계인 존중(esteem)의 욕구 중 특히 내적 존중이 충족되지 못하는 경우 알프레드 아들러가 말한 열등 컴플렉스(inferiority complex)로 발전할 수 있다.

이 이론을 조직행동론적인 측면에서 생각해 보자. 조직 내 개인의 동기유발은 그가 어떤 욕구단계에 와 있느냐에 따라 다를 수 있다. 매슬로의 이론에 따르면, 안전의 욕구가 제대로 충족되지 않아서 그에 대한 동기유발이 되어 있는 직원에게 내적 존중이나 자아실현의 기회를 제공하는 것은 그다지 효과적이지 않을 수 있는 게 된다.

매슬로의 욕구단계설은 이론 자체가 선구적이었고 직관적으로 쉽게 이해가 되기 때문에 광범위하게 퍼졌다. 하지만 실증연구에서는 그의 이론을 뒷받침할 만한 증거가 나타나지 않았다. 욕구가 과연 매슬로의 주장처럼 5단계로 세분화되어 있느냐도 불확실할 뿐만 아니라 앞 단계가 충족되고 나서야 다음 단계 욕구 충족을 위한 동기유발이 된다는 것도 증명되지 못 했다. 하지만 여전히 동기유발 이론의 대명사처럼 언급되는 것이 매슬로의 욕구단계설이다. 동기유발 이론의 기초를 제공했기 때문이다.

Douglas McGregor의 X 이론/Y 이론(Douglas McGregor's theory X and theory Y)

더글라스 맥그리거 씨는 매니저들이 직원들에 대해 어떤 생각을 갖고 있는지를 조사한 결과, 인간성에 대해 긍정적으로 보는 측과 부정적으로 보는 측의

두 부분으로 나뉜다는 것을 발견했다. 부정적인 시각을 X 이론, 긍정적인 시각을 Y 이론이라 한다.

X 이론을 믿는 매니저는 다음과 같은 생각을 하고 있다.

1. 직원들은 원래 일을 하기 싫어한다. 항상 게으름을 피울 기회만 찾는다.
2. 그러므로 목표 달성을 위해서는 계속 감시하고, 통제해야 한다.
3. 직원들은 책임을 맡는 것을 꺼리며 지침을 받아 일을 하는 것을 선호한다.
4. 대부분의 직원들은 야심찬 계획보다는 안전에 우선순위를 둔다.

반면 Y 이론 쪽에 속하는 매니저는 다음과 같은 가정을 하고 있다.

1. 직원들은 일을 휴식처럼 자연스러운 것으로 받아 들인다.
2. 목표를 공유하기만 한다면 스스로 방향을 잡아서 스스로 열심히 한다.
3. 보통의 직원도 책임을 맡아 일을 하는 것을 배울 수 있으며, 그것을 추구하기도 한다.
4. 보통의 직원도 얼마든지 혁신적 결정을 내릴 수 있다.

맥그리거의 조사에 따르면 대부분의 매니저는 X 이론 아니면 Y 이론 중 한 편에 속한다고 한다. 두 이론 중 어떤 것이 옳을까? 맥그리거 자신은 Y 이론이 옳다고 믿었다. 의사결정에 동참시키고, 책임을 부여하며, 도전적인 과제를 제시하는 것이 직원들의 동기부여에 도움이 된다고 생각했다. 하지만, X 이론이나 Y 이론 모두 어느 쪽이 옳은지에 대해 실증적 증거는 없다. 상황에 따라 다르다는 게 설득력이 있다.

Herzberg의 동기-위생 이론(Motivation-Hygiene Theory)

이 이론은 다음과 같은 예리한 질문에서 출발했다.

'만족'의 반대는 '불만족'인가?

허즈버그 씨에 따르면, 'satisfaction'의 반대는 'dissatisfaction'이 아니라 'no satisfaction' 이다. 마찬가지로 'dissatisfaction'의 반대는 'satisfaction'이 아니라 'no dissatisfaction' 이다. 즉, 만족-불만족은 연속적인 것이 아니고 만족은 만족대로, 불만족은 불만족대로 별개의 차원이 있다. 이 때, 만족을 좌우하는 요소를 동기유발자(motivator)라고 하며, 불만족을 좌우하는 요소를 위생요소(hygienic factor)라 한다. 동기유발은 동기유발자가 제공되어야 일어난다. 불만족을 야기하는 위생요소를 좋게 하는 것은 '불만족스럽지는 않은' 상태를 만들 뿐, 직접적 동기유발과는 관계가 없다고 생각했다.

동기유발자에는 성취(achievement), 인정(recognition), 일 자체(work itself), 책임감(responsibility), 발전(advancement), 성장(growth)이 있다. 이들은 동기 유발에 직접적으로 영향을 미친다. 앞의 것일수록 영향력이 크다.

위생요소에는 회사규칙과 관리(company policy and administration), 감독(supervision), 상사와의 관계(relationship with supervisor), 작업조건(work conditions), 급여(salary), 동료와의 관계(relationship with peers), 개인생활(personal life), 부하직원과의 관계(relationship with subordinates), 지위(status), 안전(security)이다. 먼저 나온 것이 영향력이 크다. 이들은 불만족을 야기하느냐 아니냐에만 관계할 뿐 만족과는 상관이 없다.

급여와 승진이 위생요소라는 점이 이채롭다. 정말로 급여와 승진은 동기 유발과 직접적으로 관계가 없을까? 불만족을 야기하지 않을 정도로만 제공되면 되는 것일까? 동기-위생 이론에 의하면, 급여를 올려주는 것으로는 어떤 일에 대한 진정한 동기유발을 할 수 없다.

허즈버그의 동기-위생 이론 역시 비판적인 후속연구가 많이 나왔지만, 매슬로의 욕구단계설처럼 기업 현장에까지 널리 퍼져서 광범위하게 인용되고 있다. 단지 직업만족도만을 설명하고 있을 뿐 동기유발 이론은 아니라는 비판이나 상황요소를 무시하고 있다는 점 등에서 비판을 받았지만 이해하기 쉽고, 직관적으로 와닿기 때문에 자주 언급된다.

최근의 동기유발 이론

최근의 동기유발 이론은 초기 이론을 보다 정교화하거나 '상황'변수를 도입한 이론이 많다. 직관적인 매력은 초기 이론보다 덜하지만 초기 이론의 실증적 취약성을 보강한 이론이다.

ERG 이론(Existence, Relatedness, Growth)

Clyton Alderfer가 매슬로의 욕구단계설을 다듬어 내놓은 이론이다.

1. Existence = physiologic + safety
2. Relatedness = social + external component of esteem
3. Growth = internal component of esteem + self-actualization

매슬로의 5단계를 세 가지로 다시 구분해서 단순화했다. 그리고 두 가지 점에서 매슬로의 통찰을 보강한다. 먼저, E, R, G는 반드시 계층적으로만 작용하는 것은 아니다. 저차원적 욕구 충족 이후 고차원적 욕구 충족을 위한 동기유발이 될 수도 있지만, 이와 달리 동시에 E, R, G가 작용할 수도 있다.

존경을 받고 싶다는 욕구와 안전의 욕구가 동시에 작용해서 동기유발이 될 수 있다. 또, 고차원적 욕구가 만족되지 않거나 좌절되면 저차원적 욕구를 더 많이 충족시켜서 이를 해소하려 한다. 내적 존경을 위해 노력한 것이 좌절되는 경우 외적 존경(예컨대 돈)을 가져올 수 있는 부분에 더 집착하게 된다는 얘기이다.

ERG 이론은 매슬로의 이론을 실증적 자료에 부합시키기 위해 다시 작업한 것이다. 그의 주장을 뒷받침하는 후속연구도 많이 나왔으며 인간 욕구에 대해 보다 현실적 시각을 제시했다.

맥클러랜드의 욕구 이론(McClelland's theory of needs)

맥클러랜드 씨는 동기유발에 관여하는 욕구에 크게 세 가지가 있다는 제안을 했다.

1. 성취욕구(achievement need; nAch): 탁월해지고자 하는 욕망, 평균을 초과한 결과를 내고 싶어하는 것, 성공의 욕구
2. 권력욕구(power need; nPow): 타인의 행동에 영향을 미쳐 변화를 일으키고 싶어하는 욕구
3. 제휴욕구(affiliation need; nAff): 개인적 친밀함과 우정에 대한 욕구

사람에 따라 nAch, nPow, nAff이 각각 다르며 이들은 각기 다른 양상으로 동기부여가 된다. nAch가 높은 사람은 타인에 비해 월등한 성과를 냄으로써 자신의 존재 의미를 확인하고자 한다. 이들은 지나치게 가능성이 낮은 업무나 아주 쉽게 달성할 수 있는 목표에는 거의 관심을 갖지 않는다. 능력 대 운이 5:5로 작용할 수 있는 일에 참여할 때 강한 동기부여가 되며 자신의 능력을 드러내고자 한다. 스스로의 능력을 자신이 확인할 수 있는 상황을 좋아한다.

nPow가 높은 사람은 타인에 대해 영향력을 행사하며 통제할 수 있는 일에 자극받는다. 책임을 맡는 것을 즐기며, 권력 쟁탈전이 심한 상황에 기꺼이 참여한다. 실제적인 업무 성과보다는 높은 지위에 올라서 타인에 영향을 미치는 것에 관심을 갖는다.

nAff이 높은 사람은 다른 사람에게 인정받고 이들과 좋은 관계를 맺는 것에 우선순위를 둔다. 경쟁적인 상황보다는 협동적인 분위기를 좋아한다. 상호 이해를 넓힐 수 있는 상황을 지향한다.

맥클러랜드 씨는 그림 테스트를 통해 어떤 사람이 nAch, nPow, nAff 중 어디에 속하는지 판단할 수 있다고 제안했다. 어떤 상황을 그린 그림을 보여 주며

이 상황에 대해 설명해 보라 한다. 그 설명을 통해 피험자의 무의식적 동기를 파악해 낼 수 있고, 그가 셋 중 어디에 가까운지를 알 수 있다고 했다.

연구 결과 다음과 같은 결과가 확인되었다.

1. nAch가 높은 사람은 책임이 주어지고, 결과를 즉각 확인할 수 있으며, 중등도의 리스크가 있는 일을 좋아한다.
2. nPow가 높은 사람이 관리직에서 성공하는 경향이 있다. nPow가 높으면서 nAff은 낮은 사람이 고위 관리직에 오른다.(고위 관리직에 있기 때문에 높은 nPow와 낮은 nAff을 나타내는 것인지도 모름)
3. nAch는 훈련을 통해 계발될 수 있다.
4. nAch가 높은 사람은 영업관리직에서 크게 성공하지 못할 수 있다. 거대 조직의 관리직 중에는 높은 nAch가 그다지 많이 없다.

인지적 평가 이론(Cognitive Evaluation Theory)

어떤 직원이 강한 목표의식과 성취욕에 의해 매우 열심히 일을 하고 있는데, 그 사람의 직무성과에 보너스 등의 외적인 보상을 부여하면 어떤 일이 일어날까? 더 열심히 할까? 아니면 별 상관이 없을까? 인지적 평가 이론은 그 의문점에서 출발한다.

인지적 평가 이론에 따르면, 성취감이나 책임감에 의해 동기유발이 되어 있는 것에 외적인 보상(승진, 급여 인상, 성과급)을 도입하면 오히려 동기유발 정도가 감소한다고 얘기한다. 예컨대, 스스로 생각해서 좋은 학점을 받고 실력파가 되고 싶다는 생각에 열심히 공부하는 학생에게 어느 날 '학점이 얼마 이상 되면 방학 때 해외 여행을 보내주마.'라는 제안을 했다 하자. 인지적 평가 이론에 의하면 그 제안은 공부를 열심히 해보고자 하는 동기를 꺾는다.

인지적 평가 이론이 주장한 바가 맞다면 기업체의 보상 시스템에 큰 변화를 줘야 한다. 보상이 오히려 동기유발을 줄인다면 하지 않는 것이 좋으니까.

연구 결과 아주 지루한 직무인 경우에는 외적 보상이 동기유발을 가져올 수 있다. 하지만 그 외의 경우는 내적 동기유발과 외적 보상이 상호의존적인 것으로 밝혀졌다. 극단적으로 지루한 직무이거나 극히 흥미진진한 직무가 아닌 경우에는 어느 정도 타당성이 인정된다. 그러나 아주 높은 내적 동기유발에 의해 일을 하는 사람이라도 동시에 그에 맞는 외적 보상을 기대한다. 일률적으로 인지적 평가 이론을 적용하기는 곤란하다.

목표 설정 이론(Goal-Setting Theory)

앞에서 살펴 본 욕구 이론과 달리 목표 설정 이론은 내적인 욕구보다 외부에서 명확한 목표가 설정될 때 더 강한 동기 유발이 된다는 것을 전제한다. 막연하게 '최선을 다하자'는 것은 동기유발에 거의 영향을 주지 않는다. 명확하고 확인 가능한 목표가 주어질 때 높은 생산성을 나타낼 수 있다는 것이다.

"불량률 1/1,000,000 달성", "매출액 2,000억"처럼 구체적이고, 검증이 되는 목표가 주어지는 경우 강한 내적 자극을 일으키며 생산성 향상을 가져온다. 이 때, 목표가 달성하기 어려울수록 직무성과 수준 역시 올라간다. 물론, 구성원 모두가 목표를 받아 들였을 때의 이야기이다. 목표를 함께 공유한 상황이라면 도전적이고 구체적인 목표, 결과를 확인할 수 있는 목표가 강한 내적 동기유발로 이어진다.

목표와 직무성과 사이의 관계에 영향을 미치는 요소에는 몇 가지가 있다. 먼저 목표 몰입(goal commitment)이다. 구성원들이 얼마나 목표를 수용하고 있느냐이다. 이를 높이기 위해서는 목표 설정 과정을 참여적으로 하는 것이 도움이 된다. 그 다음, self-efficacy 이다. 구성원 자신이 얼마나 스스로의 능력을 믿고 있는가이다. self-efficacy가 높다면 난관에 부딪혔을 때도 그것을 극복하고 도전적 목표 달성에 더욱 매진한다.

강화 이론(Reinforcement Theory)

강화 이론은 행동주의의 학습이론을 동기유발 영역으로 끌어 온 것이다. 행동주의는 개인의 동기란 단지 상황의 변화를 의미한다고 보기 때문에 내적인 동기유발을 부정한다. 오직 어떤 조건에서 어떤 자극이 주어지고, 어떻게 강화되느냐에 따라 특정 행동을 더 자주 지속적으로 하느냐가 결정된다고 생각한다.

간헐적 강화는 특정 행동의 지속성을 높인다. 반복적 강화는 특정 행동을 배우는 속도를 높인다. 강화의 양상에 변화를 줘서 직무 성과나 결근율 등을 크게 개선한 사례가 많이 보고되고 있지만 내적인 동기를 철저히 무시하고 있기 때문에 직무 만족도나 이직율과 관련해서 별 설명을 하지 못하고 있다.

동기부여의 절차를 설명하는 이론

지금까지 살펴 본 이론들은 모두 어떤 요소가 동기부여를 일으키는가에 집중한 이론들이다. 욕구 해소를 통한 만족 추구라는 기본적인 틀을 바탕으로 그 욕구가 어떤 식으로 구성되어 있으며, 외부적 목표나 강화가 주어질 때 어떤 영향이 있는가에 주목했다.

이들 이론과 달리 다음에 나오는 공정성 이론과 기대 이론이라는 최근의 동기부여 이론은 동기유발의 절차에 무게중심을 둔다.

공정성 이론(Equity Theory)

각 개인은 자신이 기울인 노력에 대한 보상이 적절한가를 판단할 때 절대적인 기준뿐만 아니라 다른 사람과 비교한 상대적 기준도 중요하게 감안한다는 전제에서 출발한 이론이다. 절대적 기준하에서는 적절히 대우받고 있다고 생각하는 사람이라도 다른 사람과 비교해서 상대적으로 대우받지 못하고 있다고 생각하면 공정성 긴장이 생기고 이는 곧 공정성 긴장을 해소하고자 하는 동기부여로 이어진다.

이때 비교 기준으로 동원되는 대상에는 크게 네 가지가 있다.

- Self-inside: 같은 조직 내의 다른 직책을 맡을 당시와 비교
- Self-outside: 현재 조직에 오기 전 근무하던 조직에서 받던 대우와 비교
- Other-inside: 같은 조직 내의 다른 개인과 비교
- Other-outside: 다른 조직의 개인과 비교

이런 식으로 여러 대상 및 자신의 과거 경험과 현재 받고 있는 대우를 비교한다. 비교 대상의 성별, 경력, 직위, 교육 정도를 현재의 자신과 비교해서 자신이 투입한 인풋(input)에 비해 아웃컴(outcome)이 적다고 느껴지면 공정성 문제가 생긴다. 비슷한 사람과 비교해서, 그 사람만큼 일을 했고, 그 사람만큼 배웠고, 그 사람만큼 회사에 기여했는데도 적절한 보상을 받지 못하고 있다면 공정성 긴장이 생기고 이를 해소하고자 하는 방향으로 동기부여가 된다.

이러한 불공정한 느낌을 인식하고 나면 인풋과 아웃컴의 크기를 맞추려는 노력을 하게 된다. 크게 여섯 가지 양태로 그 행동이 나타난다.

- 일을 열심히 하지 않는다.(인풋을 바꿈)
- 더 많은 대가가 돌아오도록 수단을 쓴다.(아웃컴을 바꾸고자 함)
- 자기 자신에 대한 생각을 바꾼다.(대충 해왔지만 지금부터는 열심히 한번 해보자)
- 다른 사람에 대한 생각을 바꾼다.(사실 저 친구가 돈은 더 받지만 하는 일은 훨씬 더 힘들거야)
- 다른 비교 대상을 고른다.(내 친구와 비교하는 것은 맞지 않아. 저 친구는 배경이 좋잖아)
- 그만둔다.

인풋은 기울인 노력, 경험, 교육받은 정도, 기술 수준 등이다. 아웃컴은 급여 수준, 급여 인상, 다른 사람에게 인정받는 것이다.

공정성 이론은 다음과 같은 네 가지 가설을 주장하고 있다.

시간당 급여제를 실시하는 경우:

- 우대 받는 직원(overrewarded employee)은 적절한 급여만 받는 직원보다 더 많은 생산량을 기록하게 됨: 좋은 대우를 받는 사람은 더 열심히 일해서 인풋을 늘림으로써 공정성을 되찾고자 하기 때문('몸값'을 하고자 하므로)
- 부족한 급여를 받는 직원은 생산량을 줄이거나, 엉망으로 만들어 냄: '어차피 제대로 대우도 못 받는데 근무시간을 기준으로 급여가 책정되어 있으니 시간만 채우고 가자'

생산량에 따라 급여를 책정하는 경우:

- 우대 받고 있는 직원은 수량을 늘리기보다 고품질의 생산을 하려함: 공정성을 되찾기 위해 열심히 일하는데 급여가 생산량을 기준으로 책정되어 있으므로 생산량 증가보다 품질 향상에 관심을 기울임
- 부족한 급여를 받는 사원은 엉망인 품질로 많이 만들어 내려 함: 생산량만 많으면 제대로 급여를 받을 수 있고 공정성을 얻을 수 있기 때문

위 가설은 상당히 유효한 것으로 받아들여지고 있다. 몇 가지 생각해 볼 점은 있다. 먼저, 인풋에 비해 더 나은 대우를 받는 사람이 느끼는 불공정성의 정도는 별로 크지 않을 수 있다. 그리고 모든 사람이 다 공정성 문제에 대해 민감하게 반응하는 것은 아니다. 드물지만 일한 것에 비해 대우가 부족하더라도 크게 불만을 갖지 않는 사람도 있다. 또, 급여 외에 다른 것에 더 관심을 갖는 사람도 많다. 사무실 환경이나 일하는 데 필요한 지원을 더 중요하게 생

각하는 사람도 있고 직함이 그럴듯하게 바뀌는 것을 중요하게 생각하는 사람도 있다.

마지막으로 고려해야 할 점은 개인의 직무만족도에 가장 큰 영향을 미치는 것은 분배적 공정성(distributive justice)이지만, 조직 충성도나 상사에 대한 신뢰, 그리고 사직 여부는 아웃컴의 분배가 얼마나 공정한 과정을 통해 이뤄지는가를 뜻하는 절차적 공정성(procedural justice)에 의해 좌우된다는 것이다. 투명하고 공정한 과정을 거쳐 보상이 주어진다면 다소 부당한 급여를 받고 있거나 승진이 부적절하게 되었다고 생각하는 사람도 조직과 상사에 대해 긍정적으로 보려 한다.

직원들의 동기유발은 절대적인 대가뿐만 아니라 다른 사람이 받고 있는 것과 비교한 상대적 대가에 의해서도 큰 영향을 받는다는 시각을 제공해준 것이 공정성 이론이다. 동기유발이 결근율과 생산성에 어떤 영향을 미치는지 가장 잘 설명해주는 이론이다.

기대 이론(Expectancy Theory)

빅터 브룸(Victor Vroom)이 주장하고 Lawler/Porter가 확장한 이론이다. 기울이는 노력이 높은 평가를 받을 것이 확실하다고 생각될 때, 그리고 인정을 받고 나면 급여 인상이나 보너스, 승진 등으로 이어질 것으로 믿을 때, 그래서 자기 자신의 개인적 목표(personal goal)를 만족시킬 수 있다고 생각될 때 최선을 다해 열심히 해보자는 동기유발이 된다는 주장이다. 즉, 다음과 같은 세 가지 관계에 주목한다.

"Expectancy": '노력을 하면 좋은 결과가 나오기는 할까?'
(Effort-Performance Relationship)

"Instrumentality": '좋은 성과에 맞는 보상을 받을 수 있을까?'
(Performance-Reward Relationship)

"Valence": '받은 대가가 내 개인적인 목표에 맞는 것일까?'

(Reward-Personal goal Relationship)

위의 세 가지 관계는 각각 확률적으로 기술될 수 있다. 각각을 더 자세히 살펴보자.

- '이 일을 열심히 했을 때 제대로 인정받을 수 있을까?'

원래 능력이 모자랄 수도 있다. 이 경우 아무리 열심히 해도 제대로 안될 것이라고 미리 생각하기 때문에 전혀 동기부여가 되지 않는다. 또는 회사에서 성과보다는 충성심이나 용기 또는 적극적인 모습을 더 높게 평가하면 실제 성과를 좋게 하고자 하는 동기부여가 잘 안된다. 그리고 사실이든 아니든 상관이 자신을 별로 좋지 않게 생각한다고 믿는 사람이 상당수라는 점도 고려해야 한다. 아무리 열심히 해도 상사가 제대로 평가해줄 리가 없을 것이라고 예단하고 있는 경우가 많다. 직원이 왜 최선을 다해 열심히 일하지 않는 것일까라는 생각이 든다면 이와 같이 능력이 부족하다고 생각하며 지레 포기하고 있는 것처럼 노력이 좋은 성과로 이어질 수 있다는 확신을 하지 못하는 것은 아닌가 생각해 볼 수 있다.

- '내가 제대로 평가받았다고 해도 그것이 실제 어떤 보상이나 대가로 돌아올 수 있을까?'

대부분의 경우 작업의 성과가 좋아도 그것이 실제 보상으로 되돌아 올 것으로 믿지 않는다. 대부분의 조직이 급여체계나 보상체계를 운용함에 있어 작업의 결과보다 연공 서열이나 조직에 충성하는 태도 등을 더 감안하는 경우가 많기 때문이다. 작업 성과가 적절한 대가로 이어질 수 있다고 믿는 직원은 별로 없기 때문에 제대로 동기부여가 되지 않는 것이다. 동기유발을 위해서는 성과가 분명히 보상으로 돌아온다는 것을 적절한 커뮤니케이션을 통해 환기시키면서 이에 관한 구체적 계획을 알리는 것이 필요하다.

• '실제 보상을 받았다고 해도 그 보상이 내 개인적인 목표에 맞는 것일까?'

승진을 바라고 열심히 노력한 사원에게 급여를 올려준 경우나 보다 흥미진진한 일을 맡아보고 싶어서 어떤 일을 훌륭하게 해낸 사람에게 칭찬만 하고 만다면 제대로 동기부여가 될 수 없다. 대부분의 관리자들은 사원들이 원하는 것이 다 똑같을 것이라는 착각을 하고 있기 때문에 이런 문제가 잘 발생한다. 보상 체계를 다양화해서 성과를 올린 직원이 자신의 개인적 목표에 맞는 보상을 가져갈 수 있게 하는 것이 좋다. 보상에 대한 평가는 매우 개인적이기 때문에 어떤 보상이 의미가 있는가 아닌가는 그 사람이 어떤 욕구를 갖고 있느냐에 따라 달라질 수 있다. 즉, 위에서 살펴 본 욕구 이론의 프레임웍을 이 단계에서 사용할 수 있다.

위 모델은 Lawler/Porter의 기대 이론이다. 가장 오른쪽 아래를 보자. 개개인이 인식한 보상의 공정성이라고 되어 있다. 이처럼 보상은 개인적으로 가치를 부여하는 것이며 특히 보상의 공정성(perceived equity of rewards)이 만족도에 영향을 미친다는 제안을 했기 때문에 Lawler/Porter 이론은 브룸의 기대 이론과 공정성 이론을 통합했다는 평가를 받고 있다.

결론적으로 기대이론에서 주장하는 것은 다음과 같다. 직원들을 최대한 동기유발하고 싶다면 사람마다 개인적 목표(goal)가 무엇인지를 정확히 파악해서 노력-성과, 성과-보상, 보상-개인적 목표 사이의 관계를 확실하게 인식시켜 주어야 한다. 대부분의 직원들이 왜 최선을 다해 일을 하지 않는지를 명쾌하게 잘 설명해 주는 이론이 기대이론이지만, 일상적인 직무 행동이나 하위 직무와 관련된 동기부여에는 별로 큰 의미가 없을 수 있다. 반면 신중한 판단이 동원되는 사직 여부에 대해 중요한 시사점을 주는 이론이다.

저자소개

권혁률

현재 한국관광대학교 관광경영과에 재직 중으로 부총장을 역임하였으며, 학부 및 석·박사 모든 과정에서 관광경영학을 전공하여 세종대학교 박사학위를 취득하였으며, 호주에서 서비스를 전공하였다.
문화체육관광부 축제 자문위원, 서울특별시 교육과정개발위원, 관광종사원 국가자격시험 출제위원·면접위원 등으로 활동하고 있다.

저서 및 주요 논문으로는
『관광서비스론』, 『배려학 개론』, 「관광서비스 범주에 관한 연구」, 「국내 온라인 여행사의 전략 경영 및 기업 성과에 관한 실증적 연구」, 「우리나라 여행업 경영 실태 및 그 개선방안에 관한 연구」, 「우리나라 국립공원의 관광이 환경에 미치는 영향」 등 다수

저자와의
합의하에
인지첩부
생략

관광서비스론

2020년 3월 5일 초판 1쇄 인쇄
2020년 3월 10일 초판 1쇄 발행

지은이 권혁률
펴낸이 진욱상
펴낸곳 (주)백산출판사
교 정 박시내
본문디자인 오행복
표지디자인 오정은

등 록 2017년 5월 29일 제406-2017-000058호
주 소 경기도 파주시 회동길 370(백산빌딩 3층)
전 화 02-914-1621(代)
팩 스 031-955-9911
이메일 edit@ibaeksan.kr
홈페이지 www.ibaeksan.kr

ISBN 979-11-6567-001-6 93980
값 27,000원